公共关系
理论与实务
第 3 版

主编 杨再春 林瑜彬
副主编 王 瑛 王文青 蒋俊凯
参编 王金旺

PUBLIC RELATIONS
THEORY AND PRACTICE

本书根据近年来公共关系领域出现的新情况，围绕国家高等职业院校教学改革要求，全面、系统地介绍了公共关系的含义、基本职能和原则，公共关系的历史演变，公共关系的主体、客体和传播媒介，公共关系的人员与机构及公共关系的实务等内容，突出公共关系的演练与操作，以帮助学生掌握公共关系的理论与实务，培养职业素质，提高公共关系实战能力和技巧。

本书可作为高等职业院校市场营销等财经商贸类专业师生的教材，也可作为营销、管理人员、公关人员的培训教材以及公共关系爱好者的自学用书。

图书在版编目（CIP）数据

公共关系理论与实务/杨再春，林瑜彬主编. —3 版. —北京：机械工业出版社，2023.6
ISBN 978-7-111-73228-0

I. ①公⋯ Ⅱ. ①杨⋯ ②林⋯ Ⅲ. ①公共关系学 Ⅳ. ①C912.31

中国国家版本馆 CIP 数据核字（2023）第 094230 号

机械工业出版社（北京市百万庄大街22号　邮政编码100037）
策划编辑：施琳琳　　　　　　　责任编辑：施琳琳
责任校对：丁梦卓　李　婷　　　责任印制：李　昂
河北宝昌佳彩印刷有限公司印刷
2023 年 11 月第 3 版第 1 次印刷
185mm×260mm・20 印张・433 千字
标准书号：ISBN 978-7-111-73228-0
定价：45.00 元

电话服务　　　　　　　　　　　网络服务
客服电话：010-88361066　　　　 机　工　官　网：www.cmpbook.com
　　　　　010-88379833　　　　 机　工　官　博：weibo.com/cmp1952
　　　　　010-68326294　　　　 金　书　网：www.golden-book.com
封底无防伪标均为盗版　　　　　机工教育服务网：www.cmpedu.com

第 3 版前言

公共关系（简称"公关"）是现代社会组织发展的必备手段。现代社会，任何组织要想生存、发展，必须重视学习和运用公共关系知识与技巧，积极开展公共关系活动。

公共关系更是个人走向成功的助推器。对于每个人来讲，公共关系都是指导个体日常行为、调整人际关系、增强自身竞争力的有效工具。

本书在总结编者多年教学经验的基础上，吸收国内外公共关系研究新近成果，结合具体的公共关系实践活动，在第 2 版框架上编写而成。本次再版在以下方面做了重点修订。

（1）知识更具时代性。在沿袭第 2 版特色和框架的基础上，我们将近年来公共关系领域的新发展、新动态吸纳进书中，使新版教材知识更具有时代性。

（2）增加了大量图表，使教材更加直观、生动，更易学易用。

（3）完善了课后任务体验内容，使学生能够融会贯通，体现了公共关系理论讲授与人文素质、职业能力培养的有机统一。

本次再版修订由杨再春、林瑜彬任主编，王瑛、王文青、蒋俊凯任副主编。具体分工如下：任务 1 由湖南化工职业技术学院副教授蒋俊凯编写；任务 2 由温州科技职业学院副教授、营销师杨再春编写；任务 3 和任务 5 由温州科技职业学院讲师、经济师林瑜彬编写；任务 4 和任务 7 由安庆职业技术学院教授王瑛编写；任务 6 和任务 9 由浙江育英职业技术学院副教授、经济师王文青编写；任务 8 由温州科技职业学院讲师王金旺编写。全书由杨再春副教授总纂和定稿，浙江育英职业技术学院教授王锡耀主审。

在第 3 版编写中，我们借鉴了大量的国内外专家学者的研究成果，参考了相关文献，并得到机械工业出版社的大力支持，在此表示衷心的感谢。

由于水平有限，书中不足之处在所难免，恳请专家和读者多提宝贵意见，以便今后修订完善。

编者

2023 年 9 月

第 2 版前言

公共关系（简称"公关"）既是现代社会组织参与竞争的重要手段，又是指导我们每个人日常行为、调整人际关系、增强自身社会适应性的一种有效工具。

《公共关系理论与实务》第 1 版自 2012 年 1 月出版以来，受到广大同行和读者的欢迎，重印多次，销量近万册。能以书为媒与众多同行和读者分享公共关系理论、实务与技能方面的知识，我们备感欣慰。

鉴于当今社会发展和读者的特点，以及近年来公共关系领域出现的新情况，在征求广大同行的建议下，结合高等职业院校教学实际，我们在对第 1 版做了全面梳理的基础上，在以下方面做了修订。

（1）在保持第 1 版特色和框架的基础上，对知识点进行适当增删，增加了很多符合时代特征的概念、观点，删除了一些不合时宜的内容，使教师更加严谨、实用。

（2）插入大量图表，使教材更加生动、直观、活泼，教师易教，学生易学。

（3）更新了大部分案例。注重借鉴国内外先进公共关系实践经验，如近几年国内外成功的、经典的公共关系案例，体现经济新常态下公共关系活动内容，便于学生开阔视野，进一步了解和掌握当今公共关系发展的新趋势。

（4）规范了项目体验内容。本书通过学生情景模拟、亲自操作等训练方式，使学生"做中学、学中做、学做结合"，深化对公共关系知识、能力和技能的理解与掌握，真正实现课程的教学目标。

本次修订的主编是杨再春、林瑜彬，副主编是王瑛、王文青、蒋俊凯，具体编写分工如下。任务1由湖南化工职业技术学院副教授蒋俊凯编写；任务2由温州科技职业学院副教授、营销师杨再春编写；任务3和任务5由温州科技职业学院讲师、经济师林瑜彬编写；任务4和任务7由安庆职业技术学院教授王瑛编写；任务6和任务9由浙江育英职业技术学院副教授、经济师王文青编写；任务8由温州科技职业学院讲师王金旺编写。全书由杨再春副教授总纂和定稿，浙江育英职业技术学院教授王锡耀主审。

在本书修订过程中，我们参考了大量的国内外专家学者的研究成果及相关文献，并得到机械工业出版社的大力支持，在此表示感谢！

由于作者水平有限，书中难免存在不足或欠妥之处，敬请各位专家、同行和广大读者不吝赐教。

编者

2016年3月

第 1 版前言

公共关系（简称"公关"）是一门内求团结、外求和谐的管理科学和艺术，同时现代公共关系又是青春的事业、智慧的事业、时尚的事业、未来的事业！公共关系从 20 世纪 80 年代传入我国，虽然至今仅有 20 多年的发展历程，但是作为一门实践性很强的新兴学科，它在我国经济生活中发挥了重要作用。

随着社会的发展，组织形象成为人们日益关注的话题。通过有效的公关活动，树立和维护良好的组织形象，成为一个社会组织生存和发展的核心任务之一。因此，在我国进一步普及公关知识，增强公关意识，倡导全员公关，提升公关层次，提高公关技巧，是十分必要和迫切的。本书就是在这种背景下编写的。与目前有关的公共关系方面的著述相比，本书主要在以下方面进行了一些尝试。

（1）任务驱动，突出技能训练。本书是公共关系"任务驱动"型教材编写的有益尝试。根据企业所涉及的日常公共关系的实际工作和岗位要求，精心设计 9 个任务，让学生通过每项具体任务来训练技能、提高素质、掌握知识，从而获得所需要的职业能力。

（2）理实一体，教学做合一。本书特别强调理论与实践的有机结合，在阐述完每个任务的基本知识后，重点设计了"考一考""讲一讲""想一想""练一练"和"做一做"。这种"做中学、学中做、边做边学、边学边做"的实践训练，有助于学生"消化"教材中的理论知识，迅速掌握基本技能，也有助于教师完成教授任务，实现"教学做合一"。

(3) 内容丰富，体例新颖。本书内容翔实丰富，信息量大，便于教师选取其中内容有针对性地组织教学，也便于学生自学和参考。每一个任务均以"任务提要—任务目标—案例导入—知识研修—要点回放—任务体验"的主线来组织编写，体现了本书独特的整体风格，不仅满足了教学需要，也大大增强了本书的可读性。

(4) 知识素质融合，重视学生综合素质养成。公共关系是一门专业课，也是一门素质教育课。通过任务体验中的"讲一讲""想一想"，学生可以发表自己的看法或与同学相互辩论，不仅大大促进了对公关任务的掌握和现代公关意识的确立，也有利于提高其逻辑思维能力和语言表达能力；通过任务体验中的"练一练"，学生间可以进行模拟操作，互相纠错，接受质疑，教师评讲，使学生在做中学，在学中练，实践操作能力自然而然地能得到增强；为了便于学生全面掌握每个任务的内容，课后有"做一做"任务体验，要求学生亲身实践，写出实践报告，以 PPT 形式向全班同学展示，这样既可以巩固、检验各任务的学习效果，真正实现任务目标，也可以锻炼学生的动手能力、表达能力、写作能力，可谓一举多得。在"练一练"和"做一做"任务体验中，把全班学生分成若干个团队，每个学生在团队里有明确的角色和任务，在完成任务的过程中，注重把专业知识的学习与素质培养融为一体，着力培养学生的合作意识、团队精神、竞争能力和良好的工作、学习态度。

本书大纲由主编杨再春、林瑜彬拟定，体例由杨再春、林瑜彬设计，王瑛、孙方思、王文青任副主编，浙江育英职业技术学院工商管理系主任王锡耀副教授任主审，具体编写分工如下。任务 1 由安徽工贸职业技术学院讲师、经济师孙方思编写；任务 2 由温州科技职业学院副教授、营销师杨再春编写；任务 3 和任务 5 由温州科技职业学院讲师、经济师林瑜彬编写；任务 4 和任务 7 由安庆职业技术学院副教授王瑛编写；任务 6 和任务 9 由浙江育英职业技术学院讲师、经济师王文青编写；任务 8 由温州科技职业学院王金旺编写。全书由杨再春副教授修改、总纂和定稿。

在本书编写中，我们参考了大量国内外专家学者的研究成果及相关文献，并得到机械工业出版社的大力支持，在此一并表示衷心感谢！

教材内容质量的提高和创新是一个永恒的主题。由于作者水平有限，编写方式又是一次新尝试，书中难免存在不足，敬请各位专家、同行和广大读者不吝赐教。

编者

2011 年 7 月

教学建议

教学目的

公共关系理论的学习与实务技能的训练,一方面使学生掌握公共关系的基本理论和基本概念,进一步了解公共关系的基本职能、原则和工作程序;另一方面通过一定量的操作实践,学生能够把握公共关系的传播技巧、活动策划等实际技能。本书旨在使学生懂得作为营销人员怎样协助组织树立良好的社会形象,如何协调内外公众的关系,怎样有效开展公共关系活动,如何加强自身的礼仪修养并具备必要的素质以及实际的公关能力等,从而培养学生成为既有一定的公共关系理论,又有较好的实际操作技能的公关人才。

教学基本要求

(1)树立"以学生为中心"的教学理念,实现教师的"教"和"导"与学生的"学"和"做"紧密融合。实训课主要由学生组织,成绩也主要由学生来评定。真正从教师监督学生被动地学,转变为老师指导学生自主地学。

(2)应围绕"任务目标"的内容,结合任务后的要点回放和任务体验,把握每项任务的主要内容体系,有针对性地组织教学。

(3)师生互动,提高知识研修的质量。彻底打破"一言堂"局面,教师一定要少讲精讲，只讲本书中重点或难点的内容；一定要给学生表现的空间，让学生自学、讨论、提问、应用。运用多种手段，最大限度地吸引学生热爱公关，参与讨论，鼓励质疑。要充分运用好任务体验中的"讲一讲""想一想"栏目，构建"易学乐学"的学习氛围，真正做到学生在研修，而不是教师在灌输。

（4）创新教学方法和手段。在继承传统教学方法和手段的基础上，结合公共关系岗位特点，拓展与应用项目任务教学法、仿真模拟教学法、全真实战教学法、案例教学法等灵活多样的现代教学方法，并利用形式多样、内容丰富的多媒体演示、模拟教学、亲身实践和网络平台（如微信、微博）等手段，优化教学过程，力求做到生动、形象、直观、易懂。

（5）充分利用各种教学资源。本书相关教学资源有配套的PPT课件和任务体验参考答案，同时向师生推荐相关的报刊及网站：英国公共关系协会的《公共关系》、中国陕西省公共关系协会和中国公共关系协会专业委员会联合主办的中国公关网（http://www.chinapr.com.cn/）。

（6）采用多元化、过程化教学考核方式。建议采用理论与实践、笔试与操作、平时与集中、闭卷与开卷、教师评分与学生评分相结合的方式进行多元化、过程化教学考核。具体评分办法如下：

课程总成绩 = 理论知识考核成绩 × 0.5 + 实训成绩 × 0.3 + 平时成绩 × 0.2

其中平时成绩根据课堂纪律、考勤、课堂发言及平时作业等综合评定。

教学内容及学时安排

任务	标题	建议学时		备注
		营销类专业	非营销类专业	
任务1	感悟公共关系	6	4	完成任务体验
任务2	公共关系构成要素	6	4	完成任务体验
任务3	公共关系人员与机构	6	4	完成任务体验
任务4	公共关系操作流程	8	6	完成任务体验
任务5	公共关系处理	6	4	完成任务体验
任务6	公共关系工作事项	8	6	完成任务体验
任务7	组织形象分析与CIS设计	8	6	完成任务体验
任务8	公共关系危机管理	8	6	完成任务体验
任务9	公共关系礼仪	8	6	完成任务体验
合计		64	46	—

说明：（1）本书教学设计以营销类专业64学时为标准，非营销类专业46学时为标准。各院校可根据自己的实际情况进行调整。

（2）突出理论课与实训课的有机结合，其中实训课的内容可结合本书任务体验中的"想一想""练一练"和"做一做"部分来进行。

目 录

第 3 版前言
第 2 版前言
第 1 版前言
教学建议

任务 1　感悟公共关系 ……………………………………………………… 1

❖ 任务提要 …………………………………………………………………… 1
❖ 任务目标 …………………………………………………………………… 1
❖ 案例导入　"董事长手撕员工联名信"大获好评 ………………………… 1
1.1　公共关系的含义 ……………………………………………………… 2
1.2　公共关系的基本职能 ………………………………………………… 5
1.3　公共关系的原则 ……………………………………………………… 8
1.4　公共关系的历史演变 ………………………………………………… 13
❖ 要点回放 …………………………………………………………………… 27
❖ 任务体验 …………………………………………………………………… 28
　　体验一　考一考 …………………………………………………… 28
　　体验二　讲一讲 …………………………………………………… 30
　　体验三　想一想 …………………………………………………… 31
　　体验四　练一练 …………………………………………………… 32

体验五　做一做 …………………………………………………………… 32

任务 2　公共关系构成要素 …………………………………………………… 34

　❖ 任务提要 ……………………………………………………………………… 34
　❖ 任务目标 ……………………………………………………………………… 34
　❖ 案例导入　钟南山提笔感谢，京东好评如潮 …………………………… 34
　2.1　公共关系的主体：社会组织 …………………………………………… 36
　2.2　公共关系的客体：公众 ………………………………………………… 38
　2.3　公共关系的媒介：传播 ………………………………………………… 42
　❖ 要点回放 ……………………………………………………………………… 59
　❖ 任务体验 ……………………………………………………………………… 59
　　　体验一　考一考 …………………………………………………………… 59
　　　体验二　讲一讲 …………………………………………………………… 60
　　　体验三　想一想 …………………………………………………………… 61
　　　体验四　练一练 …………………………………………………………… 63
　　　体验五　做一做 …………………………………………………………… 64

任务 3　公共关系人员与机构 ………………………………………………… 65

　❖ 任务提要 ……………………………………………………………………… 65
　❖ 任务目标 ……………………………………………………………………… 65
　❖ 案例导入　"你会坐吗？"：一次公关部长聘任考试 …………………… 65
　3.1　公共关系人员 …………………………………………………………… 66
　3.2　公共关系组织机构 ……………………………………………………… 78
　❖ 要点回放 ……………………………………………………………………… 94
　❖ 任务体验 ……………………………………………………………………… 95
　　　体验一　考一考 …………………………………………………………… 95
　　　体验二　讲一讲 …………………………………………………………… 96
　　　体验三　想一想 …………………………………………………………… 97
　　　体验四　练一练 …………………………………………………………… 99
　　　体验五　做一做 …………………………………………………………… 99

任务 4　公共关系操作流程 …………………………………………………… 101

　❖ 任务提要 ……………………………………………………………………… 101
　❖ 任务目标 ……………………………………………………………………… 101
　❖ 案例导入　"城市，让生活更美好"：上海申博案例 …………………… 102

4.1	公共关系调查	105
4.2	公共关系策划	121
4.3	公共关系实施	129
4.4	公共关系评估	130

- ❖ 要点回放 ……………………………………………………… 134
- ❖ 任务体验 ……………………………………………………… 134
  - 体验一　考一考 …………………………………………… 134
  - 体验二　讲一讲 …………………………………………… 135
  - 体验三　想一想 …………………………………………… 136
  - 体验四　练一练 …………………………………………… 138
  - 体验五　做一做 …………………………………………… 139

任务 5　公共关系处理 ……………………………………………… 141

- ❖ 任务提要 ……………………………………………………… 141
- ❖ 任务目标 ……………………………………………………… 141
- ❖ 案例导入　携程"泄密门"风波 ………………………………… 141

5.1	内部公共关系处理	143
5.2	外部公共关系处理	151
5.3	公众纠纷处理	166

- ❖ 要点回放 ……………………………………………………… 168
- ❖ 任务体验 ……………………………………………………… 169
  - 体验一　考一考 …………………………………………… 169
  - 体验二　讲一讲 …………………………………………… 170
  - 体验三　想一想 …………………………………………… 171
  - 体验四　练一练 …………………………………………… 171
  - 体验五　做一做 …………………………………………… 172

任务 6　公共关系工作事项 ………………………………………… 173

- ❖ 任务提要 ……………………………………………………… 173
- ❖ 任务目标 ……………………………………………………… 173
- ❖ 案例导入　大连城市的公共关系专题活动 …………………… 173

6.1	公共关系日常工作	175
6.2	公共关系专项工作	179

- ❖ 要点回放 ……………………………………………………… 198
- ❖ 任务体验 ……………………………………………………… 199
  - 体验一　考一考 …………………………………………… 199

体验二　讲一讲 …… 200
　　　体验三　想一想 …… 200
　　　体验四　练一练 …… 201
　　　体验五　做一做 …… 202

任务 7　组织形象分析与 CIS 设计 …… 203

❖ 任务提要 …… 203
❖ 任务目标 …… 203
❖ 案例导入　专业且有亲和力的高露洁 …… 203
　7.1　组织形象分析 …… 206
　7.2　组织形象定位与设计 …… 217
　7.3　CIS 战略 …… 227
❖ 要点回放 …… 237
❖ 任务体验 …… 237
　　　体验一　考一考 …… 237
　　　体验二　讲一讲 …… 239
　　　体验三　想一想 …… 240
　　　体验四　练一练 …… 242
　　　体验五　做一做 …… 243

任务 8　公共关系危机管理 …… 244

❖ 任务提要 …… 244
❖ 任务目标 …… 244
❖ 案例导入　西贝"哭穷"求生 …… 244
　8.1　公共关系危机概述 …… 245
　8.2　公共关系危机预防 …… 252
　8.3　公共关系危机处理 …… 257
❖ 要点回放 …… 266
❖ 任务体验 …… 267
　　　体验一　考一考 …… 267
　　　体验二　讲一讲 …… 268
　　　体验三　想一想 …… 268
　　　体验四　练一练 …… 270
　　　体验五　做一做 …… 271

任务 9　公共关系礼仪 …… 272

❖ 任务提要 …… 272

- 任务目标 …… 272
- 案例导入　美丽为何得不到升职 …… 272
- 9.1　公共关系礼仪概述 …… 273
- 9.2　公共关系个人礼仪 …… 276
- 9.3　公共关系活动礼仪 …… 285
- 要点回放 …… 300
- 任务体验 …… 300
  - 体验一　考一考 …… 300
  - 体验二　讲一讲 …… 301
  - 体验三　想一想 …… 302
  - 体验四　练一练 …… 302
  - 体验五　做一做 …… 303

参考文献 …… 304

任务 1

感悟公共关系

｜任 务 提 要｜

1.1 公共关系的含义

1.2 公共关系的基本职能

1.3 公共关系的原则

1.4 公共关系的历史演变

｜任 务 目 标｜

知识点

1. 理解公共关系的含义
2. 掌握公共关系的基本职能
3. 了解公共关系的原则
4. 掌握不同时期公共关系的特点

技能点

1. 会甄别公共关系不同含义的实质内容
2. 会准确把握各种职能的要点
3. 会运用各种公共关系原则解决实际问题
4. 会准确界定各时期公共关系的不同表现

｜案 例 导 入｜

"董事长手撕员工联名信"大获好评

2020 年元宵节，著名餐饮品牌老乡鸡发布了一则"董事长束从轩手撕员工不要工资联名信"的视频，引发热议。视频中，董事长束从轩亲自出镜讲述了因受新冠疫情影响，老乡鸡损失5亿元，即使受到巨大压力，仍主动为武汉的一线医护人员送餐并倡导所有员工在家隔离，为国家做贡献，另外，就是在家也要多活动。最后，束从轩当场手撕员工发起的不要工资联名信，并表示就是卖房卖车也要让员工有饭吃，再苦不会苦员工，可以说是正能量满满。

视频发出后，大获好评，"中国好老板"的声音不绝于耳，老乡鸡也因此收获了一波粉丝。不得不说这是一起非常成功的公关营销事件。

资料来源：https://zhuanlan.zhihu.com/p/108921447.

思考讨论

1. 结合本案例，你如何理解公共关系的含义？
2. 针对以上案例，谈谈公共关系的基本职能。

❖

1.1 公共关系的含义

公共关系一词源于英文 public relations（PR），也可译为"公众关系"，中文简称"公关"。在长期使用过程中，人们赋予公共关系相当丰富的内涵，在不同的场合和不同的语境中融入了公共关系不尽相同的多重含义。

对什么是公共关系可谓众说纷纭，仅国内出版的已被中国国家图书馆收藏的公共关系类图书就有1 000多种。在世界范围，同类出版物有数千种之多。关于公共关系的定义，归纳起来大体上有五种主要的看法。

1.1.1 管理职能论

这类定义把公共关系看作和计划、财务一样的管理职能，其中美国人莱克斯·哈洛博士的定义便是典型代表。他认为：公共关系是一种特殊的管理职能，它帮助一个组织建立并保持与公众之间的交流、理解、认可和合作；它参与处理各种问题与事件，帮助管理部门了解民意，并做出反应；它确定并强调企业为公众利益服务的责任；它作为社会趋势的监视者，帮助企业保持与社会同步；它使用有效的传播技能和研究方法作为基本工具。

国际公共关系协会同样认为公共关系是一种管理职能，其定义是：公共关系是一种管理功能，它具有连续性和计划性。

通过公共关系，各组织机构试图赢得与它们有关的人们的理解、同情和支持——借助对舆论的估价，以尽可能协调它们自己的政策和做法，依靠有计划的、广泛的信息传播，赢得更有效的合作，更好地实现它们的共同利益。

美国著名公共关系学者斯科特·卡特里普和艾伦·森特认为：公共关系是这样一种管理功能，它能建立和维护组织与公众之间的互利互惠关系，而一个组织的成功或失败取决于公众。

以上定义肯定了组织的活动是为了满足公众的利益，明确指出公共关系是社会组织的"管理职能"。

1.1.2 传播沟通论

这类定义强调公共关系是组织的一种特定的传播管理行为和职能，认为公共关系离不开传播沟通，其定义是：公共关系是一个组织与其相关公众之间的传播活动。

在国外，持这种观点的学者不在少数。在美国的大学中，公共关系专业往往设在新闻传播学院内。

英国著名公关学者弗兰克·杰夫金斯认为，公共关系就是一个组织为了达到与它所面对的公众之间相互了解的目标，而有计划地采用一切向内和向外的传播沟通方式的总和。

国外一些大型的百科全书或综合词典也从传播或沟通的角度来定义公共关系。《美利坚百科全书》中的定义是：公共关系是关于建立一个组织同其既定公众之间相互了解的活动。《大英百科全书》中是这样定义的：公共关系是旨在传递有关个人、公司、政府机构或其他组织的信息，并改善公众对其态度的种种政策或行动。《韦伯斯特新国际词典》认为：公共关系是通过传播大量有说服力的材料，发展邻里的相互交往和估计公众的反应，从而促进个人、公司或机构同他人、各种公众以及社区之间的亲善友好关系。传播沟通论突出强调了组织与公众之间的传播沟通作用。

1.1.3 社会关系论

持这种观点的研究者认为，"关系"体现了公共关系的本质属性，公共关系是一种特定的社会关系。正确认识公众关系、处理公众关系是开展公关活动的出发点和落脚点。如美国普林斯顿大学的资深公共关系教授希尔兹认为：公共关系就是人们在所从事的各种活动中所发生的各种关系的通称——这些活动与关系是公众性的，并且都具有社会意义。

社会关系论认为公共关系是社会关系的一种，它具有改善内外关系、实现"人和"的功能。

1.1.4 现象描述论

持这种观点的研究者往往倾向于公共关系实务。与社会关系论偏重学理、抽象正好相反，现象描述论则倾向于直观形象和浅显明了。他们通常抓住公共关系的某一功能或某种现象进行描述，非常具体实在。

美国公共关系协会征询了2 000多名公共关系专家的意见，从中选出的四种公共关系定义，都带有很浓的现象描述色彩。

（1）公共关系是企业管理机构经过自我检讨与改进后，将其态度公诸社会，借以获得顾客、员工及社会的好感和了解的一种经常不断的工作。

（2）公共关系首先是一个人或一个组织为获取大众的信任与好感，借以迎合大众的兴趣而调整其政策与服务方针的一种经常不断的工作。其次，公共关系是对此种已调整的政策与服务方针加以说明，以获取大众了解与欢迎的一种工作。

（3）公共关系是旨在激发大众对任何一个人或一个组织的了解并产生信任的一种技术。

（4）公共关系是工商管理机构用以测验大众态度、检查本企业的政策与服务是否得到大众的了解与欢迎的一种职能。

以上四种公共关系定义简洁明了，生动形象，便于记忆。不过，它们只是揭示了公共关系的部分含义，从总体上讲不够全面、准确。

■ 相关知识链接 1-1

公共关系的五层意思

1. 公共关系状态

公共关系状态是指社会组织与其公众之间客观存在的关系。它包括社会关系状态和社会舆论状态。社会关系状态是指组织与公众之间相互交往、共处的状况，如是否和谐、友善等。社会舆论状态是指公众对组织的认知和评价状况，如是否知晓、肯定等。

2. 公共关系活动与工作

公共关系活动与工作是指社会组织为了树立良好形象、协调关系而开展的多种活动和相应工作，如赞助活动、传播沟通工作等。

3. 公共关系概念

公共关系概念是指在公共关系实践中形成的一种现代社会意识。它影响和制约组织的政策和行为，如形象观念、公众观念、传播观念、协调观念、互惠观念、服务观念。

4. 公共关系学科

公共关系学科是一门专门研究公关历史、公关理论和公关应用的学科。它综合了传播学、社会学、心理学、经济学、新闻学、市场学、广告学与人际关系学等现代科学的知识，总结了现代经营管理和行政管理科学成果，是一门综合性的应用型现代管理学科。

5. 公共关系职业

公共关系职业是指专门提供公共关系方面的劳务而收取费用的职业。在2021年公布的《公关员国家职业标准》中，把公共关系职业定义为："从事组织机构信息传播、关系协调与形象管理事务的调研、策划、实施和评估以及咨询服务的从业人员。"如公关公司人员、企业内公关部的工作人员，即为公关职业从业者。

1.1.5 特征综合论

持这种观点的研究者，采用将公共关系的各种表征综合起来的办法解决问题。如1978年8月，在墨西哥城召开的世界公共关系协会大会上，代表们经过商讨，提出了这样一个公共关系的定义：公共关系是一门艺术和社会科学，公共关系的实施是分析趋势，预测后果，向机构领导人提供意见，履行一连串有计划的行动，以服务于本机构和公众利益。这个定义目前在国际上有一定的代表性和权威性。

不论公共关系的定义如何表述，在现代社会开放的活动系统中，任何组织都会面临一个共同的问题：如何平衡和协调组织与外界的各种联系，减少摩擦和矛盾，获得理解和支持，进而取得效益，而这正是组织的公共关系问题。对这一问题的不同处理方式，将成为一个组织是否具有现代公共关系意识的重要标志。

通过以上公共关系不尽相同的多重表述，我们可以看出，公共关系就是组织为了协调自身利益和社会利益，以树立良好的组织形象为核心目标，围绕一系列科学的计划，通过各种传播手段来建立和维系组织与公众之间的相互了解、相互信任、相互适应和相互合作的关系，协调化解组织内外的各种矛盾，进而创造组织活动的最佳环境的过程。简而言之，公共关系是指一个社会组织，通过传播媒介，与公众沟通和合作的过程。

1.2 公共关系的基本职能

现代公共关系的主要工作目标是协调组织与公众之间的关系，树立组织良好的社会形象。围绕这一目标所展开的各种具体的公共关系活动便成为公共关系的工作职责，在履行这些职责的同时也就体现出了公共关系的职能。公共关系的职能广泛而复杂，是公共关系对社会组织所发挥的独特的、积极的作用。

1.2.1 信息收集职能：组织的"耳目"

发挥公共关系信息收集职能就是负责收集、整理公众信息，向组织及领导者提供管理咨询建议，充当组织的"耳目"。有三类信息是应当优先采集的。

1. 与组织形象有关的信息

与组织形象有关的信息是指公众对社会组织在运行中所显示的行为特征和精神面貌留下的印象及给予的评价。它一般包括以下三方面。

（1）公众对组织的领导机构的评价。因为领导机构是社会组织的指挥中心，领导机构设置的合理性、领导机构的完善程度、领导机构的工作作风、领导机构的威望和信任度等都是公众评价组织的重要依据。

（2）公众对组织管理水平的评价。因为管理水平决定着组织的产品质量和服务水平，更决定着组织的竞争力，所以组织的发展目标是否明确、经营方针是否正确、服务是否到位、人力资源管理是否科学等都是公众对组织管理水平评价的重要依据。

（3）公众对组织人员素质的评价。组织工作的完成是靠具体的工作人员来实现的，组织人员的素质决定着他们的工作质量。所以，组织中各类人员的基本素质、观念意识、工作能力、服务态度、办事效率、服务质量等是公众评价一个组织的最基本也是最直接的依据。

2. 与组织的产品或服务形象相关的信息

提供产品或服务是社会组织实现自身运行目标的最基本的方式，公众之所以和某个相关组织发生联系，根本原因也是组织提供的产品或服务。因此，与产品或服务形象相关的信息是公众评价组织形象的关键因素，所以组织必须重视收集这类信息。

3. 影响组织运行的各种环境信息

公共关系要为组织运行提供环境监测信息，这些信息具有宏观性、社会性。这些信息既包括内部信息，即组织实际运行状况与预定目标间差距的情况；也包括外部信息，即正在或将要对组织发展产生影响的社会、政治、经济、文化、科技等方面的情况。公共关系帮助组织对这些内外部信息进行分析，充分利用环境中的有利因素，避免不利因素，努力使组织的运行与环境保持动态的平衡。

1.2.2 信息传播职能：组织的"喉舌"

公共关系的传播是指组织主体积极主动地运用各种媒介将信息或观点有计划地与公众进行交流的沟通活动。因此，公共关系被人们称为组织的"喉舌"。

大众传播媒介是组织信息传播的最主要渠道，公共关系利用大众媒介传播，实现组织的不同层次的传播目标。

1. 最低目标

组织信息传播的最低目标，是通过大众媒介的传播，让公众对组织有一个基本的了解，实现从陌生到初步认识。

2. 中间目标

组织信息传播的中间目标，是通过大众媒介的传播，使公众对组织的负面态度得到改变，或者使公众对社会组织的正面态度得到加强。

3. 最终目标

组织信息传播的最终目标，是通过大众媒介的传播，使公众采取与组织期望相一致的行动。

1.2.3 协调沟通职能：组织的"桥梁"

任何组织都是一个开放的系统，它必须与内外公众发展和谐的社会关系，最终实现利益的双赢或多赢。公共关系就起着内外沟通的"桥梁"作用。

1. 组织内部公众之间的协调沟通

组织内部公众可以分为两个大的类型：从纵向来说，分为上下级关系；从横向来说，分为平行级关系。

（1）公共关系在处理纵向关系时发挥着承上启下的作用。一方面要为民意表达打通渠道，让下级的意见和建议通过正常的渠道传递到上层，为领导决策提供可靠依据；另一方面要把组织的目标和管理方针正确地贯彻下去，让下级对上级形成信任和理解，积极参与到组织管理中来。

（2）公共关系在处理横向关系时立足于组织发展的总体目标。公共关系在处理横向关系时，要立足于组织发展的总体目标，通过信息的传播沟通，加强各部门之间的联系，使部门之间在相互了解的基础上协同工作。

总之，无论是组织内部上下级关系的协调沟通，还是各部门之间平行级关系的协调沟通，最终目的就是努力为组织营造一个和谐的工作氛围，增强组织的凝聚力。

2. 组织外部公众之间的协调沟通

公共关系的外部沟通的工作重点应该放在与组织的生存和发展关系密切的目标公众，即组织的产品或服务的直接接受者身上，并且要根据双方关系状态而采取不同的协调沟通方式和方法。

（1）建立和维系和谐的公共关系状态。公共关系的一个重要职责就是采用合适的传播沟通手段，为组织和外部公众创造一个和谐的氛围。

首先，公共关系要帮助组织用善意的态度明确表达自己的主张，尤其是在组织的初创时期，当公众对组织还处于模糊认识或缺乏了解的时候，公共关系就要巧妙利用各种渠道让公众了解组织，竭力让公众在一个公平、宽松的信息交流平台上实现与组织的沟通，从而最大限度地减少误会和偏见的发生。

其次，公共关系还要通过合适的沟通方式和方法，让公众了解自己在与组织交往过程中的利益状况，在信任中实现交往，使双方关系的建立一开始就处于一个透明状态，为不断和谐的公共状态的形成和发展打下一个良好的基础。

最后，公共关系要帮助组织通过各种沟通渠道，运用各种协调方法，反复向公众宣传组织的业绩，持续保持并不断强化组织在公众心中已经树立的良好形象，不断巩固和提升公众对组织的信任程度，使双方关系的和谐程度不断加深，实现公众对组织忠诚度的不断提高。

总之，协调沟通职能是公共关系的本质属性，是公共关系的根本职能，其他职能的完成都离不开这一职能的支持。

（2）改善不和谐的公共关系状态。组织与公众和谐的公共状态的建立和完善是通过不断的磨合来完成的，尤其是当不和谐因素产生以后，能否恰当地沟通协调就直接关系到公共关系状态的改善质量。要想使公共关系状态不因为双方出现的暂时不和谐而恶化，组织就必须遵循公共关系工作规律，分析不和谐现象产生的原因，不但要搞清楚组织自身应承担的责任，还要弄清目标公众对组织产生抵触的非组织因素，以及不和谐状态下公众的利益受损情况和组织的形象损害情况，然后采取合适的方式方法及时把事实真相和自身的改进情况通报给公众，实现公共关系状态的优化。

1.2.4　形象管理职能：组织的"参谋部"

公共关系作为组织的一种形象管理职能，在组织管理决策过程中，以提供咨询建议的方式发挥着决策层"参谋部"作用。组织的形象是在运行过程中通过行为特征和精神面貌显现出来的，它既包括组织的内在气质（组织的行为准则、服务态度、服务水平、组织成员的道德水准等），也包括外观形象（产品质量、商标、人员素质等）。组织形象是社会组织的重要无形资产。公共关系形象管理职能，就是要动态监测并实行措施，树立和巩固组织的现有形象，保持和维护组织的优质形象，防止和纠正组织的不良形象。在具体工作中，公共关系工作机构要制订组织和产品（或服务）的形象管理计划，策划和实施各种专题性公众活动，并运用科学方法进行评估。

1.2.5　危机处理职能：组织的"消防队"

危机处理职能就是根据组织所处的内外部环境状况，科学预测未来发展变化趋势，分析存在的危险，并提出消除措施。也就是没有"火情"时注意防火，一旦发现"火情"及时灭火。因此，公共关系又是组织的"消防队"。

在现代社会，随着公众参与意识的增强，公众对组织的社会责任期望值越来越高，对自身的权利关注程度也越来越强，因此组织的活动越来越受到公众的关注。尽管组织对自身的运行质量要求日益加强，但总会不可避免地出现疏漏，产生矛盾、问题和危机事件。公共关系工作的一个重要职能就是用科学的方式方法帮助组织处理危机事件，并能把危机转化为机会。

1.3　公共关系的原则

公共关系原则，简单地说，就是组织在寻求和建立公共关系过程中应当遵循的原则。

1.3.1　诚信务实原则

良好的形象是组织无形的财富，良好的信誉是组织的立身之本，而诚信务实则是一个组织树立良好形象和信誉，开展公共关系活动的根本原则。

诚信务实原则是指组织在开展公共关系活动时，必须建立在组织良好行为和掌握事实的基础之上，向公众如实传递有关组织的信息，同时向组织决策者如实传递有关公众的信息。诚信务实，是公共关系的根本原则，也是对公共关系人员的根本道德要求，是公共关系的生命。隐瞒、歪曲、推诿的态度是公共关系的大敌，坦诚、亲切、负责的态度是公共关系成功的要诀。

坚持对外宣传的诚信务实原则，要求在宣传中既做到真实、客观，又要全面、公正。全面就是既报喜也报忧，不全面的宣传也是一种不真实。诚信务实的宣传，还有个特别重要的问题，那就是当企业有过失时，要敢于承认自己的缺点和不足，这是一个企业自信的表现，也是取得公众谅解的基础。但在现实经济活动中，有些企业不愿承认错误，而是企图把过失掩盖起来，或找借口推脱，或隐瞒真相以图蒙混，这些做法实际上是最愚蠢的。千金买名，万金买誉，利润可创，信誉难得。企业要自尊自爱，遵循诚信务实原则去赢得良好的声誉。

■ 相关知识链接 1-2

英航的诚信

1988年10月25日，英国航空公司（简称英航）的一架波音747第008号喷气客机从东京飞往伦敦。这是一次特殊的飞行，因为机上只有一名乘客。原来，在东京等候这次班机的乘客共有191人，可这架飞机因发生机械故障而推迟了起飞，其他190名乘客都经劝说而改乘其他班机，唯独大竹秀子非第008号航班不乘。于是，英航毅然决定让第008号班机修复后放弃另外的商业飞行，只载着一名乘客执行航程13 000公里、飞行时间为13小时的长途飞行。这次飞行，英航虽然损失了10万美元，但是赢得了乘客的赞誉。英航的知名度和美誉度也因此一举而大为提高。

资料来源：缪启军，詹秀娟. 公共关系实务 [M]. 上海：立信会计出版社，2008.

1.3.2 互惠互利原则

公共关系不仅要维护组织自身的利益，还要在平等互利的基础上维护公众的利益。这就是互惠互利原则。公共关系的互惠互利原则贯穿于整个公共关系工作中，具体说来，主要体现在以下四个方面。

（1）目的互惠互利。既为组织本身的利益考虑，同时又要充分考虑公众的利益。

（2）计划互惠互利。每个公共关系活动都要在目标、步骤、方式的设计上充分兼顾组织与公众双方的要求，即计划上的互惠互利。

（3）行为互惠互利。在公共关系的实施过程中，组织和公众双方要各有所得。

（4）效果互惠互利。公共关系活动的最终结果要落实到效果上，公共关系效果的评价要根据是否令组织和公众双方满意作为标准。

在市场经济社会，社会组织与公众要建立长期的合作关系，必须实行互惠互利原则。坚持互惠互利原则必须做到对公众负责，对组织负责，必要时即使牺牲组织的眼前利益，也要满足公众的利益要求。

总之，组织应在保证自身工作圆满完成的同时，善于平衡自身与公众的利益，当组织利益与公众利益相抵触时，公共关系强调组织的利益应服从公众利益。

1.3.3 双向沟通原则

双向沟通原则，也称双向交流原则。它是指组织自己向公众输出信息的同时，广泛收集来自公众的意见,并把意见向组织反馈。一方面组织需要积极地向外传播,介绍组织的有关情况,向公众说明和解释自己的活动;另一方面也需要了解公众有哪些意愿和需求,以便根据公众的意愿去设计自身形象,还需要了解公众有哪些意见和抱怨,以便对组织进行调整,对某些误会进行澄清。通过双向交流和沟通,组织与公众之间实现相互理解和相互信任,从而改善组织的公共关系状态。

■ **相关知识链接 1-3**

富士涉嫌"走私"风波

2003 年关于"富士走私和富士施乐走私"的传闻在坊间流传,而后关于"富士走私"新闻也不断被传媒曝光,问题的焦点又更多地集中在珠海真科身上。富士一直以沉默作答,仅有的一份"与自己无关"的声明更显示出其大有逃避中国媒体和舆论的监督,企图蒙混过关的意图。在媒体公关上,富士更多的是"义正词严",试图使媒体屈服。后来,富士又将一纸声明函发给北京某著名财经媒体,表示要诉诸法律来解决被曝光事宜。

然而事与愿违,就在富士发出声明两个星期后,北京这家财经媒体仍使用较大篇幅对富士处理事情的态度以及"胶片"走私事件做了追踪报道,并配有社评性评论,大有将曝光富士"走私"事件进行到底的决心。

"走私"事件曝光后,北京、广州等地区国内各大媒体开始了大规模追踪报道,更是把富士与媒体的不和谐关系暴露无遗。与柯达相比,富士缺乏了一种与媒体互动的双向沟通。这种双向的沟通不仅仅是一种利益上的关系,更重要的是体现在精神层面。

资料来源:https://www.guayunfan.com/baike/87252.html.

1.3.4　开拓创新原则

公共关系工作不是一成不变的,需要不断创新。也就是说,公共关系工作的开展一定要顺应历史发展潮流,分析新情况,研究新形势,解决新问题。这样,公共关系才会有强大的生命力,具体说来主要体现在以下三个方面。

1. 思维创新是决定性的创新

思维的创新必须遵循科学的策划规律。作为策划思维的主体——人脑,在进行策划思维时是有明确的目的、有一定的价值模式和知识储备的,当我们认识事物、策划公关活动时,容易用僵化的视角来认识事物,而当我们用多元化视角、全方位观察事物时,新的创意思路将会产生。

2. 方法创新是提高工作效率的保证

干任何事情都要讲究方法,有了好的方法,就将事半功倍,反之,则事倍功半。公共关系是一项挑战性极强的事业,公关人员与各种各样的人打交道,自然也就更重视方法问题,以情感人、以理服人、以利动人、以法律人,正是工作方法创新的具体表现。同时,公共关系的重点是传播信息,沟通组织与公众间的联系,塑造组织形象。公关人员应主动利用先进的传播工具及技术，综合运用各种媒介资源，达到传播效果的倍增效应。

3. 内容创新是公共关系活力所在

公共关系工作面临的是多层次、多变化的公众，如何适应多种变化，不断调整或变更有关工作项目内容，也是公共关系的一个重要课题。创新的出发点与落脚点是满足公众的需求。随着人们生活水平的日益提高，人们已经不满足于基本的衣、食、住、行的需求，情感需求、精神需求成为主流。公共关系活动内容必须适应公众需求的变化，反映出社会变化发展的时代特征，公共关系才有活力，才能取得一个又一个的成功。

■ 相关知识链接 1-4

盒马"共享员工"火了

在 2020 年新冠疫情暴发之初，盒马立即行动起来，聘用了云海肴、青年餐厅员工去盒马"上班"。之后，陆续有西贝、蜀大侠、望湘园、57 度湘、茶颜悦色等近 500 名员工也加入了盒马，经过面试、体检、培训后即可上岗，聘用公告如图 1-1 所示。

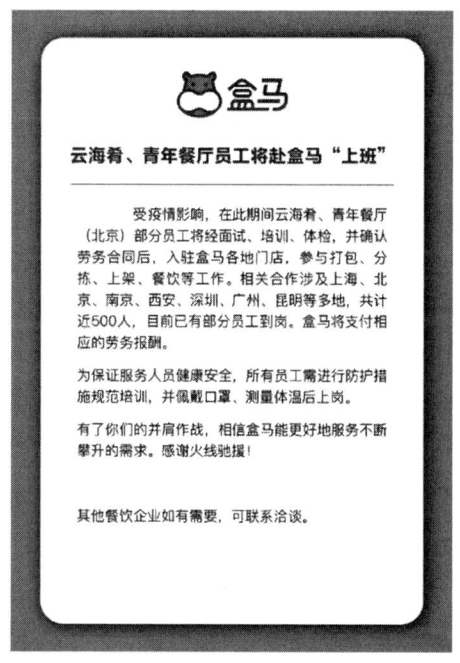

图 1-1　聘用公告

为"颠覆而生"的盒马，这次不但解决了自己的员工缺口问题，还积极承担社会责任，给武汉等地区的医院免费送餐，受到了网友们的一致好评。

"共享"是近几年非常热门的概念，一直是互联网关注的热点。如今，"共享员工"又来了，无疑趁着这个概念，盒马彻底火了一把。

一个看似程度不大的机制创新，却在解决实际困难方面颇有普遍参照意义。

资料来源：编者根据互联网公开资料整理改编而成。

1.3.5 全面公关原则

所谓全面公关原则，是指通过对全体成员的公共关系教育和培训，提高公共关系意识，营造浓厚的公共关系氛围，使组织全体成员积极参加公共关系活动，并按照公共关系的要求开展工作。全面公关包括全员公关、全方位公关、全程公关。

1. 全员公关

全员公关是指组织的全体成员都要按照公共关系的规范来约束自己的行为，都要有公共关系的观念，都要从事公共关系活动，即公共关系是全体成员的公共关系。

2. 全方位公关

全方位公关是指公共关系工作要在组织内部全面展开，各个方面都要开展公共关系活动；公共关系工作必须贯穿在组织的一切工作中，才能保证公共关系目标的实现。

3. 全程公关

全程公关是指公共关系工作必须不断地进行，自始至终从不间断。良好的公共关系不是一下子建立起来的，必须通过持久努力，逐渐积累公共关系成果。公共关系工作要与组织共存。

总之，全面公关原则要求每个部门、每个环节、每个成员都要做好公共关系工作，并且贯彻在组织的产生、发展的全过程。也就是说，公共关系人员要想做好公共关系工作，仅仅依靠几个人的努力是远远不够的，必须依靠群体组合所产生的综合力量。公共关系人员优化的群体组合能使有限的公共关系人员综合产生出最大限度的群体力量，以便他们所从事的公共关系工作获得最佳的效果。

1.3.6 整体一致原则

整体一致原则是指社会组织在开展公共关系活动时，要站在"社会"的高度，统一考虑对社会经济效益、社会生态效益及社会精神文明建设等方面的影响，使诸方面均符合公众的长期利益和根本利益。

1. 社会经济效益

一个社会组织要想生存和发展必须很好地为社会提供服务，并得到社会的信赖和支持。一个企业要想生存和发展，没有为社会提供产品和服务，就不可能取得利润。没有取得利润，企业就不能继续为社会提供产品和服务，甚至连自身的生存也受到威胁。所以，任何一个企业都需要追求利润，讲求经济效益，既要讲自身的经济效益，更要讲社会经济效益。

2. 社会生态效益

企业的生存和发展与环境有着不可分割的关系，企业的良性运行离不开周围的良好环境。但企业在经营中如果不注意，就可能对周围的生态环境产生不良影响。所以，企业在经营过程中，既要追求经济效益，又要充分考虑社会生态效益。

3. 社会精神文明建设

企业不仅是一个经济实体，而且是一个社会成员。它不仅为社会提供物质产品和服务，而且还以它的经营作风、产品设计装潢、职工的精神面貌等对社会精神文明产生促进或者削弱甚至破坏的作用。所以企业的整体效益还要包括促进精神文明建设的内容。具体地说，企业生产什么产品、不生产什么产品，不仅要看能否给企业带来利润，而且要看是否有利于人民身心健康。

1.3.7 科学性和艺术性相结合原则

公共关系学是一门综合性的应用型学科，它来源于实践，服务于实践。现代组织的公共关系活动不能凭直觉、凭经验进行，必须借助于现代科学的理论和方法，并在实践中讲求艺术性。

公共关系工作具有很强的艺术性和科学性，但首先必须是科学性。从它的基本观念、它发挥的作用、它拥有的专业技能和手段来看，它是一项专业化程度很高的技术工作，必须遵循科学性的原则。科学性是开展公共关系工作的理论前提，而艺术性则是公共关系活动取得成效的重要条件。如公众意向需求预测是一门科学，那么伴随着产品推销的公关活动则是一门艺术，将这两者有机结合才能取得成效。因此，在开展公共关系活动中既要坚持科学性原则，同时又要讲究艺术性原则，两者相辅相成才能取得成功。

1.4 公共关系的历史演变

1.4.1 古代时期：公共关系的萌芽

公共关系作为一门独立的学科最早出现于 20 世纪初的美国。但是，作为一种客观存在的社会关系以及一种思想与活动方式却源远流长。

1. 国外古代公共关系萌芽

早在古代文明时期，人类为了协调各个利益主体之间的关系，便有了不自觉的、和现今社会类似的公共关系活动。

（1）古代埃及、巴比伦和波斯的公共关系。在国外，考古学家在伊拉克发现了公元前 1800 年巴比伦王国的一份农场公告，告诉农民如何播种，如何灌溉，如何对付鼠害，如何收获庄稼，很像现代的农业组织发布的宣传材料。这一发现被称为人类历史上最早的公共关系活动痕迹。

古代的埃及、巴比伦和波斯的统治者虽更多地使用武力、恫吓等手段来控制社会，但舆论手段在处理与民众的关系上还是占据重要的地位。古代这些国家的帝王、政府都曾动用大量的金钱和人力去塑造雕像，修建寺院、金字塔、陵墓，创作赞美诗等，用精湛的艺术描述他们东征西伐的丰功伟绩，树立统治者的声誉，宣扬自己的伟大和神圣的身份。有钱的王公贵族为了树立自己的形象，常常雇用诗人给自己写赞美诗，试图通过这些有韵律的诗歌使自己的美名到处传扬。

（2）古罗马的公共关系。古罗马时代，人们更加重视民意，并提出"公众的声音就是上帝的声音"。他们注重发展各种影响人的传播技术，改进诗歌形式，使它更加精练，并巧妙地把宣传意图渗透进艺术的表现之中。例如，随着城市的发展，当时大量向往城市生活的农民涌入城市，罗马城一时变得拥挤不堪，人满为患。为了减轻城市的人口压力，同时也为了稳定农业人口，政府曾委托诗人写诗来协助宣传，维吉尔所写《田园诗》就是其中之一。诗歌通过赞美乡村生活、新鲜的空气、纯净的水流，以及身处大自然之中的乐趣，来吸引人们对乡村生活的向往，使人们潜移默化地受到艺术美的熏陶，最终达到宣传的目的。

古代基督教在全世界卓有成效的传播，不能不被认为是古代公众传播活动的又一典范。基督教的传教士们充分利用了当时所有的传播工具，利用罗马大道的便利，特别是通过说服各地的统治者，利用皇帝的政令，通过世界各国公众所能听得懂的语言，通过建立自己的传播网络，通过布道演讲、各种函件、策划事件等类似的公共关系活动，来传播基督教的教义，让人们接受他们的影响，而后成功地把这一宗教传遍全世界。

■ 相关知识链接 1-5

《高卢战记》：第一流的公共关系著作

在整个社会都推崇沟通技术之际，一些精通沟通技术的演说家往往因此而被推选为首领。在古罗马，第一位运用舆论工具的大师是恺撒。当他被派往高卢去统率军队时，在罗马军团进军的一路上，他都派人把军队的军旅生活、战斗情况写成报告送往罗马。这些报告使用人们所熟悉的语言，写得十分生动，因而常常被人在罗马广场上传诵，渐渐地，恺撒在公众心中树立起自己的威望，这为他凯旋时顺利登上皇帝的宝座铺平了道路。纪实性的经典之作《高卢战记》被公共关系同业公会主席李利·比诺称为"第一流的公共关系著作"。同时，统治者还利用马戏表演、角斗表演等媒介手段来麻醉人们，使人们不再关心社会的腐败与不公，暂时忘记他们的贫困，以达到维护统治地位的目的。

资料来源：朱崇娴. 公共关系原理与实务［M］. 3版. 北京：高等教育出版社，2019.

（3）古希腊的公共关系。在古希腊，社会对于沟通技术非常重视，并对精通此门技术的人给予很高的评价和奖酬。此外，那些参加国家最高统治者竞选的人，大多是些擅长言辞及在学识上有较高声望的诡辩学者，他们善于对自己的功德、业绩和才能大肆吹捧与赞扬，以争取选民。古希腊的民主政治导致公众代表会议和陪审团制度的形成，它为公众提供了对话的讲坛，演讲逐步引起人们的重视。古希腊作为西方最早的民主制国家，民主政治推动了公众代表会议和陪审团制度的形成，为公众提供了对话的讲坛，用演讲来宣传和争取民众，成为当时的时尚。世界上第一批最出色的演说家（或称辩论家）中的代表有苏格拉底、柏拉图和亚里士多德。其中，亚里士多德是柏拉图的得意门徒，是古希腊著名的哲学家。他不仅像他的先辈一样重视教育，而且潜心研究，利用严谨的思维逻辑和科学的研究方法，写出多部科学著作，《修辞学》就是他的代表作之一。

■ 相关知识链接1-6

《修辞学》：最古老的公共关系经典之作

亚里士多德的这部著作讲的是语言修辞的艺术，他强调语言修辞在人际交往和宣传中的重要性，并且认为修辞是沟通政治家、艺术家和社会公众相互关系的重要手段与工具，是寻求相互了解和信任的艺术。他提出在交往沟通中，要用感情的呼唤去获取公众的了解与信任，要从感情入手去增强宣讲和劝服艺术的感召力与真实可靠性。他从语言修辞和情感感化等诸多方面，阐述了传播和沟通的必要性，以及其基本原则与手段。《修辞学》中包含着丰富的公共关系思想与技术，被西方学者视为最古老的经典之作。

资料来源：周朝霞. 公共关系理论与实务 [M]. 北京：高等教育出版社，2011.

2. 中国古代公共关系的萌芽

中国是文明古国，"公共关系"的思想与活动可以追溯到有文字记载的远古时代。

（1）中国古代十分强调争取"民心"在事业成功上的必要性。

尧帝时设"喉舌官"传达命令，传递民情。

大禹曾"合诸侯于涂山"，检讨自己的过失，维护与诸侯的关系。

商代部族首领已认识到民意和利用民意的重要性。在盘庚迁都的故事中，盘庚在三次演说词中都提出"朕及笃敬，恭承民命"，证明他已懂得要顺民意、得民心，办事要向民众说明原因，用意才能实现。

周朝时，宫廷已有"采诗"制度，目的之一就是以此来体察民情民意，《左传》中的"子产不毁乡校"，体现了舆论监督和知识分子与政权间的双向沟通。

春秋战国时期，孟子最重要的思想是民本思想，孟子提出"民为贵，君为轻""得民心者得天下，失民心者失天下""天时不如地利，地利不如人和"等民本、人本思想，对后世的影响很大。

秦国的商鞅利用"徙木赏金"的"人为事件"来取信于民，表明变法改革的决心，在民众中树立了可信赖的形象。

以上这些都同现代公关活动的基本原则和追求目标基本相一致。

（2）中国思想家具有朴素的公共关系思想。

确切一点来讲，中国古代公共关系思想的萌芽是从春秋战国时出现的。春秋战国时期，由于国家分裂，各种势力不断重新组合，出现了一大批哲学家、思想家、教育家、宣传家。儒家思想开创者、世界文化名人孔子，携弟子周游各国，向各路诸侯进行游说活动。他的思想核心是"仁"，即仁爱，爱人。他提倡"和为贵""己所不欲，勿施于人""君使臣以礼，臣事君以忠"。他主张广交朋友，一则可以有"人和"，二则可广得信息，所以对于朋友的到来，他很高兴。他的许多社会伦理和人际关系思想与原则，至今还受到国内外一些著名的社会学家和人际关系学家的推崇。

春秋战国时期，思想与言论较为自由活跃，便出现了百家争鸣的文化盛世。他们面对社会现实，利用学术思想自由开放的大好环境，著书立说，阐述对社会的认识、理解和解决社会问题的良策见解，逐步形成儒家、道家、墨家、法家以及其他不同学派，其代表人物有孔子、孟子、荀子、墨子、庄子、韩非子等。先秦时期，我国还出现了不少涉及公共关系活动和公共关系理论的著作。《尚书》收集了殷商时期各级政府机关的文告，其中有不少是统治阶级向公众做的动员报告。儒家的代表作《论语》《孟子》，墨家的《墨子》，法家的《荀子》《韩非子》，道家的《老子》《庄子》，杂家的《吕氏春秋》，这些虽然一直被人们看作经典的理论著作，但实际上也包含着各家的公共关系思想和公共关系方略。特别是《战国策》，简直就是我国先秦时期公共关系人员进行公共关系策划、从事公共关系活动的史实辑录。

（3）中国古代有许多类似于公共关系活动的成功范例。

春秋战国时期，伴随着急剧变化的社会形势和诸侯国之间微妙关系的处理，作为知识者的"士"开始受到君王们的宠爱。不少贤明的诸侯国王，不惜重金聘请雇用有才华的策士为自己出谋划策，以解决国内及国与国之间的难题，特别是当时以齐国孟尝君为代表的"四君子"，养"食客"成百上千，成为理政的值得炫耀的财富。这些门客在当时主要起提供参谋意见、收集信息情报和外交说服的作用，他们的种种功能和今天公共关系部分的功能有着惊人的相似。

《文心雕龙·论说》曾云："暨战国争雄，辨士云涌；从横参谋，长短角势；《转丸》骋其巧辞，《飞钳》伏其精术。一人之辨，重于九鼎之宝；三寸之舌，强于百万之师。"战国的游说，以闻名中外的合纵连横之术为最高境界。此时大量的"士"为了统治者的利益四处游说，以争取民心或动摇敌心，其中以苏秦与张仪最为典型。苏秦周游列国宣传"合纵"，使齐、楚、燕、韩、赵、魏六国结为同盟，共同抗秦；张仪则宣传"连横"，以瓦解六国"合纵"对秦国造成的威胁。苏秦与张仪的这种游说，类似于今天的公共关系工作，说明公共关系的传播技巧在当时的中国政治生活中就已表现得相当出色了。

当然，这些不自觉的公共关系意识带有很大的随意性，并且这种意识很分散，不具有普遍性。因此，从严格意义上来讲，它们只是公共关系的萌芽活动。

■ 相关知识链接 1-7

子产不毁乡校

郑人游于乡校（乡间的公共场所，既是学校，又是乡人聚会议事的地方），以论执政。然明谓子产曰："毁乡校，何如？"子产曰："何为？夫人朝夕退而游焉，以议执政之善否。其所善者，吾则行之；其所恶者，吾则改之。是吾师也，若之何毁之？我闻忠善以损怨，不闻作威以防怨（我听说，真心钟爱自己的人民，就可以减少怨恨，没听说靠强硬手段威吓可以防止怨恨的)。岂不遽止(毁掉乡校,当然能把批评的声音堵住)?然犹防川;大决所犯,伤人必多,吾不克救也;不如小决使道,不如吾闻而药之也。"

资料来源:缪启军,詹秀娟. 公共关系实务[M]. 上海:立信会计出版社,2008.

3. 人类早期公共关系的特点

(1) 带有明显的自发性和盲目性。从自觉程度上看,当时人们所开展的一系列沟通、活动均带有较明显的自发性和盲目性。

(2) 带有强烈的政治色彩和伦理色彩。受限于当时的社会生产力,人与人之间的经济关系较为单一,因此,人类早期的公共关系活动主要发生在政治领域,并且带有强烈的政治色彩和伦理色彩。这就导致了公共关系的主体、客体的地位不一样。那些政治上的统治者,在经济上也是支配者。他们虽然意识到"水可载舟,亦可覆舟",但重视民意不过是为了"一人之天下"。

(3) 没有独立的思想体系。生产力水平的限制,导致科学技术落后,信息传递的范围、速度和手段都受到一定的限制。公共关系活动大多是临时性的、投机性的,依靠的更多是编造神话和宗教活动,而不是事实真相。公共关系运用不普遍,还没有形成公共关系的概念,更缺少理论上的概括和研究。

因此,古代并不存在真正意义上的公共关系,那些类似今天公共关系的思想与实践只能称为"准公共关系""史前公共关系"。但是古代准公共关系的理论和实践却为当今公共关系的产生和发展奠定了基础。

1.4.2 现代公共关系

现代公共关系产生于19世纪末期至20世纪初期的美国,而美国的公共关系则起源于独立战争。美国的独立战争与其说是殖民地人民反对专制民主的自发斗争,不如说是长期进行公共关系活动的结果。20世纪初,美国国内阶级矛盾日益激化,现代公共关系就是在这一时期统治阶级对于反抗情绪的缓解与平复过程中出现的。

1. 巴纳姆时期:"公众受愚弄"时代

19世纪中叶后,美国兴起报刊宣传活动,这时的报刊为宣传而宣传,为追求宣传效果,不择手段,愚弄公众。其中以巴纳姆为代表,他的观点是"凡宣传皆是好事",人为挑起舆论争议。他的观念在当时广为流传,这是"公众受愚弄"时期,也是现代公共关系开创时期。当时许多企业雇用的报刊宣传员,编造了大量离奇的新闻,以便引起公众对自己及他们所代表的组织的关注。

在报刊宣传运动时代,报刊宣传员在争取顾客的关注时,都是不择手段地制造神话,甚至不惜愚弄公众。他们只顾为企业赚钱,完全不顾公众的利益,甚至公开嘲笑、谩骂公众。美国铁路大王范德比尔特在一次接见记者时竟说:"让公众见鬼去吧。"这话在很大程度上代表了那个时代资产者及其代理人的心态。所以,报刊宣传运动还不是真正意义上的公共关系活动。因为报刊宣传员并没有认识到公众的作用,并未以公众利益为出发点。不过,当时巴纳姆等人运用报刊等大众传播媒介为组织进行宣传,已经具有现代公共关系活动的萌芽。报刊宣传活动在促进公共关系发展成为一种有组织的活动方面具有积极意义。巴纳姆是这个时期最有代表性的报刊宣传员,但他搞的欺骗性宣传,从根本上说与公共关系的宗旨背道而驰。因此这个时期在公共关系的历史上成为一个不光彩的时期。后来,人们以此为鉴,明确了在公共关系活动中,必须奉行诚实、公正、维护公众利益的原则和精神。

■ 相关知识链接 1-8

凡宣传皆是好事

最具有代表性的宣传员就是受雇于纽约一家马戏团的菲尼斯·巴纳姆。他一改常规的方式,不是直接去宣传马戏团的演出如何精彩,而是说马戏团里有一名黑人女仆海斯,她已经160多岁了,曾经养育过美国第一任总统华盛顿。报纸披露这一消息后,立即引起轩然大波。他又借用不同的笔名向其他报刊寄去许多"读者来信",其中,有的说人不能活到160岁,巴纳姆是个骗子,有的说巴纳姆发现了海斯是一大功劳。他人为地炒热了这一"新闻",引起了公众的好奇心,公众纷纷要求到马戏团一睹海斯的风采,这为马戏团引来大量的顾客。但是很不巧,不久海斯就去世了,相关机构对她的尸体进行了解剖,确定她最多不超过80岁。一时舆论哗然,人们纷纷谴责巴纳姆是个骗子,可是他却说:"凡宣传皆是好事,只要别把他的名字拼错了。"

资料来源:https://m.share.iask.sina.com.cn/f/1eJHz4GzwmE5.html。

2. 艾维·李时期:"说真话"时代

艾维·李早期在《纽约世界报》当记者。1903年,他开办了第一家宣传顾问事务所,成为向客户提供劳务而收取费用的第一个职业公共关系人,现代公共关系职业化由此发端。该事务所一成立就生意兴隆,顾客盈门,其客户包括当时该国许多大的企业,乃至纽约市市长塞恩·洛。1906年,艾维·李向新闻界发表了著名的具有里程碑性质的《原则宣言》,全面阐明了他的事务所的宗旨。

艾维·李以他提出的"说真话""公众必须被告知"的命题,将"公众利益与诚实"带进了公共关系领域,使公共关系这门学科从对一些简单问题的探讨上升为探求带有某些规律性的原则和方法,大大推动了这门学科的发展,因此,艾维·李被称为"公共关系之父"。在艾维·李的带动下,公共关系作为一项职业得到了充分的发展,公共关系逐渐由简单零碎的活动上升为比较系统的、完整的、专业的活动,并逐步形成了公共关系的原则和方法,成为一门独立的学科,自立于学科之林。

当然,艾维·李的咨询指导主要还是凭经验和感觉进行的,缺乏对公众舆论严密的、大量的科学调研。因此,有人批评艾维·李的公共关系咨询只有艺术性而无科学性。但无论如何,艾维·李作为公共关系职业先驱的地位是无可争议的。

■ 相关知识链接 1-9

艾维·李的《原则宣言》

在《原则宣言》中，艾维·李全面阐明了他的事务所宗旨："我们的计划是代表企业单位及公众组织，把对公众有影响且为公众乐闻的课题，向报界和公众提供迅速而准确的消息。"这就是所谓企业管理的"门户开放原则"。这反映了他的信条：公众必须被告知。艾维·李的公共关系思想核心是"说真话"。他认为，一家企业或公司只有将本身的真情实况告诉公众才能赢得好的声誉，如果披露真相对自身的生存和发展不利，那就应该及时调整或改变自身的行为。他反复向他的客户灌输如下信条：凡是有益于公众的事业，最终也将有益于企业或组织。艾维·李在实践中认真地贯彻他的公关思想，他的公关工作干得也很出色，其中有两个公关实例历来为人们所称道。

一是他帮助洛克菲勒财团摆脱困境。艾维·李事务所的第一个客户就是深受"扒粪运动"之苦的洛克菲勒财团。该财团当时被人称为"强盗大王"，企业内外都怨恨洛克菲勒，罢工运动更使他一筹莫展。在此情况下，他求助于艾维·李。艾维·李劝说洛克菲勒认真调查造成罢工的具体原因，将真相公之于众，并请工人与资方一道协助解决劳资纠纷。此外，艾维·李还建议洛克菲勒提高工人的薪金及福利，多从事一些社会公益活动（如建学校、公园、医院等）。在采取了这一系列措施之后，洛克菲勒财团果然摆脱了困境，改变了形象，艾维·李也因此名声大振。

二是他成功地帮助处理了 1906 年宾夕法尼亚州的铁路事故。那次事故使许多人丧生，开始老板想把事情的真相隐瞒下来，但艾维·李认为血已经洒在路上，伤员们在痛苦中呻吟，事实是隐瞒不住的。于是，在征得老板同意后，他立即赶到出事地点，并组织记者们尽快赶到，向他们介绍真实情况，回答他们的提问，尽量为他们的工作提供方便。他还建议认真地查清发生这次事故的原因并对死难者家属支付赔偿，对受伤者给予良好的医治。记者们不仅报道了事故，同时也报道了这一系列的善后措施和公司的努力。铁路公司的老板们惊奇地发现，公开报道不仅没有对他们不利，反而使公司获得了前所未有的最佳形象。

资料来源：缪启军，詹秀娟. 公共关系实务［M］. 上海：立信会计出版社，2008.

3. 爱德华·伯尼斯时期："投公众所好"时代

艾维·李是现代公共关系的创始人。他虽然有丰富的公共关系实践经验，但没有提出系统而科学的公共关系理论，此时公共关系的创立还不算完成。真正为公共关系奠定理论基础并使现代公共关系科学化的人，是现代公共关系的先驱、美国著名公共关系学者爱德华·伯尼斯。爱德华·伯尼斯更注重公共关系的理论研究，努力使之形成一个独立的科学体系。1923 年他出版了论述公共关系理论的著作《公众舆论之形成》，这是第一部研究公共关系理论的专著，因而被视为公共关系发展史上的一个里程碑。在这本书中，他对公共关系的实践进行了系统的研究，形成了一整套理论。他提出了"投公众所好"的根本原则，主张一个企业或组织在决策之前，就应首先了解公众爱好什么，需要什么，在确定公众的价值取向后，再有目的地从事宣传工作，以便更好地迎合公众的需要。

爱德华·伯尼斯的思想比艾维·李前进了一步，他不仅要求在事情发生后对公众说真话，而且要求企业通过对公众的调查，根据公众的态度开展公关工作。同时，他将艾维·李的活动与1897年美国《铁路文献年鉴》中出现的"公共关系"一词结合了起来，使这一词语具有了科学的含义，并在社会上流行开来。从此，公共关系正式从新闻领域分离，成为一门独立而又系统的管理科学。1928年，爱德华·伯尼斯出版了《舆论》一书。1952年，教材《公共关系学》出版，该书对公共关系理论进行了更系统、详尽的阐述。

4. 斯科特·卡特里普时期："双向对称"时代

双向对称式的公共关系是当代公共关系发展的高级阶段，它强调"双向沟通、双向平衡、公众参与"。这时期的代表人物是斯科特·卡特里普和艾伦·森特。

1952年，美国著名学者斯科特·卡特里普和艾伦·森特，合作出版了一本公共关系学方面的权威著作——《有效的公共关系》，在这本书中，他们提出了"双向对称"的公关模式，该公关模式把公共关系看成了组织与公众之间的一个互动的过程，体现了现代公共关系的真正本质。《有效的公共关系》一书提出的"四步工作法"，成为公共关系工作中最重要的工作流程。至此，现代公共关系学的理论框架基本构成，进入了它的成熟阶段。此后公共关系的技巧虽然不断发展，但体系已基本稳定下来。特别难能可贵的是，斯科特·卡特里普和他的学生们，根据全世界公共关系的发展，不断对《有效的公共关系》进行修订。2000年，格伦·布鲁姆也加入该书第8版的修订工作，该书已经成为公共关系领域最具权威性的教科书，被后人誉为"公关的圣经"。

双向对称模式提出的理论前提有两个：一是把公共关系看作封闭系统还是开放系统；二是把公共关系看作是一种"工作"还是一种"职能"。

将公共关系看作封闭系统和一种"工作"的做法是将公关人员放在沟通技术实施者的位置上，定期进行新闻发布，去保持和提升公众对组织的良好印象，而忽视将有关环境的信息传递给组织。将公共关系看作开放系统和一种"职能"的做法是将组织与公共关系的维持和改变建立在产出—反馈—调整诸环节相互作用的基础上，公众意志可以被吸收到组织的决策中，这样公共关系不仅能在组织决策中发挥参谋与顾问的作用，而且有预警作用，可以阻止潜在危机的发生。

双向对称模式不仅体现了中国墨家的理想——"兼相爱"与"交相利"，也反映了现代竞争提倡的"双赢制"，以及"双方发展"的现代公共关系意识。

■ 相关知识链接 1-10

《有效的公共关系》 中的四步工作法及7C

1. 四步工作法
- 公共关系调查
- 公共关系策划

- 公共关系实施
- 公共关系评估

2. 7C

- 控制自己的时间（clock）
- 控制思想（concept）
- 控制接触的对象（contacts）
- 控制沟通的方式（communication）
- 控制承诺（commitments）
- 控制目标（causes）
- 控制忧虑（concern）

资料来源：布鲁姆，森特，卡特里普. 有效的公共关系：第8版［M］. 明安香，译. 北京：华夏出版社，2002.

现代公共关系各时期的比较，如表1-1所示。

表1-1 现代公共关系各时期的比较

时期	代表人物	观念	出发点	传播原则	方法	特点	目标
职业化时期	巴纳姆	凡宣传皆是好事	提高知名度	愚弄公众	编造新闻	片面追求知名度	不择手段获取利润
	艾维·李	公众必须被告知	讲真话	门户开放策略	公开提供客观新闻材料	实现社会组织和社会公众之间的对话	公共利益与诚实
学科化时期	伯尼斯	公关理论与实践并重	详尽阐述了公共关系资讯	投公众所好	把公共关系学理论从新闻传播领域中分离	进行系统研究，使其系统化、完善化	最终成为独立完整的学科
	卡特里普和森特	正式进入学科化阶段	使其科学化、学科化	双向对称	坚持组织与公众之间的双向沟通	培养公共关系学士及硕士	组织和公众的利益同等重要

1.4.3 公共关系在我国的应用

1. 公共关系在我国的发展历程

公共关系自20世纪80年代进入中国以来，至今已有40余年的历史，大致经历了以下三个阶段。

（1）引进萌芽时期：20世纪80年代初期及中期。作为一种新的经营管理方法和技术，公共关系最初发端于沿海地区的宾馆、饭店和旅游业中。

在深圳、广州等地的一些中外合资企业和外商独资企业，主要是合资的宾馆、饭店，按照海外的管理模式，最早设立了公共关系部。

中国最早的反映改革开放、反映公关行业的电视连续剧，由导演黄加良执导、萨仁高娃和章申主演的《公关小姐》是将公共关系理念通过艺术手段深入普通观众心里的最为典型的宣传。

继深圳、广州之后，北京、上海等地的一些中外合资或独资的宾馆、饭店也相继建立了公共关系部。1983年中外合资的北京长城饭店成立公共关系部。

之后，国有企业中也开始设立公共关系部，1984年9月广州白云山制药厂公共关系部正式成立，这说明中国的公共关系事业开始形成并得到了初步的发展。继各企业公关部门设立之后，媒体也对这些企业大胆应用公共关系管理职能表示支持和重视，最典型的是1984年年底《经济日报》报道和介绍了广州白云山制药厂开展公共关系工作的成功经验，并发表社论呼吁社会各方面重视和研究社会公共关系。

这个时期的公共关系事业的发展特点是：将国外的公共关系运作模式、运作程序、管理经验及具体方法引入中国。这样做的优点是带动了中国公关事业的发展，引进了海外公关事业的先进经验。但是，也有一定的缺憾，即公关实践仍然处于模仿和摸索阶段，产生了理论和实际相脱节的问题，即很多国外的经验不适合中国的实际。

（2）迅速发展时期：20世纪80年代中后期。这期间，中国呈现第一个"公关潮"。其标志是专业公共关系公司、公共关系协会、公共关系教育培训以及公共关系理念研究的迅速发展。

① 作为一项重要的管理职能，公共关系深入各行业中。在1984—1990年的几年时间里，公共关系不仅开始从服务行业进入各种形式的企业和经济实体，而且逐渐扩展到其他各种社会组织和行业中，诸如社会团体、科研机构、机关、学校乃至军队和党政部门，这些组织重视并运用公共关系手段来保障和促进自身的发展。

② 公共关系的实践得到迅速发展。1985年，世界上最有影响力的两家公共关系公司——伟达公共关系顾问公司和博雅公关公司先后进入我国。其中，博雅公关公司与中国新闻发展公司达成协议，成立了中国首家公共关系公司——中国环球公共关系公司。1986年12月，上海成立了全国第一家省级公共关系协会。1987年5月，全国权威性的公共关系社团组织——中国公共关系协会在北京正式成立。此后，全国各省、自治区、直辖市以及若干大中城市相继成立了地方性公共关系协会或机构。这些学术团体在为社会提供公共关系咨询和服务，培养公共关系人才，开展公共关系理论研究以及介绍公共关系知识和公共关系知识在我国的广泛传播中起到了重要作用，为促进我国公共关系事业的顺利发展做出了突出的贡献。

③ 公共关系教育事业得到较大程度的发展。我国公关人员的教育培训已初具规模，并逐渐向规范化和系统化的正规教育过渡。自1985年以来，公关人员通过不同的方式接受了培训和教育，这些培训方式主要有两种：短期培训和系统的职业化、专业化的教育。短期培训的方式主要是通过几天或十几天的培训，使相关工作人员了解和把握公共关系的基本知识和精神。如深圳市总工会于1985年1月最早创办了公共关系培训班，北京大学研究生院于1985年6月率先举办了公共关系讲座，等等。系统的职业化、专业化教育方

式主要体现为大专院校设立公共关系专业，如复旦大学、中山大学等百余所大学都开设了公共关系课程。这些都使公共关系这种全新的理论和思想观念迅速得到传播和普及，也说明我国公共关系事业正逐步走向正规化和系统化教育的高级阶段。

④ 公共关系理论研究迅速发展。20 世纪 80 年代中后期，随着我国公共关系实践和教育事业的迅速发展，一大批有识之士开始结合中国政治、经济和文化的特点来探索中国公共关系的一些重大理论课题，从而在理论界掀起了一股研究公共关系的热潮。在短短的几年时间里，各种公共关系的教材和著作相继问世，据统计，到 1989 年年底，在我国正式出版的公共关系的教材和专著已有 100 多种，出书之多、速度之快，是其他新兴学科不能比拟的。但这个时期的理论研究仍处于对公共关系学的概念、体系的初期引进和介绍阶段，对公共关系实践中遇到的问题研究得较少，理论的开掘范围很有限，所用的案例也大多数是国外的典型案例。

（3）成熟稳定发展时期：20 世纪 90 年代初至今。从 20 世纪 90 年代初至今，中国公共关系事业处于一个成熟稳定的发展阶段。

① 市场经济快速发展。随着改革开放的深入，20 世纪 90 年代的中国经济迅速发展，到 2001 年，买方市场逐步形成，这就为公共关系事业的发展带来了契机。企业意识到如果不进行广泛的宣传以及没有做好公共关系工作，自身的发展就会受到很大的限制。

② 中国的大众传播媒介迅速发展。市场经济的迅速发展也带动了媒体的发展，无论在媒体的种类上还是数量上，都出现了一个前所未有的繁荣局面，这就加强了舆论对组织的监督作用，使得组织的公共关系工作必须提高到一定的水平，而再不能等闲视之。

③ 公共关系教育和理论研究日趋成熟。1991 年 4 月，中国国际公共关系协会成立，这促进了中国公关理论与社会实践的国际化，推动了公共关系事业的进一步发展。1994 年，中山大学被教育部批准开办部属院校第一个公共关系本科专业，随后在一些名牌学府开始尝试招收公共关系方面的硕士生、博士生。在我国，大部分的本专科院校都设置了"公共关系"这门课程，有的院校还在 MBA 的课程设置中开设了公共关系专业。全国公开出版的公共关系专著、教材、译著、工具书等已超过 1 000 种。1990 年，中国公共关系协会学术委员会在河北高碑店召开了全国第一届公共关系理论研讨会，之后，在上海、福州、杭州、石家庄、大连等地召开了第二届至第六届全国公共关系理论研讨会，极大地推动了中国公共关系的理论研究进程。这个时期的理论研究已深入到危机管理、传播管理、营销等许多领域，并能将中国当时的典型案例作为研究的现实基础。这一时期的学术研究氛围较为活跃，一些学术流派开始产生，比如形象学派、协调学派、传播学派、管理学派等，这些学派细化和深化了对公共关系的研究。

④ 公共人才短缺。专业性的公共关系组织队伍迅速扩大，业务量增多，并出现了专业性的公关人才短缺的现象。随着公共关系实践领域的发展，中国公关领域出现了人才危机，这里的人才危机是从两个含义上讲的。第一，是指公关领域在走向专业化、规范化的同时，原来那些低层次的"公关"在规范的公关运作中渐渐力不从心，有的直至被淘汰出

局。公关市场急需大量正规的、高素质的公关专业人才。第二，因为中资公司不断壮大，外资公关公司抢滩，对本土人才的争夺十分激烈。

⑤ 服务内容和服务对象发生了较大变化。公关领域的发展不仅体现在行业队伍的扩大和人才的缺乏上，更体现在服务内容和服务对象发生了较大变化上，表现为传统服务仍占主导，专业服务趋于细分，新服务内容开始出现。传统的制造业、消费品公关服务继续稳定发展；工厂、医疗保健公关服务成为最重要的行业公关服务；金融保险、房地产、文化体育环保等公共事业管理成为最有潜力的公关服务领域。服务对象方面也发生了较大变化。目前中外公关公司的服务对象均以外国顾客为主，但是在最近几年，中国顾客越来越得到重视与开发。这是由于随着市场经济的发展，很多组织需要跨国经营，另外，许多组织也认识到公关技术对组织的重要性。

⑥ 公共关系作为一门职业进一步受到重视。1999 年公共关系职业第一次进入劳动和社会保障部的职业大典；2000 年 12 月正规化职业教育启动。中国有了第一批由劳动和社会保障部（今人力资源和社会保障部）颁发职业资格证书的公关员。中国公关职业有了质的飞跃。

在新时代中国特色社会主义思想指引下，中国公共关系事业正迈上新台阶、走向新里程。中国公共关系事业的领导者、研究者、从业者正摩拳擦掌、跃跃欲试，要在经济公关、企业公关、文化公关、政治公关、学术公关、媒体公关、网络公关、外交公关、国家形象等各个专业公关领域，为企业、政府、行业客户和各界提供切实有效的公关方案。尽管前路免不了有雨雪冰霜，但新时代中国特色社会主义公共关系事业必将迎来更加灿烂的春天！

■ 相关知识链接 1-11

我国公共关系取得的成就

中国的公共关系经过 40 多年的实践和发展，已经成为一个独立专业或职业，是当前咨询服务市场中最活跃的因素。资料显示，公共关系服务已经由信息传播、新闻代理、活动策划发展到媒介关系、营销传播、企业传播、政府关系、危机管理、品牌管理以及媒体监测和评估等众多服务产品，涉及 IT、电信、汽车、制药、金融、房地产、交通运输、航空运输、化妆品、家电、食品、能源、化工、网络酒店、轻工、文化等 20 多个行业以及非营利机构和政府部门。

40 多年过去了，弹指一挥间。沐浴着改革开放的阳光雨露，经过中国新老公关工作者数十年的砥砺奋进、不断求索、勇于实践，中国的公共关系事业已经从无到有、从弱到强、从国内走向全球。据调查估算，2019 年整个市场的年营业规模约为 668 亿元，年增长率为 6.5%，略高于 GDP 增长幅度。行业增幅依旧保持平稳增长，但受全球经济下行压力的影响，增幅与上一年度 11.9% 相比，有较大的回落。

资料来源：编者根据有关资料整理而成。

2. 公共关系在我国企业发展中存在的问题

尽管我国一些大企业在不同程度地运用公共关系，也取得了很大成就，但基本上还停留在广告、推销、接待等较基础的层面。要使公共关系的本质作用得到充分、全面的发挥，则须对公共关系理论及实践层面进行深入研究。目前公共关系在我国企业发展运用中存在以下问题。

（1）对公共关系认识存在误区，重视度不高。

现实中，有些人不同程度地把公共关系与广告、宣传、人际关系、交际活动等相混淆，错误地认为"公关"就是"攻关"，就是陪客户、上级吃饭，搞接待或送礼疏通关系。然而这种公关实质上是腐朽、庸俗的关系学在商业领域的反映，它不可能树立良好长久的信誉。有的人甚至还把一些腐朽、庸俗的东西当成公共关系，把包装等同于公关形象，把知名度等同于以美誉度为核心的公关声誉，把以公众为中心理解成媚俗甚至迎合低级趣味，等等，不一而足，这些都极大地损害了公共关系的声誉，导致了对公共关系的错误理解，极大地限制了公共关系作用的正常发挥。

（2）公关人才缺乏，企业公关意识相对薄弱。

企业里经过严格教育、系统培训的专业公关人才不多，处理公共关系问题还是依靠在实践中摸索的、有一定社会影响力的企业领导者来完成，极易造成公关处理的主观随意性和非专业性。对于一个企业来说，其形象的塑造以及与广大公众实现良好沟通，处在公关第一线的自始至终是广大的普通员工。但由于我国企业在市场经济中还不够完善，在观念等方面还有所欠缺，企业公关意识相对薄弱在所难免。

（3）公共关系处理体系存在缺陷，企业公关运作缺乏科学指导。

企业没有建立自己的公关危机事前、事中和事后完整的处理体系，在公关危机爆发时，公司董事长亲自披挂上阵，疲于应付，或者干脆闭门不见，这是企业面对忽然出现的公关危机常用的应对方式。由于我国高水准的公关专家和综合性的公关公司相对稀缺，企业公关缺乏科学的指导，部分企业的公关还停留在知觉阶段，一些企业的公关工作缺乏科学的理论指导和科学的调查依据，仅仅是凭企业领导者的经验和感觉进行。

（4）企业调研不足，情感投入不够。

"今天接任务，明天就开始宣传"，这种匆忙的公关方式被一些企业普遍采用。有些企业不愿在对自己产品进行宣传之前做任何调研，只凭知觉、经验确定公关对象、公关目标，甚至把公共关系当成简单的新闻发布会。2001年，中国联通公司在北京发布关于原"长城"网转网的公告，在发布之前，联通未做任何真正的公关预备工作，而是想当然地认为消费者会理所当然地接受这一新举措。其结果是引起广大用户的强烈不满并且招致众多媒体的攻击。假如联通公司能在发布公告之前做好调研，那么就不会陷入被动了。引起公众注意的所有可行术中，情感共鸣是行之有效的方法之一，而国内一些企业对此不够重视，在公关活动中忽视了情感的投入，在宣传产品上也未能有效地将产品和人联系起来。

(5) 企业公关存在"重外轻内""重传播轻治理"等不良现象。

我国古代哲学家孟子就说过:"天时不如地利,地利不如人和。"我国的一些公关专家也指出,西方公关理论其实就是中国的"人和"理论。而这个"和"字,首先,必须体现在企业内部的团结上。但我国企业公关的缺陷就是重外轻内,造成这种现象的主要原因是严格的等级观念还束缚人的思想,尤其是治理者的思想,使治理者在行使职权的时候片面强调"权威"而忽视"平等"。其次,有些领导者不重视与内部员工的沟通,因此员工的积极性、主动性、创造性得不到发挥。一段时间以来,信息的封闭和滞后给我国企业发展制造了一些障碍,于是加强信息传播成了企业治理者的共识。加强信息传播不仅是正确的,更是必要的,但企业不应该从一个极端走向另一个极端,忽视企业内部治理,不重视内功,片面地强调信息传播的作用。企业的运作也是一条环环相扣的"生物链",从产品的开发、产品质量的保证、成本的降低,到资金的合理利用、人才的合理开发、各种资源的合理配置,一切都要靠科学的治理来完成。只有有了科学的治理,内功才会扎实,才会有企业良好的形象,信息传播才会有扎实的基础和前提。有的企业不做大量的基础工作,只去追求一些哗众取宠的传播,取得短期的轰动效应,这样的企业寿命只会更短,"秦池"就是这方面的例子——3.2亿元夺来中央电视台标王的位置并没有换来秦池期望的辉煌。

(6) 企业公关危机预警机制不完善。

企业公关危机是一种由突发事件引起的非常态公共关系状态。它对企业经济目标和社会目标的实现构成严重威胁,企业必须在极短的时间内做出关键决策和紧急回应,否则会更大范围地引发社会公众对企业的信任危机。在高度市场化的社会中,企业的生存和发展很大程度上依靠它所处的市场环境,公关危机随时随地都可能发生。由于企业公关危机预警机制不完善,企业成为公关危机的受害者,因此企业如何熟悉公关危机,并进行有效的公关危机处理,建立和维护良好的企业公共关系,已经成为一项重要的企业治理课题。

3. 中国公共关系的未来发展趋势

(1) 公关市场趋向国际化。

更多的国际公关公司挺进中国市场。专业的国际公关公司,凭借公关发源地之势,传承多年在国际市场翻云覆雨的佳话,在利益的驱动下,乘着中国加入世贸组织的东风随跨国公司一道来中国淘金。尽管挑战巨大,但深谙本土之道的国内大公关公司也不断发展壮大,业务趋向国际化。它们非常了解"公共关系"在中国的经营之道,凭借家门口的成本优势,借鉴外来公关公司带来的成熟的运营模式和新鲜的公关理念,很快便发展壮大起来。像世界著名的跨国公司微软、惠普、诺基亚和摩托罗拉的许多公关业务已收于中资公关公司名下。

(2) 公关实务趋向专业化、职业化。

① 专业服务层次进一步提升。公关公司将从日常公关简单项目执行,发展到向高层次整合策划、顾问咨询和品牌管理方面逐步转变。公关公司的业务操作规范更加国际化、

标准化，服务水准也将纳入国际统一的标准体系中。

② 专门化的公关公司层出不穷。针对不同行业组织的专门化公关公司层出不穷，如金融公关公司、通信公关公司和旅游公关公司等。这种专门化的公关服务公司将给组织带来更为详尽到位的全方位服务。咨询业表现出来的智力劳动的高价值将得到充分的尊重。

（3）公关逐步进入组织的战略管理层面。

随着全球一体化经济的蓬勃发展，组织的传播活动将日益多元化。一方面，组织的形象竞争呈白热化状态，公共关系作为一种重要的传播手段、传播战略，将为组织塑造一种"全球形象"而纳入组织的战略管理层面，其战略地位日益加强；另一方面，全人类面临的一些全球性问题，如环保、人口膨胀、战争与和平以及人权与主权等问题的存在与解决，亦非一个国家和一个民族所能承受，它必须通过国际沟通对话，通过全球性、跨文化的传播沟通在形成共识的基础上制定国际化的标准，靠全人类通力合作来加以解决。而公共关系在解决这些问题的过程中是最有发言权和优势的。公共关系在未来发展中的这种战略地位将越来越明显。

（4）公关教育规模将不断扩大，公关人才市场逐渐形成。

经济全球化和新经济的兴起，为人类的生活、学习和生产带来前所未有的机遇和挑战，同样公关业面临的新问题也将是前所未有的，市场迫切需要大量的公关人才特别是复合型的公关人才。面对市场的需求，以市场为导向办学的高等学校将加大公关人才的培养力度，并不断强化复合型人才的培养。此外，社会化的公关教育与培训将有增无减，在公关行业发展的推动下，在规范化的高等教育的导引下，全社会的普及型及提高型的公关教育与培训，将有规模、有系统地交叉运行。各行各业会更重视全员公共关系的教育，同时各种协会与组织主持的专门化培训会因社会专门化公关服务的细分市场的形成而更趋成熟。

（5）公关领域进一步拓宽。

公关从企业公关、政府公关，发展到各行各业。高科技公关、时尚公关、环境公关、艺术公关、体育公关、财经公关及奢侈品牌公关等公关手段和技巧更丰富多彩，从一般的新闻发布、媒介宣传及市场推广的营销公关，到政府关系协调、超大型活动策划。

（6）目前最明显的发展趋势如下。

① 公共关系行业分化趋势越发明显，行业整合力度加大，兼并重组的趋势开始显现。
② "一带一路"与公关全球化趋势深入推进。
③ 新媒体时代的公关效果评估逐渐受到重视。
④ 政府机构购买公关服务，为行业增长开辟了新的领域。
⑤ 科技助力公关已是大势所趋。
⑥ 突发公共事件频发让危机公关再受关注。

要点回放

公共关系就是组织为了协调自身利益和社会利益，以树立良好的组织形象为核心目标，围绕一系列科学的计划，通过各种传播手段来建立和维系组织与社会公众之间相互了解、相互信任、相互适应和相互合作的关系，协调化解组织内外的各种矛盾，进而创造组织活动的最佳环境的过程。

公共关系的职能广泛而复杂，是公共关系对组织所发挥的独特的、积极的作用，公共关系有五大基本职能：信息收集职能、信息传播职能、协调沟通职能、形象管理职能和危机处理职能。

公共关系工作的基本原则有诚信务实原则、互惠互利原则、双向沟通原则、开拓创新原则、全面公关原则、整体一致原则以及科学性和艺术性相结合原则。

公共关系作为一门独立的学科出现于20世纪初的美国。但是，作为一种客观存在的社会关系以及一种思想与活动方式却源远流长。早在古代文明时期，人类为了协调各个利益主体之间的关系，便有了不自觉的、和现今社会类似的公共关系活动。中国是文明古国，"公共关系"的思想与活动可以追溯到有文字记载的远古时代。现代公共关系起源于美国，分为四个时期：巴纳姆时期、艾维·李时期、爱德华·伯尼斯时期和斯科特·卡特里普时期，每个时期公关的观念、出发点、目标、传播原则、方法和特点都不相同。中国的公共关系自20世纪80年代进入中国，至今已有40余年的历史，经过40余年的实践和发展，在我国已经发展成为一个独立专业或职业，由于种种原因有待于进一步完善和发展。

任务体验

体验一 考一考

1. **单项选择题**

(1) 公共关系的组织"桥梁"作用是（   ）。
　　A. 联络公众　　B. 树立形象　　C. 影响舆论　　D. 协调沟通

(2) 公共关系组织的"喉舌"职能是（   ）。
　　A. 信息传播　　　　　　　　B. 危机处理
　　C. 协调沟通　　　　　　　　D. 形象管理

(3) 倾向于公共关系实务的是（   ）定义。
　　A. 管理职能论　　B. 传播沟通论　　C. 现象描述论　　D. 社会关系论

(4) 公共关系塑造的是组织的（   ）。
　　A. 个别产品形象　　B. 员工形象　　C. 局部形象　　D. 整体形象

(5) "公共关系是一种独特的管理职能"这类定义突出了公共关系的（   ）。
　　A. 传播属性　　B. 管理属性　　C. 咨询功能　　D. 公众性

(6) 认为公共关系具有"人和"功能的是（   ）。
　　A. 管理职能论　　　　　　　B. 传播沟通论
　　C. 社会关系论　　　　　　　D. 现象描述论

(7) 全员公关体现的是（   ）。

A. 整体一致　　　B. 全面公关　　　C. 互惠互利　　　D. 双向沟通

（8）公共关系作为一种职业和学科最早产生于（　　）。

A. 英国　　　　　B. 法国　　　　　C. 美国　　　　　D. 中国

（9）被后人誉为最早问世的公共关系学的理论著作《修辞学》的作者是（　　）。

A. 恺撒　　　　　　　　　　　B. 亚里士多德

C. 柏拉图　　　　　　　　　　D. 孔子

（10）被称为公共关系理论发展史上"第一个里程碑"式的著作——《公众舆论之形成》的作者是（　　）。

A. 艾维·李　　　B. 伯尼斯　　　C. 卡特里普　　　D. 杰夫金斯

（11）被后人誉为最早问世的原始公共关系的理论书籍是（　　）。

A. 恺撒的《高卢战记》　　　　B. 孔子的《春秋》

C. 亚里士多德的《修辞学》　　D. 伯尼斯的《舆论》

（12）1952年卡特里普和森特在《有效的公共关系》一书中提出了（　　）。

A. "公众必须被告知"的原则　　B. "投公众所好"的传播方针

C. "凡宣传皆是好事"的信条　　D. "双向对称"的公共关系模式

（13）公共关系职业的先驱是（　　）。

A. 亚里士多德　　B. 巴纳姆　　　C. 艾维·李　　　D. 哈罗

（14）使公共关系科学化，被誉为"公共关系学之父"的是（　　）。

A. 卡特里普　　　B. 艾维·李　　　C. 伯尼斯　　　　D. 森特

（15）公共关系学正式成为一门科学是在20世纪（　　）。

A. 20年代　　　　B. 30年代　　　　C. 40年代　　　　D. 50年代

（16）中国公共关系协会正式成立的时间是（　　）。

A. 1985年　　　　B. 1987年　　　　C. 1990年　　　　D. 1993年

2. 多项选择题

（1）关于公共关系，有代表性的定义包括（　　）。

A. 管理职能论定义　　　　　　B. 传播说定义

C. 传播沟通论定义　　　　　　D. 社会关系论定义

（2）作为人类社会中一种特殊关系形态的公共关系是指（　　）。

A. 组织与公众之间的关系　　　B. 信息交流的关系

C. 互惠互利的关系　　　　　　D. 相互服务的关系

（3）公共关系的基本职能有（　　）。

A. 信息收集和信息传播职能　　B. 形象管理职能

C. 危机处理职能　　　　　　　D. 协调沟通职能

（4）公共关系学科化阶段的主要代表人物有（　　）。

A. 伯尼斯　　　　　　　　　　B. 哈罗

C. 森特　　　　　　　　　　　D. 卡特里普

(5) 提出"双向对称"公共关系模式的是（　　）。
   A. 艾维·李　　B. 伯尼斯　　C. 卡特里普　　D. 森特
(6) 艾维·李的公共关系思想和宣传思想有（　　）。
   A. 向报界和公众提供迅速和准确的消息
   B. 实施门户开放策略
   C. 讲真话
   D. 公众必须被告知

体验二　讲一讲

1. 要求
(1) 由学生对下面所学知识进行复述、总结与拓展。
(2) 鼓励学生课外自查资料。
(3) 建议在该知识讲授结束时布置，下一次课开始时进行。
(4) 学生随机轮流上台，面对全班同学讲述，每题时间不超过三分钟。
(5) 教师对学生的讲述进行考评，计入平时成绩。

2. 内容
(1) 你是如何理解公共关系的含义的？
(2) 结合学校实际，谈谈你对公共关系职能的理解。
(3) 试比较现代公共关系各时期的不同点。
(4) 简述公共关系在我国的发展历程。
(5) 结合以下案例讲一讲如何提高公共关系信息收集效果。

案例背景资料

知网反垄断事件——品牌要敢做敢当敢改

2022年4月15日，一封疑似"中科院文献信息中心"的邮件让知网再陷争议。邮件中提到：由于知网开出的续订费过高，双方经过积极协商，未能达成一致意见，中科院未来将考虑用维普期刊数据库、万方学位论文数据库，对知网数据库形成替代保护。

4月25日，国家市场监督管理总局回复称：已关注到各方面反映的知网涉嫌垄断问题，正在依法开展相关工作。2022年12月26日，国家市场监督管理总局依法作出行政处罚决定，责令知网停止违法行为，并处以其2021年中国境内销售额17.52亿元5%的罚款，共计8 760万元。同时，坚持依法规范和促进发展并重，监督知网全面落实整改措施、消除违法行为后果，要求知网围绕解除独家合作、减轻用户负担、加强内部合规管理等方面进行全面整改，促进行业规范健康创新发展。

同一天，知网做出回应，并公布了5个方面共15项整改措施，囊括"彻底整改与期刊、高校的独家合作""大幅降低数据库服务价格""保护作者合法权益""持续优化相关服务""全面加强合规建设"5大方面。在舆论风暴下，持续已久的大众之声被予以应答。

在反垄断处罚下来之前，负面舆论持续笼罩着知网，其应对都仅能暂时平息舆论。但凡有相关动态出现，一边倒的大众批评声便又卷土重来。

而在最终，处罚公布后，知网老实挨打的态度多少为它博出了喘息的空间。知网快速发布两则声明以回应，首先承认了错误，然后对惩处项、舆论质疑热点等问题，公布了详细的改进措施。

这一应对获得了成效，大众终于看到了知网担起责任的态度，在舆情热度降温的同时，负面情绪的消解效果也较为理想。

资料来源：https://zhuanlan.zhihu.com/p/609741087.

体验三 想一想

大亚湾不是切尔诺贝利

煤电供应日趋紧张，尤其是近年来燃烧石化燃料过多而导致的"温室效应"及天气异常现象，加深了人们对核电优越性的认识。有关方面经过科学的分析和调查，认为发展核电不失为解决我国中长期电力需求增长问题的重要途径，于是我国决定在深圳大亚湾修建一座核电站。但是此时恰值核电业经受了1979年的三哩岛事件，以及1986年的切尔诺贝利核电站泄漏事故。消息见诸世界各地的报端之后，这一与人类生存攸关的重大问题受到了世界各国人民的广泛关注，一时间，在大亚湾修建核电站之事也成为香港地区各界公众的热门话题。香港各报辟出版面，对此间议论广泛报道，最后居然形成了一股反对在大亚湾修建核电站的社会舆论。香港地区公众为此组织了反核的专门机构，并发起香港各界100万人的签名活动。在为了"保障香港公众安全"的舆论调动之下，120万香港公众参加了签名运动，反核的专门机构派出了请愿团赴京请愿。有关部门认为产生这种不利舆论的根本原因是我们对大亚湾核电站的修建缺乏宣传，以致香港地区公众不了解有关情况而造成了误解，因此处理此事应采取全面的公关宣传，以"软处理"的方式化解这种不利舆论，于是有关部门采取了如下对策。

（1）立即组建核电站公关处，由一位高级工程师任处长，以增强公关宣传的针对性。

（2）通过新华社、中新社等新闻媒介如实报道切尔诺贝利核电站事故调查及援助工作开展的情况，并及时详尽报道了调查结果显示是由于操作人员操作不慎所造成而并非技术问题。

（3）由具有权威的核科学家和核电专家在香港地区举办关于核电站知识的讲座。在宣传中，他们针对香港地区公众担心的问题，给予了耐心的解释和说明：我国目前采用的安全标准是在国际上积累了几十年经验基础上结合我国国情制定的，具有很高的安全保障系数，在压水堆的设计上也采用了国际上最成熟的技术，设立三道屏障：一是安全壳，二是压力壳，三是包壳，从而使反应堆达到最佳安全性能，万无一失。世界核电史上的两次最大事故（三哩岛事故、切尔诺贝利事故）均是由于操作人员操作不慎造成的，而非压水堆本身的技术问题。高标准、严要求是我们在核电建设中始终坚持的原则。另外，大亚湾核电站距香港50公里，完全符合国际规定的选址要求。一些核电站的设立，离居住区都在50公里以内，没有造成任何危害。切尔诺贝利核事故的清理范围也仅在30公里以内，因此，50公里的距离不算近，香港人不必担心，相信该核电站投入使用后，也不会造成任何危害。对于核的恐惧心理实际上是杞人忧天，大可不必。核电和原子弹是有本质区别的，核电站绝不会发生爆炸，它可能产生的泄漏事故也会因多层防护屏障的纵深保护而减少到最低程度。

　　(4) 组织香港人士参观大亚湾核电站的基地及设施，增加了工程决策、设计、施工、管理及技术等方面的透明度。

　　(5) 中央有关领导会见请愿团，向香港公众做认真的说明和解释工作，沟通信息与情感，让香港公众感到政府对此是襟怀坦白的，从而增强了香港公众的信任感。

　　(6) 有关部门与香港一家有影响、有信誉的公关公司合作，在广岛举办和平利用原子能的展览会，宣传核知识。

　　通过以上一系列公关活动的开展，一场反对修建大亚湾核电站的轩然大波终于平息了。

　　资料来源：金锄头文库．

思考题

1. 根据以上案例，谈谈开展公共活动应遵循的原则。
2. 结合大亚湾的案例，谈谈公共关系传播沟通会对组织产生什么影响。

体验四　练一练

1. 项目

讲述一个古代公共关系故事。

2. 要求

(1) 同学们可自由组合或由指导老师组合分成若干小组。
(2) 通过各种途径收集古代公共关系的故事。
(3) 每个小组推举一名代表上台讲述。
(4) 每组抽一名同学组成评委，分别给各小组评分。
(5) 最后由指导老师进行点评和总结。

体验五　做一做

传播公共关系概念

1. 实训项目

访问你熟悉的企业的内部公众（企业领导、技术人员、工人、行政人员、后勤人员等）。

2. 实训目的

通过访问企业的内部公众，了解企业各类公众对公共关系的看法和认识，纠正他们对公共关系的片面理解或错误认识，向他们传播正确的、科学的公共关系概念和认识。

3. 实训内容

(1) 观察你访问的企业的各类公众，分析他们的哪些行为和活动是公关行为和活动。
(2) 写一份向企业各类公众普及和传播正确的、科学的公共关系概念和认识的建议书。

4. 实训组织

分析企业有哪几类内部公众,然后把全班同学分成几大组,各组分别走访调查各类企业的内部公众。

5. 实训考核

(1)要求每名学生写出访问报告或小结。

(2)要求学生填写实训报告,内容包括:

① 实训项目;

② 实训目的;

③ 实训内容;

④ 本人承担的任务及完成情况;

⑤ 实训小结。

(3)教师评阅后写出实训评语,组织全班交流实训体会。

任务 2

公共关系构成要素

任务提要

2.1 公共关系的主体：社会组织
2.2 公共关系的客体：公众
2.3 公共关系的媒介：传播

任务目标

知识点

1. 理解社会组织、公众和传播的含义、特征和分类
2. 了解公共关系传播的主要媒介及其特点
3. 掌握公共关系传播要素、传播原则和传播技巧

技能点

1. 会甄别不同类型的组织、公众和媒介
2. 会准确确定组织的公众，正确选择传播媒介
3. 会运用公关传播要素、原则和技巧，提高公关传播能力

案例导入

钟南山提笔感谢，京东好评如潮

京东在新冠疫情中获得了公众高度好评，提升了企业良好形象，原因就在于京东物流为驰援武汉等地开通了专用通道，让物资能够快速送到。特别是钟南山院士的团队捐赠了100个呼吸器，京东物流接下这个任务后，仅用1天的时间就将呼吸器送达武汉汉口医院。为此，百忙之中的钟南山院士提笔写下29字以表深厚感谢！

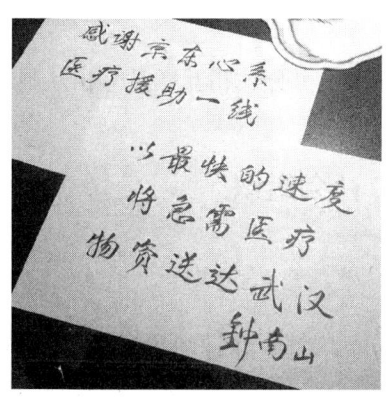

钟南山院士的这封感谢信,可谓是价比千金,对于提高京东的声誉发挥了重要的作用。钟南山院士在这次疫情中,成为人们心中的中流砥柱,是一个正能量满满的个体,他做过的每件事、说过的每句话都让公众信服。所以,钟南山院士致京东的感谢信毫无意外地被网友刷屏称赞。

借势钟南山院士就足以获得很高的正面评价,在各大电商巨头的营销中,京东的表现足够出色。

资料来源:知乎专栏.

思考讨论

1. 阐述本案例中公共关系的主体、客体和媒介。
2. 针对以上案例,谈谈京东是如何运用公共关系的技巧的。

我们首先看一看公共关系要素构成图,如图 2-1 所示。

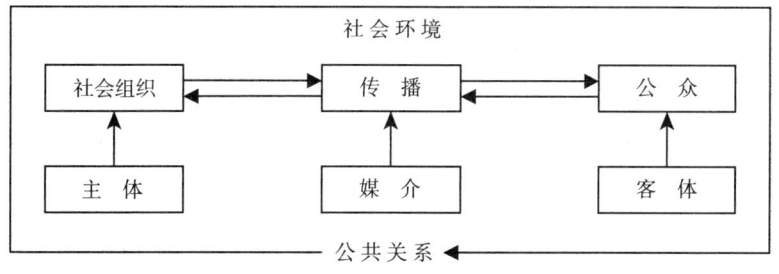

图 2-1 公共关系要素构成图

从图 2-1 中,我们可以看出:

(1)公共关系是由社会组织、公众、传播三个基本要素组成的系统。

(2)社会组织是公共关系的主体,是公共关系活动的组织、策划和实施者;公众是公共关系的客体,是公共关系活动的对象,在组织目标实现的过程中,发挥着巨大的能动作用;传播是公共关系的媒介,是联结主体与客体的中间环节,社会组织通过传播影响公众。

（3）公共关系的三个要素密不可分、相互联系、相互制约。

2.1 公共关系的主体：社会组织

2.1.1 社会组织的含义

社会组织（简称"组织"）是指在共同目标的基础上，按系统的方式建立起来的与公众发生密切关系的社会机构。它是一个与"个体"相区别的概念，它有目标，有领导，有成员分工，有共同遵守的规则。理解这一定义需要把握以下四个方面的含义。

1. 共同目标是维系组织的基础

组织虽然形式很多、性质各异，但它们都包含着一个共同点，即它们的活动都是围绕着自身的共同目标而展开的。因此，一个组织的共同目标是其成员发挥作用的一个必要条件。

2. 维系方式是构建组织的要求

组织是按照系统方式构建的，组织系统内部的各部分之间，部分与整体之间彼此始终保持着一种有机的联系。它们既相互联系，又相互制约，其中任何一部分发生变化，都会影响其他部分，甚至影响系统整体发生变化。因此，组织只有以系统的方式来进行构建，才能最佳地发挥组织对内对外的独特功能。

3. 与公众的关系是产生组织的条件

公众作为组织的认识对象和工作对象，也可以说是组织存在和发展的外部环境之一。离开公众环境，组织就没有建立的必要，建立了也会被社会所淘汰。因此，组织的发展和兴衰与公众环境息息相关。

4. 多数人的集合是组织的特征

组织是社会团体，团体是多数人的集合体。因此，组织是多数人的集合体，由共同的目标来维系，按系统的方式来构建，并由一定数量的内部公众组成。同时，组织又通过进行各项事务活动，促进自身的发展。

总之，社会组织在运行过程中必然涉及多方面的因素。协助并处理好组织对内和对外的关系，是组织实现"内求团结，外求和谐"的必不可少的条件。

2.1.2 社会组织的特征

社会组织的形式尽管千差万别，但社会组织都有以下共同特征。

1. 群体性

社会组织至少由两个以上较为稳定的、具有某种资格的成员组成。社会组织的活动由社会组织的成员展开，这些成员加入或退出组织都需履行一定的手续。

2. 目标性

社会组织的建立以共同的目标为条件，社会组织成员为了一个共同的目标走到一起。社会组织的目标是制定方针、政策和措施的前提和基础，对组织的生存和发展具有导向作用，对组织成员具有统一认识、规范行为、强化凝聚力的作用。

3. 整体性

社会组织是由组织成员和职能部门按照一定的结构和机制形成的相互联系、相互作用的有机整体。进行组织形象的塑造，必须从整体性和系统性的原则出发，对组织形象进行全方位、系统性的塑造，充分调动组织各部门和各成员的积极性，并注意相互之间的协调。

4. 动态性

组织生存于一定的环境之中。组织的生命力取决于组织对环境的适应能力。外部环境的变化性决定了组织是一个动态的系统。组织必须不断地根据环境的变化来调整自身的使命、政策、行为和组织结构。组织只有不断地进行自我改造、自我协调和自我更新，才能适应外部环境。

5. 多样性

社会组织是多种多样、千姿百态的。既有以营利为目的的经济组织，又有以服务社会为目的的社会公益组织，还有以建立社会秩序为目的的社会管理组织，等等。多样性的组织对公共关系提出了多样性的要求。

2.1.3 社会组织的分类

对社会组织进行分类，是为了开展公关工作时，能够比较准确地判断其组织性质、任务，进而把握其公共关系行为和公众类型，为以后的公共关系工作寻找策划运作的依据。

1. 按组织的社会职能分类

（1）经济组织。这类组织是为经济利益而组建的，其特点是从事经济活动，具有经济职能。它包括工商企业、金融组织、交通运输组织、服务性组织等。

（2）政治组织。这类组织是为某种政治目的而组建的。它包括政党、工会、共青团、妇联、人民团体等。

（3）公益组织。这类组织是为了社会公益事业而组建的。它包括政府机关、军事机关、公安机关、公共事业单位、科研单位、学校、医院、消防队等。

（4）群众组织。这类组织是由具有共同志趣的个体组织起来的。它包括群众性协会、团体、学术性组织等。

（5）宗教组织。这类组织是由具有共同信仰的人们所组合起来的。它包括佛教协会、道教协会、天主教爱国会等。

2. 按组织目标与受益者的关系分类

（1）公益性组织。如政府机构、公用事业部门、公安机关、军事机关、科研单位等。这类组织以国家和社会公众的整体利益为目标，其公众对象是社会各界，或所属地区的全体公民。

（2）非公益性组织。如政党、工会、各种协会、俱乐部及其他群众团体等。这类组织较重视组织内部成员的利益和共同目标，所以首先以内部成员为对象，重视系统内部的沟通和凝聚力。

（3）营业性组织。如工矿企业、商业贸易公司、金融机构、旅游饭店等。这类组织以其所有者、经营者的利益为目标，其公众包括所有与其经营业务相关的利益对象，如投资者、协作者、顾客、供应商等。

（4）服务性组织。如学校、公立医院、社会福利机构等，即通常所说的非营业性的事业单位。这类组织以特定的服务对象为目标，并与资助者、协助者保持密切关系，以维持自身的生存。

总之，基于不同类型的组织，出现了不同类型的公共关系，如工业企业的公共关系、商业企业的公共关系、政府公共关系、军队公共关系等。因此，在公共关系中，我们既要看到它们各自的特殊性，又要看到它们之间的相互联系，只有这样，才能正确地认识各种类型的公共关系。

2.2 公共关系的客体：公众

2.2.1 公众的含义

公共关系中的公众是一个特定的概念，是指与特定的公共关系主体相互联系、相互作用并对其生存和发展具有影响的个人、群体或组织的总和，是公共关系传播沟通对象的总称。

要正确地理解公共关系的客体，必须准确地理解和把握公众的以下基本含义：

（1）公众是公共关系的客体，即现代企业传播沟通对象的总称。

（2）公众是相对特定企业而存在的。

（3）公众是因为相同的利益、问题而联结起来并与特定企业发生联系或相互作用的个人、群体或组织的总和。

（4）公众是客观存在的。

2.2.2 公众的特征

从公众的本质看，它具有以下几个特征。

1. 整体性

公众不是单一的群体，而是与某一社会组织运行有关的整体环境。我们把这种整体环境称为公众环境。比如一家企业，其公众环境如图 2-2 所示。公共关系工作不可只注重其中某一类公众，而忽略其他公众。对其中任何一类公众的疏忽，都可能使整个公众环境恶化。因此，首先应将社会组织面对的公众视作一个完整的环境，企业的存在、运行和发展，一时一刻也不能脱离这些公众。

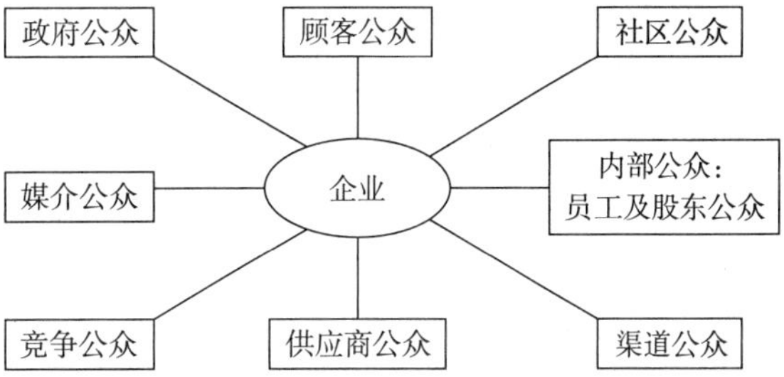

图 2-2　企业的公众环境

2. 同质性

同质性公众是具有某种内在共同性的群体。当某一群人、某一群社会阶层、某些社会团体因为某种共同点而发生内在联系时，便成为某一类公众。这种相互之间的共同点包括共同的问题、目的、利益、需求、意向、兴趣、背景等。如某商店销售了一种伪劣商品，凡是购买了这种商品的顾客都存在着由于购买了这种商品面临切身利益受到侵害的共同问题。假如这些受害消费者联合起来，向消费者协会投诉，或者向新闻界披露，这时，商店要挽回信誉，就必须开展一系列的公共关系工作。因此，有关顾客就成为商店公共关系工作的特定公众。

3. 多样性

公众仅是个统称，其形式复杂多样，可以是个人，也可以是群体，还可以是团体或组织。即使是同一类公众，也可以有不同的存在形式。比如消费者公众，可以是松散的个体，也可以是特殊的利益团体（如消费者委员会），还可以是一个严密的组织（如使用产品的其他公司）等。公众形式的多样性决定了沟通方式和传播媒介的多样性。就学校组织而言，它有内部公众，如教师、职工、学生；有外部公众，如主管部门、学生家长、兄弟学校、新闻媒介等。正因为组织公众的多样性，公共关系工作才体现出必要性和复杂性。

4. 变化性

公众不是固定的、一成不变的对象，而是一个开放的系统，处在不断变化之中。公共关系的公众涉及各个领域，这些公众与一个组织的联系是由于它们具有某种共同点。随着时间的推移，当它们之间不再具有这种共同点时，这些公众就不再是这个组织的公众了，同时又必定会有新的公众加入进来，组成新的公众网络系统。注意到公众的变化性，有助于组织不断调整工作方针和重点，开拓新的工作领域。造成公众变化的原因主要有两个方面：一是组织本身的情况发生了变化，如某校由中专学校升格为高职学院，则招生对象由初中毕业生变为高中毕业生；二是客观环境发生了变化，如随着全国教育体制的改革，很多原部属学校都下放到地方，主管部门（政府公众）也就相应地发生了变化。因此，公众不像一支"检阅的仪仗队"，而如一支"游行的队伍"，我们必须以动态的、发展的眼光来认识自己的公众对象。

5. 相关性

公共关系中的公众必然与社会组织存在着一条利益联结的纽带，使社会组织和公众总是处于相互作用、相互制约的互动关系中。公众对社会组织的目标或发展具有实际的或潜在的影响力、制约力，甚至决定着社会组织的成败。同样，组织的决策和行为对它的公众也具有实际的或潜在的影响力、作用力，制约着公众所面临问题的解决或需求的满足。如商店出售了伪劣商品，导致了顾客的不满行为，这会对该商店的声誉产生不良的影响；而该商店对这件事情如何处理，关系到顾客能否获得自己的应有利益和权益。寻找公众，确定公众，很重要的就是寻找和确定相关性，并把它们具体地揭示出来，分析清楚，从而确定自己的目标公众。因此，相关性的确定，有助于组织甄别公众与非公众，并从公众需求、利益和互动性方面抓住主要矛盾，有效地解决问题。

2.2.3 公众的分类

对复杂多样的公众进行科学的分类是公共关系工作的出发点，目的是明确公共关系工作的对象，有针对性地开展公共关系工作，从而提高公共关系活动的效率。根据不同的标准，公共关系的公众可以按以下方式来划分。

1. 从归属关系来划分，可以分为内部公众和外部公众

（1）内部公众。内部公众包括员工公众和股东公众，他们是公共关系工作的起点。

（2）外部公众。外部公众包括政府公众、媒介公众、社区公众、顾客公众、竞争公众等，他们是公共关系工作的重点。纺织工厂公众构成如图 2-3 所示。

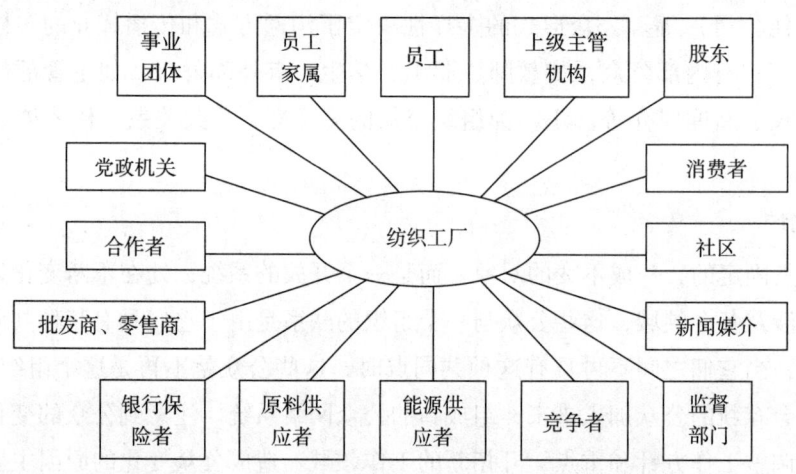

图 2-3 纺织工厂公众构成

2. 从重要程度来划分，可以分为首要公众、次要公众和边缘公众

（1）首要公众。首要公众是与组织关系重大，甚至可以决定组织生死存亡的公众，他们是组织公共关系的重点工作目标，如商业企业的顾客。

（2）次要公众。次要公众虽然对组织不起决定性作用，但有重要影响，是非常需要兼顾和转化的公众，如新闻媒介等。

（3）边缘公众。边缘公众对组织的影响很间接，如员工家属、社区居民中尚未成年的孩子等，但他们的态度对组织声誉依然重要，如果有条件也要与他们搞好关系。

3. 从态度来划分，可以分为顺意公众、逆意公众和独立公众

（1）顺意公众。顺意公众是对组织的政策、行为和结果持积极态度的公众，是最受组织欢迎也是组织需要稳定扩大的公众。

（2）逆意公众。逆意公众是对组织的政策、行为和结果持反对态度的公众，组织需要花大力气转化这部分公众，如企业的恶性竞争者、对组织持有偏见的消费者和媒体。

（3）独立公众。独立公众又称中间公众或不确定公众，对组织持中立态度，是组织需要去争取的公众。

4. 从稳定程度来划分，可以分为临时公众、周期公众和稳定公众

（1）临时公众。临时公众是因某个临时因素、偶发事件或专题活动而形成的公众，如因为飞机航班误点而滞留机场的旅客、足球场上滋事的球迷、上街游行示威的队伍等。组织对临时公众应有灵活的应对措施。

（2）周期公众。周期公众是按一定规律和周期出现的公众，如春节探亲访友的旅客、暑假期间旅游的师生、招生时节的考生及家长等，组织应掌握这些规律，争取把某些周期公众变为自己的长期公众。

（3）稳定公众。稳定公众是具有稳定结构和稳定关系的公众，如内部员工、老顾客、常客、社区人士等，有"自家人"或"准自家人"的性质，这部分公众的多少是衡量组织公共关系成熟性的一个标志。

5. 从形成和发展的过程来划分，可以分为非公众、潜在公众、知晓公众和行动公众

（1）非公众。非公众是指既不受组织行为的影响也不对组织产生作用的一类公众。如美国总统竞选，中国公民就是非公众；大学招生，幼儿园小朋友就是非公众。了解这一点，公共关系工作就可以避免盲目性，减少不必要的浪费。

（2）潜在公众。潜在公众是已经与组织有某种利益联系但组织自身并未意识到这种利益联系的这部分公众，如组织行为的受益者、产品质量的潜在受害者等。这需要公共关系工作人员未雨绸缪，发挥主动性和超前性，预测和监控事态发展，把问题解决在萌芽状态。

（3）知晓公众。知晓公众是由潜在公众发展而来的，这部分公众不仅面临共同的问题，并且已意识到问题的存在。这部分公众是公共关系工作无法回避的公众，组织必须及时地向他们传递有关信息，争取这部分公众的合作。

（4）行动公众。行动公众是知晓公众发展的结果，这部分公众不仅意识到问题的存在，而且已经准备或已经开始采取实际行动来求得问题的解决。无论他们的行动是积极的还是消极的，组织都应该采取实际和有效的行为去对待他们，除此之外别无选择。

2.3 公共关系的媒介：传播

2.3.1 公共关系传播的含义

公共关系传播是社会组织运用媒介手段将信息、观点和主张有计划、有目的地与公众进行沟通，以提升自己的形象，争取公众支持的过程，是社会组织开展公关工作的重要手段。对于这个定义，应从以下几个方面来把握：

(1) 公共关系传播的主体是组织，不是专门的信息传播机构。
(2) 公共关系传播的客体是组织的内外部公众。
(3) 公共关系传播是一个有计划的、完整的行动过程。

整个传播活动必须按组织的公关总目标有步骤地进行，还必须完全符合传播学的"5W模式"（具体内容见2.3.4公共关系传播的基本要素）。

(4) 公共关系传播是一种信息的分离活动。也就是说，这不是一般意义上的单项信息传播，而是通过双向的信息沟通，使双方在利益限度内最大限度地取得理解，达成共识。

2.3.2 公共关系传播的特征

1. 社会性

公共关系传播是人类为维持社会生活而产生的一种最常见、最主要的社会行为，没有传播就形成不了社会；同时，公共关系传播又是一定社会关系的体现，传受双方表述的动机、内容和采用的姿态、措辞等，无不反映各自的社会角色和地位。

2. 目的性

不同于普遍意义上的传播，公共关系传播问题是围绕着一个组织的总目标来展开的，是组织为了提高自身的认知度、美誉度、和谐度等所开展的传播活动以及传播管理。

3. 双向性

信息的传播不仅局限于传播者一方向另一方的信息传递，作为受传者也有一定的能动性。受传者会把收到信息后的反应反馈给传播者，并影响传播者的传播行为，实现信息双向沟通。

4. 创新性

创新是公共关系传播的生命，这是由人的好奇心所决定的。人们不喜欢老生常谈、拾人牙慧式的传播行为，而对那些充满活力和创新的传播总是投以欣赏的眼光。成功的公共关系传播不但能给公众带来耳目一新的感觉，而且易于为公众所接受。

5. 情感性

在现代社会，人们越来越强调情感交流，强调精神生活的愉悦。例如，顾客作为"上帝"已经不仅仅满足于物质上的富有，还追求一种心灵上的富足。公共关系传播往往以情感人，达到理性方法所不能达到的效果。

2.3.3 公共关系传播的类型及特点

了解各种公共关系传播的类型及特点，有助于我们完整地理解公共关系的传播活动。

1. 人际传播

人际传播是指人与人之间的信息沟通和情感交流活动，也是社会生活中最常见、最普通、最丰富的一种基本传播方式。人际传播形式多样，但大致可分为两种：一种是面对面的传播，一般是通过语言、表情、手势等直接沟通，能立即得到反馈；另一种是借助中介物的传播，一般是通过书信、电话等媒介进行沟通。人际传播是公共关系最基本的、必不可少的传播方式。

人际传播有以下特点。

（1）传播方式随意。人际传播由于是个体之间的交流，范围小、影响小，所以在信息内容的选择方面比较随意，可以是严肃的主题，也可以是轻松的话题，还可以是一笑置之的调侃。这种传播下，双方没有太大的心理压力，因此可以就一些不易在公众场合传播的内容进行深入的探讨，最终达成某种默契或共识，这种效果在其他传播方式中是很难达到的。

（2）信息反馈迅速。人际传播为及时反馈信息提供了有利条件，尤其是面对面的交谈使信息的双向沟通更易实现。同时，传播的双方都可以根据对方反馈的信息，获知自己的传播效果和对方的态度，并及时调整、修改和补充传播内容及传播方式，这无疑大大提高了双方达到一致的可能性。

（3）传播符号多样。人际传播具有手段丰富、符号多样的特点。除了语言、文字、图像、音响之外，还有眼神、表情、动作、姿态、服饰、特定的物品等多种渠道或手段来传递信息，甚至特定的时间和空间也能成为信息符号，从而使对方从感官到理智都受到多方面的信息刺激。

（4）情感沟通方便。在所有的传播方式中，人际传播的人情味最浓。个人情感的沟通一般随着对象的增加而递减，在个人交往场合比在公众场合沟通情感的效果更明显。人际沟通最有利于情感交流，最易于达到以情动人、以情感人的目的。

（5）主观制约性强。人际传播主要在个人之间进行，因此最容易受个人主观因素制约，比如受人的观念、态度、情绪、语言等因素的制约。加上传播面比较窄，传播速度慢，容易使信息在多次传播中失真。

■ 相关知识链接2-1

公共关系传播中的人际传播与个人的人际传播的区别

- 两者的传播主体——人的含义不同。前者指组织化了的个人，后者指单个的个人；

前者研究的是代表组织的有目的、有计划地传递组织信息的过程，后者研究的则是人与人之间的交往及信息交流活动。
- 从社会关系的总体上看，公共关系是从社会群体或组织的基础上建立起来的一种较高层次的社会关系，个人关系则是一种较低层次的社会关系。与此相适应，它们所采用的传播手段各不相同。个人的人际传播手段一般比较简单，而公共关系传播手段相对复杂一些。
- 公共关系的传播对象是与组织有着某种特定联系的群体，个人的人际传播对象则可以是一群人，也可以是一个人。人际传播中包含了自我传播的过程，自我传播又称人内传播，是指个人接受外界信息后，在头脑中进行信息加工处理的过程。如自言自语、触景生情、自我进行信息交流等，哪些话该讲，哪些话不该讲，应该怎么组织语言讲，这些都是人在头脑中进行缜密思考后得出的。公共关系中的人际传播对象在社交活动中表现出的礼貌、态度、知识、修养等，往往能直接影响对方对他所代表的组织的印象，良好的人际传播需要开放、平等、积极的心态和行为，需要与大众、组织进行有效沟通，同时辅以良好的传播技巧，才能收到大众传播媒介所难以达到的效果，反之，则会给自己或组织带来危害。

资料来源：张亚. 公共关系与实务 [M]. 2版. 北京：科学出版社，2011.

2. 组织传播

组织传播是指组织与其内部公众（员工、股东）和外部公众之间的沟通交流。内部传播一般表现为各种信息的上传下达，以及个体之间的情感交流等形式，如各种会议、座谈、个别谈话等；外部传播则主要表现为组织将其信息传递给外部公众，并获得反馈信息以调整自己行为的过程，如企业举办新项目介绍会、企业组织的展览会等。组织传播是疏通组织内外关系的一种重要传播方式。组织传播的特点如下。

（1）主体是组织而不是个人，但并不否认组织通过个人或以个人名义进行传播。

（2）传播行为在相当大的程度上具有正式性，既有自上而下的下行传播，也有自下而上的上行传播，以及同级部门的横向传播，这些行为体现出传播的层次性和有序性。

（3）传播范围比群体传播要大。

（4）传播媒介在一定程度上具有多样性和复杂性的特点。

3. 大众传播

大众传播是指职业传播者（如报社、杂志社、广播电视台、网站、影院等）通过报纸、杂志、广播、电视、网络、电影等方式将复制的信息传递给分散的大众。大众传播是公共关系传播中最主要的方式。大众传播的特点如下。

（1）传播主体职业化。大众传播业包括从事信息生产和传播的职业化媒介组织，如出版社、杂志社、报社、广播电视台、电影和电视剧制作中心等，这些机构集中了大量的职业传播人员，如编辑、记者、主持人、制片人等。

（2）传播对象大众化。大众传播拥有大量的受众，分布于不同的地域、不同的阶层，相互之间没有紧密的联系，与传播者之间也没有直接的联系。

（3）传播内容通俗化。由于受众的广泛性，大众传播的内容以满足社会上大多数受众的信息需求为目的，因此大众传播的内容必须通俗易懂、深入浅出。

（4）传播手段技术化。大众传播借助印刷、摄影、互联网等手段大量复制信息，迅速进行大范围的传播，其手段技术含量越来越高。

（5）传播活动高效化。由于现在传播手段高度技术化，大众传播能够大量地、高速地复制和传递信息，使传播活动可以大范围、高速度地进行覆盖，使大众传播具有强大的公众舆论影响力。

（6）信息反馈弱化。大众传播虽影响广泛，但信息反馈比较困难。大众传播属于单向性很强的传播活动，缺乏直接和有效的反馈通道，因此反馈的过程比较长、比较缓慢。所以，大众传播是信息反馈比较弱的一种传播方式。

■ 相关知识链接 2-2

大众传播与公共关系传播的区别

大众传播是公共关系传播的重要组成部分，但它们之间又有明显的区别。

- 大众传播的主体是以传播信息为职业的团体或个人；公共关系传播的主体则是一般的组织（集中表现为代表组织行使传播职能的公共关系机构或公共关系人员），组织为了达到某一目的，联系职业性传播机构利用大众传播媒介进行传播。
- 大众传播的内容是由职业传播者根据新闻价值规律采编的、需要告知公众的信息；公共关系传播的内容则是由组织部门行使传播职能的人传播对组织有利的信息。
- 大众传播的渠道不只由感受器官和简单的表达工具组成，更包括大规模的、以先进技术为基础的分发设备和分发系统，因此专门的信息传播机构既需要充足的资金、设备，又需要大量的专业化人才。公共关系传播则不受技术水平和专业化人员的限制，它的制作过程可相对简单一些。
- 大众传播的流程在很大程度上是单向的，因为它的主导者始终是传播者，受传者既不确知，也不稳定，很难取得直接的反馈。而公共关系传播的对象是可知的和相对稳定的，它的传播过程具有明显的双向性特点。具体表现在：组织通过信息传播将自身的目标、政策和措施告诉公众，公众则通过被动或主动回报两种方式把自己的要求、意见和建议告诉组织。与大众传播相比，公共关系传播能够更加及时有效地获取反馈。
- 公共关系传播可以利用的媒介更多，比如各种会议和演讲可以聚集数十、数百人，发传单、贴海报可以让成百上千的人看到，用扩音器做报告可以让成百上千的人听到，举办展览或表演可以吸引成千上万的人。但是在今天的社会，要想与公众开展广泛而有效的信息交流，最有利的手段莫过于利用广播、电视、电脑、手机、电影、报刊、书籍等大众传播媒介了。

资料来源：朱崇娴．公共关系原理与实务［M］．3版．北京：高等教育出版社，2019．

4. 群体传播

群体传播是指一群人按照一定的聚集方式，在一定的场合可以比较自由地进行直接、多向性的沟通交流。现代社会中如演讲会、报告会、记者招待会、展览会、庆典活动等，都属于群体传播。群体传播是组织对内对外常用的一种有效传播手段。群体传播的特点如下。

（1）群体人数不多，成员之间可以相对自由地进行直接传播沟通。

（2）群体内部可以进行多向性的直接传播。

（3）群体传播受到群体的共同目标和行为规范的制约。

人们总是在若干个群体（如家庭、部门、展销会等）中生活和工作，因此，必须重视与群体成员沟通的问题。

2.3.4 公共关系传播的基本要素

美国传播学家哈罗德·拉斯韦尔在其发表的《社会传播的结构与功能》一文中，提出了构成传播过程的五种要素，并用五个疑问代词加以表述。

1. who

它是信息的发布者（传播者），在公共关系中一般指组织。

2. to whom

它是指信息的接收者（受传者），在公共关系中一般指公众。

3. through which channel

它是指信息传播的途径和渠道（信道），在公共关系中，信道既可以是文字图画，也可以是语言声音，还可以是电视频道。

4. say what

它是指传播的信息内容，在公共关系中，信息的内容十分广泛，既包括各方面的知识、事件、消息，也包括各种观念、态度、情感等。

5. with what effect

它是指某一信息传播后产生的效果，在公共关系中，这种效果往往与信息反馈相联系，信息发布者可以根据信息接收者对该信息的反馈来检验传播效果，并相应地调整行动方案。

公共关系传播过程如图2-4所示。

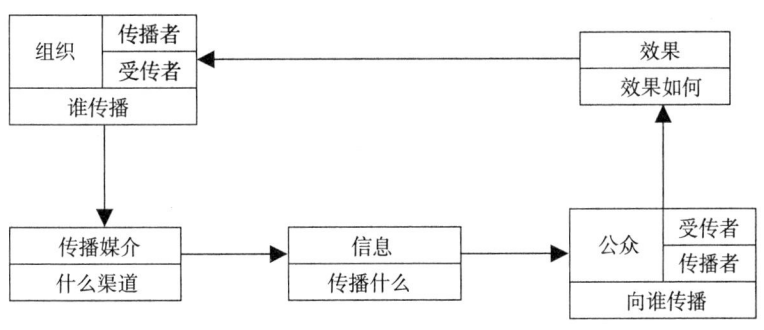

图2-4 公共关系传播过程

2.3.5 公共关系媒介

1. 言语媒介

言语媒介也称语言媒介，主要指个人在人际传播中使用的各种信息传递方式。它包括有声语言和无声语言两大类。

（1）有声语言。有声语言即口头语言。它专指传播者通过口腔发声并运用特定的词语和语法结构及各种辅助手段向受传者进行的一种信息交流。其方式主要有答记者问、电话交谈、谈判、会议和演说、致辞等。有声语言的语言性、声音性等特点决定了技巧的运用。

■ 相关知识链接2-3

有声语言的运用技巧

1. 说话方面的技巧

传播者首先要讲究全身心投入，对讲述的内容要用词准确、声情并茂地表现出诚恳、认真的态度；语言要通俗、生动、口语化；要用准确、简洁的语言来表述最多、最生动的意思；讲究流畅的语流和和谐的语言表达风格，并且在音量、语速和停顿上有精确的讲究，在使用副语言时也要达到准确、传神。

2. 听话方面的技巧

要求听者全神贯注，做到尊重说话人及讲述的内容；要用积极的反馈激发说话人的谈话热情，并运用表情和动作鼓励对方，以增加表达效果；要认真听对方的讲话内容，思索对方的每一句话中包含了什么信息。

3. 提问方面的技巧

要尽量使用双方习惯和喜欢的问话方式；做到文明提问，尽量避免直接提问带来的不礼貌；注意避免一次提多层次的问题，这样给对方的回答造成压力；注意提问时机必须适当，所有的问题必须围绕中心问题展开。

4. 演讲方面的技巧

在演讲时，首先开头要引人入胜，用精练的语言、诚挚的情感引起听众的兴趣和注意；其次表达要形象生动、传神，要选择典型、有新意的事例，并适时将演讲推向高潮；最后演讲的结尾要深刻、含蓄、耐人寻味。

资料来源：张亚. 公共关系与实务［M］. 2版. 北京：科学出版社，2011.

（2）无声语言。无声语言是借助非有声语言来传递信息，表达感情，参与交际活动的一种不出声的伴随言语。无声语言分为默语和体语。

① 默语是言语中短暂的间隙，往往能让人会意出言外之意、话外之音，达到此时无声胜有声的效果。

② 体语是以人的动作、表情和服饰来传递信息的一种无声语言。体语包括：首语（如点头和摇头）、手语（手势和哑语等）、足语（如跺脚、来回踱步等）、目光语（历来被誉为"心灵之窗"的眼神和视角、视线传递等）、微笑语（通过不出声的笑所传递的信息）、姿势语（通过人体的动态或静态所表达的信息内容，如鞠躬、立正等）、服饰语（通过服装和饰品所传递的信息，也是一种个人素养、爱好和文化品位的显现）。

■ 相关知识链接2-4

无声语言在信息表达中占有绝对重要的地位

罗曼·罗兰曾说过"面部表情是多少世纪培养出的成功的语言，比嘴里讲的更复杂千百倍的语言。"

心理学家阿尔·伯特梅拉毕安曾列出这样一个公式："信息的总效果＝7%的书面语＋38%的音调＋55%的面部表情。"

资料来源：周朝霞. 公共关系理论与实务［M］. 北京：高等教育出版社，2011.

2. 印刷媒介

印刷媒介是指借助印刷技术，以文字、图片等形式将信息印刷在纸张上进行传播的媒介。其中，报纸和杂志由于其覆盖面较广，是组织扩大公共关系活动影响的重要渠道。

■ 相关知识链接2-5

印刷媒介的类型

- 人际传播时常使用的小媒介，如书信、传真、贺卡、名片、微信等，是与公众特别是重点公众联络感情、加深印象、密切关系所经常使用的媒介手段。
- 群体传播时组织向群体成员发放或赠送的内部报纸和刊物、宣传手册、图片资料等。
- 大众传播时面向社会大众公开发行的，具有正规刊号或书号的报纸、杂志、图书等印刷品。

资料来源：蔺洪杰. 公共关系原理与实务［M］. 2版. 北京：中国人民大学出版社，2015.

（1）报纸。报纸是指以刊载新闻为主的、定期的连续印刷出版物。报纸具有固定的名称，通常以散页形式（不加装订）发行。

总的来讲，报纸作为传播媒介的优势在于传播面较广，传播速度快，具有新闻性，阅读率高，文字表现力强，便于保存和查找，费用较低；弱点在于时效短，传播信息易使读者忽略，受限于读者的理解能力，诠释较差，缺乏动感。

作为公关人员，平时要注意多收集一些与机构相关的信息，然后将这些材料整理成新闻通稿，或者是直接以新闻稿的形式交给报社，同时还要关注和追踪报社编辑对于所递送材料的采用情况，是否达到了预期的效果。此时，公关人员和报社编辑、记者的关系也很重要，在一定程度上会直接影响公关的效果。因此，与报社人员的关系也成了公关人员的重点公关目标。

（2）杂志。杂志，是指以刊载各类文章为主的，定期的连续印刷出版物。杂志具有固定名称，可以装订成册发行，杂志中的文章在探讨问题时通常较为深入。

总的来讲，杂志作为传媒的优点在于时效性强，针对性强，印刷精美，表现力强；缺点在于出版周期长，声势小，解读能力有限。

对于杂志的公关机会，在一定程度上和报纸相似。但是，杂志是一种比报纸还倾向于深度报道的媒体。比如，一件很重要的新闻发生之后，在《人民日报》和《新闻周刊》上的刊登情况会有明显的区别。报纸具有新闻快餐化的倾向，而杂志可以进行多层次的链接，对事件进行深度报道，一般适合于重大的、有意义的事件。另外，杂志图文结合，这也要求公关人员做好图片的整理工作。最后要强调的是，杂志的出版周期比报纸长些，时效性相对较差，所以不适合短期的公关。

3. 电子媒介

电子媒介是指以电磁物理现象作为信息传播的基础，以电子产品作为传播工具的一类传播媒介，包括广播、电视、电影等。

（1）广播。广播是指通过无线电波或导线传送声音符号的传播媒介。它以声音为传送形式，作用于人的听觉器官。

广播的优点在于传播迅速、覆盖面广；制作简单，可以迅速推出；通过口语、音响传播，较生动、有现场感；机动性强、鼓动性大；成本低廉、普及率高。广播的缺点在于只闻其声，不见其人，缺乏图像和文字；稍纵即逝，不便于保存；无法选择，检索性差；顺序播出，无法捕捉重点。

广播的公关机会，主要适用于那些需要在短时间内进行公关的宣传活动。

（2）电视。电视是用电子技术传递声音、活动图像及文字的传播媒介。电视媒介的出现和发展是20世纪最重大的事件之一，德国哲学家格林斯将它与原子能、宇宙空间技术的发明并称为"人类历史上具有划时代意义的三大事件"。

电视以其声像并茂的特点，在众多传播媒介中独领风骚。电视有其他传播媒介难以拥有的优点：

① 普及性强，受众广。电视吸取了各种传播媒介的长处，综合地将语言、文字、图

像、声响、动作等传播手段融为一体，信息的表现力和现场感极强，信息接收不受文化程度的影响，最能引起受众的兴趣。因而，电视的普及性很强，受众队伍庞大，几乎涵盖了社会的各个群体。

② 时效性强。同广播一样，电视传播的速度也十分快，信息传播及时，公众可及时收到有关信息。尤其是以"现场直播"做到了与事件的发生同步传播。

③ 娱乐性强。电视的娱乐功能在众多传播媒介中居首位，它很好地将信息传播与文化娱乐融为一体，成为现代家庭日常生活中不可缺少的娱乐形式，在公众中的影响最大。

电视的缺点主要体现在：

① 传播的信息瞬间即逝，不便于记录、保存和重复使用。

② 观众只能依据一定时间、顺序和速度收看节目，选择余地较小，时间和空间限制较大。

③ 电视传播成本较高，节目制作复杂。

从公关机会来看，同报纸媒体一样，都是公关人员自己去主动寻找媒体，主动向电视媒体提供新闻稿件或者录影新闻稿，也就是在新闻节目中可以立即播出的录影带。还有就是参加一些访谈对话节目，在国外如一些脱口秀的节目，在此要特别注意的是，在出席人员的选择上一定要选择能言善辩、从容镇静的，这同时也是对于公关人员的基本要求。

（3）其他电子媒介。其他电子媒介如电影，内容生动形象、老少皆宜，但其成本高、周期长。此外还有录音、录像、幻灯片、公交移动电视、电话、传真、电报等电子媒介。

4. 新媒体

历史上，每次媒介技术的革新都被公共关系所利用，并能够促进公共关系的发展。19世纪中期在美国兴起的报刊宣传运动被认为是现代公共关系的发端。后来广播、电视等的出现都极大地影响了公共关系的发展。随着技术的进步，手机、互动电视特别是互联网等新媒体的出现和应用为现代公共关系创造了新的传播环境和方式，拓展了传播平台，带来了新的机遇和影响。

所谓新媒体是一个相对的概念，是"新"相对"旧"而言。几百年前的工业革命时期，相对于口头传播、人际传播、书籍，报纸就是当时的新媒体。电子时代的新媒体就是广播和电视。21世纪进入信息时代以来，随着互联网和手机的普及，新媒体呈多极化的发展趋势，新的传播方式接连诞生，世界也随之不断变化。我们所说的新媒体通常是指基于无线通信技术和网络技术进行制作、发布、传播的媒体形态，包括互联网、手机短信、IPTV、网络电视、移动电视、数字电视、网络广播等。目前，微信、Web3.0与博客、无线网络游戏市场、移动视频音频内容、即时通信、RSS、IPV6、数字电视与IPTV、语义网、P2P技术、QQ等都成为近几年新媒体发展的热门。

■ 相关知识链接2-6

新媒体的妙用：锐志的低成本公关

在锐志的上市传播中，一汽丰田并没有使用传统的传播手法即在各种媒体同一时间大规模地铺开全面的产品宣传，而是选择率先在新兴的网络媒体上进行预热，并以"中国首款前置后驱（FR）的中级轿车"为传播切入点，通过"PR[①]导引FR"逐步引起媒体的报道欲望，最终实现了良好的品牌传播效果。锐志通过网络媒体进行预热传播的另外一个立足点是，彼时网络媒体还属于新兴媒体，传播成本相对低廉，预热期的传播投入并不大。同时，通过对锐志车型最具传播价值点（FR）的发掘，最终赢得了公关传播的成功。锐志的上市传播是一次运用新媒体和创新型传播策略的经典案例，正是这两点成就了锐志的高效品牌传播。锐志的高效品牌传播在降低了成本的同时，也赢得了市场：从2005年9月公布价格到11月，一汽丰田共收到1.2万个订单，这让锐志在中高级车市场上一炮走红。后来根据一汽丰田销售公司企划部统计，在准车主中有近1/4的预购行为是在网络媒体的直接影响下产生的，这说明网络媒体对消费决策有很重要的影响作用。

资料来源：Kyrio. 浅谈汽车行业的公关传播技巧［J］. 公关世界，2014（7）：58-61.

新媒体最重要的属性在于其分众效应、互动性以及源于草根阶层的原创性。在此我们主要介绍两种媒体：网络媒体、手机媒体。

（1）网络媒体。网络媒体是指借助国际互联网这个信息平台，以电脑、电视机以及移动电话等作为终端，以文字、声音、图像等形式来传播新闻信息的一种数字化、多媒体的传播媒介。网络媒体的出现和日益普及，标志着人类传播史上又一次重大的媒介革命，这场革命为现代公关提供了全新的策划思路和传播媒介。所以网络在给公关人员机会的同时，也向他们提出了挑战。

与其他媒介相比，网络公关的优点如下。

① 互动互通性。一方面，因为网络具有互动互通的特点，使得信息传播的交互性大大增强，从而使网络公关主体拥有了在传统公关（这里指通过报纸、杂志、电视、广播等传统新闻传播形式进行的公关）中所没有的主动性，使网上组织在公关活动的几乎所有环节中都能发挥主动作用。这一特征是网络公关与传统公关相比更具优势的根本原因所在。网络使企业可直接面向消费者发布新闻而不需要其他媒体作为中介成为可能，这是一场极为重要的革命。这场革命克服了传统新闻传播中存在的消极人为因素，使组织能更有效掌握公共关系的主动权，对公众产生直接影响。

另一方面，网络互动的特性使网络公关还具有创建组织和公众"一对一"关系的优势，增加了组织和公众间的直接交流与沟通，使组织能及时、充分地接收公众的反馈信息，了解公众的个性化需求，把握公众对组织的评价，维护公众和组织的良好关系，从而提高了公关活动的实效性。

② 即时性。互联网媒体的响应速度是其他媒体所不能比的，观点、信息能够在提交后一瞬间发布到全球。"给我两分钟，我让全世界找到你。"这是一家网络公司的广告词，形象地说明了网络公关的即时性和跨越时空性。传统传播媒体有一定的发行周期，如一般

---

① 网站的PR值，全称为PageRank，是Google搜索排名算法中的一个组成部分。

报纸和杂志每天或每月才发行一次，而在网上可以 24 小时随时发布消息，且可随着形势的发展随时更新消息，公众也可以全天候不拘时地进行查看。网络的这种特点对组织公关活动的开展既是机会又是挑战，使组织有了随时发布消息的机会，但也使公关工作的节奏大大加快，一些不利于组织形象的负面信息，几分钟就能传遍世界各地，这就需要公关人员利用网络的即时性对事件做及时而有效的处理。

③ 广延性。网络信息能够在瞬间发布，并可在全球浏览，从覆盖面的角度来看，网络远远大于其他单一媒体。网络的全球互联性使得网络公关在空间上拥有了传统公关所没有的广延性，组织公关活动的受众无限扩大，克服了传统公关活动在地域上的限制。同时，网络为组织的公关活动提供了巨大的活动空间，组织可以通过网络论坛、当地电子公告板（BBS）、新闻组、网络会议、网络广播台及节目、网络电视台等形式向公众发布新闻或开展其他公关活动，从而扩大了组织活动的范围。

④ 参考性。网络媒体还是其他媒体的参考源。在网络时代，其他媒体的记者、编辑已经不再停留在采访、写作的层次上，他们也会用一定的时间从网络上获取新闻或信息。因此，通过网络进行危机公关，不仅针对网络这一媒体，对其他媒体同样有一定影响。

此外，网络公关还具有自主性、多媒体性、低成本性、多形式和效果显著等特点。

网络公关的缺点如下。

① 网络传播存在安全性问题。一方面计算机感染病毒会导致计算机瘫痪、数据丢失或被篡改；另一方面电脑黑客会不时地对网络进行攻击，可能导致网络瘫痪或数据被盗用、删除在网络上其他计算机系统中存储的数据。

② 计算机操作和使用复杂。计算机的功能众多，操作和使用上有复杂性，尤其对老年人来说，掌握计算机的众多功能是很困难的。

③ "度"的把握较难。这是网络公关最难的一点，发布的信息中，该说的一定要说到，不该说的一定不能"过"。在很多公关案例中，有不少是画虎不成反类犬，不但没有解决原有的危机，反而制造出新的危机。这一点不仅需要对信息的把握，也需要对公众的心理进行研究。当危机爆发时，公众一般都有"挑刺"的心理，公关人员应思考从什么角度、采取什么手段，才能够获得公众的认可。

如今，数字通信已经向无线网络发展，移动上网成为一种时尚，这就为公关传播提供了更有利的条件。

■ 相关知识链接 2-7

李开复的网络公关

2005 年 7 月，Google 聘请李开复负责中国研发中心业务，微软以李开复违反"非竞争协议"为由将其和 Google 公司告上法庭，微软要求法庭禁止李开复在一年内到 Google 就职，并要求获得经济补偿。后来，法庭宣布暂时禁止李开复在 Google 从事和微软相竞争的工作，但允许他到 Google 中国从事招聘工作。为此，Google 专门开通了"Google 与李开复博士"的博客（http://www.kaifuleegoogle.com/），作为 Google 面向中国市场的关于此事件的公关窗口。在"Google 与李开复博士"的博客网志中包括"诉讼摘要""法庭记录""我们对事件的解读"。同时在该网络日志上，李开复经常通过他聘用的某位律师与读者分享 Google 对本案的法律观点。此博客开通后引起了关注者的强烈反响，传统网络媒体、报纸杂志等纷纷发表文章对此进行报道。Google 承诺即使李开复由于诉讼不能到 Google 工作，Google 也同样支付工资。12 月 21 日，微软公司发表了一份声明，称"双方已经达成私下协议并解决了所有问题，各方也都满意"。

资料来源：新浪网。

（2）手机媒体。手机媒体，是借助手机进行信息传播的工具。随着 5G 技术、计算机技术的发展与普及，手机将成为具有通信功能的迷你型电脑。它是以分众为传播目标，以定向为传播效果，以互动为传播应用的大众传播媒介。它被公认为是继报刊、广播、电视、互联网之后的"第五代媒体"。如果说 20 世纪是互联网辉煌的时期，那么 21 世纪初就是无线互联崛起的时代。可以说，无线互联即是互联网移动领域的一种衍生。运用手机可以进行无线上网，传播者可开展短信群发、受传者可进行短信转发等传播活动。

■ 相关知识链接 2-8

手机媒体被称为"第五代媒体"

第一代——报刊。
第二代——广播。
第三代——电视。
第四代——互联网。
第五代——手机媒体。

手机媒体是最主要的公关载体。手机媒体的基本特征是数字化，最大的优势是携带和使用方便。手机媒体作为网络媒体的延伸，具有网络媒体互动性强、信息获取快、传播快、更新快、能跨地域传播等特性。手机媒体还具有高度的移动性与便携性，信息传播的即时性、互动性，受众资源极其丰富，多媒体传播，私密性、整合性、同步和异步传播有机统一，传播者和受众高度融合等优势。从传播角度来看，手机媒体拥有的独特优势有：高度的便携性，能跨越地域和电脑终端的限制，拥有声音和震动的提示，几乎做到与新闻同步；接收方式由静态向动态演变，用户自主地位得到提高，可以自主选择和发布信息；信息的即时互动或暂时延宕得以自主实现，使人际传播与大众传播完美结合。

相较于传统媒体，手机媒体具备以下优点：
① 体积小，分量轻，便于携带。
② 易于使用，只需简单学习就能掌握它的操作方法。
③ 它像电脑一样具有应用的可延展性。

④ 它仍然在不断进步，手机的各项技术还有很大的提升空间。
⑤ 它的产品层次丰富，价格多样，几乎每个人都可以拥有一部自己消费得起的手机。
⑥ 一对一传播，信息传达有效性强。
⑦ 传播形式多元化。

当然，手机作为公关宣传的媒体也有明显的不足。手机媒体的缺点：

① 虚假与不良信息传播，侵犯个人隐私，信息垃圾，信息安全受威胁，存在固有的技术缺陷，如屏幕小、电池不足、短信字数有限等。

② 对手机媒体监管存在不少难点，诸如传播者身份的隐蔽性、手机用户的海量性、跨地域传播带来的挑战、政策法规滞后等。

尽管受制于技术标准、政策、商业模式、终端等因素，手机媒体的发展也存在着许多不确定性，但是手机媒体正在改变现有传播格局，形成新的交流环境，使媒体生态更加复杂，传播主体更加多元，用户分化更加明显，冲击舆论调控机制。手机媒体的发展导致社会控制进一步弱化。

2.3.6 公关传播的"7C"原则

1. 可信赖性（credibility）

沟通应该从彼此信任的气氛中开始。这种气氛应该由组织来营造，它反映了组织是否具有真诚的、满足公众的愿望。出于信任，公众相信组织所传递的信息，并相信组织有足够的能力解决他们共同关心的问题。

2. 一致性（context）

沟通计划必须与环境（物质的、社会的、心理的、时间的环境等）相协调，必须建立在对环境充分调查研究的基础上。

3. 内容的可接受性（content）

信息的内容必须对公众具有意义，必须能够引起他们的兴趣，满足他们的需要，必须与公众所处的环境相关。一般来说，人们只能接受那些能给他们带来更多价值的信息，因此信息的内容很大程度上决定了公众的态度。

4. 表达的明确性（clarity）

信息必须用简明的语言表述，易于被公众所接受。所用词汇对沟通者与被沟通者来说都代表同一含义，复杂的内容要列出标题或采用分类的方法，使其明确与简化。

5. 持续性与连贯性（continuity and consistency）

沟通是一个没有终点的过程，要达到渗透的目的必须对信息进行重复，但又必须在重复中不断补充新的内容，这一过程应该持续地坚持下去。

6. 渠道的多样性（channels）

在信息传播过程中，不同的渠道在不同阶段具有不同的影响。所以，应该有针对性地选用各种渠道，以达到向目标公众传递信息的作用。

7. 受众能力的差异性（capability of audience）

沟通必须考虑沟通对象能力的差异（包括注意能力、理解能力、接受能力和行为能力），采取不同方法实施传播才能使传播易为受众理解和接受。

上述"7C"原则基本涵盖了沟通的主要环节，涉及传播学中控制分析、内容分析、媒介分析、受众分析、效果分析、反馈分析等主要内容，极具价值。这些有效沟通的基本原则，对人际沟通来说同样具有不可忽视的指导意义。

2.3.7 公关传播的技巧

1. 建立良好的人际关系

建立良好的人际关系是建立良好公共关系的重要手段，增强人际吸引力，善于同素不相识的人结成良好的人际关系是公关人员的基本素质之一。建立良好的人际关系的技巧有：

（1）利用邻近性因素。"近水楼台先得月"，比如同学关系、老乡关系等。

（2）利用相似性因素。找到共同经验区，如社会经历、社会地位、籍贯、受教育程度、态度与价值观、生活环境等，产生"自己人"效果。

（3）利用需求互补效应。补偿性吸引力是最强的人际引力，可利用气质、性格、能力互补来吸引。

（4）利用仪表的魅力。"有礼走遍天下"，以卓越的仪表来打通人际关系。

（5）培养独特的人格魅力。多才多艺、诚信风趣、机智敏锐的人更具人格魅力。

（6）会说更会听。善于聆听、善于微笑、善于交谈。

2. 与新闻界建立良好的关系

与记者联系，是公关人员的重要工作。记者在传播学上被称为"把关人"，他们对传播的内容及传播的实际效果会有很大的影响。一般来说，记者报道新闻要具有正直、说真话的职业道德以及专业写作技巧，除此之外，记者本人的情绪、感觉、工作状态都会影响报道的内容。因此，公关人员要注意处理好与新闻界的关系，可从以下几个方面入手。

（1）对记者要尽量提供基本情况，并给予热情周到的接待服务。

（2）对记者要注意平等相待，一视同仁。

（3）要给记者提供真实素材。

（4）要持尊重与重视的态度。

3. 做好会议组织与联系接待工作

（1）会议组织。会议是公关人员开展内外沟通的常用形式，组织召开会议是公关工作的内容之一。会议的种类很多，有报告会、讨论会、联谊会、新闻发布会、展览展销会等。

(2) 联系接待。接待工作一般包括接待来访者、拜访别人、写信、打电话等。做好接待工作，首先要求公关人员应具备良好的公关素质，要能够吸引对方，使之愿意与组织打交道；其次，在接待拜访中，应掌握一些特殊的沟通技巧，来达到建立联系的目的。

4. 营造良好的传播环境

公共关系传播是在一定的空间环境中进行的。不同的环境条件，营造的传播氛围不同，传播效果也不一样。比如座位的设计布置、音响设备、灯光照明、色彩、室内湿度等，都要仔细选择，以创造良好的传播环境。

5. 正确选择传播时机

传播时机对公共关系活动的效果有极大的影响，如果时机恰当，活动就会收到事半功倍之效；否则，不仅效果降低，有时还会产生费力不讨好的结果。但时机又是转瞬即逝的，这就要求传播者要有敏锐的洞察力。选择正确的传播时机，要遵循"三抓""三避"的原则。

(1) 三抓。所谓三抓，就是抓大事、抓巧事、抓空当。

① 抓大事，是指运用社会活动中经常出现的一些吸引力强、影响面广的重大事情，如大型纪念活动、大型体育活动、大型事件等。这些社会事情往往是传播的最佳时机。

② 抓巧事，是指一些可能很小却异于常规的事情，由于异于常规，所以往往吸引人们的注意力，易于成为新闻媒介注意的焦点，成为有特色的传播。

③ 抓空当，是指本身有利用价值但人们又没有充分注意的事情。在实际生活中常常会有一些被忽视的盲点。善于发现盲点，进行有效的传播，就会产生爆冷门的效果。

(2) 三避。所谓三避，就是避热点、避活动、避繁忙。

① 避热点，是指在传播中避开那些虽然能够吸引公众的注意力，却使自己传播的信息被公众忽略的社会热点问题。

② 避活动，是指在传播中避开那些虽然能够吸引公众的注意力，但会引起自己传播的信息不被公众接受的各种社会活动。

③ 避繁忙，是指避开公众比较繁忙的时间。因此，社会组织在选择传播时机时，一定要特别注意调查目标公众的闲和忙的规律以及影响目标公众注意力的热点问题与社会活动，以提高传播的效果。

6. 正确选择公关语言

公共关系传播中常使用的公关语言包括以下几个方面：

(1) 自然语言，是信息传递的主要承担者，如口头语、书面语、广播语等。

(2) 非自然语言，如表情语言、动作语言、体态语言等。

(3) 实物，如样品、商标、组织标志等。

在公关信息传播中，为取得较好的传播效果，要合理运用公关语言，充分发挥各种语言的优势，提高信息的传播速度，扩大信息的传播范围，提高信息的接收率。

7. 精心选择传播者

根据受众对于传播者的信赖心理，有针对性地精心选择传播者，就能大大提高传播效果。

（1）利用权威人士做传播者。对于所传播的信息，人们乐于相信权威人士的讲话，由享有盛誉的权威人士来发表意见，比由普通人发表意见更能引起受传者的信任。一般说来，越是在某一方面具有精深知识的人，他在这方面的权威性往往也越高，说的话也越容易使人信服。

（2）利用"自己人"做传播者。我们知道，人们在日常交往中比较喜欢听朋友的忠告，在传播学中这种做法被称作"认同策略"，公共关系传播中可以有效地运用这一策略。如果受传者把传播者看作是"自己人"，就会比较容易接受传播者的意见。这种"自己人"式传播，避免了"王婆卖瓜，自卖自夸"的嫌疑。

（3）利用社会名流做传播者。社会名流是指那些对社会舆论和社会生活具有较大的感召力和影响力的有名望人士，如政界、工商界、金融界的首脑，文化、艺术、影视、体育等领域的明星，新闻出版界的舆论领袖等。它主要借助名流已取得的知名度和美誉度以及在社会上的巨大影响，来扩大本组织的知名度和美誉度。这类传播者的数量有限，但其传播的作用很大，能在舆论中迅速"聚焦"，影响力很强，往往能达到事半功倍的效果。

8. 善于"制造新闻"

制造新闻是指在不损害公众利益的前提下，有计划、有组织地策划具有新闻价值的事件，举办有新闻价值的活动，争取新闻宣传的机会。制造新闻是公共关系工作中艺术性、技巧性最高的活动之一，要靠公共关系人员广博的知识、超凡的想象力和丰富的实践经验。

制造出来的新闻是公共关系人员精心策划的结果，比一般新闻更能迎合新闻界及公众的兴趣，能明显提高组织的知名度，但制造新闻必须遵循公共关系的基本原则，不能愚弄和欺骗公众，损害公众利益和社会利益。

制造新闻的方法如下。

（1）就公众某一时期最关注的话题制造新闻。每一段时间总有公众比较关注的话题，如重大体育比赛、重大灾情事件、国内重大政治活动等，结合这些话题制造新闻，往往能引起新闻界的关注。如2001年是确定2008年奥运会举办城市年，北京申办奥运会是全中国人向往已久的大事，许多组织利用申奥，开展大规模的公共关系活动，宣传效果非常好。

（2）抓住"新、奇、特"制造新闻。新、奇、特是新闻价值的要素，策划具有这些特点的活动，可以吸引公众注意力。

■ 相关知识链接2-9

一大群鸽子飞进了大楼

美国联合碳化公司新建的52层高的总部大楼竣工了，一大群鸽子飞进了其中一个房间,并把这一房间当作栖息之处。该公司的公关顾问得知这一消息,立即意识到扩大公司影响的机会来了,在征得公司领导的同意后,第一,他下令关闭房间所有的门窗,不让一只鸽子飞走。第二,他打电话联系动物保护协会,请动物保护协会迅速派人前来处理此事。第三,他给新闻工作者打电话,告诉他们一大群鸽子飞进大楼的奇景,以及动物保护协会将派人到大楼捕捉鸽子加以保护的消息。新闻界被这一消息惊动了,电视台、广播电台、报社等新闻传播媒介纷纷派出记者进行现场采访和报道。借此机会,美国联合碳化公司总部大楼竣工的消息巧妙地、顺利地被告知给公众,大大提高了公司的知名度和美誉度。通过制造新闻,该公司取得了事半功倍的效果。

资料来源:魏翠芬,王连廷.公共关系理论与实务[M].北京:清华大学出版社,2007.

(3) 有意识地将组织与社会名流联系在一起。通过邀请名人主持剪彩、参加组织庆典、参观组织等活动,利用名人的知名度吸引记者前来采访。

(4) 利用传统节日、纪念日举办公共关系活动。传统节日、纪念日活动年年都是新闻报道的重点,联系传统节日、纪念日开展有新意的公共关系活动,容易引起新闻界的关注。

■ 相关知识链接 2-10

重要节日

中国的传统节日:春节、元宵节、清明节、端午节、中秋节等。

中国的现代节日:元旦、国际劳动节、妇女节、植树节、青年节、儿童节、建军节、教师节、国庆节等。

西方国家重要节日:圣诞节、情人节、母亲节等。

资料来源:魏翠芬,王连廷.公共关系理论与实务[M].北京:清华大学出版社,2007.

(5) 与新闻机构联合举办公共关系活动。与新闻机构联合举办公共关系活动,新闻机构出于自身利益必将全力以赴,这也是扩大自己影响的大好机会。组织可与新闻界联合举办知识竞赛、联谊活动、文艺晚会、各项评比活动等。

9. 合理地运用广告宣传

公共关系广告,是社会组织为了塑造组织形象而做的广告,目的是建立组织信誉,促进公众对组织的了解,沟通公众与组织的感情。它有以下几种形式。

(1) 组织广告。组织广告是以组织自身作为宣传主体的广告,可以从以下四个方面开展。第一,宣传组织的价值观念,如"海尔真诚到永远"。第二,介绍组织情况,如"TCL 招聘 2 000 名高级人才"。第三,贺谢广告,如"全球海尔人恭贺北京申奥成功"。第四,联姻广告,如"'伊利杯'我最喜爱的春节晚会节目"。

(2) 征集广告。征集广告包括向社会广泛征集组织名称、产品名称、商标设计、组织口号等,吸引社会注意,吸引公众参与。

(3) 竞猜广告。竞猜广告由组织刊登广告开展有奖猜谜活动。猜谜内容多为有关组织及产品的知识，问题一般很简单。这种活动可多次见诸新闻媒介，如通告抽奖结果、采访获奖者等。

(4) 服务广告。服务广告指组织与本组织产品有关的社会服务活动，并通过广告向社会宣传。如化妆品企业举办美容培训班等。

(5) 馈赠广告。馈赠广告是为由组织举办、赞助的社会公益性活动而做的广告。如四通集团的"四通之友世界名曲专场音乐会"等。

针对公众的心理，在策划公关广告时要注意：标新立异来抓住公众的眼球，通俗易懂与大众雅俗共赏，真挚坦诚以事实说话。此外还需要很多专门化的知识与技巧，如语言的选择、组织，画面的构成、色彩，人物的选择和拍摄技巧，等等。

要点回放

公共关系的主体即社会组织。社会组织是指在共同目标的基础上，按系统的方式建立起来的与公众发生密切关系的社会机构。社会组织是多种多样的，每一种组织的性质、结构、功能和活动方式都不相同。

公众是指与特定的公共关系主体相互联系及相互作用并对其生存和发展具有影响的个人、群体或组织的总和，是公共关系传播沟通对象的总称。公众具有整体性、同质性、多样性、变化性、相关性的特征。为了使组织进行公关活动时更具针对性，可以根据不同的标准从不同的角度对公众进行分类。

公共关系传播，是指社会组织运用媒介手段将信息、观点和主张有计划、有目的地与公众进行沟通，以提升自己的形象，争取公众支持的过程，是社会组织开展公关工作的重要手段。传播主要由五个方面的要素构成。人际传播、组织传播、大众传播和群体传播作为公关传播的基本方式具有各自的特点。公关传播中必须遵循"7C"原则，掌握一定的传播技巧，才能取得相应的公关传播效果。

任务体验

体验一　考一考

1. **单项选择题**

(1) 公共关系的公众是指与公共关系主体发生联系、相互作用的（　　）。
　　A. 人民大众　　　B. 组织　　　　C. 个人　　　　D. 个人、群体或组织的总和

(2) 美国总统竞选，中国公民就是（　　）。
　　A. 非公众　　　　B. 潜在公众　　C. 知晓公众　　D. 行动公众

(3) 社会组织所在地周围的邻居和地区政府部门统称为（　　）。
　　A. 社区公众　　　B. 外部公众　　C. 内部公众　　D. 非公众

（4）社会组织的形象是由（　　）来评定的。
　　A. 个人　　　　B. 组织　　　　C. 领导者　　　　D. 公众
（5）公共关系传播的主体是（　　）。
　　A. 社会组织　　B. 公众　　　　C. 信息传播机构　D. 外部公众
（6）公共关系传播的客体是组织的（　　）。
　　A. 社会组织　　B. 公众　　　　C. 信息传播机构　D. 外部公众
（7）（　　）是与组织关系重大，甚至可以决定组织生死存亡的公众。
　　A. 边缘公众　　B. 次要公众　　C. 首要公众　　　D. 稳定公众
（8）具有"自家人"或"准自家人"性质的公众是指（　　）。
　　A. 临时公众　　B. 周期公众　　C. 稳定公众　　　D. 边缘公众
（9）（　　）媒介被称为"第五代媒体"。
　　A. 手机　　　　B. 广播　　　　C. 电视　　　　　D. 网络
（10）工矿企业、商业贸易公司、金融机构、旅游饭店属于（　　）。
　　A. 公益性组织　B. 非公益性组织　C. 营业性组织　D. 服务性组织

2. 多项选择题
（1）公共关系是由（　　）三个基本要素组成的系统。
　　A. 社会组织　　B. 公众　　　　C. 社会环境　　　D. 传播
（2）内部公众包括（　　），他们是公共关系工作的起点。
　　A. 员工公众　　B. 顾客公众　　C. 竞争公众　　　D. 股东公众
（3）根据态度来划分，公众可以分为（　　）。
　　A. 周期公众　　B. 顺意公众　　C. 逆意公众　　　D. 独立公众
（4）公共关系传播类型有（　　）。
　　A. 人际传播　　B. 组织传播　　C. 大众传播　　　D. 群体传播
（5）电子媒介是指以电磁物理现象作为信息传播的基础，以电子产品作为传播工具的一类传播媒介，包括（　　）等。
　　A. 广播　　　　B. 电视　　　　C. 电影　　　　　D. 电话

体验二　讲一讲

1. 要求
（1）由学生对所学知识进行复述、总结与拓展。
（2）鼓励学生课外自查资料。
（3）建议在该知识讲授结束时布置，下一次课开始时进行。
（4）学生随机轮流上台，面对全班同学讲述，每题时间不超过三分钟。
（5）教师对学生的讲述进行考评，计入平时成绩。

2. 内容
（1）结合所在院系实际，如何理解社会组织四方面的含义？

(2) 以所在学校为公共关系主体,说明学校的公众有哪些?

(3) 阐述网络传播的优缺点。

(4) 结合以下案例讲一讲如何提高公共关系传播效果?

案例背景资料

《囧妈》改为线上播映,今日头条"请全国人民看贺岁片"

2020年春节期间,今日头条"请全国人民看贺岁片"这一事件引发全民刷屏。

临近春节,疫情暴发,所有的贺岁电影纷纷取消上映。在这紧要时刻,今日头条很快就和《囧妈》谈好线上播放的合作,除夕当天今日头条发布的"请全国人民看贺岁片"的海报就在微信朋友圈刷屏。

今日头条这波"神操作",让人不得不佩服今日头条的公关团队,反应灵敏,执行力一流。从疫情发展情况来看,对于企业来说,营销的重点自然是放在线上,特别是社会化营销更是重中之重。品牌借此依旧可以取得很好的公关传播效果。

资料来源:https://zhuanlan.zhihu.com/p/108921447。

体验三 想一想

公关助燃 TCL 女性 PC

摩尔定律的逐渐失效,价格战、规模战的日益惨烈,无疑使整个 PC 行业的发展面临前所未有的困境。整体利润的不断稀释,使整个 PC 行业已经挣扎于边际负利润的临界点。

而 TCL 在女性 PC 上的成功,不仅让 TCL 电脑在终端市场上的销售全线飘红,全面突破价格竞争的旋涡,也使整个 PC 行业刮起了一股新风。

1. 突破价格旋涡

中国 PC 行业近几年面临的一个现实问题就是同质化竞争严重,整个国内的 PC 行业竞争主要以价格战为主,以联想为首的 PC 厂商依靠规模效应下的价格战来提高市场占有率,PC 企业要在白热化的价格战中保持生存空间,就必须形成拥有绝对优势的差异化竞争策略。

2005 年年初,由 TCL 数码和"以战略公关的领先者"著称的注意力公关顾问公司共同组成女性 PC 研究小组,提出了"女性 PC"这一前所未有的概念。在此之前,没有一家 PC 厂商将电脑的消费者按性别细分,而且更多 PC 厂商倾向于认为,男性才是 PC 的主要使用者,因此"女性 PC"是一个非常大胆的概念。TCL 若想将这个大胆的概念变成一个成功的市场策略,从产品定位到销售渠道以及广告和公关方面都需要给予一定的配合。

但是,这个小组经过反复研究,认为在坚持以"价值战"应对"价格战"的总体发展思路下,只有依靠"创新价值"战略才能建立 TCL 在 PC 领域的核心竞争力。而且 TCL 在运作细分市场方面也有一定的经验,早在 2003 年,TCL 就推出过专门针对游戏爱好者的"海盗 PC",因此"女性 PC"的创意这一次也得到了 TCL 电脑的认同和支持。

在经过长达数月的市场调研后,小组成员一致认为,"女性 PC"要在竞争激烈的市场环境中取得成功,必须掌握最佳利润点的市场空间,而要占领利润高地,首先必须具备精准的市场定位。

2. 精准定位抢占利润高地

TCL-注意力研究小组的调查数据显示,已经有70%以上的社会购买力掌握在女性手中。随着女性素质的不断提高,她们的自我意识越来越强,她们已经不再简单地满足于产品的基本功能,而是希望通过产品体现自己的品位和个性。可以说,一个以"她时代"为主流的消费时代已经到来。

因此,围绕"女性PC",TCL从消费者实际出发,以制造符合精准定位的创新设计产品。

"SHE"不仅仅只是一种概念创新,事实上从设计理念到产品品位,从硬件配置到软件应用,从ID设计到细节雕琢,TCL-注意力研究小组都对进行了全方位的创新,以满足女性对PC雅致与柔美的美丽主张。

"SHE"的创意灵感源自极富异国情调的荷兰郁金香,其体贴舒适的细节设计,纤巧、轻薄的外观极富审美情趣,刚好符合女性对雅致、柔美的追求;在功能上,更是充分考虑到女性对稳定易用的需求,开发出一键杀毒等"处处一键通"功能。可以说,TCL女性PC以其美丽雅致、健康环保、稳定易用的全方位创新,造就了真正属于女性的PC新概念。

TCL女性PC上市后的市场反应情况一度印证了"SHE"的精准定位。自2005年3月该款产品正式上市以来,不但在情人节试销期间出现一上市即脱销的火爆场面,更在其后的2个月呈现出PC市场上难得一见的持续旺销局面,在"五一"黄金周期间,由于受女性PC的市场刺激,TCL电脑在家用市场的销量比2004年同期飙升80%。

3. 波纹传播引发营销热潮

著名经济学家舒尔茨有一句名言:营销即传播。

女性PC在营销上的大获全胜,与TCL成功的传播策略有着紧密的联系。在整个女性PC的传播上,TCL-注意力研究小组始终遵循波纹传播法则,经过周密的策略分析,一步步引发市场销售热潮。

首先,TCL-注意力研究小组通过层层论证之后,提出了在产品上市之前,利用2月14日情人节进行市场预热。TCL女性PC通过"TCL在情人节推出999台女性PC"的爆炸性信息,分别从女性网络和网络调查两个角度同时进行传播,全面引起舆论和消费者的关注,进而通过悬念造势,引起舆论对女性PC的热议,引发目标群体对女性PC的关注,从而顺利过渡到TCL女性PC的产品上市。

其次,在"三八"妇女节前夕,TCL-注意力研究小组结合产品上市,在全国范围内掀起了女性PC正式上市的第二轮聚焦传播。

由于成功实现了女性市场销售关键时间节点的卡位,创新设计的产品加上持续的公关活动和有力的传播规划,因此女性PC一经上市立刻掀起了销售狂潮。TCL-注意力研究小组成功地为产品的预热和推广做好了铺垫。

再次,通过产品卖点、品牌理念等层面的诉求,以平面大众类媒体为主,从行业角度挖掘TCL女性PC的深远意义,使女性PC品牌进一步落地生根,并且树立了TCL的行业领导者形象。

最后,在"五一"黄金周前夕,针对女性PC的技术升级,TCL-注意力研究小组进一步抛出"女性钻石液晶PC璀璨上市"的重磅信息,对TCL在PC细分市场的成功与战略思想进行重点传播,同时兼顾消费者的情感沟通,再一次将女性PC的销售推向高潮。

持续多角度的传播无疑给市场销售带来了极大的影响力。由于传播中所诉求的女性消费心理也完全迎合了女性对美丽和渴望被关注的消费需要,女性PC在市场终端一炮而红!

资料来源:马苏格,《公关助燃TCL女性PC》。

思考题

1. 请结合上述案例,说明公关传播的基本要素。
2. 阐述本案例的公关主体、客体和媒介。
3. TCL女性PC的传播具有哪些特点?
4. 从公关传播的角度分析TCL女性PC成功的原因。

体验四　练一练

宜家公司召回法格拉德儿童椅

1. 情景介绍

2004年10月15日,全球著名家具厂商宜家公司向外界宣布:"从即日起,在全球范围内召回法格拉德儿童椅。"宜家在解释召回原因时表示,"该产品的塑料脚垫可能发生脱落,从而存在被孩子吞食导致发生梗塞窒息事故的危险"。

宜家的产品召回事件,在国内企业界引起了巨大震动。国内企业在产品召回策略上相对缺少主动性,同时比较缺乏产品召回的公关技巧,不知道该如何应对和引导公众、媒体和用户,容易造成负面舆论和猜测漫天飞。因为如果处理不慎,一次产品召回就足以毁掉一个公司,或者至少影响公司声誉。

2. 模拟训练

(1) 同学们可自由组合或由指导老师组合分成若干小组,分别商讨应对策略,谈谈采取什么公共关系措施来处理这次召回事件。

(2) 每个小组推举一名代表上台扮演宜家公司新闻发言人,发表演讲;其他同学扮演用户、市民、媒体记者等,提出疑问。

(3) 每组抽一名同学组成评分团,分别给各小组评分。

项目	优 (90~100分)	良 (80~89分)	中 (70~79分)	及格 (60~69分)	不及格 (60分以下)
回答内容					
演讲水平					
回答技巧					
效果					

（4）最后由指导老师进行点评和总结。

体验五　做一做

走访媒体

1. **实训项目**

访问你熟悉的媒体。

2. **实训目的**

通过访问你熟悉的媒体，了解公共关系传播媒体的优缺点，以及如何有效利用这些媒体进行传播。

3. **实训内容**

（1）走访你熟悉的媒体。

（2）写一份如何有效利用这些媒体进行传播的建议书。

4. **实训组织**

分析学校周围主要有几类公共关系传播媒体，然后把全班同学分成几大组，各个组分别走访调查。

5. **实训考核**

（1）要求每位学生写出访问报告或小结。

（2）要求学生填写实训报告。其内容包括：

① 实训项目；

② 实训目的；

③ 实训内容；

④ 本人承担的任务及完成情况；

⑤ 实训小结。

（3）教师评阅后写出实训评语，组织全班交流实训体会。

任务 3

公共关系人员与机构

任务提要

3.1 公共关系人员
3.2 公共关系组织机构

任务目标

知识点

1. 明确公共关系人员的工作职责和日常工作
2. 了解公共关系人员的素质要求
3. 掌握公共关系部的性质、职责、设置原则、机构模式和主要任务
4. 掌握公共关系公司的性质、经营范围、工作原则
5. 掌握公共关系社团的性质、特征、类型和工作内容

技能点

1. 掌握提高公共关系人员素质的实用技能和实施应变技能
2. 具备公共关系人员的良好心理技能、知识结构和能力结构
3. 能够遵照公共关系从业人员基本素质的要求提高自身修养
4. 正确识别公共关系组织机构类型
5. 根据不同企业的情况，会设置公共关系部，会选择公共关系公司

案例导入

"你会坐吗？"：一次公关部长聘任考试

一家公司准备聘用一名公关部长，经笔试筛选后，只剩八名应试者等待面试。面试限定他

们每人在两分钟内对主考官的提问做出回答。当每名应试者进入考场时,主考官说的是同一句话:"请您把大衣放好,在我面前坐下。"

然而,在面试大厅里,除了主考官使用的一张桌子和一把椅子外,什么东西也没有。

有两名应试者听到主考官的话以后,不知所措;另有两名急得直掉眼泪;还有一名听到提问后,脱下自己的大衣,搁在主考官的桌子上,然后说了句:"还有什么问题?"结果,这五名应试者全部被淘汰了。

请看剩下三名应试者的表现:

第一名应试者听到主考官发问后,先是一愣,旋即脱下大衣,往右手上一搭,躬身致礼,轻轻地说道:"这里没有椅子,我可以站着回答您的问话吗?"公司对此人的评语是:有一定的应变能力,但创新开拓性不足,彬彬有礼,能适应严格的管理制度,可用于财务和秘书部门。

第二名应试者听到问题后,马上回答道:"既然没有椅子,就不用坐了。谢谢您的关心,我愿听候下一个问题。"公司对此人的评语是:守中略有攻,可先培养用于对内,然后再对外。

第三名应试者听到主考官的发问后,眼睛一眨,随即出门把候考时坐过的椅子搬进来,放在离主考官侧前约一米处,然后脱下自己的大衣,折好后放在椅子背后,自己就在椅子上端坐着。当"时间到"的铃声一响,他马上站起来,欠身一礼,说了声"谢谢",便退出面试大厅,把门轻轻地关上。公司对此人的评语是:不说一词而巧妙地回答了问题,富有开拓精神,加上笔试成绩佳,可以录用为公关部长。

资料来源:https://wenku.baidu.com/view/.

思考讨论

1. 假如你是应试者,你准备如何放置大衣?如何坐下?
2. 你认为作为公共关系人员应具备哪些素质?

❖

公共关系是一门"内求团结,外求发展"的艺术,处理的是组织内外的各种人与人之间的关系,依赖于健全的公共关系机构和具备良好素质的公共关系人员。因此,建立和发展一支高素质的专业公关队伍,是公关事业发展的关键。

3.1 公共关系人员

3.1.1 公共关系人员的定义

人力资源和社会保障部为公共关系人员下的定义是:专门从事组织机构的公众信息传

播、关系协调与形象管理事务的调查、咨询、策划和实施人员。公共关系人员是指从事公共关系实践工作的职业性人员，不包括业余或兼职的公共关系人员。而公共关系从业人员、公共关系理论研究人员、公共关系教育人员以及在公共关系协会等机构工作的人员，统称为公共关系工作者。

3.1.2 公共关系人员的职责

1. 进行公共关系调查，全面掌握组织情况

公关人员应通过公关调查全面掌握组织的各种情况，如组织的生产经营情况、管理情况、发展情况、财务情况、人力资源情况、内部公众的心态与动向、外部环境、组织与外部环境之间的适应情况以及外部公众的相关情况等。在此基础上，抓住工作重点，有的放矢地开展公关工作。

2. 与决策层沟通，参与组织决策

公关人员应及时与决策层进行信息沟通，掌握组织的发展方向，了解组织发展中存在的问题，充分发挥公关的情报与参谋作用，参与和协调制订有关组织发展方向、政策及方案的决策，为正确制订公关工作的目标、方向、计划出谋划策。

3. 制订公关计划方案

公关人员在调查研究的基础上，应研究制订一定时期内的公关计划方案，其中包括长期战略计划、年度工作计划、活动计划等。在公关计划中，应提出具体的工作目标、活动主题、活动项目、工作程序、人员责任、工作范围和工作内容等。

4. 与新闻媒体建立关系

公关人员必须熟悉新闻媒体，能够主动地与新闻媒体保持经常性的往来关系，保证媒体渠道的畅通，力求使新闻媒体能够广泛地了解本组织，并努力在情感层次上取得良好效果。同时，公关人员还要有效地借助新闻媒体的传播渠道，加速组织与公众之间的信息交流，提高公关的工作成效，树立良好的组织形象。

5. 策划与实施专题活动

为解决组织所面临的问题，公关人员应围绕组织的公关目标，创造性地进行各项专题活动的策划。在实施专题活动时，公关人员还往往充当组织的发言人和代表人的角色。比如，要负责举办各种研讨会、恳谈会、发布会、展览会、展销会、庆祝会、联欢会，开展各种调查、竞赛、纪念和公益活动等。

6. 撰写新闻稿件与文章

组织中一些涉及面广、对工作具有重要影响的稿件与文章，应该由公关人员亲自动笔撰写。日常工作中的一些文稿也应由公关人员负责审定。

■ 相关知识链接 3-1

公共关系人员日常业务内容

工作名称	工作内容
文字撰写	撰写新闻稿件、广告文稿、宣传手册、杂志文章、计划书与报告书、影视脚本、简报与通告以及各种公共关系函件、商业文件等
编辑	报纸、杂志、图书、文集、宣传手册、宣传栏的编辑工作
设计与创作传播资料	设计小型宣传品、海报、广告、摄影和视听制品、企业标识等
调查研究	抽样设计、制作问卷、实施调查、统计分析等
咨询与规划	为具体项目和任务做计划，进行人、财、物方面的预算与规划
策划与组织活动	组织会议、专题活动、应急事件、展览活动等
演讲与主持	新闻发布会、庆典仪式、大型活动的礼仪安排、演讲与主持
游说	劝服有关对象，协调不同的客户关系
新闻界联系	保持与各类新闻媒介的日常接触与沟通，争取新闻宣传机会
公众联络与交往	联系社会名流，沟通社区关系的访问、接待等工作
管理和训练	监督、管理公共关系实施过程，训练有关人员的公共关系能力

资料来源：蔺洪杰. 公共关系原理与实务 [M]. 2版. 北京：中国人民大学出版社，2015.

3.1.3 公共关系人员的素质

公共关系人员的素质，是指公共关系人员在运用传播媒体，实现增强组织机构生存能力和在公众心目中树立良好形象的目标的过程中，所表现出来的知识、个性、兴趣偏好、风度、工作作风、政治及文化素质修养等生理和心理方面的总和。

■ 相关知识链接 3-2

公关人才的四大特质

美国凯旋先驱公关公司（Ketchum Newscan）是全球十大公共关系公司之一。公司认为优秀的公关人员必须具备四大素质：

- 沟通能力（communication）。公共关系，顾名思义就是要对很多复杂的关系进行沟通，因此良好的沟通能力是涉足公关行业的前提。具备一定的公关知识和沟通能力是处理好事件的基础。
- 执行能力（execution）。公关行业中很讲究"为人处世"。如果说"为人"是指先前所提出的沟通能力，那么"处世"即是指工作中的执行能力了。公关人员扮演着中间人的角色，一头是客户，另一头是消费群体、媒体等公众。在面对两者的时候，做好传达、协调、执行的工作也是尤为关键的。
- 应变能力（crisis management）。与其他工作一样，公关工作中也时常会出现许多意想不到的情况，有时甚至是异常紧迫的情况。这就要求公关人员具备冷静沉着应对紧急情况的能力。发挥良好的应变能力，有时候甚至还有扭转乾坤的作用。
- 写作能力（writing skills）。公关行业要求从业人员拥有比大多数行业人员更好的文字功底，因为哪怕是初级从业人员，都会涉及诸如给客户拟定计划书之类的工作。

资料来源：http://www.chinahrd.net/news/info/18659.

在一些行业外的人看来，公共关系工作对人的要求就是"俊男靓女"加"口若悬河"，这其实是对公共关系工作的极大误解。公共关系工作是一项专业性很强的工作，对其从业人员也有特殊的要求。俊男靓女固然好，口若悬河亦所求，综合素质若不佳，两者齐备也枉然。"市场竞争"其实是"人才竞争"，公关人员的素质在公关活动中起着关键的作用，他们既是塑造企业形象的宣传者，又是企业形象的"活广告"。作为一名专业的公关人员，应具备以下素质。

1. 高尚的职业道德

职业道德准则是在人们的职业生活中形成的道德标准和行为规范的总称。公共关系职业道德是由公共关系职业特性来决定的，是公共关系从业人员在工作中应遵循的道德准则和行为规范，它对公共关系工作人员具有约束和规范的作用。严格遵守公共关系的职业道德，对公共关系人员来说是十分重要的。

2. 强烈的公共关系意识

公共关系意识也被称为"公共关系思想""公共关系观念"，是指一种尊重公众，自觉致力于塑造组织形象、传播沟通、争取公众理解与支持的观念和指导思想；是对公关知识的凝练，公关实践的升华，能对公关实践有指导作用。公共关系意识是组织建立良好公共关系的必要前提，是组织公共关系人员必备基本素质的核心。公关意识包括以下内容。

（1）尊重和服务公众意识。公共关系也叫公众关系，可以说公关就是在做公众工作，公关人员必须有尊重和服务公众的意识。一切公关工作都要从维护公众利益出发，利用和创造条件为公众服务，满足公众的合理需求，投公众所好，为公众提供周到的服务。

■ **相关知识链接 3-3**

花旗银行的服务意识

花旗银行是世界最大的银行之一，每天营业额高达数十亿美元，公务十分繁忙。

一天，一位陌生的顾客走进豪华的美国花旗银行大厅，要求换一张崭新的面值 100 美元的钞票。接待这位陌生顾客的银行职员微笑着听完这位顾客的要求后，先请他稍候，然后立即先在一沓沓钞票中寻找，又拨了两次电话，15 分钟后终于找到了一张这样的钞票，并把它放进一个小盒子里递给这位陌生顾客，同时附上一张名片，上面还写着："谢谢您想到了我们银行。"

时隔不久,这位偶然光顾的陌生顾客又回来了,这次是到这家银行开个账户。在以后的几个月中,这位顾客所在的那个律师事务所在花旗银行存款25万美元。

资料来源:http://course.cug.edu.cn.

(2)塑造形象的意识。塑造形象的意识是公共关系意识的核心。具有塑造组织形象意识的人,能够确信知名度和美誉度对组织的生存与发展的价值。良好的组织形象是从事公关工作的最终目的,公关人员要懂得知名度、美誉度、忠诚度对组织的价值,努力塑造和维护组织形象。

(3)传播沟通的意识。传播沟通的意识实际上就是信息意识。而今,信息有时是比物资和能源更重要的资源。组织要塑造良好的形象,就要通过传播沟通使公众理解、信任和支持,以实现组织的目标。

(4)立足长远的意识。一个组织形象,一旦传播出去,就具备了相对稳定性。所以,树立形象要有长远的意识。社会上许多"老字号"企业在对外交往中往往容易取得事半功倍的效果,就是这个道理。

(5)团队合作的意识。公共关系工作内容复杂,非一人之力能胜任,需要全体成员的共同协作方能成功。因此,团队合作的意识是公共关系人员必备的重要意识。

(6)法律、法规的意识。遵守国家法律是每个公民的责任,公共关系从业人员更应具备高度的法律意识。任何一项公共关系活动,都应以遵守国家法律、法规为前提。高度的法律、法规意识,可使公关从业人员的公关行为符合国家法律、法规的规定。当组织与公众发生矛盾时,应依据相关的法律、法规,依法进行调解、解决。

3. 良好的心理素质

(1)意志坚定。在错综复杂的公共关系活动中,在面临难以预料的困难时,公共关系人员应具备较强的心理承受力、忍耐力和自制力,保持较强的自信心、上进心,直至达到既定的目标。

(2)性格开朗。公共关系属于一种开放型的工作,这就要求公共关系人员必须以开朗、开放的心理适应这一工作。

(3)强烈的追求欲。公共关系人员要想发挥最大的聪明才智,就要敢想敢干,敢于创造惊人之作,策划出引起轰动的积极向上的公共关系活动。

4. 较高的情商

所谓情商(EQ),指的是个人对自己情绪的把握和控制、对他人情绪的揣摩,以及对人生的乐观程度和面对挫折的承受能力。公共关系人员的情商主要包括以下两个方面。

(1)自我感知能力。当某种情绪出现时就能自我感知的能力,是EQ的基石。对自我情感的认知能力越强,就越能把握自身的前进方向。公共关系人员只有具备较高的感知力,才能做到有"自知之明",才能在工作中帮助组织认识自我。

(2)情绪调解能力。人在工作中会遇到比较复杂的情况，也可能遇到令人烦恼或委屈甚至愤怒的时候。公共关系人员因其工作性质更难免会遭遇类似情形，这时就需要具备情绪调解的能力。如果公共关系人员善于在各种情绪的波动中及时调整自己，就更能保证公共关系活动的效果。"自知者智，自胜者强。"战胜自己更重要。

5. 健全的知识结构

健全的知识结构不仅是公共关系从业人员基本素质的重要组成部分，而且是其创造性开展公共关系工作的保证。公共关系从业人员的知识结构应包括以下五个方面。

（1）基础学科知识。公共关系从业人员的基础学科知识包括哲学和思想史等。哲学可以从世界观和方法论的高度对公共关系的学科研究和具体实践进行宏观指导。思想史可对认识人类社会发展历程与规律给予一定的启示。公共关系从业人员的理论知识基础越深厚扎实，其思维空间就越开阔，创造性也就越强。

（2）背景学科知识。广泛的背景学科知识，例如政治学、经济学、社会学、心理学、法学等，为公共关系从业人员提供了完整的文化知识背景，这对提高其理论修养和分析现实问题的能力是十分重要的。不可想象，一个不懂政治或经济的人会是一个出色的公共关系专家。

（3）专业学科知识。公共关系专业的学科知识包括公共关系基本概念、公共关系历史与发展、公共关系要素、公共关系职能、公共关系传播、公共关系协调、公众分析、公共关系策划及工作程序、公共关系实务知识及 CI 战略等。专业学科知识是从事公共关系工作直接运用的知识，公共关系人员只有掌握这些知识，并在实际工作中灵活运用，才能做好公共关系工作。

（4）相关学科知识。公共关系工作所涉及的领域是多方面的，单一的学科知识是不能满足实际工作需要的，一些与之密切相关的学科知识，公共关系人员也应熟知和掌握，例如管理学、传播学、市场营销学、文化学、民俗学和人际关系学等。

（5）操作性学科知识。操作性学科知识对提高公共关系人员的实际工作能力有直接的帮助，如广告学、写作学、演讲学、社会调查学、计算机应用与社交礼仪知识等。

6. 较强的操作能力

（1）策划与组织协调能力。公关人员作为公关活动的组织策划者和具体实施者，担负着制订和实施计划、协调各部门之间以及内外部公众之间关系的任务。为此，公关人员必须具有一定的策划与组织协调能力，要能够恰当地确定公关目标，制订周密的工作计划，合理配置人、财、物，全面协调各方面的关系，创造和谐融洽的内外部环境。特别是在各种大型的专题活动中，公关人员要处理可能出现的各种突发事件、采取急救措施等，这就要求他们做到有条不紊、忙而不乱，以保证工作的顺利进行。

（2）表达能力。语言是沟通人们心灵的桥梁，公共关系人员与公众交往、发表演讲、撰写新闻稿等都要通过语言来实现，语言表达能力主要包括口头语言、书面语言和体态语言三个方面。

① 口头语言，是以说和听的方式表现出来的语言形式，主要用于直接地、面对面地与公众的交往。口头语言又分为会话语言和独白语言。会话语言的特点是维持性和情景性。独白语言常用于公关人员向公众提供信息的人际交往，如演讲、信息发布等。

② 书面语言，是在口头语言的基础上发展起来的语言方式，它可以较少地受时间和空间的限制进行人际交往，其呈现形式如文章、书信、产品说明书、宣传资料等。

③ 体态语言，又称人体语言或态势语言，它是通过人体器官的动作或外部形态变化来进行思想和情感交流的一种方式，也就是用人的身体动作来传递信息。它具有完全的可观察性。

总之，公关人员的重要工作，就是及时、准确地向公众传播组织的各种有关信息。这就要求公关人员有良好的口头表达能力和文字表达能力。在口头语言表达上，公关人员应口齿伶俐、能言善辩，并善于辅之以"体态语言"与"行动语言"，从而更好地表达其思想和意图。显然，这就要求公关人员应有良好的思想与文学修养，做到言之有物、言之有理、言之有味。在文字表达上，能撰写出文字通畅、条理清晰、分析透彻、格式得体的具有较高情报价值和较强说服力的应用文稿。

（3）社交沟通能力。社交沟通能力是衡量一个人是否适应现代社会的标准之一，是公关人员的基本功。由于公共关系工作的需要，公关人员必须具备善于与各种类型人物交际的能力，如联络、交涉和接待社会各界人士，采访社会公众，以及同新闻媒介保持关系等都是经常性的业务工作。交际对象种类繁多，情况复杂多变，要求公共关系人员必须懂得各种不同的风俗习惯，了解不同的接待礼仪。对不同的对象在不同的场合要采取不同的接待和应酬方式。因此，具有广泛灵活的交际能力是对公关人员最基本的要求之一。

（4）随机应变能力。应变能力是应对情况突然变化的能力。公关人员在工作中，常常会遇到一些令人尴尬的事件和场合，甚至可能发生意外。如何使自己在不利的形势下扭转局势？如何在遇到突发事件时能处乱不惊，以自己的语言或行动挽救可能出现甚至已经出现的失误？这就需要公关人员具有灵活的头脑、冷静的思考、果断的措施及技高一筹的应变能力。

■ 相关知识链接 3-4

烛光婚礼

某餐馆以代办喜庆筵席而享有盛名。一天晚上，正值餐厅内宾客十分高兴之时，不料突然停电，餐厅内顿时一片漆黑，宾客顿觉惊愕和扫兴。此时，只听餐馆经理高声道："各位来宾！下一个节目请新郎与新娘为大家点燃蜡烛。让我们鼓掌感谢新郎、新娘，感谢他俩亲手为大家献上一片光明！"话毕，服务员呈上十余盏烛台。全场欢声如雷，胜过当初。自此之后，这家餐馆的喜庆筵席上，便真的有了点蜡烛这一节目。

资料来源：周安华. 公共关系：理论、实务与技巧 [M]. 5 版. 北京：中国人民大学出版社，2016.

(5)创新能力。创新是公共关系活动的一个突出特点,公关工作或公关专题活动的开展贵在新颖独特,以新奇取胜。这就要求公关人员思路开阔、联想丰富,具有创造性思维和开拓创新的精神。一次别具匠心、与众不同的公关活动,会使人耳目一新,并给人留下难忘的印象。这种别具一格的公关活动依赖于公关人员丰富的想象力和创意。

■ 相关知识链接3-5

法国"白兰地"是怎样打开美国市场大门的

美国法律曾明文规定:禁止酒类进口。对此,各国酒商尽管心有不甘,伤尽脑筋,但不得不望而却步。

唯独法国人决意要打开美国市场的大门。"强攻"不行,就用"智取",他们运用巧妙的谋略——"三部曲"技法,结果大获全胜。

"第一部曲":舆论攻势。

1958年,法国白兰地公司精心策划了一个"信息气球"。不惜用巨资,在美国各大媒体上刊登广告,向公众征求答案:"法国白兰地公司有两桶窖藏了67年的美酒,欲向外赠送。请问,送给谁最好呢?"一时间,这一消息铺天盖地,灌输在美国人的头脑中,成了大家挥之不去的悬念……

不久,法国通过外交渠道,获悉美国总统艾森豪威尔的生日(67岁寿辰)。就在这个时候,法国在各大媒体上公布了先前所征求的答案,原来那两桶珍品白兰地就是献给美国总统作为生日礼物的,以表达法国人民的敬意。

有一位美国记者采访总统,问他对献礼有何感想,总统高兴地说:"非常感谢,非常感谢。"

法国"第一部曲"成功了,美国总统愿意受礼了。

"第二部曲":加大宣传。

法国成立专家攻关小组。因为白兰地已窖藏67年之久,是否变质需要检验。而且要设法既保持法国的风味,也要合乎美国的口感,还要考虑是否重新包装。这些技术问题,得由专家解决。此外,法国还聘请了全国的品酒师来助阵。这一切也是市场作秀,不断地发新闻,引起市场热潮,不断吊起美国国内外购买者的胃口,让他们都渴望有朝一日能喝到别具风味的法国白兰地,为今后市场营销铺路。

"第三部曲":由礼宾司出面将白兰地作为"国礼"派专机护送,还付了大额保险金。这样一来,就使白兰地身价百倍了。

"你敬我一尺,我敬你一丈",熟谙礼尚往来的美国人,成立了"迎酒办公室",极为隆重地接待了法国特使的"送礼队"。

总统生日宴会上,法国人献上精心策划的致酒词:"为了表达对美国总统的崇高敬意,并通过他向美国人民致以友好的问候,干杯!"总统也开心地说:"谢谢法国的好酒!"

"好酒",是美国总统对法国白兰地的评价,成为白兰地最好的广告语。

总统寿辰过后,美国的报刊和电视上频频出现这样的照片和画面:总统和随同嘉宾与法国客人,各举诱人的白兰地,相互碰杯,一饮而尽,场面热烈,令人难忘。报载:"美国人醉了!"

"轰动效应"产生了。白兰地对美国人而言成了一种诱惑,"我们就要法国白兰地来问候",但他们无法品尝,于是美国人开始游行,口号是:"我们也要喝白兰地!"

最后,美国当局只好紧急开会,修改有关法律,给法国以"最惠国待遇",允许进口酒。就这样,法国白兰地打破了美国当局的禁令,昂首阔步地迈进了美国广大市场,国家宴会和家庭餐桌上几乎都少不了白兰地芬芳的酒香。

法国白兰地一举进军美国市场,如此干净利落,而且整个过程简直就是一幕气氛热烈、节拍鲜明、演奏可人、富有艺术魅力的喜剧。媒体形容:"总统寿辰日,在白宫的花园里举行隆重的赠送仪式,由四名英俊的法国青年身穿法兰西传统的宫廷侍卫装抬着这两桶白兰地正步前行,并由四名迷人的公关小姐陪同,进入白宫。""白宫周围,人山人海,群情沸腾,欢声四起,人们挥动法国小国旗,唱起《马赛曲》,出现了万人空巷的盛况。"这一切反映出决策者非同凡响的公关意识、想象力和创意。

资料来源:王子屹,何茂荣.公关策略锦囊妙计[M].北京:学苑出版社,1993.

■ 相关知识链接3-6

姑娘露出了满意的笑容

广州某化妆品厂发生过这样一件事:一天,一位姑娘来到公关部,她从手提包里取出一盒化妆品,怒气冲冲地质问公关部经理:"这个倒霉的东西是不是你们厂的产品?广告上说能祛除雀斑,可我用过以后,不但没有祛除雀斑,还弄坏了我的皮肤。"公关部经理一看,姑娘脸上果然有许多因药品刺激而形成的红斑。于是经理关切地说道:"别急,我们一会儿再说,你的皮肤要紧,我们马上陪你去医院检查一下,医药费我们厂全包了。"

医生检查后指出:这位姑娘属敏感性皮肤,不适宜使用这种类型的化妆品,幸亏这种化妆品药性不强,不会引起什么恶果。

听完医生的这番话,姑娘脸上的表情缓和了。这时公关部经理不慌不忙地从化妆品包装盒中取出原来就附在里面的说明书,对姑娘说:"其实,这说明书早就说明什么皮肤不宜使用这种化妆品。我们厂还生产其他类型的祛雀斑药物化妆品,根据医生刚才的检查,我觉得另一种牌子挺适合你,你不妨试试看。"听了公关部经理的一席话,姑娘露出了满意的笑容,一场可能激化的纠纷就此化解了。

资料来源:周安华.公共关系:理论、实务与技巧[M].6版.北京:中国人民大学出版社,2019.

(6)自我激励能力。自我激励就是积极地面对一切,遇到困难不悲观,遇到挫折不气馁,激励自己始终保持高度的工作热忱,这是取得事业成功的动力。公共关系人员首先需要学会这种自我激励方法，才能帮助组织激励员工，不断提高工作效率，促进组织持续发展。

（7）认知他人能力。公共关系人员应该具备认知他人情绪的能力，在细微之处察觉他人的需要并予以及时的帮助，这样能促成和谐的人际关系，有利于组织公共关系工作的拓展。

智商（IQ）与情商是相互区别而又相互关联的两个方面，作为公共关系人员，应该在这两个方面共同发展，只有这样，才能成为高素质、高能力的公共关系人才。

■ 相关知识链接3-7

中国公共关系职业道德准则

（1991年5月20日第四届全国省市公共关系组织联席会议通过）

中国公共关系事业的发展，是中国改革开放的必然趋势，它以新型的管理科学协调社会各方面关系，密切党和广大人民群众的联系，调动各种积极因素，维护安定团结，促进社会主义建设。因此公共关系工作者肩负着时代的使命，公共关系工作者必须具有高尚的职业道德作为完善自身形象的行为准则。

（1）公共关系工作者应当坚持社会主义方向，自觉地遵守我国的宪法、法律、法规和社会道德规范。

（2）公共关系工作者开展公关活动首先要注重社会效益，努力维护公关职业的整体形象。

（3）公共关系工作者在公共关系中，应当力求真实、准确、公正和对公众负责。

（4）公共关系工作者应努力提高自己的政治水平、文化修养和公关的专业技能。

（5）公共关系工作者应当将公关理论联系中国的实际，以严肃认真、诚实的态度来从事公共关系学教育。

（6）公共关系工作者应当注意信息的真实性和准确性，防止和避免传播使人误解的信息。

（7）公共关系工作者不能有意损害其他公关工作者的信誉和公关实务。对不道德、不守法的公关组织及个人予以制止并通过有关组织采取相应的措施。

（8）公共关系工作者不得借用公共关系名义从事任何有损公共关系信誉的活动。

（9）公共关系工作者应当对公关事业具有高度的责任感。不得利用贿赂或其他不正当手段影响传播媒介人员进行真实、客观的报道。

（10）公共关系工作者在国外公共关系实务中应该严守国家和各自组织的有关机密。

附则：本准则将根据实际情况予以调整和修改。其解释、修改、终止权属全国省市公共关系组织联席会议。

资料来源：易考吧。

3.1.4 公共关系人员的角色

公共关系工作需要一大批人去做,这些人由于其工作性质、范围、职能的不同,因此在公共关系工作中充当不同的角色,承担不同的义务,享有不同的权利与待遇。公共关系人员的角色大体上可以分为四种类型:专家型、领导型、技术型和事务型。

1. 专家型角色

专家型角色拥有研究和解决公共关系理论与实践问题的权威,他们有渊博的知识、丰富的经验、较高的理论水平与宣传推广能力。他们是公共关系队伍中的中坚和精英。专家型角色主要包括以下几类人员。

(1) 公共关系顾问。

公共关系顾问是公共关系的专职高级工作者,是处理和解决公共关系方面问题的社会技术专家,为专业的公共关系公司工作。

公共关系顾问的主要任务是:

① 制定与实施公共关系方案,为当事人做决策提供参谋;

② 帮助建立与公众的沟通渠道,协调与公众的关系;

③ 提供各种业务咨询,传播信息,解决公共关系难题;

④ 指导和教育一般公共关系人员,提高他们的素质与水平。

(2) 公共关系学者和教育家。

公共关系学者和教育家是公共关系研究与教育方面的专家。他们从事调查,进行公共关系理论研究,总结公共关系策略与经验,从事不同层次的正规教育与业余培训。这些人主要包括权威的新闻记者与编辑、专栏评论家、大学教师和研究员等。

这些专家的主要任务是:

① 从事公共关系理论研究与探讨,为国家或重要部门提供制定策略的依据;

② 介绍、翻译和传播国内外有关公共关系理论、实践、动态的信息;

③ 撰写公共关系论文,编撰公共关系专著与资料,编辑出版有关报纸、杂志,为电视台提供专题或专栏节目;

④ 从事公共关系教育工作,在学校开设公共关系课程,为函授、讲习班编写学术报告;

⑤ 制定公共关系教育大纲,组织公共关系知识的普及教育和各项竞赛或专题活动。

目前,在我国各大专院校和新闻研究机构中有大批中青年人员,他们正在从事公共关系的理论研究与教育工作,是我国公共关系队伍建设的重要力量。

2. 领导型角色

领导型角色是指在各公共关系组织或相关单位中担任领导职务的角色,包括经理、部长、主任、兼职领导以及社会活动家等。

(1) 经理、部长、主任。

他们是公共关系机构的直接领导者,是一个部门进行公共关系工作的总设计师。他们的工作对整个组织而言举足轻重。由于公共关系工作横向牵涉面广，又与国家设置的行政机构不可分割，因此公共关系部门的领导通常由组织或企业行政负责人兼任，一般以副职出任为多。如果部门公共关系机构规模大、任务重，可以设置专门的领导人员，主要负责日常公共关系工作。

公共关系领导的主要任务是：

① 制订公共关系工作的目标，策划公共关系方案与程序，为每一阶段或每一时期的公共关系工作确定明确、具体的任务；

② 估算、分配公共关系实务活动所需的人力、物力、时间和费用等，确保公共关系工作的正常运转；

③ 参与高层决策活动，将各种意见、情况反映到决策层中，从公共关系角度提供参考意见，使本部门的职能得以充分发挥；

④ 处理公共关系部门的各种问题，领导、检查、监督全体人员的工作；

⑤ 总结评估公共关系工作，定期向组织提出报告，回顾与展望公共关系工作；

⑥ 对内协调各部门的工作，对外作为组织的发言人。

（2）兼职领导。

各地区、各部门公共关系工作的开展都不同程度地得到了各级党政领导干部的关怀与支持。他们出于对公共关系事业的关心，积极参与各地区、各组织系统的公共关系活动，并进行指导。他们利用自己的社会地位与工作条件，为公共关系活动解决难题，扩大影响，把公共关系工作作为一项社会工作予以重视。而公共关系组织也需要利用它们的特有条件，求得政府的支持与配合。他们虽然不是专职人员，但作为兼职或业余的成员对公共关系的发展起着重要的作用。

3. 技术型角色

技术型角色是公共关系部门从事专项技术的业务工作人员，主要包括一般的记者、编辑、摄影师、广告师、设计师及其他技术人员，他们以各自的技术专长承担公共关系角色。他们可以是专职固定人员，也可以是根据需要聘请的专门人才。

技术类人才是公共关系计划与目标的具体执行者和业务技术实施者，他们的主要任务与特点是：

① 进行技术沟通，在公共关系工作中承担某方面的具体任务，并利用自己的特长发挥作用；

② 受过专业化的学习与训练，掌握公共关系工作所需要的某项或几项专门技术；

③ 是具体的业务工作者，熟悉技术，在传递信息、沟通媒介关系的过程中进行组合和搭桥，是公共关系活动的中转站与联络纽带。

4. 事务型角色

事务型角色是在组织中从事日常公共关系工作的人员，他们是最普通也是最基层的公共关系人员。这些人员包括秘书、办事员、服务员、招待员、翻译、助理员、导游和消费引导员等。

事务型人员应懂得公共关系的基本知识，知道公共关系的计划与安排。他们勤勤恳恳，任劳任怨，是公共关系队伍中数量最多的人员。

事务型人员从事的工作繁杂，以基础工作为主，他们的主要任务是：

① 实施或筹备实施已制订的公共关系工作计划；
② 接待内外宾客，安排会议；
③ 联系客户、客商和消费者，直接听取他们的意见或建议，为他们排忧解难；
④ 接触新闻界的朋友，筹备新闻发布会；
⑤ 收集资料、信息，起草有关文件，整理档案，处理文秘工作等。

总之，他们主要按领导的意图去完成各项具体工作，一般不参加有关公共关系事务的决策活动，但又不同于一般的服务人员，他们不仅为公众提供服务，同时要通过自己的服务实现组织既定的公共关系目标。

3.2 公共关系组织机构

公共关系组织机构，是指由专职公关人员组成的、专门从事公共关系工作的专业部门或机构。一般分为三种：一是组织内部的公共关系部门（公共关系部），二是不从属于任何组织的专业性社会机构（公共关系公司），三是公共关系专业组织（公共关系社团）。

3.2.1 公共关系部

1. 公共关系部的性质

公共关系部是社会组织内部自行设立的专门负责处理公共关系事务的部门或机构。它的名称还有公共事务部、公共信息部、公关广告部、沟通联络部、团体关系部等。

公共关系部在组织中扮演"中介"角色，它是组织内部为处理、协调、发展本组织与社会公众和组织内部公众的关系而设立的贯彻组织的公共关系思想、开展公共关系活动的专业管理职能机构。

2. 公共关系部的地位

公共关系部的工作影响到组织信誉和形象，关系到组织上下内外的信息交流，关系到组织的近期利益和长远利益，关系到组织的整体利益及其在社会整体中的地位与作用。因此，公共关系部在组织中既是组织的管理职能部门，又是组织的决策参谋部门，它在组织中的地位和作用是其他部门无法取代的。

公共关系部在组织中的决策参谋地位主要是由以下几个方面的职能决定的。

（1）资料存储中心。

公共关系部集中收集、存储和处理同组织发展密切相关的各种信息，并及时向决策者通报。

（2）信息发布中心。

公共关系部具有组织"喉舌"的功能。组织的对外信息发布以及与大众传播媒介的联系都是由公共关系部负责的。

（3）社会环境监测中心。

公共关系部负责监测社会环境以及与组织有联系的各种条件因素的发展与变化，为决策者提供决策依据。

（4）趋势预测中心。

公共关系部根据调查收集到的信息和有关资料，以及对社会环境的监测，经过科学的分析、归纳，做出与组织有关的发展趋势的预测。

（5）公众接待中心。

内部公众、外部公众同组织打交道，主要是通过公共关系部，这就使公共关系部成了组织与社会交往活动的代表。

■ 相关知识链接3-8

公共关系部在美国企业中的地位

根据美国对400名企业总经理工作时间分配情况的调查，这些总经理用于指导或参与公共关系工作的时间一般占总工作时间的25%~50%。为了提高公共关系工作的地位，在美国，越来越多的公共关系部负责人可以直接向企业最高决策人汇报工作，向最高领导层提供建议并接受他们的指导。美国对356家企业公共关系部的抽样调查表明，有56%的公共关系部向企业最高领导成员（董事长或总经理）汇报工作，另有16%的公共关系部向企业次高领导成员（副董事长或副总经理）汇报工作，合计占总数的2/3以上。

资料来源：周安华. 公共关系：理论、实务与技巧 [M]. 5版. 北京：中国人民大学出版社，2016.

3. 公共关系部的职责

公共关系部的职责由于其所在组织的性质不同，或因其所处层级的不同而有差异，但主要职责大体相同。其主要职责可以概括为以下几个方面。

（1）收集和处理情报："耳目"作用。

公共关系部的重要职责之一就是情报的收集和处理。任何关系到组织生存和发展的内外部情报，以及任何环境因素的发展变化，都是公共关系部情报收集的对象。为此，公共关系部需要通过民意测验、市场调查、报刊剪辑、上级机构和本单位文件的汇集等手段，集中收集、整理和存储与组织密切相关的各种情报，并在此基础上进行调查、预测工作。它根据所收集到的情报，监测社会环境，了解社会政治、经济、文化等各种因素的变化，预测未来的发展趋势，提出科学的见解和方案。因此，公共关系部应建立自己的信息网络系统，并使其始终保持畅通。这样，公共关系部就能成为组织了解和监测社会环境的"耳目"，使组织了解自己周围的环境，不断矫正自己的决策和行动，从而适应多变的环境，在与环境的相互关系中发挥主导作用。

(2) 新闻宣传和编辑制作:"喉舌"作用。

公共关系部担负着向公众宣传、解释组织的有关政策和行动,传递有关信息的重要职责。具体工作有组织各类展览、参观、访问、联谊会、信息发布会、记者招待会、交流会以及各种专题活动。这样,既可以教育和引导内部公众,使其理解并执行本组织的政策,又能够使外部公众了解、谅解、理解本组织的政策与行动,并给予合作和支持。而完成这些任务,需要进行编辑和制作方面的工作,要根据不同公众和不同时期的计划要求,撰写新闻稿,编辑各种内部刊物、宣传手册,并设计、制作各种有关的声像节目等。公共关系部的这些工作能起到组织"喉舌"的作用。它通过新闻宣传、信息传递,为组织建立良好的形象,创造和谐的气氛,使组织的政策与行动为公众所理解和支持。

(3) 咨询和建议:"参谋"作用。

公共关系部的重要职责还在于对采集到的各种情报及时、认真地进行分析整理,分门别类地迅速反馈给组织领导层和各个职能部门,为领导层的决策提供咨询和建议。其具体工作有:协调组织与社会环境(包括公众在内)的关系而制订出可供选择的行动方案;协助决策者分析和权衡各种方案的利弊得失;预测组织政策和行为将产生的影响与结果;敦促和提醒决策者及时修正其将导致不良结果的政策与行为等。公共关系部的这些工作对组织决策的形成起着重要的"参谋"作用。在现代管理中,过去那种单靠领导者根据个人经验进行管理的方式已经很难适应新的情况,这就需要组织的各个管理机构从各个层次、各个角度向决策者提供建议和意见。然而,组织的其他职能部门一般只注重本部门的决策和职能目标,很少从整个组织出发,从宏观和全局角度去考虑决策可能导致的社会效果。因此,就需要公共关系部依据社会公众对组织的要求,对组织及各职能部门的管理决策活动及可能产生的影响结果进行综合评价、预测,并提出建设性的意见和方案,协助组织决策。公共关系部的这些工作对组织决策的形成而言是不可缺少的,它所起的作用是其他职能部门无法代替的。

(4) 协调和交往:"消防队"作用。

公共关系部还担负着协调和社会交往的职责。它要通过正常的途径,妥善处理好各种关系,如内部公众之间的关系、组织之间的关系等。它需要接待来访、来信、投诉等,必要时需协助组织协调各种关系的谈判、洽谈活动。另外,公共关系部为开展社会交往,要利用或举办各种适宜的社交活动,广泛接触社会各界组织和人士。公共关系部的这些工作对组织创造良好的内部和外部环境都有重要的作用。公共关系部通过协调关系和社会交往,能使组织内部各类成员之间、成员与组织之间增强理解与合作,同时能使组织与外界加强横向联系,减少社会摩擦,广交朋友,建立良好的社会关系网络,赢得社会的理解和支持。企业公关部根据各企业的不同情况和企业在不同发展阶段的需要,可以确定不同的工作侧重点和开展不同形式的公关活动。

4. 公共关系部的特点

公共关系部作为组织的职能部门,有自己的特点。它不同于组织的办公室或秘书处。

在设置公共关系部时就必须明确，公共关系部既不是基层的生产部门，也不是直接的经营管理部门，而是高层次的服务部门，它为管理决策部门提供必要的咨询与建议。从机构性质上看，公共关系部主要有以下四个特点。

（1）专业性。

专业性是指公共关系部作为组织内从事公共关系工作的机构，不能成为"杂货店"，不是临时班子，必须保证其队伍的专业化和工作内容的专业化。

所谓队伍的专业化，是要求全体公共关系人员应具有明确的公关意识，富有开拓进取精神，受过一定的公关专业训练，并具有一定的专业水准与能力。没有这样一支具有一定专业素质的队伍，公共关系工作是难以做好的。切忌把组织中多余或不称职人员塞进公共关系部。

公共关系工作内容的专业化，是指公共关系部的工作必须围绕公共关系目标来进行。也就是说，必须集中去做与实现组织公共关系目标相关的事务，而不能把公共关系部作为单纯的接待部门、交际联络部门，或当成总务科、办公室、秘书处等。否则，将无法保证公共关系部对组织公共关系计划的实施，无法保证公共关系最终目标的实现，从而使公共关系部徒有虚名，流于形式。

（2）协同性。

协同性是指在实现公共关系计划所确定的目标时，不能只靠公共关系部单枪匹马、孤军作战，还应依靠组织中各部门的相互配合及全体成员的共同努力。公共关系部在组织各部门相互配合的过程中，要发挥沟通、协调和组织的作用。这就要求公共关系部必须与组织各个部门保持密切、良好的工作关系。离开了各部门的相互配合，离开了全体人员的共同努力，公共关系部无论有多大的能量、多大的本领，都难以搞好工作，难以实现公共关系目标。为了保证机构的协同性，公共关系部的人员应熟悉各部门的基本任务，负责人尤其如此，他应对本组织的基本情况了如指掌，从而使公共关系部的协同性在组织上得到保证。

（3）自主性。

自主性是指公共关系部在组织中要有独立的地位，有一定的权限范围，可以自主地开展各项工作。公共关系部的自主性要求是和其在组织中的决策参谋地位分不开的。否则，公共关系部就无法完成组织的公共关系目标，发挥其应有的功能。因此，在组建公共关系部时，要考虑它的自主性要求，并在组织上给予保证。

（4）服务性。

公共关系部是一个具有服务性质的、较高层次的间接管理部门，它不是直接的管理机构，也不是领导机构和生产机构，其职能作用体现在向组织决策者和组织各职能机构提供有效的服务。这种服务工作是高级的经营管理工作，是为实现公共关系目标而提供的服务工作。它可以通过建议与咨询的形式为其他部门服务，也可以通过专项公共关系活动为组织服务，还可以通过日常公共关系活动为员工及社会公众服务。因此，应当确立公共关系部是服务部门的指导思想，并使公共关系人员在思想和工作作风上适应这种服务性。

5. 公共关系部的设置原则

（1）精简实效的原则。

① 公共关系部的建立必须有助于组织目标的实现，一切组织机构的建立、调整、取消或合并都必须以是否对实现组织目标有利为衡量标准。

② 为了有效地实现组织目标，在机构设置上必须保持精简，即某一类机构的设置要与所担负的任务相适应，做到"因事设职"，力求减少管理层次，精简机构和人员，充分发挥人的主观能动性。从公共关系部设置要求来讲，一般 30 人以上的公关部是大型的，10 人以下的公关部是小型的，介于两者之间的为中型的。

③ 各类岗位和职责都应当尽量按专业的原则设置，使各类岗位人员向专业化方向发展。但对于规模较小的组织来讲，过分专业化则会增加管理成本，所以，可能时要提倡塑造一专多能型人才，实施兼职管理方式。

（2）协调的原则。

协调是管理的主要职能之一。在设置公关部时，必须注意三点：

① 要对组织外部环境的协调起积极作用；

② 要与组织内部的各个部门、环节相互协调；

③ 公关部内部的人及层次的设置也要相互协调，以发挥它自身的整体效应；

（3）专业性的原则。

所谓专业性表现在设专职、用专才上。

① 公关部职能与其内部的岗位职责要明确，不宜把与公关工作无关的其他工作安排给公关部，避免因此而影响公关部的正常工作。

② 在岗位人员配备上，要用能胜任岗位工作的专门人才。要挑选那些公关意识强、受过专门训练、具有一定的专业素质和能力的人，以保证公关工作的有效开展。

③ 注意所用人才之间的知识结构和能力结构的协调与互补关系，以提高整体公关工作水平。

（4）权责对等的原则。

要建立完整的岗位责任制度和相应的组织制度，确保权责一致。有权无责或权大于责，容易产生滥用职权或推卸责任的现象；有责无权或责大于权，会束缚公关人员的手脚，挫伤他们的积极性，使工作难以顺利开展。目前，对许多组织内部的公关部来说，有责无权的现象存在得更多一些。因此，组织领导层要正视公关部的工作，把它摆到合适的位置上，建立起与决策层交流沟通的渠道，充分发挥其参谋与助手的作用。

6. 公共关系部的组织机构模式

公共关系部的组织机构模式是指公关部组织机构的结构类型和组织方式。一般从公共关系部在组织中的位置和公共关系部内部结构的设置两个方面来考虑。

（1）公共关系部在组织中的位置。

按照公共关系部在组织中隶属哪一级负责人领导的情况，可划分为如下几种类型。

① 直接隶属型。这一类型的特点是：公共关系部直接隶属于总经理，示例如图 3-1 所示。

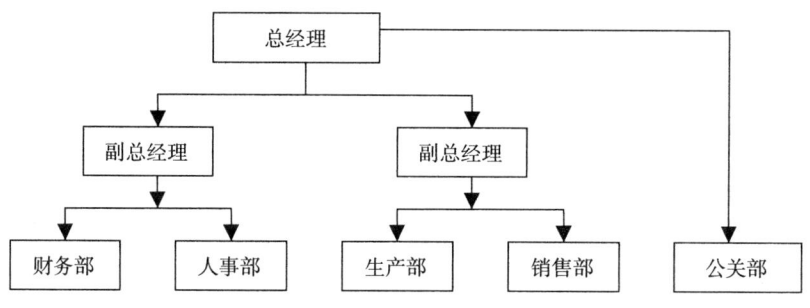

图 3-1　直接隶属型

这种类型体现了组织领导对公关事务的高度重视。其优点是公共关系部的视野开阔、活动余地大，能使公关意图进入组织的总体计划之中。这种类型的变形是总经理和副总经理共同负责公关部。

② 部门并列型。此类型的公关部隶属于副总经理，同组织内其他职能部门是平行关系，共同对企业的领导层负责，对内对外都有一定的决策权和指挥权，可独立地开展各项公共关系活动，示例如图 3-2 所示。

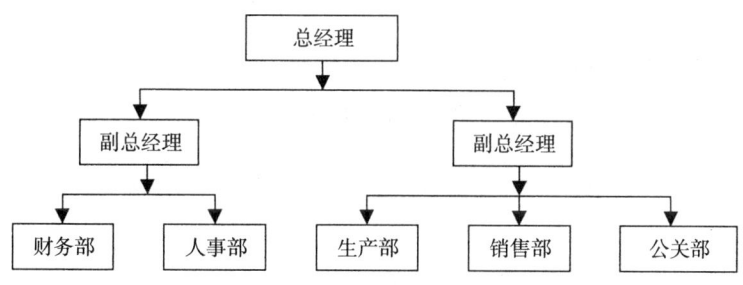

图 3-2　部门并列型

这是一种最为常见的类型，公关部能与决策层领导直接沟通，在副总经理的领导下把握公关事务在整个组织中的作用。这种类型的变形是副总经理直接担任公关部负责人，使公关部的地位略高于其他部门。

③ 部门所属型。此类型的公关部所处层次较低，并受某一职能部门的管辖，但该部门的负责人可与组织最高决策层保持经常、密切的联系，并能列席参加组织的某些高层决策活动，示例如图 3-3 所示。

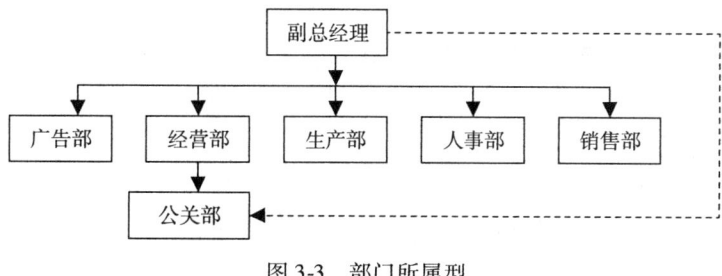

图 3-3　部门所属型

■ 相关知识链接3-9

公关部可以归属的部门

公关部门处于以上第三个层次时，可根据组织的条件和需要，选择下面几种不同的部门归属。

- 隶属于经营管理部门。这种归属目的在于加强公共关系工作在生产、财务和营销等环节的作用，配合组织各项业务的开展。
- 隶属于销售部门。这种归属旨在注重促销功能，尽力发挥公共关系部在市场领域的功能优势。但这种安排容易忽视公共关系部其他方面功能的发挥。
- 隶属于广告宣传部门。这种归属侧重于传播功能，意图是扩大组织的知名度，以此弥补广告、宣传的不足。但这样做也容易忽视公共关系部在经营管理方面的重要作用。
- 隶属于外事接待部门。这是为了突出公共关系部的对外交往功能。但这无疑也束缚了公共关系部其他方面功能的发挥。
- 隶属于办公室。这种归属便于掌握和管理，主要见于公共关系机构尚不成熟，公共关系职能尚不突出，而其他职能部门又编制整齐的情况下。

资料来源：陈红川. 公共关系学 [M]. 广州：广东高等教育出版社，2006.

(2) 公共关系部内部结构的设置。

① 按公共关系工作手段设置，示例如图3-4所示。

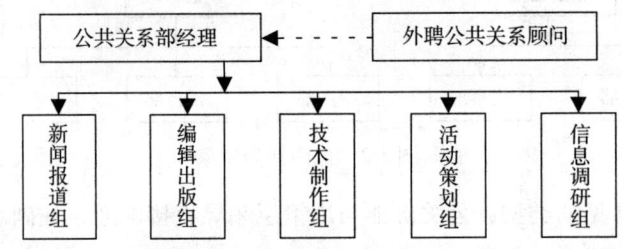

图3-4 按工作手段设置的公共关系部

② 按公共关系工作对象设置，示例如图3-5所示。

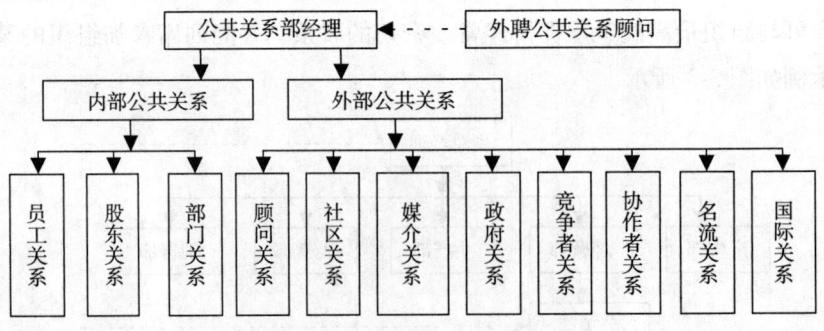

图3-5 按工作对象设置公共关系部

③ 按公共关系工作区域设置，示例如图3-6所示。

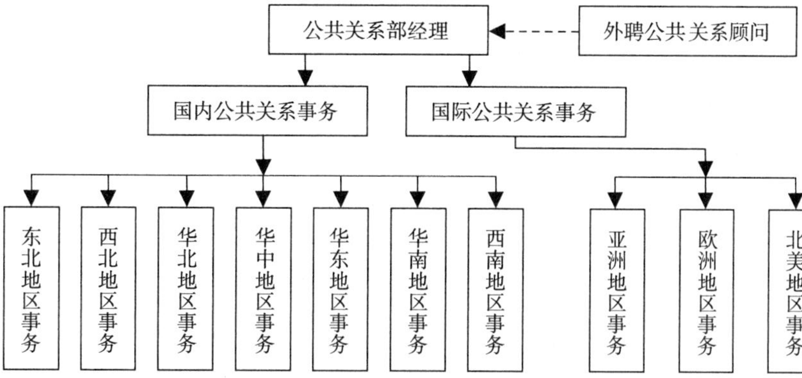

图3-6 按工作区域设置公共关系部

7. 公共关系部的任务

（1）公共关系部的基本任务。

① 参与企业的决策与管理。公共关系部参与企业的决策与管理工作，主要表现在以下三方面：一是提供有关信息和可供选择的方案；二是协助组织解决难题，摆脱困境；三是公共关系部经理应该出席董事会或其他高层领导会议，了解和参与重大问题的决策。

② 建立并维持同内外公众的联系网络。公共关系工作的根本目的，就是要争取内外公众的理解和支持，这就必须有一个十分通畅的联系网络。公共关系部应根据本单位的工作性质、范围，明确本单位的内外公众，然后有计划、有步骤地建立同这些公众的联系网络。比如保持与新闻界的密切联系，组织和安排领导者参与外界的有关活动，制作各类公众联系名单，便于联络工作的开展等。

③ 调查研究，了解内外公众的意见。公共关系部要经常对公众进行调查，收集内外公众对组织的看法、意见。公共关系部的调查研究工作应包括公众的舆论调查、态度调查、企业形象调查、市场调查、职工思想状态调查等内容。这种调查研究必须经常化、制度化、专门化。调查了解内外公众的意见，是在公共关系规划中确定传播对象的主要根据。

④ 选择传播信息的方式和渠道。公共关系实务是双向沟通，了解公众意见的真正目的是通过主动行动，让公众的意见向支持本企业的方向转变。选择恰当的方式和渠道传播信息来最有效地影响公众，是公共关系部的基本任务之一。公共关系部要依靠平时积累的资料，判断对哪些公众采用哪一种传播方式和渠道最好，从而选用最有效的传播方式和渠道。

（2）公共关系部的日常工作。

公共关系部有大量的日常工作，这些日常工作完成得好坏，直接关系到公共关系部的定期活动和专门活动能否顺利进行。公共关系部的日常工作大致有以下内容。

① 随时搜集企业内外公众的各种意见。

② 拟定介绍组织情况、工作进展、好人好事等的新闻稿。

③ 与各种传播媒介的新闻记者保持紧密联系。

④ 协同摄影、摄像制作工作者拍摄、整理、保存资料图片和视频录像。
⑤ 及时同有业务往来的公共关系顾问公司保持联系。
⑥ 同主管部门、政府有关部门人员保持联系。
⑦ 对本企业或组织在公众中的形象做出评价。
⑧ 了解竞争对手的公共关系活动情况。
⑨ 设计、筹划、监制企业的各种宣传品和赠品。
⑩ 培训公共关系人员。

(3) 公共关系部的定期活动。

公共关系部的定期活动，是系统完成公共关系工作目标的一项主体工作。定期活动的周期性开展，确保企业可以分步骤地完成任务，不断地取得工作成果。

公共关系部的定期活动主要有以下内容。

① 组织记者招待会。
② 组织企业内部的听证会。
③ 编辑、联系印刷企业的内部刊物。
④ 编辑、联系印刷企业的年鉴。
⑤ 参加各种管理会议，了解企业内部的管理状况。
⑥ 参加各种销售会议，了解企业同外界的商业联系情况。
⑦ 与所在社区的代表接触。
⑧ 拟定为董事会准备的公司年度经营报告。
⑨ 组织安排全体人员的集体娱乐活动。
⑩ 总结、评价公共关系活动的效果。

(4) 公共关系部的专门活动。

公共关系部的专门活动，是为了达到若干特定的目的而集中人力、物力和经费进行的。每一次公共关系专门活动，都应收到明显的效果。

公共关系部的专门活动有以下内容。

① 筹划、安排公共关系广告。
② 安排来访者参观。
③ 协助专业人员拍摄本企业情况的专题片或电视片。
④ 设计公司的标志、色彩风格并委托制作吉祥物等。
⑤ 组织举办展览会。
⑥ 组织新产品介绍会。
⑦ 组织安排开业仪式。
⑧ 组织、安排公司或组织的庆典。
⑨ 处理危机事件。
⑩ 筹划、安排"制造新闻"活动。

3.2.2 公共关系公司

1. 公共关系公司的性质

公共关系公司,也叫公共关系代理公司、公共关系事务所、公共关系咨询公司等,是由各具专长的公共关系专家组成,运用专门知识、技能和经验,以法人身份专门从事公共关系活动和咨询服务或接受客户委托为其开展公共关系活动,并收取费用的社会服务性机构。公共关系公司是公共关系职业化发达的产物,在20世纪得到了迅速发展。要从以下方面全面理解公共关系公司的性质。

(1) 它不隶属于特定组织,在产权上是独立的,体制上也是独立的。

(2) 它以办理社会上其他组织或个人委托的公共关系事务的收入作为本机构的经济来源,自负盈亏,在经济上是独立的。

(3) 对于委托公共关系公司办理自己的公共关系事务的组织,一旦它们与一家机构就委托办理其公共关系事务达成协议,这家公司就成了它们临时或长期的"公共关系顾问"。

(4) 公共关系公司大都由专业人士组成,具有较高的专业水平、广泛的社会影响和显著的工作效果。

■ 相关知识链接3-10

第一家公关专业公司

- 现代公共关系之父——艾维·李创立的公共关系事务所是最早的公共关系公司。
- 世界上最早的以公共关系公司名义出现的公司是1920年美国人N.艾尔创立的。
- 总部设在纽约的博雅公共关系公司是目前全球最大的公共关系公司。
- 1985年1月,美国伟达公关公司在北京设立办事处以后,我国逐渐开始出现职业公关公司。
- 1985年8月,美国博雅公共关系公司与中国新闻发展公司签约成立中国环球公关公司,这是我国第一家专业公关公司。

资料来源:甄珍,张映.公共关系实务[M].北京:北京大学出版社,2006.

2. 公共关系公司的经营范围

专业规范的公关公司提供的服务主要有以下几种。

(1) 信息调研。为客户搜集、分析、处理信息。

(2) 咨询建议。就客户的公共关系状态、组织形象、所实施的公共关系活动成败得失或未来公共关系决策等,提供分析、诊断和咨询建议等。

(3) 业务培训。受客户委托,对客户的公共关系从业人员或全体员工进行公共关系理论和实务的培训。

(4) 新闻传播。公关公司根据组织的决策,担负对内外公众宣传、阐释、传递信息的职责；编制刊物、画册等宣传品；直接与社会媒体沟通，并提供相关新闻资料；负责其他对内外公众施加影响的广告设计和信息传播。

（5）协调沟通。公关公司需要与组织内外公众保持沟通和协调，并创建和谐的人际环境和社会心理环境。

（6）处理突发事件。对突发事件可能给组织的形象带来的影响，公关公司要及时、迅速、客观地调查并做出处理。例如与媒体积极接触，对公众进行沟通或安抚、释疑，与法律部门打交道等。

（7）举办专门活动。为使组织形象有利于实现预期目标，公关公司要适时地策划举办各种专门活动，如展览、参观访问、新闻发布会、记者招待会、交流会、联谊会等，有效塑造组织的良好形象，营造有利于组织生存发展的环境。

■ 相关知识链接 3-11

客户选择公共关系公司的标准

1. 公司信誉

公司信誉涉及公司成立时间、规模，在公共关系界是否有权威，可以提供哪些服务项目，公司以往的业绩，组织开展过哪些著名的公共关系活动，有多大影响，等等。信誉好、名气大的公司往往经验丰富，委托其代理业务可靠性强，成功率高，但也可能缺乏创意，且收费较高；资历浅、名气小的公司，可能缺乏经验，但收费一般较低，且可能有新颖的设计，并取得意想不到的效果。对此，客户可进行认真对比，最后确定代理公司。

2. 公共关系人员的素质

公共关系人员的素质决定了公司的服务水准。如该公司的从业人员是否受过专门训练，个人专业技术水平如何，能否与客户的要求相一致并努力去满足他们的需求，在时间上能否保证按时完成工作，等等。

3. 公司客户情况

公司客户情况包括该公司现有哪些客户，这些客户的情况及对公司的评价如何。

4. 收费标准

一家信誉良好的公司也可能是收费较高的公司。因此，客户选择和评价公司实际上是将其信任度、服务质量与收费标准进行比较。

资料来源：陈晖．公共关系理论与实务 [M]．北京：北京理工大学出版社，2006．

3. 公共关系公司的类型

（1）综合服务咨询型。

这类公司汇集各方面专业技术人才，可以为各种客户提供各种公共关系问题的咨询和各种公共关系的技术服务，而且它的设备齐全，实力雄厚，因此能同时满足不同客户的需求。

（2）专业定向服务型。

这类公司是专门为特定行业或特定公共关系问题提供服务的公司。

① 专业服务。如专门为客户设计广告、专门制作各种宣传资料或专门策划各种专题活动等。

② 定向服务。如专门为旅游业、金融业或政府提供咨询或代理服务。

无论是经营规模还是业务范围，专业定向服务型公司都要比综合服务咨询型公司小得多，但由于专业性强，所以可以为客户提供较高水平的专项服务。

■ 相关知识链接 3-12

公共关系部与公共关系公司的比较

1. 公共关系部的优劣势

- 公共关系部的优势：公共关系部根植于组织机构中，它不但对组织的情况了如指掌，而且与组织利益完全一致，因此，在开展工作时，它能站在组织立场上，制订出切合实际、有针对性的计划和措施；由于它是组织的常设机构，因此一旦组织遇到公共关系问题，它即可提供及时服务，做到"召之即来，来之能战"。
- 公共关系部的劣势：易受"当局者迷"的影响，评价组织难以客观公正；一旦机构与外部公众利益发生冲突，就容易受到外部公众的排斥。

2. 公共关系公司的优劣势

- 公共关系公司的优势：它是局外人，分析处理问题较为客观公正；经营灵活，不受干扰；技术全面、专业性强，当应对复杂局面时，办法多、能力强。
- 公共关系公司的劣势：对机构内部的情况了解不全，因而其建议方案有可能同委托机构内部情况脱节；公共关系公司要花费许多时间去做前期的调研工作，势必加大委托方的费用支出；有时还会遇到机构内公共关系部人员的干扰阻挠等。

资料来源：朱崇娴. 公共关系原理与实务 [M]. 3版. 北京：高等教育出版社，2019.

4. 公共关系公司的工作原则

公共关系公司所从事的工作，一方面涉及委托单位或个人的形象与信誉，另一方面要对社会公众负责，因此公司在工作中应自觉遵守以下原则。

（1）遵纪守法原则。

公共关系公司要自觉遵守国家法律、法规及有关方针政策。公司既是社会服务性机构，又是一个经济实体，其首要任务是为社会提供服务，而不能将贸易开发、商品经营作为主营项目。公司的一切行为都要在国家方针、政策的指导之下，以遵纪守法和高质量的服务赢得客户和公众的信任。

（2）客户至上原则。

公共关系公司的宗旨是信誉第一、服务第一、客户第一。公司应竭尽全力为客户办好事、办实事，事先向客户介绍服务项目、收费标准等，并站在客户的立场上考虑费用预算,尽可能地为客户节约经费。另外,公司在为客户服务的过程中,在没有得到客户的许可和充分告知事实的情况下,不得接受除客户以外任何人所给的同上述服务有关的小费、佣金和高价报酬。

(3) 真实准确原则。

公共关系公司必须保证将真实、准确的信息提供给客户。真实就是客观地报道,不隐瞒任何情况,对待客户一片真心诚意,绝不虚情假意、敷衍塞责。准确就是不夸大,不缩小,实事求是,切忌夸夸其谈,并针对利弊指明改正的出路,绝不避重就轻、草草了事。

(4) 保守秘密原则。

公共关系公司在代理委托单位的公共关系业务的过程中,为保证实现公共关系目标,经常要了解一些委托单位的机密,公司应严格为其保守秘密,并不得接受那些可能泄露或利用这些机密的单位的聘请,以防有损委托单位的利益或形象。

(5) 不干涉内务原则。

公共关系公司的工作人员由于是受委托开展公共关系活动的,必然在一定程度上对委托单位的内部情况有所了解。因此,公司不得利用工作之便对委托单位或委托人的事务施加影响,或将自己的意愿强加于对方,特别是在双方合作结束后,更应强化自我约束,不干涉客户内务,不损害客户利益。

(6) 避免为相互竞争的委托单位同时服务原则。

公共关系公司不能随意为相互竞争的委托单位同时提供公共关系活动。美国公共关系协会全体大会在1977年通过的《关于公共关系业务的职业道德准则》中明确规定:"会员在没有获得有关各方的特别允许的情况下,在事实充分展开之后,不得代表相互冲突或竞争的利益集团。在会员的利益正在或可能同客户等的利益相冲突时,会员应将这些利益冲突充分告知对方。"

■ 相关知识链接 3-13

聘请公共关系公司的主要理由

美国著名公关学家卡特里普在其《公共关系教程》中,开列了各种组织聘请公共关系公司的主要理由:

- 管理层先前没有开展过正式的公共关系活动项目,缺乏组织公共关系活动项目的经验;
- 外部公司可以聘用有经验的行政主管和有创造力的专家提供服务,这些行政主管和专家或是不愿意搬迁到其他城市,或是他们的工资没有一个单独的组织可以承担得起;
- 一个拥有自己的公共关系部门的组织很可能还需要一些高度专业化的服务,而这种服务是公共关系部门所不能提供的,或者是组织不需要它以全日制和持续不断的方式提供。

- 至关重要的政策问题需要外部旁观者的独立判断。

资料来源：陈红川. 公共关系学 [M]. 广州：广东高等教育出版社，2006.

3.2.3 公共关系社团

1. 公共关系社团的性质及特征

公共关系社团是指社会上自发组织起来的、非营利性的从事公共关系理论研究与实践活动的群众组织和群众团体。主要包括：公共关系协会、学会、研究会、专业委员会、俱乐部、沙龙、联谊会等。

公共关系社团作为非营利性的群众组织和群众团体，其自身的性质决定了其具有以下特征。

（1）广泛性。

公共关系社团的广泛性体现在成员既包括了公共关系行业中各方面的单位或从业人员，又包括了不同地区新闻、科研、文教和党政机关各界人士。通过这种组织形式，可以建立更广泛、畅通的信息渠道和社会关系网络，有利于成员之间相互沟通交流，更好地为各自的工作服务。

（2）权威性。

参加社团的人员，基本上是从事公共关系工作和热爱公共关系事业的团体或个人，其中也有公共关系专家、学者和实践工作者，他们通过理论研究和提供优质高效的服务，不但满足了社会对公共关系的需求，同时也提高了社团的知名度和权威性。

（3）松散性。

公共关系社团虽然也是一种组织，但是没有严格的组织机构，也不具备强制性。其成员只是对公共关系有着共同的兴趣而聚在一起研讨问题，有来去自由的权利，组织机构也较松散。

（4）服务性。

在社团中聚集了一批公共关系工作的专家，他们对公共关系理论和实践都较为精通，可以为社会提供咨询服务。为社会服务是公共关系社团的宗旨，服务的好坏是社团生命力所在。通过服务，既满足了社会对公共关系的需求，又提高了社团的知名度。

（5）非营利性。

由于公共关系社团的宗旨是为社会服务，因此它并不是一个营利性组织。与公共关系公司不同，公共关系社团所提供的服务是无偿的，其本身不能从事商业经营。

■ 相关知识链接 3-14

世界各地公共关系团体

1. 美国公共关系协会

在艾维·李把公关变成一门职业后，各种专业性的公共关系协会（学会）也迅速地发展起来，行业性的公关专业协会的出现甚至早于公共关系作为一门课程进入大学课堂。

1915年7月，金融公共关系协会在美国芝加哥成立（1970年后组织易名为"银行和市场协会"）；

1917年4月，美国高等院校公共关系协会（当时名为"美国高等院校新闻协会"）宣告成立；

1948年2月4日，美国的全国公共关系顾问协会（NAPRC）和美国公共关系理事会（ACPR）合并成立美国公共关系学会，其总部设在纽约，下设80多个分会，成员超过1万人。

2. 英国公共关系协会

英国公共关系学会（IPR）成立于1948年，有12个地区性的团体，会员超过3 500人，在建立和推行职业道德准则方面走在世界前列。

在所有专业性协会中，总部设在伦敦的国际公共关系协会（IPRA）无疑是最具影响力的。尽管它在1955年刚成立时，只有5个国家的15名会员，但现在已发展到77个国家的几千名会员。而且国际公共关系协会是得到联合国正式承认的，其会员也作为顾问服务于联合国经济及社会理事会。国际公共关系协会每年聚会两次，颁发"促进世界理解杰出贡献奖"，出版《国际公共关系评论》季刊。由于其在推动专业发展、高标准和职业道德等方面的成就，1980年在协会成立25周年之际，法国邮电局发行了迄今为止仅有的一张以公共关系为主题的邮票。

3. 其他比较有影响的公共关系协会

其他比较有影响的公共关系学会（协会）还有国际商业传播者协会（International Association of Business Communicators，简称IABC，1970年成立）、加拿大公共关系学会（Canadian Public Relations Society，简称CPRS，1948年成立）、德国公共关系学会（1958年成立）、印度公共关系学会（1958年成立）和尼日利亚公共关系学会（1963年成立）等。

4. 我国公共关系协会

我国最早的公共关系协会是1987年成立的上海公共关系协会。

1987年，全国性公关专业组织——中国公共关系协会成立，到20世纪90年代中期，该协会已有团体会员500余家，个人会员2 000多名；

1991年4月，以促进国内外公关界交流与协作为己任的中国国际公关公司在北京成立。

国内比较有名的公关协会还有由一些在大学中从事公关教学和研究的专家、学者组成的中国高等教育学会公共关系教育专业委员会。

这三大学会都定期组织成员间的学术交流和研讨活动。在我国还有一个每年召开一次的全国各省市公共关系组织联席会议，各省市通过这种方式互通信息，相互交流，切磋公关理论和实务工作，起到了互相促进、共同提高的作用。

资料来源：陈晖. 公共关系理论与实务 [M]. 北京：北京理工大学出版社, 2006.

2. 公共关系社团的类型

（1）综合型社团。

这类组织主要指公关协会。目前，我国已有两家全国性的公关协会：中国公共关系协会和中国国际公关协会。大多数省、直辖市、自治区和众多的地区都有自己的公关协会，综合型社团多为民办官协，会员主要来自不同行业，协会领导多由在任官员及离退休官员担任，具有广泛性、代表性、权威性。其主要任务是为政府部门、企事业单位提供咨询服务，协助有关部门和单位开展大型活动。

（2）学术型社团。

这类组织主要指各类公关学会、公关研究会等，如中国高等教育学会公共关系教育专业委员会。会员主要来自大中专院校、科研机构，属于知识分子群体，学术性比较强。其主要任务是进行学术研究，探讨、交流公共关系理论，从事公关培训，指导公关实践，把握公共关系发展的趋势。

（3）行业型社团。

这类组织是一种行业公共关系组织。不同的行业开展公关工作，有不同的特点。随着公共关系的深入发展，公关组织的行业化势在必行，发达国家的许多行业都有了自己的公关组织。

（4）联谊型社团。

这类组织没有严密的组织机构和规章制度，形式松散，常见的名称有公关俱乐部、公关沙龙、公关联谊会等。其主要活动方式是定期、不定期举办一些沙龙聚会，在成员之间沟通信息，联络感情，建立良好的人际关系。

3. 公共关系社团的工作内容

各国的国情及公关行业发展水平不同，各个公关社团的结社宗旨不同，因而其开展的活动也不尽相同。主要有以下方面内容。

（1）主办会议与活动。

公关社团经常定期或不定期地组织会员召开各种行业性的年会、交流会、研讨会、报告会及考察、联谊等活动。如国际公共关系协会自1958年起，每3年举办一次国际公关大会，在公关界影响极大。自1996年度起，中国国际公共关系协会每两年主办一届的"中国国际公共关系大会"，以及每年主办一次的"中国公关业工作研讨会"，多年来已经形成传统，为中国公关事业的健康发展和与世界公关同行业对话起到了良好的作用。

（2）行业调研与评比。

作为对公关实务的研究、总结和探讨，举办一年一度的公关案例的评优活动，这是国际公关业的惯例，如国际公共关系协会的"世界最佳公关金奖大赛"等。中国国际公共关系协会自1993年起，每两年举办一届"中国最佳公共关系案例大赛"，自1997年起每年进行一次行业调查，并撰写年度行业调查报告公开发表。这些活动在为业界提供基础信息、发展动态，示范引导公关事业健康发展等方面起到了很好的作用。

(3) 制定规范并监督会员。

事实上,世界上所有的公关行业的行为准则、职业道德规范等都是由公共关系社团制定的自律规范。如国际上影响极大的《国际公共关系道德准则》(《雅典准则》)是由国际公共关系协会于1965年在雅典的协会大会上通过的。由英国国际公共关系协会制定的《英国公共关系协会职业行为准则》是世界产生较早、影响较大的一个准则。我国的《中国公共关系职业道德准则》则是由全国公共关系组织第二次联席会议于1989年通过的。目前我国公关界正在研究制定"公关行业服务标准",以规范公司行为。公关社团不仅制定这些规范,还负责修订、监督、执行这些规范。

(4) 开展职业培训活动,制定职业准入制度。

制定职业准入制度,开展职业资格培训,考核职业资格,颁发职业资格证书等也是公关社团的一项重要工作。如英国有一个"传播、广告和市场营销教育基金会(CAM)",专门组织"传播产业"(在英国这是一个包含公共关系、广告、市场营销等多项产业在内的专业领域)的职业资格考试,通过的考试者可获得CAM证书。凡是要加入英国"传播产业"的人员,如有志于从事公关职业者,都必须首先考取CAM证书,才算取得职业资格。1993年,中国公共关系协会推出了"公共关系专业职业资格证书"的培训活动。此举是中国公关社团为实现中国公关行业规范资格、提高素质、优化队伍、健康发展所做的拓荒式的重大贡献。

(5) 改选刊物,创办网站。

国际公共关系协会的《国际公共关系评论》、英国公共关系协会的《公共关系》是世界上最著名的公共关系权威学术刊物。中国最早问世的一份公共关系专业报纸是由浙江省公共关系协会主办的《公共关系报》,1988年1月31号在杭州创刊。1989年1月25日陕西省公共关系协会和中国公共关系委员会联合主办的《公共关系》杂志在西安面世。迄今我国已有公关报纸杂志数十种,并建立了行业门户网站——中国公关网。

● 要点回放 ●

公共关系人员是指从事公共关系实践工作的职业性人员,是组织开展公关活动的最基本主体,不包括业余或兼职的公共关系人员。

公共关系人员有以下职责:进行公共关系调查,全面掌握组织情况;与决策层沟通,参与组织决策;制订公关计划方案;与新闻媒体建立关系;策划与实施专题活动;撰写新闻稿件与文章。

公共关系人员应具有高尚的职业道德、强烈的公共关系意识、良好的心理素质、较高的情商、健全的知识结构和较强的操作能力。

公共关系人员的角色有:专家型角色、领导型角色、技术型角色和事务型角色。

公共关系组织机构分为三类:公共关系部、公共关系公司和公共关系社团。

公共关系部是社会组织内部自行设立的专门负责处理公共关系事务的部门或机构。公共关系部在组织中扮演"中介"角色,具有"耳目""喉舌""参谋""消防队"等作用,是组织重要的职能部门。由于企业规模、经营内容和环境不同,组织内公共关系部的结构规模也有相应的差异,一般来说,设置公共关系部应遵循精简实效原则、协调原则、专业性原则和权责对等的原则。

公共关系公司是由各具专长的公共关系专家组成,运用专门知识、技能和经验,以法人身份专门从事公共关系活动和咨询服务或接受客户委托为其开展公共关系活动,并收取费用的社会服务性机构。它不隶属于特定组织,在产权上是独立的,体制上是独立的,经济上也是独立的。专业规范的公关公司主要为组织提供信息调研、咨询建议、业务培训、新闻传播、协调沟通、处理突发事件和举办专门活动等服务。公共关系公司在工作中应自觉遵守遵纪守法原则、客户至上原则、真实准确原则、保守秘密原则、不干涉内务原则、避免为相互竞争的委托单位同时服务原则。

公共关系社团是指社会上自发组织起来的、非营利性的从事公共关系理论研究与实践活动的群众组织和群众团体。它具有人员组成的广泛性、成员的权威性、组织结构的松散性、工作内容的服务性和非营利性的特点。其工作内容则是主办会议与活动、行业调研与评比、制定规范并监督会员、开展职业培训活动及制定职业准入制度、改选刊物及创办网站。

任务体验

体验一 考一考

1. **单项选择题**

(1) 公共关系人员是( )。
   A. 公共关系理论研究人员 B. 公共关系教育人员
   C. 业余或兼职的公共关系人员 D. 公共关系实践工作的职业性人员

(2) ( ) 公共关系部直接隶属于总经理。
   A. 部门并列型 B. 直接隶属型 C. 部门所属型 D. 以上均不是

(3) ( ) 公共关系部隶属于副总经理。
   A. 部门并列型 B. 直接隶属型 C. 部门所属型 D. 以上均不是

(4) ( ) 公共关系部隶属于某一职能部门。
   A. 部门并列型 B. 直接隶属型 C. 部门所属型 D. 以上均不是

(5) 由各具专长的公共关系专家组成,运用专门的知识、技能和经验,以法人身份专门从事公共关系活动和咨询服务或接受客户委托为其开展公共关系活动,并收取费用的社会服务性机构是( )。
   A. 公关社团 B. 公关公司 C. 公关部 D. 公关协会

(6) ( ) 是社会组织内部自行设立的专门负责处理公共关系事务的部门或机构。
   A. 公关社团 B. 公关公司 C. 公关部 D. 公关协会

(7) ( ) 指社会上自发组织起来的、非营利性的从事公共关系理论研究与实践活动的群众组织和群众团体。

　　A. 公关社团　　B. 公关公司　　C. 公关部　　D. 公共关系事务所

(8) 中国高等教育学会公共关系教育专业委员属于（　　）公共关系社团的类型。

　　A. 联谊型社团　　B. 行业型社团　　C. 学术型社团　　D. 综合型社团

(9) 公关俱乐部、公关沙龙、公关联谊会属于（　　）公共关系社团的类型。

　　A. 联谊型社团　　B. 行业型社团　　C. 学术型社团　　D. 综合型社团

(10) 中国最早问世的一份公共关系专业报纸《公共关系报》是由（　　）主办的。

　　A. 上海市公共关系协会　　　　B. 北京市公共关系协会
　　C. 浙江省公共关系协会　　　　D. 广东省公共关系协会

2. 多项选择题

(1) （　　），统称为公共关系工作者。

　　A. 公共关系从业人员　　　　　B. 公共关系理论研究人员
　　C. 公共关系教育人员　　　　　D. 公共关系协会等机构工作的人员

(2) 公共关系人员的情商主要包括（　　）。

　　A. 自我感知能力　　B. 情绪调解能力　　C. 认知他人能力　　D. 自我激励能力

(3) 公共关系组织机构，一般分为三种（　　）。

　　A. 宣传部　　　B. 公关部　　　C. 公关公司　　　D. 公关社团

(4) 公共关系公司的工作原则有（　　）。

　　A. 遵纪守法原则　　B. 客户至上原则　　C. 广泛性原则　　D. 保密原则

(5) 公共关系部的职能是（　　）。

　　A. 对外传播　　　B. 主办活动　　　C. 咨询建议　　　D. 收集信息

体验二　讲一讲

1. 要求

(1) 由学生对下列内容涉及的知识进行复述、总结与拓展。

(2) 鼓励学生课外自查资料。

(3) 建议在该知识讲授结束时布置，下一次课开始时进行。

(4) 学生随机轮流上台，面对全班同学讲述，每题时间不超过三分钟。

(5) 教师对学生的讲述进行考评，记入平时成绩。

2. 内容

(1) 什么是公关人员素质？它包括哪些内容？

(2) 公关人员应具备怎样的公关意识？

(3) 公关人员应掌握哪些专业知识？具备哪些职业能力？

(4) 试分析公关部与公关公司各自的优势和不足。

(5) 公关部的工作任务有哪些？

体验三 想一想

公共关系从业人员资格测定表

某些国外企业组织在招聘公共关系人员时，除了考察其学历，还常常使用各种各样的测验方式。

以下是一份公共关系从业人员资格测定表。对于下列问题，每题答案为"是"计2分，为"否"计0分，满分为100分。

1. 性格
（1）是否有幽默感？
（2）是否性情中庸、和悦近人？
（3）待人接物是否从容不迫？
（4）能否来往于大庭广众之间而不畏怯？
（5）是否有耐心？
（6）是否有决心和毅力面对困境与挫折？
（7）做事是否喜欢拟订计划？
（8）思维是否敏捷？
（9）是否健谈？
（10）仪表是否动人？

2. 品德
（11）是否公道正派？
（12）是否有明断是非的能力？
（13）做事是否有良好的责任感和道德感？
（14）是否认为集体利益胜过个人利益？
（15）是否相信人"性本善"之说？
（16）是否关心他人，并赢得同事的信赖？
（17）能否遵守诺言？

3. 智慧
（18）对人是否有好奇心和保持浓厚兴趣？
（19）是否精于观察他人言行？
（20）是否能成为一个好听众，欣赏别人的谈话？
（21）是否善于处理尴尬的局面？
（22）是否有说服别人的能力？
（23）写作是否流畅？
（24）是否有比较强的学习能力？
（25）每天是否抽空读书看报？
（26）做事是否富于想象力和创造力？

4. 教育和经验

（27）是否大学毕业？
（28）是否懂得经济学的基本知识？
（29）是否懂得社会学的基本知识？
（30）是否懂得经营和管理学的基本知识？
（31）是否受过哲学和逻辑学的思维训练？
（32）是否了解传播学？
（33）是否对心理学有兴趣？
（34）是否会撰写新闻稿件？
（35）是否有与新闻媒体打交道的经验？
（36）是否有社会交际或社会活动的经验？
（37）是否有推销广告或人事管理的经验？
（38）是否了解舆论调查或民意测验的方法？
（39）是否有谈判的经验？
（40）是否了解国家组织机构的方针政策？

5. 行政领导能力

（41）是否有制订计划方案的能力？
（42）能否合理地授权？
（43）能否用人所长，发挥下属的积极性？
（44）是否善于协调不同性格的人一道工作？
（45）对不同意见是否有分析概括能力？
（46）能否理解上级意图，并接受指示？
（47）能否创造轻松愉快的组织工作气氛？
（48）是否善于组织会议？
（49）能否尽快恳切承认自己的错误，并坦然接受惩罚？
（50）能否有条理地给下属指派工作？

资料来源：https://wenku.baidu.com/view.

这份测定表并不是百分之百准确可靠，但可以作为一个参考。对此表的回答，60 分以下者不适于从事公关工作；60 分及以上者及格，但须设法改进自己的弱点；70 分及以上者有资格从事公关工作；90 分及以上者从事公关工作便得心应手了。

它可供公关人员自我鉴定，或供公共关系部门招聘公关人员时参考。

思考题

1. 公共关系从业人员资格测定表主要从哪些方面对公关从业人员进行考察？
2. 结合实际谈一谈企业公关从业人员应具备哪些素质。

体验四 练一练

1. 情境设定

假设小王刚刚成功应聘了某物业公司客户接待的职位。他第一天上班,到岗时离上班还有 20 分钟,办公室空无一人,其他同事都还没有到公司。这时,来了一位业主,从神情可以判断他非常焦急,他和小王诉说自家的下水管道漏水了,希望物业能够尽早派人去修。小王对公司的业务和人员还不是十分熟悉,面对业主的问题,他应如何处理?

2. 模拟训练

(1) 请两位同学分别扮演小王和业主,其他同学扮演公众。

(2) 请扮演者按角色分工,现场表演,表演者要注意使表演符合角色的要求。

(3) 角色扮演结束后,组织全班同学对两位同学的扮演进行评分并做相应的评价。

体验五 做一做

组建公司公共关系部

1. 实训项目

公共关系部的设立。

2. 实训目的

通过公共关系部的设立,了解公共关系部的设置原则,明白组织机构模式和人员配备,掌握公共关系部的职责和工作任务。

3. 实训内容

(1) 背景资料。温州某鞋业公司,现有员工 1 500 人,经济效益尚好。随着其产品的增多和经营范围的扩大,公司的公共关系问题也越来越突出。该公司现欲决定成立一专门机构——公共关系部,全权负责处理公司的公共关系事务。

(2) 请帮助该公司设计一个公共关系部的组建方案(对机构设置、人员的配备、职责的确定等内容做出详细分析说明)。

4. 实训组织

(1) 将学生分为几个大组,以组为单位设计一个公共关系部的组建方案。

(2) 每组选出一个代表,以 PPT 形式向全班同学展示方案。

(3) 接受同学的质询。

(4) 教师对各组的方案进行点评。

5. 实训考核

(1) 要求每位学生写出体会或小结。

(2) 要求学生填写实训报告。其内容包括:

① 实训项目；
② 实训目的；
③ 实训内容；
④ 本人承担的任务及完成情况；
⑤ 实训小结。

(3) 教师评阅后写出实训评语，并给出成绩。

任务 4

公共关系操作流程

:任 务 提 要:

4.1 公共关系调查

4.2 公共关系策划

4.3 公共关系实施

4.4 公共关系评估

:任 务 目 标:

知识点

1. 掌握公共关系工作的工作程序
2. 掌握公共关系调查的程序、内容和方法
3. 掌握公共关系策划的程序及方法
4. 熟悉调查报告及策划书的撰写
5. 了解公共关系实施的注意事项
6. 熟悉公共关系评估的主要内容及基本方法

技能点

1. 会运用公共关系工作的工作程序
2. 会通过公共关系调查了解组织实际形象，找出差距，提高解决问题的能力
3. 熟练运用公共关系活动模式
4. 会撰写公共关系调查报告及策划书

|案例导入|

"城市，让生活更美好"：上海申博案例

1. 项目背景

当今社会国际商品交换的扩大和科学技术与经济发展之间的紧密联系使世界博览会（以下简称"世博会"）这一国际经济、科技、文化的"奥林匹克"盛会显得举足轻重。中国正以前所未有的发展速度和在世界政治、经济、国际事务中的影响与作用，令世人所瞩目，举办一届成功的世博会显得极其重要。能否成功举办世博会，不仅反映出一个国家的建设成就和综合国力，还显示出主办国迈向下一个世纪的决心和信心。

2. 项目调查

作为中国最大的经济中心城市，2002年上海人均国内生产总值超过4 900美元，综合经济实力达到中等收入国家水平。经过多年不懈努力，上海的市政基础设施建设、旧区改造、产业结构调整都取得了重大进展，城市综合素质大大提高。特别是经过1999年《财富》全球论坛、2001年亚太经合组织第九次领导人非正式会议的洗礼，上海举办大型国际活动的能力得到进一步增强。上海正在迈向国际经济、金融、贸易和航运中心。如果中国申博成功，会对长江三角洲影响巨大。上海周边城市将迎来一个扩大对外开放，活跃人流、物流、信息流，带动相关产业发展的历史性机遇。世博会从申办到举办，整个过程长达10年，上海市初步估计要投资30亿美元，用于世博会园区建设。1美元的会展投资，将拉动5～10美元的城市相关产业投资，这对江苏、浙江两省无疑是一个极好的机遇。江苏、浙江两省作为经济大省、建筑大省，为上海发展出力，接受上海辐射，是江苏、浙江的区位优势。上海进行的上万个建筑工程中，有无数的江苏人、浙江人在竭诚奉献。如成功举办2010年上海世博会，预计将有7 000万参观者，其中30%～35%的参观者在会后将继续在华东地区游览。这意味着上海周边100千米以苏州、周庄为代表的江南水乡，150～200千米的无锡、杭州，300千米内的南京、扬州、镇江，以至中国最为富庶的华东6省1市，都将被上海世博会直接带动。

2010年上海世博会申办工作领导小组办公室委托上海城市经济调查队对全国50个城市的民意调查显示：89.4%的人认为中国有必要申办2010年世博会，94.4%的人拥护中国申办2010年世博会，92.6%的人认为中国有能力申办2010年世博会，78.6%的人相信中国申办2010年世博会会成功。一次广泛的网上调查也证明，92.3%的人支持上海举办2010年世博会。

3. 项目策划

（1）公关目标

① 塑造上海国际大都市形象，展现上海魅力。

② 最终夺取2010年世博会主办权。

（2）五大优势

① 参观人数多。如果2010年世博会在上海举行，超过7 000万人次的参观者将创世博会历史纪录。

② 上海为世博会选定了合适的主题，"城市，让生活更美好"的主题能得到各国广泛关注。

③ 选址符合世博会的宗旨，做好合理的选址场馆规划。世博会场址选在黄浦江滨水区，规划控制面积 540 万米^2，世博园区面积规划 400 万米^2，通过场馆建设，促使旧城改造，并在举办后，使该地区今后成为经济、科技和文化的交流中心。

④ 上海改革开放以来积累的经济实力完全有条件举办世博会。

⑤ 社会稳定，秩序良好。上海举办世博会得到了民众的极大支持。据调查结果显示，上海世博会的民众支持率在 90% 以上。

围绕这五大优势系列公关——让世界认同上海是最好的选择。

4. 项目执行

(1) 全方位的宣传

① 国内媒体宣传。2001 年 9 月前以发放宣传册为铺垫，之后展开了大规模全方位的宣传。世博会知识网络电视竞赛，举行申办 2010 年上海世博会新闻通气会，世博主题文艺演出，万人支持申博网上签名活动，上海市民骑车申博万里行，2010 名上海市民代表宣誓，长江三角洲申博之旅，征求申办徽标、口号、招贴画，进入社区的世博会向我们走来——世博知识巡回展，派遣 37 个组团出国访问了 87 个国际展览局成员国。

② 国外媒体宣传。世界各大主流媒体都对上海申博表示热切关注，分别以专题、专刊专版的形式给予追踪报道。英国《泰晤士报》、天空电视新闻频道以及美国星空传媒新闻频道，表示了对上海申办世博会的支持。

③ 成立支持中国申博"企业后援团"。

(2) 活动主体

① 2001 年 6 月 6 日，国际展览局第 129 次成员国代表会议在巴黎举行。上海市主要领导在会上进行了中国申博首次陈述，确定申博主题以及选址。

② 2001 年 11 月 30 日国际展览局举行第 130 次成员国代表大会，时任上海市市长的徐匡迪做了申办陈述。

瑞士罗氏制药有限公司总经理以一名外资商人的角度谈自身在上海的投资回报，证实了中国政府的承诺是绝对可以信任的。

③ 2002 年 3 月 10～16 日，中国作为申办国之一，第一个接受了国际展览局代表团的考察，通过一系列的陈述报告、实地考察，与各界人士交流沟通，国际展览局充分了解到上海的优势、能力、举办条件和各项准备工作。

④ 2002 年 7 月 2 日国际展览局举行第 131 次成员国代表大会，中国外交部长唐家璇、中国贸促会会长俞晓松等做了申博陈述。唐家璇部长代表中国政府承诺我国将投入 1 亿美元支援发展中国家和地区前来参展。对参展国建立永久性展馆，中国政府还将给予建馆资金 25% 的补贴。此外，设立用于大会各项评奖的奖励基金。

⑤ 2002 年 12 月 3 日国际展览局举行第 132 次大会，时任国务院副总理、国务委员等人进行最后一次陈述，再次肯定了中国政府对承办 2010 年世博会的信心与态度。会上以一部充满上海市民热切期盼的实地拍摄申博纪录片充分展示了上海的无限魅力。

当日国际展览局成员国对 2010 年世博会主办国进行投票表决，中国获得 2010 年世博会的主办权。

5. 项目评估

（1）活动影响

① 韩国 YTN 电视台在新闻报道中高度评价中国申办成功，认为这显示了中国经济发展的实力，提高了中国在国际社会上的威望和地位。

② 香港贸易发展局认为上海世博会将为中国香港带来商机。

③ 西班牙《世界报》把上海定为 2002 年世界最知名城市，成功申办 2010 世博会作为其中关键一条。

④ 法国《世界报》刊发评论认为中国拿到 2010 年世博会主办权是众望所归。

⑤ 国际展览局官员表示世界诞生了一个伟大的希望。

（2）活动总结

① 在国际展览局成员国会议上的四次陈述形式有重大突破，给成员国代表耳目一新的感受。

② 1 亿美元援助基金的提出也是史无前例的，充分表示了中国政府的诚意以及表达了上海努力办好国际性世博会的意愿。

③ 最重要的是，公关活动抓住了上海的五大优势展开，扬长避短，展示了上海开放、包容的鲜明个性，最终吸引了世界的目光。

资料来源：https://wenku.baidu.com/view/6bc38c5b7d21af45b307e87101f69e314332fae9.html?_wkts_1678848873673&bdQuery。

思考讨论

本案例中科学运用了哪四个环节？取到了哪些良好的效果？

❖

为了使公共关系活动顺利地开展，必须对公共关系工作进行全面策划，制订一套完整的实施方案，保证公共关系工作遵循一定的程序有条不紊地进行，其基本程序可分为公共关系调查、公共关系策划、公共关系实施和公共关系评估四个步骤，我们通常称之为公共关系的"四步工作法"，如图 4-1 所示。

图 4-1　公共关系的"四步工作法"

在公共关系工作的四步程序中，既相互独立又相互联系。

（1）公共关系调查是起点和基础。公共关系调查是公共关系工作的起点和基础，它在整个公共关系活动中起到举足轻重的作用。

（2）公共关系策划是关键。公共关系策划是公共关系工作的关键，是公共关系实施的指南和效果评估的标准，离开了公共关系策划，公共关系工作就会漫无目标，不得要领，难以协调统一，成效甚微。

（3）公共关系实施是核心。公共关系实施是公共关系工作的核心，是执行公共关系策划取得公共关系成效的具体行动，离开了公共关系实施，再好的策划也只是纸上谈兵。

（4）公共关系评估是对公关策划和实施的最终效果的评价。效果评估是对公共关系工作的总结和最终评价，是重要的反馈环节，也是下一轮公共关系活动的起点。

4.1 公共关系调查

公共关系调查不仅是公共关系的起点，也是公共关系的手段，公共关系调查要依据不同的调查目的和内容而变化。

4.1.1 公共关系调查的含义

公共关系调查是运用科学的方法，有计划、有步骤地搜集相关信息，综合分析相关的因素及其相互关系，以考察组织的公共关系状态，了解组织面临的公共关系方面的实际问题，从而为组织的形象设计、公共关系活动的策划提供依据。

公共关系调查是公共关系工作的基础，它在整个公共关系活动中起到举足轻重的作用。通过公共关系调查，可以帮助组织了解其在公众心目中的形象和地位，开展公关工作的条件、困难及竞争对手的情况，实现目标的可能性等，为组织决策提供科学依据，从而增强公共关系活动的针对性，提高公共关系活动的成效。

4.1.2 公共关系调查的目的

1. 评价组织形象

通过调查，了解组织在公众心目中的形象地位、知晓程度以及评价，从而加强塑造组织形象的针对性。

2. 为组织决策提供科学依据

决策不是"拍脑袋"，也不是想当然，而是必须有客观依据，即组织所处的外部环境、公众需求和组织自身的情况。情况何处来？只有调查，没有调查，就没有决策权。

3. 测量公众舆论

公众舆论又称民意，是指公众对共同关注的事物所持的意见、评论。舆论有正向舆论和负面舆论，即积极舆论和消极舆论。舆论具有强大的能量，应及时采取行动，扩大积极舆论，缩小消极舆论。

4. 提高公关活动的成功率

公关活动要取得成功，必须了解开展公关活动所依据的主客观条件，从中找出需求与可能，从而制订出符合实际的公关活动计划，而主客观条件的把握，必须通过调查。

■ 相关知识链接 4-1

北京长城饭店日常的调查研究

北京长城饭店日常的调查研究通常由以下几个方面组成。

1. 日常调查

（1）问卷调查。每天将表放在客房内，表中的项目包括顾客对饭店的总体评价，对十几个类别的服务质量评价，对服务员的服务态度评价，以及是否加入喜来登俱乐部和顾客的游历情况，等等。

（2）接待投诉。几位客服经理 24 小时轮班在大厅内接待客人，随时随地帮助顾客处理困难、受理投诉、解答各种问题，及时向上级反映情况。

2. 月调查

（1）顾客态度调查。每天向顾客发送喜来登集团在全球统一使用的调查问卷，每日收回，月底集中寄到喜来登集团总部，进行全球性综合分析，并在全球范围内进行季度评比。根据量化分析，对全球最好的喜来登饭店和进步最快的饭店给予奖励。

（2）市场调查。在京各大饭店的前台经理每月交流一次顾客情况，互通情报，共同分析本地区的形势。

资料来源：https://www.baidu.com.

4.1.3 公共关系调查的原则

要正确地认识组织形象就必须进行高质量的调查研究，即通过有效信息的获得"减少事物的不确定性状态"。为此，公共关系调查研究要求具有客观性、准确性、全面性、预见性和经济性。

1. 客观性

客观性主要指科学的调查研究方法与非正规的调查研究方法相结合。所谓科学的调查研究方法，是指诸如抽样调查、典型调查等高度发展的社会科学研究方法，它的结论具有较高的可靠性，而且是组织与公众双向沟通的一种重要的方式。所谓非正规的调查研究方法，是指诸如一些日常的个人接触、听取意见、来函处理等获得信息的途径。通过此类方法获得的信息质量虽然因其方法的特有弱点而相对不稳定，但是如果我们能充分注意到此类因素，仍不失为简便易行的手段。

2. 准确性

组织的形象差距源于组织所存在的公共关系问题。通过公共关系调查研究，应该对问题有准确的认识。譬如，问题发生的时间、地点，产生问题的原因，受问题影响的公众有哪些，怎么受影响，以及问题对于组织的利害关系程度。如果有一系列的问题，还应排列出问题等级并说明缘由（虽然本身不必提出解决措施），以便为下一步的工作创造尽可能好的条件。

3. 全面性

公共关系目标的确立和活动的有效实施，其前提还在于对组织所面临的公众有详细的了解和深入的研究。

（1）对于公众的全面了解。公共关系调查研究，既要把重点放在那些具有代表性的公众和组织面临的严重问题所涉及的公众身上，也要关注一般公众的态度与反应，如此方能有的放矢，目标明确。了解公众还要注意组织内部公众与外部公众的统一。了解组织内部公众，是对组织形象的自我认识；了解组织外部公众，是了解在公众心目中组织是什么样的，两相比较才能看到差距。

不仅要了解公众的观点和反应，而且还需要了解公众的其他一系列相关材料。

■ 相关知识链接 4-2

了解公众的其他相关材料

- 背景资料。如被调查者的姓名、年龄、性别、籍贯、住址、文化程度、职业、收入情况、家庭情况等。
- 知晓度资料。被调查者对于问题的知晓程度。
- 态度资料。被调查者对某事物所持价值观念和即时性的态度反应。
- 行为资料。被调查者就某个问题正在或已经采取的行为。

资料来源：http://wenku.baidu.com/view/323fcdeb172ded630b1cb6fc.html.

（2）了解公众与信息的关系。从信息传播的角度分析，对于公众的了解还应为组织传播沟通的战略抉择及具体传播媒介的选择提供明确的参考数据。这将有助于组织确定公众对于信息的具体需要，因而可以借此选择最合适的信息和确定信息传播的最有效的工具。

4. 预见性

调查研究一般都会收集到大量的信息，这些信息还可能预示出组织将面临的环境变化、市场变化、科技变化，也可能包括有关社会、政治、经济、文化发展趋势的信息。因此，我们不仅要对组织做静态分析，还应把组织放在未来的环境中做动态分析，以预见到未来形势的变化和即将面临的问题。

5. 经济性

设计调查方案必须努力节约人力、物力、财力和时间，力争用最少的人、财、物和时间的投入，取得最大的调查效果。

4.1.4 公共关系调查的内容

公共关系调查的内容非常广泛，具体可分为组织基本情况调查、公众意见调查、社会环境调查和组织形象调查四个方面。

1. 组织基本情况调查

（1）组织自然情况。如组织的地理位置、外观、名称、性质、机构设置、法定代表人、职工人数、文化、职称结构等。

（2）组织社会情况。如组织的管理模式、业务范围、社会效益和经济效益、内外政策、文化内容、优势、存在的问题、潜在的危机等。

（3）组织历史情况。如组织的建立时间、体制变化、重大事件、有突出贡献的职工及贡献情况、历届领导人情况、人员素质变化、发展阶段等。

（4）组织现实情况。如组织的知名度，产品或成果的质量、数量、信誉、生产能力及社会需求等。

（5）组织未来情况。如组织的发展前景、近期目标和长远规划等。

2. 公众意见调查

公众意见调查是公共关系调查的主要内容，其调查结果决定公共关系的效果、对策和发展。包括组织形象、公众动机、活动效果、传播效果和内部公众意见等。

（1）组织形象。组织形象是社会公众对一个组织的认识、看法和评价。进行组织形象调查，主要包括组织成员形象、组织管理形象、组织实力形象、组织产品形象等方面调查。

（2）公众动机。公众动机是造成公众如何评价组织的主要原因。一般而言，不同的公众，由于动机不同，对组织的评价往往见仁见智，印象不同，评价各异。公众动机调查包括公众对组织是否抱有偏见或特殊的喜欢，该组织的工作方式、社会活动、产品服务等方面是否与公众的某种成见相冲突，或与公众的某种嗜好相吻合，或与某种社会上流行的东西相一致等。

（3）活动效果。了解公众对企业公共关系专门活动的评价。活动效果的好坏，标志着公共关系活动的成功与否。每一位公共关系人员或每一个公共关系组织，每举办一次公共关系活动，都希望取得满意的效果。活动结束后，公众是否满意，满意程度如何，公众如何评价，都需要通过调查得到答案。

（4）传播效果。内外传播的效果，也就是公众接受传播信息后，在感情、思想、态度和行为等方面所发生的变化。包括调查某种媒介的覆盖面、受众构成、收视（或收听）率，对传播内容的态度和产生的行动等。如某晚通过山西电视台举办企业产品有奖问答，就要调查山西电视台当晚收视率、观众年龄、观众职业、观众消费习惯、观众分布状况、观众态度及行为的变化、问卷回收率、问卷构成以及答案正确率等。

（5）内部公众意见。内部公众意见调查是组织内部公共关系的主要内容。重视内部公众意见，才能促进组织的合作与团结，才能有助于内部公众人人关心组织的发展、人人重视组织的利益、人人珍惜组织的信誉和形象，使组织在发展中处于有利地位。内部公众意见包括对本组织及本组织工作的评价、人际关系评价、领导行为评价、公众需要等。

① 对本组织及本组织工作的评价。包括对组织的整体工作是否满意，本组织在同类组织中是好的、普通的还是不理想的，本组织的优缺点、吸引力，以及调查内部公众对组

织及组织工作的评价。其中，群体内聚力是一个很重要的指标。群体内聚力主要反映组织内部所形成的集体意识、相互合作的气氛，使其成员对群体产生的向心力。这是衡量一个组织的战斗力与集体效率高低的尺度。

② 人际关系评价。包括一个公众与其他公众的关系，一个公众如何评价其他公众之间的关系，关系的融洽与紧张程度，影响人际关系密切程度的因素及促进人际关系密切的手段等。例如，了解一个公众与其他公众之间的人际关系，可让被测者用"是""不是"或"有时"回答下列问题："在谈话时，您说的话是否都像您愿意说的那样说出来？"；"在交谈中，您是否倾向于多说话？"；"当您解释某种事情时，别人是否插嘴？"；"当您在说话时，别人是否都在听着？"等等。

③ 领导行为评价。组织领导行为评价的途径是多方面的，调查可以通过组织的现状、管理水平以及组织成员的整体形象等多角度进行包括领导者之间的相互评价和自我评价，领导与被领导之间关系的评价等。调查内容包括组织领导者的政治思想品德、领导才能、工作作风、管理水平等。

④ 公众需要。需要是个体和社会的客观要求在人脑中的反映，是个人的心理活动与行为的基本动力。成功的公共关系工作就是了解每个公众的多种需要，了解公众的优势需要，有的放矢，有效地激励公众的积极性。比如，在员工中定期进行不记名的问卷调查，特别是对员工中的各种抱怨要反应敏感。具体方法是定期分发员工调查表，进行民意测验。

■ 相关知识链接 4-3

进行民意测验向员工了解的问题

- 您了解公司近来的处境吗？
- 近来公司里什么事情使您最高兴？
- 工作中您最讨厌的是什么？
- 目前令您最忧虑的是什么？
- 您最近是否受到过不公平的待遇？
- 您周围有什么不和睦的事件？是谁的责任？
- 您对工作环境有什么不满意的地方？
- 您认为公司应该为职工做哪些最迫切的事情？
- 您听到什么有关公司的抱怨？
- 您能提供哪些有益的建议？
- 您乐意向别人介绍公司的情况或您自己的工作吗？
- 您愿意让您的孩子来公司工作吗？

资料来源：http://wap.hizippo.cn/wapsite2/book.

通过分析调查结果，可把其中具有普遍意义的资料分类汇总，供组织领导参考。在公众意见调查中要特别注意公众中的意见领袖,他们是公众中颇有影响的人物,虽然不比他们的同伴更有地位,却因消息更灵通,足智多谋,或有超人的胆识和品质,或有非凡的经历,他们能赢得许多公众的信任,逐渐形成了一定的影响力和权威性。由于他们的处境地位与普通公众基本一致,因此他们的意见往往能体现广大公众的意志。公共关系组织和人员,要尊重意见领袖,多与意见领袖交朋友,将意见领袖作为自己调查的重点,将意见领袖的意见作为调查内容的主攻方向。

3. 社会环境调查

社会环境是指与组织有关的各类公众和各种社会条件的总和,它影响着组织的生存和发展。社会环境主要包括组织的政治环境、经济环境、人文环境、技术环境、公众环境、竞争环境等。进行社会环境调查的目的是找出影响组织发展的主要因素,预测其变化规律,为组织的发展决策提供依据。

(1) 政治环境调查。政治环境调查是指对现在和未来一定时期国内外的政治形势、政治制度及方针政策、法规、案例、规章制度等的调查,凡是同组织活动特别是同公共关系有关的政策法规都应纳入调查的内容。例如,经济合同法、环境保护法、劳动法、商标法,等等。

(2) 经济环境调查。经济环境调查是指一个国家或地区的经济制度、经济结构、物质资源、经济发展水平、消费结构和消费水平以及未来的发展趋势等状况。经济环境的变化,影响和制约着组织公共关系的开展,只有把握好国际国内经济形势,才能做出正确的经营决策,在错综复杂的经济环境中为组织求得生存和发展。

(3) 人文环境调查。人文环境调查是指一个国家和地区的人口结构、家庭状况、文化教育水平、生活习俗、社会规范和文化观念等因素的调查。其中最主要的是文化习俗方面,如民族的特点、区域文化的基本特征、目标消费者的宗教信仰及禁忌,等等。

(4) 技术环境调查。技术环境调查主要是调查目标市场的技术水平、技术特征、技术要求、技术标准、技术类型等,这种调查对于企业成功地占领目标市场,迅速打开销路是十分有效的。

(5) 公众环境调查。公众环境调查主要指组织内部公众调查和组织外部公众调查两部分。组织内部公众调查已在组织基本情况中说明。下面仅介绍组织外部公众调查。外部公众包括消费者公众、媒介公众、社区公众、政府公众等,主要是了解各类公众的特征、覆盖面、需求、对组织的评价等,以便针对不同公众开展有效的公关活动,协调组织与公众的关系,促进组织发展。

(6) 竞争环境调查。竞争环境调查主要指对每个竞争对手的情况做出尽可能深入、详细的调查。如组织所在的行业情况,组织在竞争中所处的地位,竞争对手的现状和发展趋势,竞争对手的公共关系动向,等等。

4. 组织形象调查

组织形象调查可分成三个方面:一是组织自我期待形象的调查;二是组织实际形象调

查；三是形象差距比较分析。

组织自我期待形象与组织实际社会形象之间的差距，就是公关工作的目标。公关部门可以通过民意测验、舆论监督、与领导面谈等方法，获得自身的实际社会形象。组织实际社会形象的调查可以分成以下三个部分。

（1）组织形象地位图。一个组织实际的社会形象，需要通过公众对该组织的认识、看法和评价来反映，这些指标又可概括成知名度和美誉度这两个综合指标。

知名度具体内容包括：公众是否知道本组织的名称、标志、产品、服务、领导人、成立时间等方面。其计算公式如下：

$$知名度 = 知晓人数/调查人数 \times 100\%$$

美誉度则是公众对组织的信任和赞许程度，是组织社会名誉好坏的客观指标。美誉度具体内容包括：是否喜欢本组织的产品、服务和销售方式，对本组织的机构设置、人员素质、工作效率的评价如何，本组织的经营方针是否正确，等等。其计算公式如下：

$$美誉度 = 赞赏人数/知晓人数 \times 100\%$$

一个组织的形象好坏，通过知名度和美誉度两个指标就可以反映出来。将调查获得的数据纵横交错，就构成了一个组织形象四象限图，它是公共关系专家们测定组织实际社会形象的主要工具，如图4-2所示。

组织形象四象限图中：

① A区表示高知名度、高美誉度。说明组织的公共关系属于最佳状态。将来的问题是如何保持荣誉，更上一层楼。但是也要注意，过高的知名度也会给美誉度造成压力，必须时刻保持高度的警惕。

② B区表示高美誉度，低知名度。说明组织的公共关系处于较为稳定、安全的一种状态。公共关系工作的重点应该是在维持美誉度的基础上，提高知名度。

③ C区表示低知名度，低美誉度。说明组织的公共关系处于不良状态。在这种状态下，组织首先应该完善自身，争取较高的美誉度，而在传播方面暂时保持低姿态，待享有较好的美誉度以后，再大力做好提高知名度的工作。

④ D区表示高知名度，低美誉度。说明组织的公共关系处于"臭名远扬"的恶劣状态，不仅

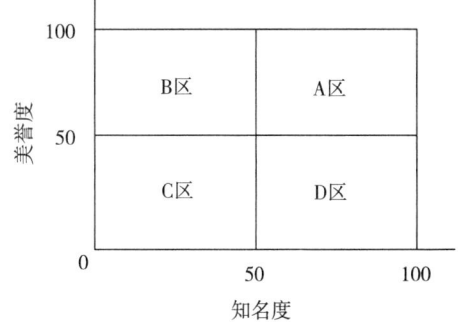

图4-2 组织形象地位图

信誉差，而且知之者甚众。在这种情况下，其公共关系工作的重点首先在于降低已经负面的知名度，隐姓埋名，减少舆论界的注意，默默地努力改善自身，设法逐步挽回信誉，提高美誉度，再求发展。

组织形象地位图不仅直观地显示了社会组织在公众心目中的形象，初步诊断了公共关系的问题，而且为制定公共关系的方针、策略提供了依据，是公共关系工作决策的必要步骤。

(2) 实际形象调查。实际形象调查是通过了解公众对组织知名度、美誉度的评估和分析，从而了解组织的实际社会形象。由于组织自我期望形象只是反映了组织对树立自身形象的主观要求，带有较强的主观性，这种形象与组织在公众中的实际印象会有差距。因此，要使公众对组织的实际印象与组织所期望的印象一致，就必须通过实际形象调查，从而找出差距，以便有的放矢地制定改善公共关系状况的具体措施。

某家管理顾问公司针对100人进行其公司的组织形象调查，调查之后将所收集的信息制成的调查表，如表4-1所示。

表4-1　组织形象要素调查表　　　　　　　　　　（单位：人）

正评价调查项目	非常	相当	稍微	中等	稍微	相当	非常	负评价调查项目
服务方针正确	70	20	10					服务方针不正确
工作效率高			25	60	15			工作效率低
服务态度诚恳				20	15	65		服务态度不诚恳
管理手段有创新				20	15	65		管理手段缺乏创新
管理水平高						15	85	管理水平低
公司规模大				20	60	20		公司规模小

这份调查表所显示的公司总形象是低知名度和低美誉度，具体表现为：公司服务方针正确，但工作效率一般，服务态度欠诚恳，管理手段缺乏创新，公司规模过小等。通过这个调查结果可以进一步用来分析组织形象差距及其原因，并且有必要针对这些原因去制订公共关系的计划和措施。

(3) 形象差距比较分析。由于组织自我期望形象只是反映了组织对树立自身形象的主观要求，带有较强的主观性，这种形象与组织在公众中的实际印象会有差距。因此，要使公众对组织的实际印象与组织所期望的印象一致，就必须通过比较组织的实际形象与组织的自我期望形象，找出两者差距，以此作为组织公共关系应该努力的方向，从而帮助组织制订切实可行的工作计划。

绘制"组织形象要素差距分析图"能比较直观地显示出这一差距。组织形象要素差距分析图的绘制分三个步骤。

第一步，将组织形象要素调查表中表示不同程度评价的7个档次数据化，使其成为数值标尺，图4-3中用实线表示的是组织的实际形象。

第二步，将组织形象要素表中的自我期望形象的各要素也数据化，用虚线表示。

第三步，将实线所表示的组织实际形象和用虚线表示的自我期望形象对照比较，就可以清楚地看出两者之间的明显差距，组织可以从中得到一定的启示。

以表4-1提到的管理顾问公司为例，其"组织形象要素差距分析图"如图4-3所示。

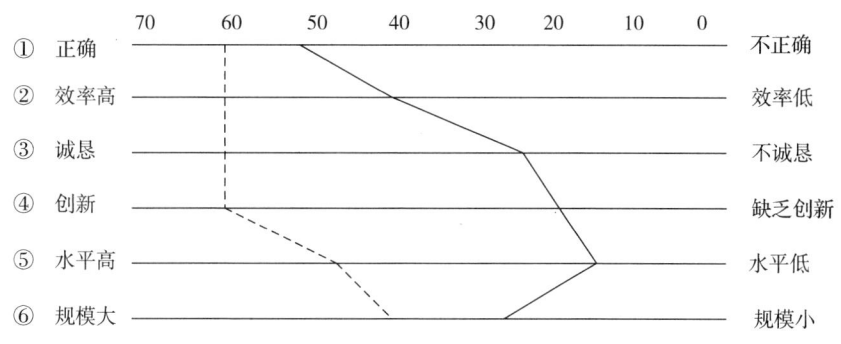

图 4-3 组织形象要素差距分析图

注：——组织社会实际形象；————组织自我期望形象。
①服务方针；②工作效率；③服务态度；④管理手段；⑤管理水平；⑥公司规模。

4.1.5 公共关系调查的方法

公共关系调查的方法很多，在进行公共关系调查时，应根据调查研究的目的、意义、规模、对象、范围的不同，选择适当的方法。

1. 按获取调查资料的方法分类

根据所要获取调查资料的方法不同，公共关系调查可以分为第一手资料的调查和第二手资料的调查，如图 4-4 所示。

（1）观察法。观察法是指调查者深入现场，通过直接观察、跟踪和记录被调查者的情况来搜集第一手资料的一种调查方法。这种方法具有目的性、计划性和系统性，要求调查者事先做出观察的计划，事后要对所观察到的事实做出实质性的结论。采用这种方法时，调查者既可以直接参加他所观察的活动，以一个参与者的身份来观察，也可以作为一个旁观者置身于他所观察的情景之外进行观察。

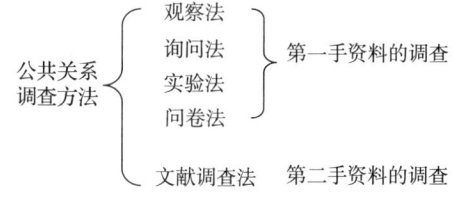

图 4-4 公共关系调查方法分类

■ 相关知识链接 4-4

冰箱销售观察项目清单

观察目的：了解冰箱销售情况

观察地点：北京市王府井百货大楼

观察时间：＿＿＿年＿＿＿月＿＿＿日＿＿＿时至＿＿＿时

观察项目：国内品牌＿＿＿＿＿＿＿台，中外合资品牌＿＿＿＿＿＿＿台

将观察项目列在表格中，就形成了观察表：

销售	国内品牌名称		中外合资品牌名称	
第一小时				
第二小时				
第三小时				

资料来源：徐白. 公共关系教程［M］. 上海：同济大学出版社，2013.

(2) 询问法。询问法亦称访问法，是调查者通过面谈、电信或邮寄等方式向被调查者进行调查的一种调查方法。

① 面谈。又可分为个别面谈和集体面谈。个别面谈灵活方便，彼此容易沟通，情况了解深入，可多方面搜集资料；集体面谈（即座谈会）能集思广益。

② 电话访问。可跨越空间距离障碍，但只适用于有电话的场合。

③ 信函调查。是将设计好的调查表邮寄给被调查者，由被调查者根据要求填好后寄还的一种调查方法。这种方法对居住分散的调查对象最为适用，不仅成本较低，而且可使被调查者有充分的时间来考虑作答。

(3) 实验法。实验法是在人为控制某种因素的前提下，通过做各种对比实验从而取得资料的方法。其结果较客观、准确、可靠，但往往费时、成本高，而且存在许多无法人为控制的实际因素，从而导致实验结果可能出现误差。

(4) 问卷法。问卷法是指由公共关系调查者向调查对象提供问卷，并请其对问卷中的问题作答而搜集所需公共关系信息资料的调查研究方法。

(5) 文献调查法。文献调查法是一种搜集、分析、整理现成文献资料的调查研究方法。这是第一手资料不够用或不可能取得第一手资料时，利用第二手资料的方法。这种方法在获取资料方面较为方便、容易，调查成本低，但所取得的资料可能在时间上、资料的完整性上具有一定的局限性。

2. 按调查对象的选择方法分类

根据调查对象的选择方法不同，公共关系调查可分普查、重点调查、典型调查和抽样调查。

(1) 普查。普查是将调查区域中的每个对象都列为调查对象，无一遗漏地逐个进行调查。这样的调查比较全面，但是工作量大，成本高。普查的特点决定它一般只在较小规模的公共关系调查中运用，较大规模的公共关系调查一般不采用普查方法。

(2) 重点调查。重点调查是从调查总体中选出少数重点单位进行的调查。所谓重点单位，是指在总体中处于十分重要地位的单位，或者在总体某项标志总量中占较大比重的那些单位。重点调查的调查单位少，能够用较少的人力、物力、财力进行深入调查，从而能够较快地掌握调查对象的基本情况。

(3) 典型调查。典型调查是指在调查总体中有意识地选择若干具有代表性的对象进行调查，达到推算一般的调查方法。典型调查由典型单位的情况可推断调查总体的情况，一般都比较接近实际。因此,典型调查适用于调查总体庞大,调查者对总体情况比较了解,能准确地选择有代表性的公众作为调查对象的情况。

(4) 抽样调查。抽样调查是指遵循一定的原则从调查区域中的所有调查对象中抽取一部分样本进行调查,以此推断总体特征的一种调查方法。这种调查方法由于针对性强、调查次数少,因此可以降低调查成本、提高调查效率,是公共关系调查经常采用的一种方法。抽样调查可分为随机抽样和非随机抽样两种。

① 随机抽样。是在若干个平等的调查对象中随机地选择几个作为调查对象,具体抽样方法包括单纯随机抽样、分层随机抽样和分群随机抽样。

② 非随机抽样。是在若干个调查对象中主观地选择几个作为调查对象,具体抽样方式可分为便利抽样、判断抽样和配额抽样三种。

就各种调查方法来看,它们各自都有自己的特点、长处和不足。因此,为保证公共关系调查所搜集的资料的可靠性、准确性和科学性,调查者在选择调查方法时,应注意多种调查方法、技术的综合使用,集中各种调查方法的优势,充分而准确地搜集信息资料。

4.1.6 公共关系调查的程序

公共关系调查的程序,是指具有一定规模的某项公共关系调查,从调查准备到调查结束全过程的先后次序和具体步骤。在公共关系调查中建立一套系统的科学程序,有助于提高调查工作的效率和调查质量。在实践中,虽然各项公共关系调查的具体步骤和先后次序会因目的、要求、范围等不同而呈现出差异性,但是一般地讲,公共关系调查有以下五个步骤。

1. 确定调查课题

确定调查课题是整个调查的第一步。这一步的主要任务是明确调查目的,解决"调查什么"的问题。为了有针对性、有目的地进行公共关系调查,避免盲目行动导致的工作失误,必须切实做好调查的第一步工作。

(1) 调查课题的分类。按照课题的性质来划分,公共关系调查课题可分为状态性选题、开发性选题和研究性选题三种。

① 状态性选题。是以了解组织所面临的公共关系状态(如知名度、美誉度等)为宗旨的选题,需要回答的是"怎么样"之类的描述性的问题。

② 开发性选题。是指以寻找开发方向为主题的选题,需要回答的是"怎么办"之类的措施性问题,调查成果往往能形成一套相关的措施。

③ 研究性选题。是以研究、分析公共关系现象之间的本质联系为主旨的选题,目的是通过资料的收集与分析,建立关于某种公共关系现象的理论模型,其最终成果主要是理论学说。

这三种选题性质上的差异使公共关系调查计划在人员要求、调查方法、时间安排以及资料处理诸方面均有所不同。具体参见表4-2。

表4-2 不同选题的调查计划侧重点差异比较

项目	不同选题的调查计划侧重点		
	状态性选题	开发性选题	研究性选题
人员要求	普通调查者	科研工作决策者	具有相关专业知识的调查者、学者
调查方法	问卷调查法、抽样调查法、民意测验法	观察法	抽样调查法、文献法
资料处理	统计法、描述法	灵感顿悟法、设想法	推理法、寻找本质联系
时间安排	公众休闲时间	公众工作、生活之中	公众处于特定时空之中
调查范围	由随机抽样决定	选择典型场所	由非随机决定
调查工具	问卷	观察表格	调查问卷、调查提纲
经费	一般较多	较少	适中
周密程度	相当周密	灵活性、随机性较大	具有一定的随机性

（2）确定调查课题的程序。确定调查课题一般分两个阶段进行。

① 明确调查目的，提出调查课题设想。重大的公共关系调查一般都是在组织内外部出现了新情况或新问题的条件下进行的。在这一阶段，要尽量掌握组织内外部出现的新情况和新问题，了解组织领导进行公共关系调查的真实意图，弄清"为什么要调查"的问题，然后在此基础上提出比较抽象的、可能是多个或不成熟的调查课题。

② 分析论证，筛选调查课题。对多个或不成熟的课题，经过必要的分析论证，必要时还可以组织非正式的试探性调查，以明确问题的症结所在，从而筛选出针对性强的、恰当的课题。一般来说，所确定的调查课题越具体越明确越好。如：新产品上市之初，早期接受者对产品的态度调查，比组织形象调查更具体明确，更具有现实性。

2. 制订调查计划

为了使整个调查工作有计划、有步骤地进行，保证整个活动的科学性，在确定了调查课题以后，调查者必须根据调查的课题制订调查计划。调查计划的内容一般包括两部分。

第一部分是对调查本身的设计，包括调查的目的和内容、调查的具体对象和范围、取得资料的方法及调查表格等。

第二部分是对调查工作的具体安排，包括调查的组织、领导和人员配备、经费估算、调查日程安排等。调查计划是调查安排的依据，调查安排是调查计划的具体化。

从程序上看，制订调查计划要注意以下两个问题。

（1）调查计划要做可行性论证。调查的规模、范围多大才合适，人力、物力、财力能否承受得了，时间上是否来得及，经费估算和工作进度、日程安排是否合理等，都应进行比较充分的可行性论证，以保证调查计划的科学性和可行性。

（2）调查计划既要全面又要简单明了。调查计划中，凡应包括的主要内容都应简明扼要地写清，既不能丢三落四，也不能烦琐冗长。

3. 收集调查资料

收集调查资料是整个公共关系调查工作的重点，它的主要任务就是让调查者按计划的要求与安排，系统地收集各种资料（包括数据和被调查者意见）。

调查资料一般分为两类：一类是原始资料，也称第一手资料，这是调查者通过各种调查方法进行实地调查所取得的资料；另一类是现成资料，也称第二手资料，这是由他人收集的现有的资料。一般说，现成资料容易取得，花费较少；而原始资料取得难度较大，花费较多。因此，在收集资料时，要充分利用现成资料，能够取到真实可靠现成资料的，就尽量不再费力去搜集原始资料。当然，就一项较大规模的调查来说，仅有现成资料是不够的，它的主要资料还是应该来源于实地调查。可以说，原始资料的收集是收集的重点。至于原始资料与现成资料的收集次序，一般以先收集现成资料，再收集原始资料为宜。在现成资料的来源比较清楚的情况下，两种资料的收集可以同时进行。

由于民意测验的大量使用，问卷资料的回收就是资料搜集主要的工作。最普通的方法是由受试者自行答卷和调查者访谈两种。

（1）受试者自行答卷。

顾名思义，就是由受试者自己动笔答卷。根据实际情况，它的具体做法也可以有所不同。调查者可以采取征求受试者所在工作单位或地区的支持，组织受试者集中起来答卷，也可以一一走访受试者，将问卷留于该处，过一段时间收回，还可通过邮寄、附上回单（贴足邮资），让受试者自行答毕寄回。

问卷回收数目与发放的总数之比称为回收率。对于回收率，调查者应有大概的估计，100%的可能性是很小的。美国社会学家肯尼迪·贝利认为，50%的回收率是较令人满意的，60%是相当成功的，70%以上则可以说是非常成功的了。这可以作为我们的一个参考。

■ 相关知识链接 4-5

浙江省农产品品牌建设现状调查问卷

尊敬的女士、先生：

你们好！

非常感谢您参与本问卷调查。我们期望通过本次调查了解浙江省目前农产品品牌建设的现状、存在问题及原因，以便更好地为浙江省农产品品牌建设提供参考依据。您的一切信息都将被严格保密，请根据实际情况，在相应的选号上打"√"。谢谢！

浙江省农产品品牌建设调查组
2021 年 2 月 18 日

一、基本情况

1. 企业所在地区：

（1）杭州　　（2）宁波　　（3）温州　　（4）金华　　（5）丽水　　（6）湖州

2. 企业性质：
(1) 龙头企业　　　　(2) 农民专业合作社　　　(3) 普通农业企业
(4) 农家乐　　　　　(5) 其他
3. 企业类型：
(1) 国有企业　　　　(2) 集体企业　　　　　　(3) 股份企业
(4) 私营企业　　　　(5) 其他

二、问卷部分

1. 本企业农产品品牌建设基础如何？
(1) 好　　　　　　　(2) 一般　　　　　　　　(3) 薄弱
2. 本企业农产品品牌意识与以前相比：
(1) 明显提高　　　　(2) 差不多　　　　　　　(3) 下降
3. 本企业知名商标（国家、省、市、县）比以前：
(1) 增加　　　　　　(2) 没有增加　　　　　　(3) 减少
4. 品牌给本企业带来实际的收益：
(1) 明显　　　　　　(2) 看不出来　　　　　　(3) 减少
5. 本企业农产品品牌建设的内容（注册商标、名牌认定、驰名商标认定、有机食品、绿色食品、无公害农产品）：
(1) 多种多样（三种以上）　　　　　　(2) 一般（二种）
(3) 单调（一种或没有）
6. 消费者对品牌农产品的倾向度：
(1) 高（50%以上）　　　　　　　　　(2) 一般（50%~20%）
(3) 低（20%以下）
7. 本企业注册或使用地理标志作为证明商标与集体商标：
(1) 不断提高　　　　(2) 差不多　　　　　　　(3) 没有
8. 建设品牌的外部环境与以前相比：
(1) 优化　　　　　　(2) 差不多　　　　　　　(3) 变坏
9. 您认为农产品品牌管理部门出台的相关政策是否一致？
(1) 一致　　　　　　(2) 比较一致　　　　　　(3) 不够一致
10. 请评价本企业农产品品牌整合规划情况：
(1) 非常系统　　　　(2) 比较系统　　　　　　(3) 不够系统
11. 您认为本企业品牌定位是否清晰？
(1) 非常清晰　　　　(2) 不够清晰　　　　　　(3) 模糊
12. 您觉得本企业品牌是否有一品多牌现象？
(1) 有　　　　　　　(2) 看不出来　　　　　　(3) 没有
13. 您认为本企业品牌传播手段如何？
(1) 先进　　　　　　(2) 较先进　　　　　　　(3) 传统

14. 政府对农产品品牌建设是否存在多头管理？
(1) 明显　　　　　(2) 较明显　　　　(3) 没有
15. 您如何看管理部门品牌评价的结果：
(1) 相信　　　　　(2) 无所谓　　　　(3) 不够相信
16. 您觉得本企业品牌是否有多、杂、小、弱等现象？
(1) 有　　　　　　(2) 看不出来　　　(3) 没有
17. 本企业品牌产品科技含量如何？
(1) 高　　　　　　(2) 一般　　　　　(3) 低
18. 本企业品牌产品附加值如何？
(1) 高　　　　　　(2) 一般　　　　　(3) 低
19. 您认为政府和企业对产品质量管理重视程度？
(1) 严格　　　　　(2) 一般严格　　　(3) 不够严格
20. 本企业品牌农产品销售渠道：
(1) 超市　　　　　(2) 农贸市场　　　(3) 其他

资料来源：杨再春，吴秀水. 现代农业企业农产品品牌建设研究 [M]. 北京：中国农业出版社，2019.

(2) 调查者访谈。

调查者访谈就是由经过专门训练的调查者走访受试者，由调查者根据问卷向受试者口头提问并记下答案。相对受试者自行答卷，这样做问卷的回收率更高，但访谈要求调查者必须严格遵守操作规定，比如：不得以任何形式暗示受试者，始终以受试者为主，保持访谈气氛融洽，等等。

4. 整理分析资料

整理分析资料是在公共关系调查过程中极为重要的一环。一般来说，通过调查所得到的资料比较零乱、分散，并不能系统而集中地说明问题，并且某些资料还可能存在片面性与谬误等。因而，在取得资料后，调查者必须对资料进行系统科学的整理和分析，去粗取精，去伪存真，分析综合，严加筛选，并合乎理性地推理。只有这样，才可能客观地揭示事物的内在联系，得出正确的调查结果。资料的整理分析，主要包括以下工作。

(1) 检查核实。整理中，要检查资料是否齐全而无遗漏，是否有重复与矛盾，甚至有与事实不相符合的情况。一旦发现上述情况，要及时复查核实，并予以剔除、删改、订正和补充，即剔除错误的资料、删除重复的资料、修改有差错的资料、补充遗漏的资料。调查中检查核实的部分工作是在收集资料时就要完成的。调查者应一边收集，一边检查核实，这样才便于及时进行订正和补充。

(2) 分类汇编。资料经过检查核实后，为了便于归档查找和统计方便，调查者还应按照调查的要求进行分类汇编。即进行分类登录，然后按类摘抄、剪贴、装订、归档，以备查阅。调查者还可将整理后的信息输入电脑。整理资料数据要做到准确、清楚、及时，这是衡量信息资料价值的重要标准。

(3) 分析论证。调查者对分类汇编的资料进行分析，做出结论，并依据资料所得出的结论进行论证。分析一般包括定性分析和定量分析。

① 定性分析，是以资料或经验为依据，主要运用演绎、归纳、比较、分类和矛盾分析的方法找出事物本质特征或属性的过程。

② 定量分析，是运用概率论和数理统计的测量、计算及分析技术，对社会现象的数量、特征、数学关系和事物发展过程中的数量变化等方面进行的描述。

为了取得比较符合实际的结论，调查者不仅要进行定性分析，而且要进行定量分析，要在定性的基础上尽量根据不同要求把资料量化，制成统计表或统计图，或计算百分比、平均值等，然后运用这些量化资料进行分析，力求对调查的事物有较深刻的认识，并把有关材料迅速提供给领导部门，以此作为策划的依据。

■ 相关知识链接 4-6

分析整理材料对公共关系计划是非常重要的

如马耳他女总统阿加塔·巴巴拉访问上海时，曾下榻锦江饭店。锦江饭店公共关系部的同志在接到任务后查阅了大量资料，了解了女总理的生活习惯和爱好，并进行了周密的准备。当巴巴拉走进总统客房后，意外地发现化妆台上放置了全套化妆品，房间还有烘发吹风器、珠花拖鞋、一架高级钢琴，以及一些她所喜爱的物品，她高兴地笑了，并愉快地弹起了钢琴。临行时她亲笔留言：在上海逗留期间，感谢你们给予我第一流的服务，并祝你们幸福，前途美好。

资料来源：http://www.habc.edu.cn/habc/jpkc2005.

5. 撰写调查报告

撰写调查报告是公共关系调查的最后程序。撰写调查报告的目的，是为制订科学的公共关系计划方案提供依据，为领导者决策提供参考，寻求领导者的支持和帮助。撰写出一份具有说服力的好的调查报告，是卓有成效地进行公共关系调查的一个不可忽视的方面。如果调查报告的撰写不得要领，即使前面的工作做得再好，整个调查也不会令人满意。

一般来说，一篇调查报告是对调查过程的回顾和对调查成果的总结，它包括以下内容。

(1) 调查题目，调查委托人，调查主持人，调查日期。
(2) 调查的原因和目的。
(3) 调查的总体对象。
(4) 调查所采用的基本方法。
(5) 调查的结果及有关数据、各种答案的比例。
(6) 问卷回收率及抽样误差。
(7) 分析结果。
(8) 调查者提出的建议。

（9）附件，包括问卷样本、统计数据、背景资料等。

调查报告不同于纯理论文章，也不同于一般的工作总结。它注意用调查资料来说明问题，用资料来支撑结论。因此，调查者在撰写调查报告时，要坚持实事求是的原则，资料的取舍要合理，推理要合乎逻辑，还要在结构、主题、语言上下功夫。同时，调查报告写好后要及时送交最高管理部门备案，供领导者决策时参考。

■ 相关知识链接 4-7

撰写调查报告的注意事项

- 要考虑读者的观点、阅历，尽量使报告适合读者阅读；
- 尽可能使报告简明扼要，不要拖泥带水；
- 使用普通词汇，尽量避免行话、专业术语；
- 务必使报告所包括的全部项目都与报告的宗旨有关，删除一切无关资料；
- 务必使资料准确无误；
- 充分利用统计图、统计表来说明和显示资料；
- 务必使报告打印工整匀称、易于阅读。

资料来源：http://baike.baidu.com/view/1508270.html.

4.2 公共关系策划

4.2.1 公共关系策划的含义

从组织的发展来讲，组织应在公众中不断完善自身的形象和进一步提高自己的形象。这就需要根据公共关系调查发现的问题确定公共关系活动目标，制订公共关系活动方案，寻求解决问题的方法和途径，也就是需要开展公共关系策划工作。

策划一般可以理解为"出谋划策"。而公共关系策划就是指公共关系人员根据组织形象的现状和目标要求，分析现有条件，设计最佳活动方案的过程。公共关系策划的目的在于通过科学的策划思想和方法，设计和选择出有效的公共关系活动方案，从而增强组织公关活动的目的性、计划性、有效性，提高组织开展公共关系活动的成功率，最终在公众中不断提高和完善组织的形象。

■ 相关知识链接 4-8

什么是策划

把一把梳子卖出去叫推销；
把一千把梳子卖出去叫营销；
把梳子卖给和尚的思维和办法是策划。
在大街上吆喝卖一瓶酒是推销；

在大街上卖一千瓶酒是营销；

在十条大街上各卖一千瓶酒的思维和办法是策划。

资料来源：http://wenku.baidu.com/view/259f1000b52acfc789ebc95c.html。

4.2.2 公共关系策划的原则

在进行公共关系策划时，应遵循以下原则。

1. 创新性原则

创新性原则是指公共关系策划活动应该力求新奇、独特、精致、不落俗套。

2. 时效性原则

时效性原则是指公共关系策划活动应该随着形势的变化，积极、主动、及时进行，方案的实施能够取得良好的效果。

3. 可行性原则

可行性原则是指公共关系策划方案应该切实可行，没有可行性的方案，即使是再漂亮的创意和文字，也不会有丝毫的意义。

4. 整体性原则

整体性原则是指公共关系策划活动应该考虑和顾全与策划项目相关的各个方面。

5. 道德性原则

道德性原则是指公共关系策划活动应该符合社会道德要求，才能得到社会公众的接受和好评。

4.2.3 公共关系策划的程序

在进行公共关系策划的过程中，公共关系人员首先要依据公共关系调查中所确定的组织形象的现状，提出新的形象、目标和要求，并据此设计公共关系活动的主题，然后，通过分析组织内外的人、财、物等具体条件，提出若干活动可行方案，并对这些活动方案进行比较，择优确定出能够达到公共关系目标要求的最适当、最有效的活动方案。因此，公共关系策划应包括7个工作步骤：明确目标、确定目标公众、设计主题、选择传播媒介、编制预算、审定方案、制定公共关系策划书。

1. 明确目标

公共关系目标是公共关系行为期望达到的成果。它是公共关系活动的方向，也是公共关系活动成功与否的衡量标准。

（1）公共关系目标的类型。根据公共关系沟通内容，组织的公共关系目标一般有以下四种类型：

① 传播信息。向公众传播有关本组织的信息，让公众了解、信任、支持本组织。
② 联络感情。通过感情投资获得公众对组织的信任与爱戴。
③ 改变态度。让公众接受组织及其所提供的产品、服务、文化等。
④ 引起行为。引导公众产生组织所希望的行为方式。

（2）确定公共关系目标的原则。要使目标能发挥其作用，在确定目标时应遵循以下四个原则。

① 一致性原则。目标应与组织的整体目标相一致，为组织整体目标服务。
② 具体性原则。目标应具体明确，含义单一，避免使人产生多种理解。
③ 可行性原则。目标应符合当时的内外部条件，并且是通过努力可实现的。
④ 可控性原则。目标必须具有一定的弹性，以备条件变化时仍能灵活应变。

2. 确定目标公众

公共关系是以不同的方式针对不同的公众展开的，而不是像广告那样主要通过大众传媒把各种信息传播给大众。要使活动能有效实施，需要组织决定作为自己公共关系活动主要对象的那一部分公众，即目标公众。

确定目标公众，有利于选定具体公共关系方案的实施；有利于确定工作的重点，科学地分配力量；有利于更好地选择传播媒介和传播技巧等。

确定目标公众之后，公共关系人员还应对目标公众进行详细的了解和深入的研究，主要是分析目标公众的权利和要求。一般说来，不同的公众有不同的权利和要求，了解目标公众的权利和要求，并将其与本组织的目标和利益加以权衡、比较，以便确定公共关系计划的基本要求。

3. 设计主题

公共关系活动主题是对公共关系活动内容的高度概括，提纲挈领，对整个公共关系活动起着指导作用。任何一个成功的公共关系活动都是由一系列活动项目组成的系统工程。为避免活动项目过多给人杂乱无章的印象，需要设计出一个统一、鲜明的主题，以统领整个活动，连接各活动项目。

主题的表现方式多种多样，它可以是一个口号，也可以是一句陈述或一个表白。主题设计得是否精彩恰当，对公共关系活动的成效影响很大。要设计出一个好的主题，必须满足四个要求。

（1）公共关系主题必须与公共关系目标相一致，并能充分表现目标。
（2）公共关系主题要适应公众心理的需要，既要富有激情，又要使人感到亲切。
（3）公共关系主题应独特新颖，富有个性，突出活动的特色，使人留下深刻的长久印象。
（4）公共关系主题的表述应做到简短凝练，易于记忆和传播。

■ 相关知识链接 4-9

宣传主题

海尔集团：海尔真诚到永远；

雅戈尔：中国的皮尔·卡丹；

IBM：IBM 就是服务；

精工表：世界的计时；

飞利浦公司：让我们做得更好；

日本本田公司：用眼、用心去创造；

杜邦公司：为了更好的生活，制造更好的产品。

资料来源：何伟祥. 公共关系原理与实务［M］. 4 版. 大连：东北财经大学出版社，2013.

4. 选择传播媒介

不同的传播媒介都有自身的特性，既各有所长，又各有所短，只有选择合适的媒介，才能取得良好的传播效果。在选择传播媒介时，应注意以下几个方面。

（1）与公共关系目标相结合。各种传播媒介都有其特定的功能及优势，适合为公共关系的各种类型目标服务。选择传播媒介时应首先考虑组织的公共关系目标和要求。

（2）与传播内容相结合。不同的传播信息内容有着不同的特点，而不同传播形式也有着各自特点和适用范围，在选择时应将所传播的信息内容的特点和传播媒介的优缺点结合起来综合考虑。

（3）与传播对象相结合。不同的公众对不同的传播方式和传播媒介的接受机会和感受是不同的，组织应根据目标公众的年龄结构、职业性质、生活方式、教育程度、接受信息的习惯等选择合适的传播媒介。

（4）与经费预算相结合。公共关系活动的经费是有限的，组织应根据自己的具体经济条件选择传播沟通媒介，尽可能用有限的经费和资源创造最大的效益。

5. 编制预算

任何一项公共关系活动都需要花费一定的人力、物力和财力，通过编制预算，使公共关系人员预先了解活动的投入成本，做到心中有数并能在事前进行统筹兼顾的全面安排，保证公共关系工作正常开展，便于监督管理，堵塞漏洞。公共关系预算主要包括三个方面。

（1）经费预算。公共关系预算的经费大致可分为基本费用和活动费用。基本费用是指相对稳定的费用，包括人工报酬、办公费用、房租费和固定资产折旧费等。活动费用是指随某项公共关系活动的开展而形成的费用，包括专项设施材料费、调查研究费、专家咨询费、活动招待费、广告宣传费、赞助费等开支。

（2）人力预算。人力预算是指对实现既定公共关系目标所需的人才进行初步的估算，应落实公共关系计划的实施需要组织投入多少人力，什么样的人才结构，是否需要外借人员等。

(3) 时间预算。时间预算是指为公共关系具体目标的实现制定一个时间进程表，规定出各阶段的具体工作内容以及所持续的时间，以便公共关系人员按部就班地进行工作。

6. 审定方案

审定方案是公共关系策划的最后一项工作。公共关系人员根据组织的现状，提出各种不同的活动方案，每一个方案都是策划者智慧的结晶，但这些方案未必都适宜，也未必能同时采用。因此对这些方案进行优化和论证才能选定最终方案。审定方案工作可分为两个步骤。

(1) 优化方案。就是尽可能地将公共关系方案完善化、合理化，提高方案的合理性，强化方案的可行性，降低活动耗费。通常可采用重点法、转变法、反向增益法、优点综合法等方法进行方案优化。

(2) 方案论证。一般由有关高层领导、专家和实际工作者对方案提出问题，由策划人员进行答辩论证。论证方案应满足系统性、权变性、效益性和可操作性要求。

7. 制定公共关系策划书

公共关系活动方案经过论证后，必须形成书面报告——公共关系策划书。公共关系策划书是公共关系策划工作的表现总结，又是公共关系活动的实施指导、依据和规范。它为公共关系工作的开展提供一个蓝本和标准。制定公共关系策划书的目的是方便计划的制定者随时查看项目进展，管理层能够有效对公共关系结果进行评估，以便获得更好的公共关系传播效果。

公共关系策划书可以分为长期战略规划、年度工作计划和专题活动计划，它们的基本结构和写作方法大致相同，但也有一些区别。一份标准的公共关系策划书通常包括以下五个部分。

(1) 封面。封面是策划书的"脸面"，是对策划书的"第一印象"，因此封面不能太随意，格式要规范；要大方、典雅；要求设计独到、紧扣主题，可以图文并茂，也可以用不同颜色、不同规格、不同字体的文字来设计。封面要注明：

① 标题。标题应有制订计划的组织名称、活动内容、活动方式及文种。如："美的MPV产品全国巡展策划书"。

② 密级。可以分为秘密、机密、绝密；或密级 A、AA、AAA。

③ 落款。落款中应注明制作策划书的单位名称及日期，并加盖公章。

(2) 序文。序文是指把策划书内容概要加以整理，简明扼要，让人一目了然。序文一般不超过 400 字，视情况可加些说明，不过也不要超过 500 字。

(3) 目录。目录务求使人读后能了解策划的全貌，它具有与序文相同的作用，十分重要。

(4) 正文。这是策划书中最重要的部分。正文的内容因策划种类的不同而有所不同，但必须以让读者能一目了然为原则，切忌过分纷杂。正文的写作方式以文字为主，也可以配以表格或图示。内容层次一定要清楚、具体。

① 背景分析。这部分主要目的在于就公共关系传播中存在的问题进行陈述与分析,并阐明公共关系计划的首要目标。

② 本次活动的主题词。用一句简练新颖、独特、有感染力的语言概括本次活动的宗旨、目的、意义,使活动主题更加突出。

③ 本次活动的主办单位、协办单位、赞助单位及承办单位。主办单位、协办单位、赞助单位或承办单位,必须一一"对号入座",切不可混淆不清而影响责、权、利的划分。

④ 本次活动的时间、地点、参加者及邀请者。应写明活动的时间、地点和参加者的来源、人数、具体落实的情况。

⑤ 本次活动的实施方案。这是策划书的核心和"重头戏",也是本次公共关系专题活动的创意体现和水平检验。每项具体活动项目应包括:活动名称;活动目的及在整个活动中的地位、作用;活动主要内容、方式和基本要求;项目负责人、参与者及分工、项目完成时间及进度表;经费、设备总量和分配;所需的传播媒介及场地等。

⑥ 本次活动的成效检测标准及方法。应写出负责检测的主持者与参与者,检测的各项具体标准以及检测的多种方法,检测的程序。

(5) 附件。附件主要是指策划的相关资料。这部分内容可附也可不附,只是给策划参与者提供参考。资料不能太多,择其要点而附之。

4.2.4 公共关系策划的技巧

公共关系是一门创造性的学问,这种创造性充分体现在公共关系策划中。公共关系策划的灵魂在于创新,所策划的公共关系活动越是新颖独特、出神入化,就越能吸引公众。但强调策划的创造性、新奇性,并不意味着策划越玄越好,它仍然有一定的规律。

公共关系策划的技巧很多,这里简要介绍几种方法,以给公共关系策划者们若干启发。

1. 制造新闻

所谓"制造新闻",也称"策划新闻",是指社会组织或个人在尊重事实、不损害公众利益的前提下,有目的地策划、组织、举办具有新闻价值的事件,制造新闻热点,争取报道机会,通过新闻媒介向社会传播,以达到吸引公众注意,扩大组织知名度和影响力的目的。它具有新、奇、特的特点,且必须符合新闻规律,要真实可靠,不允许编造事实形成欺骗性舆论。这是公共关系利用舆论的主要手段,也是与广告在传播上最大的不同。

■ 相关知识链接 4-10

10 万美元寻找主人

某公司宣传其新型保险柜的卓越功能,登出一则这样的广告:"10 万美元寻找主人!本公司展厅保险柜里存放有 10 万美元,在不弄响警报器的前提下,各路豪杰可用任何手段拿出享用!"

广告一出,轰动全城。前往一试身手的人形形色色,有工人、学生、工程师、警察和侦探,甚至还有不露声色的小偷,但都没有人能够得手。各大报纸连续几天都为此事做免费报道,影响极大。这家公司的保险柜的声誉随之大增。

资料来源:http://www.xuexiziliao.org/zikao/biji/365-ym4q01386_2.html.

2. 借冕播誉

借冕播誉是指社会组织在策划公共关系活动时,将组织及其产品与声望高、权威性强的名人、知名组织、有影响的事物事件联系起来,借助他们的名望、声望及权威来扩大组织的影响及知名度,从而达到事半功倍的效果。

3. 小题大做

小题大做指在与公众交往中,社会组织要注重小节,在小事上发掘大道理,在小事上展示自己的大观念,从而有效地强化自己的形象。

4. 以攻为守

以攻为守指当组织与社会环境发生矛盾,环境对组织的生存发展构成严重威胁时,社会组织不应消极观望等待,而应主动出击,对环境积极施加影响,从而变被动为主动,化不利为有利。

5. 以诚换诚

以诚换诚是指当公众对社会或个人产生不满、误解、抱怨时,社会组织或个人要首先摸清情况,对社会、公众做出善意的解释,提出相应措施,以实际行动换取公众的谅解。

6. 宁为鸡头

宁为鸡头是社会组织在进行形象定位和产品定位时所运用的一种策略,即在实施名牌战略时,企业要想方设法使自己的产品成为一流的产品。

4.2.5 公共关系活动的模式

公共关系模式不同,其功能也就不同。在制定公共关系策划时,要根据事先确定的主题选择公众和公共关系模式。常见的公共关系模式包括以下几种。

1. 宣传型公共关系

这是最经常采用的公共关系模式,包括发新闻稿,登公共关系广告,召开记者招待会,举行新产品发布会,印发宣传材料,发表演讲,制作视听材料,出内部刊物、黑板报,等等。其特点是:主导性强,时效性强,范围广,能迅速实现组织与公众的沟通,获得比较大的社会反响。其局限性主要表现为:传播层次浅,信息反馈少,传播效果一般停留在"认知层次"。

2. 交际型公共关系

交际型公共关系的具体内容包括：各种招待会、座谈会、宴会、茶会、慰问、专访、接待、个人信函、电话，等等。交际型公共关系特别适于少数重点公众，其特点是灵活而富有人情味，可使公共关系效果直达情感层次，但缺陷是活动范围小，费用高，不适用于大数量的公众群体。

3. 服务型公共关系

服务型公共关系的具体工作包括：售后服务、消费引导、便民服务、义务咨询，等等。服务型公共关系能够有效地使人际沟通达到"行动"层次，是一种最实在的公共关系。

4. 社会型公共关系

社会型公共关系的主要形式包括：开业庆典，周年纪念，主办传统节日，主办电视晚会，赞助文体、福利、公益事业，救灾扶贫，等等。一个组织不论经营什么行业，它都是社会整体中的一员，负担着不可推卸的社会责任。

5. 征询型公共关系

征询型公共关系的具体工作包括：建立信访接待制度，进行民意调查，建立热线电话，收集报刊资料，等等。征询型公共关系是一项日常的工作，要坚持不间断地进行下去。

6. 建设型公共关系

组织在初创时期，其形象尚不确定，产品的形象也没有在公众的头脑中留下什么印象。此时公共关系策略应当是以正面传播为主，争取以较大的气势，形成良好的"第一印象"。从公众心理学的角度讲，就是争取一个好的"首因效应"。建设型公共关系常用的手段包括：开业庆典、剪彩活动、落成仪式、新产品的发布、演示、试用、派送等。

7. 维系型公共关系

维系型公共关系的特点是采取较低姿态，持续不断地向公众传递信息，在潜移默化中维持与公众的良好关系，使组织的良好形象长期保存在公众的记忆中。

8. 防御型公共关系

如及时调整组织自身政策和行为，主动适应环境的变动和公众的要求，等等。

9. 进攻型公共关系

组织要抓住有利时机和有利条件，迅速调整组织自身的政策和行为，改变对原环境的过分依赖，以便争取主动，力争创造一种新的环境，努力使组织不受损害。如揭露对手的不正当竞争行为；宣布打假措施等，都属于进攻型公共关系。

10. 矫正型公共关系

组织要及时进行调查研究，查明原因，采取措施，做好善后工作，平息风波，以求逐步稳定舆论，挽回影响，重塑组织形象。矫正型公共关系属于危机公共关系的组成部分，如组织发生各种危机后采用的各种赔偿、致歉、改组等活动。

4.3 公共关系实施

正确地制订具有创意的公共关系策划方案固然重要，但更重要的是将公共关系策划付诸实施，才可能真正产生效用。公共关系实施是在公共关系策划方案确定后，将方案所确定的内容变为现实的过程，它是整个公共关系工作的中心环节。

4.3.1 公共关系实施的原则

公共关系实施是一个复杂而科学的过程，客观上需要一整套科学的实施原则作指导。

1. 准备充分原则

准备充分是公共关系实施成功的基础和前提。准备越充分，公共关系实施就越顺利，失误就越小。在正式实施策划方案之前，要用足够的时间做好各种实施准备工作。

2. 目标导向原则

目标导向原则要求公共关系人员在公共关系方案实施过程中，不断利用目标对整个实施活动进行引导、制约和促进，以保证实施活动不偏离公共关系目标。

3. 控制进度原则

控制进度原则就是根据公共关系策划中各项工作内容实施时间进度的要求，随时检查各项工作的进度速度，及时发现滞后（或超前）的情况，搞好协调与调度，使各项工作内容按计划协调、平衡地发展，并确保按时完成。

4. 整体协调原则

整体协调原则是指在公共关系实施过程中，使工作所涉及的方方面面达到和谐、合理、配合、互补和统一的状态。

5. 反馈调整原则

反馈调整原则是指通过监督控制机制及时发现公共关系实施中的方法偏差甚至错误，并及时进行调整与纠正，通过多次循环往复的反馈、调整，不断完善公共关系方法，直到完成公共关系策划。

4.3.2 公共关系实施的要求

要使公共关系实施真正达到预期效果，在实施过程中应达到以下几点要求。

1. 有效地排除实施中的障碍

虽然公共关系计划经过认真论证，但在实施过程中也难免遇到这样那样的障碍，这些障碍有内部的也有外部的，有主观的也有客观的。正视种种障碍并采取有效的措施予以排除，才能保证计划的有效实施。影响公共关系实施的障碍主要有以下几方面。

（1）主体障碍。这类障碍主要是产生于实施主体自身，包括组织的人员素质、管理水平、计划与论证存在问题与失误等，从而造成公共关系目标障碍、公共关系创意障碍、公共关系预算障碍等。这些障碍将会直接影响到实施的效果和目标的实现。

（2）沟通障碍。公共关系方案的实施目的在于实现组织和公众之间的双向沟通。但在沟通过程中有不少障碍因素，比如：语言障碍、习俗障碍、观念障碍、心理障碍、组织障碍等。这些障碍都会影响信息传播的真实性，使组织无法顺利实现与目标公众的沟通。

（3）环境障碍。公共关系实施的环境障碍是来自实施环境的各种制约因素、对抗因素、干扰因素。这些因素会从正面（促进）和反面（制约）影响实施工作的开展。

2. 及时妥善处理实施中的突发事件

对公共关系方案的实施干扰最大的莫过于重大的突发事件。如果组织不能及时妥善地处理，不但使整个方案无法实施，甚至会给组织带来巨大的危机。产生突发事件的原因有多种，但不论何种原因导致的突发事件，最关键的做法是应当保持头脑冷静，防止感情用事，认真剖析原因，正确选择对策，以使对组织形象的损失降到最低。

3. 正确选择方案实施时机

正确选择时机是提高公共关系方案成功率的必要条件。如果在方案实施过程中，对于时机进行精心选择与安排，整个公共关系方案将会借助于恰当的时机而收到良好的效果。一般来讲，在实施公共关系方案时，正确选择时机应注意把握以下几点。

（1）要注意避开或者利用重大节日。凡是同重大节日没有任何联系的活动都应避开节日，以免被节日活动冲淡。凡是同重大节日有直接或者间接联系的公共关系活动方案，则可考虑利用节日烘托气氛，扩大公共关系活动影响。

（2）要注意避开或者利用国内外重大事件。凡是需要广为宣传的公共关系活动都应避开国内外重大事件，以免被重大事件所冲淡。凡是需要为大众所知，又希望减小震动的活动则可选择重大事件发生之时。

（3）避免同一天或同一段时间里同时开展两项重大的活动。这样做可以避免活动效果相互抵消。

4.4 公共关系评估

公共关系的评估是对公共关系计划实施工作的总结和最终效果的评价。它是公共关系活动的最后一个程序，也是下一轮策划的开始。通过公共关系评估，可以总结成功的经验，分析失败的教训，进一步提高公共关系活动质量与水平；同时可以发现公共关系活动的缺陷与不足，为组织今后公共关系具体目标政策和行为调整做依据。因此，公共关系评估有其重要的作用。

4.4.1 公共关系评估的标准

公共关系评估应从公共关系工作开展的准备过程、实施过程和实施效果三方面进行。因此，评估标准应包括这三个方面的标准。

1. 公共关系工作准备过程的评估标准

（1）背景材料是否充分。主要检验前几个程序中是否充分利用资料和分析判断的准确性。重点是及时发现在环境分析中被遗漏的、对项目有影响的因素。

（2）信息内容是否正确充实。主要检验所准备的信息资料是否符合问题本身、目标及媒介的要求。检验时强调的是信息内容的真实性与合理性。

（3）信息的表现形式是否恰当。检验有关传递的信息资料及宣传品设计在文字语言的运用、图表的设计、图片及展示方式的选择方面是否合理、新颖，是否能达到引人注目、给人以深刻印象的要求。

2. 公共关系工作实施过程的评估标准

（1）发送信息的数量。评估实施中网络关键词热度、电视广播讲话的次数、发布信件的数量、宣传材料和新闻发布的数量，以及宣传性工作如展览等进行与否及其努力程度。

（2）信息被传播媒介所采用的数量。网络关键词热度、报刊索引和广播记录一直被用来作为查对传播媒介采用信息资料数量的依据。其他宣传活动，如展览、公开讲话的次数，也反映了组织为有效地利用各种可能渠道将信息传递给目标公众的努力程度。

（3）接收信息的目标公众数量。将收到信息的各类公众进行分类统计，从中找出目标公众的数量及其结构。可以将网络关键词热度报纸杂志的发行量、会议及展览的出席人数等作为评估的参考数据。

（4）注意该信息的公众数量。通过了解注意该信息的公众数量，有利于掌握传播信息的实际效果。

3. 公共关系工作实施效果的评估标准

（1）了解信息内容的公众数量。

（2）改变观点、态度的公众数量。

（3）发生期望行为和重复期望行为的公众数量。

（4）达到的目标和解决的问题。

（5）对社会和文化的发展产生影响。

这种影响会同其他各种因素共同起作用，并在较长时间里以复杂的、综合的形式表现出来。

4.4.2 公共关系评估的程序

一般地讲，评估工作可分为以下四个阶段。

1. 评估准备阶段

在评估准备阶段，公共关系人员应确定评估的目标和标准；安排评估的人员和时间进度。

2. 全面评估阶段

全面评估阶段就是运用各种评估的具体方法，全面搜集各种所需的评估资料和信息。

3. 整理分析阶段

在整理分析阶段，公共关系人员应参考评估标准对所搜集的各种资料或信息进行分析比较、统计对照，检查既定公共关系目标是否达到，检查预算执行情况与效果。并在评估分析的基础上，提出计划实施中尚存在的没有解决或新产生的问题，并进一步分析产生这些问题的原因。

4. 撰写报告阶段

在全面检查、评估分析、提出问题的基础上，公共关系人员应根据情况和需要调整工作计划和目标，并向决策部门报告分析结果，以便领导者统筹考虑组织的目标和任务。同时，还要针对新问题并根据组织的总目标、总任务，设定公共关系下一个阶段目标。

4.4.3　公共关系评估的内容

公共关系评估涉及公共关系活动的全方位的检测，组织希望得到的不仅是总体的印象评估，而且是非常具体的和准确的评估结果。一般而言，专项公共关系活动的全面评估内容主要包括以下方面。

1. 公共关系目标评估

评估总体目标是否正确；围绕这个目标的各种实施目标是否具体；评估目标是否成为现实，或者在多大程度上成为现实；组织内部成员对活动的目的是否透彻了解；组织内部各部门对活动是否积极合作和大力支持。

2. 公共关系策划评估

分析公共关系策划的可行性和计划的实现情况等，发现公共关系策划制定得是否正确合理、是否周密，策划实现的程度、范围、效果怎样，策划实施方法、程序是否需要调整或修正，主体是否明确且富有号召力，策划预算是否适当。

3. 公共关系经济效益评估

通过评价公共关系活动，评估组织的产品销售量是否有所增长，增长多少。

4. 公共关系社会效益评估

通过评估公共关系活动，评估组织的知名度和美誉度是否有所提高，提高了多少。

4.4.4　公共关系评估的方法

公共关系评估的方法主要有以下五种。

1. 观察反馈法

观察反馈法是由评估人员直接参与实施过程,进行实地考察,记录各个环节实施的状况和顺序以及进展情况。

2. 目标管理法

目标管理法是以预先设定的目标作为评估分析的主要依据,根据实施效果和目标对照考核进行衡量。

3. 舆论和态度调查法

舆论和态度调查法是在公共关系活动的前后分别进行一次舆论调查,检查公共关系活动对公众的态度、动机、心理、舆论等方面的影响。通过舆论和态度调查,借助"组织形象地位图",检查组织知名度和美誉度的改善情况;运用"组织形象要素调查表",检查组织形象要素的具体构成有了哪些进步;通过"组织形象要素差距分析图",检查组织实际形象与期望形象之间的形象差距有多少改善空间。

4. 内部及外部评估法

内部及外部评估法是根据组织内部各职能部门的资料和组织外部广大公众的信息反馈来评估。可以通过从不同渠道汇报上来的各种资料,如数据、图表、报告,作为评估的重要依据。

5. 新闻报道分析法

新闻报道分析法是指根据组织在新闻媒体的报道情况来评估公共关系效果的方法。新闻舆论的敏感度很高,是反映组织形象的一面镜子。根据新闻传播的数量、传播的质量、传播的时间、传播媒介的影响力、新闻资料的使用等方法来进行评估,可获知本组织形象的状态。

上述各种评估方法都有自己的特点,不同组织可根据自身的实际情况具体选择和应用这些方法。也可以综合运用,通过几种方法相互比较、相互引证,得到一个全面的、综合性的评估结论。

4.4.5　公共关系评估报告的撰写

公共关系评估报告是评估工作的最终成果,它主要说明的是"我们做得怎么样?为什么会这样?"。评估工作实质上也是一种调查工作,是对整个公共关系活动的调查。因此,评估报告的格式与调查报告的格式相似,只是内容和针对性有所区别。一般包括以下内容。

(1) 描述整个公共关系活动过程。

(2) 简洁地概括活动所取得的主要结果及其存在的不足。

(3) 科学地预测尚未解决的一些问题在今后的发展趋势。

(4) 提出相应的解决办法,为决策者决策提供充分的信息依据。

要点回放

公共关系活动的开展应遵循一定的程序有条不紊地进行，公共关系工作的基本程序可分为公共关系调查、公共关系策划、公共关系实施和公共关系评估四个步骤。

公共关系调查是运用科学的方法，有计划、有步骤地搜集相关信息并进行综合分析，了解组织面临的公共关系方面的实际问题，从而为组织的形象设计、公共关系活动的策划提供依据。公共关系调查应包括确定调查课题、制订调查计划、收集调查资料、整理分析资料、撰写调查报告五个步骤。

公共关系策划是指公共关系人员根据组织形象的现状和目标要求，分析现有条件，设计最佳活动方案的过程。公共关系策划应包括明确目标、确定目标公众、设计主题、选择传播媒介、编制预算、审定方案、制定公共关系策划书等七个工作步骤。

公共关系实施是将方案所确定的内容变为现实的过程。实施的原则有：准备充分原则、目标导向原则、控制进度原则、整体协调原则、反馈调整原则。并注意有效地排除实施中的障碍、及时妥善处理突发事件及正确选择方案实施时机。

公共关系评估是对公共关系计划实施工作的总结和最终效果的评价。通过公共关系评估，可以总结成功的经验，分析失败的教训，进一步提高公共关系活动质量与水平；同时可以发现公共关系活动的缺陷与不足之处，为组织今后调整公共关系具体目标政策和行为做依据。

任务体验

体验一　考一考

1. 单项选择题

(1) 公共关系调查是公共关系"四步工作法"中的（　　）。
　　A. 第一步　　B. 第二步　　C. 第三步　　D. 第四步

(2) （　　）是公共关系调查取得第二手资料的方法。
　　A. 观察法　　B. 访问法　　C. 文献调查法　　D. 抽样法

(3) 公共关系策划的最根本原则是（　　）。
　　A. 新颖性　　B. 可行性　　C. 有轰动性　　D. 合法性

(4) （　　）公共关系特点是主导性强，时效性强，范围广，能迅速实现组织与公众的沟通，获得比较大的社会反响。
　　A. 服务型　　B. 交际型　　C. 征询型　　D. 宣传型

(5) 在社会组织遇到风险时，采用的公共关系活动模式是（　　）。
　　A. 建设型公关　　B. 矫正型公关　　C. 维系型公关　　D. 防御型公关

(6) 公共关系计划制订的第一步是（　　）。
　　A. 确定预算　　B. 确定人员　　C. 确定目标　　D. 确定项目、内容

(7) （　　）是保证公共关系活动顺利进行的先决条件，也为评估公共关系活动效果、从事成本、效益分析提供了依据。

A. 编制预算　　　B. 确定目标　　　C. 公众划定　　　D. 制订活动方案
(8)（　　）具有新、奇、特的特点，是公共关系利用舆论的主要手段，也是与广告在传播上最大的不同。
A. 借冕播誉　　　B. 以攻为守　　　C. 小题大做　　　D. 制造新闻
(9)（　　）原则是公共关系实施成功的基础和前提。
A. 准备充分　　　B. 目标导向　　　C. 控制进度　　　D. 反馈调整
(10)（　　）是对公共关系计划实施工作的总结和最终效果的评价。它是公共关系活动的最后的一个程序，也是下一轮策划的开始。
A. 公共关系评估　B. 公共关系计划　C. 公共关系策划　D. 公共关系实施

2. **多项选择题**

(1) 公共关系调查的原则是（　　）。
A. 客观性　　　　B. 准确性　　　　C. 全面性　　　　D. 预见性
E. 经济性

(2) 公共关系的调查方法经常使用的有（　　）等几种。
A. 观察法　　　　B. 问卷法　　　　C. 询问法　　　　D. 实验法

(3) 公共关系策划应包括（　　）工作步骤。
A. 确定目标、公众　　　　　　　B. 设计主题
C. 编制预算、审定方案　　　　　D. 书面报告

(4) 社会性公共关系的特点是（　　）。
A. 公众参与性　　B. 内容公益性　　C. 影响社会性　　D. 利益长远性

(5) 公共关系活动评估的内容包括（　　）。
A. 对公共关系计划的评估　　　　B. 对公共关系策划的评估
C. 对公共关系计划实施的评估　　D. 对公共关系活动效果的评估

体验二　讲一讲

1. **要求**

(1) 由学生对下面所学知识进行复述、总结与拓展。
(2) 鼓励学生课外自查资料。
(3) 建议在该知识讲授结束时布置，下一次课开始时进行。
(4) 学生随机轮流上台，面对全班同学讲述，每题时间不超过三分钟。
(5) 教师对学生的讲述进行考评，计入平时成绩。

2. **内容**

(1) 请谈谈公共关系四个工作环节的相互关系。
(2) 常见的有利公共关系时机有哪些？
(3) 要策划一次公共关系活动应掌握哪些技巧？
(4) 结合以下案例讲一讲公共关系策划的原则。

案例背景资料

老鼠和猫

传说有一群老鼠,它们为了降低被猫捕杀的概率,开了一个家族会议。会上,一只"聪明"的幼鼠提议在猫的脖子上挂一个铃铛,这样的话,一旦猫有动静,它们就会听到铃铛的响声,大家就可以"闻铃而逃",不少老鼠对此建议表示赞同,认为这是一个再好不过的办法。但是,一只年长的老鼠的声音打断了它们的欢呼:"这个办法很好,但是由谁去挂这个铃铛呢?"众鼠哑然。是呀,谁去挂呢?

资料来源:http://zhidao.baidu.com/question/208035572.html。

体验三 想一想

沙宣品牌全国推广活动

主办单位:宝洁(中国)有限公司

咨询单位:爱德曼国际公关(中国)有限公司

品牌建立:"我们的光彩,来自你的风采"

1. 项目背景

宝洁(中国)有限公司在1997年9月推出的沙宣品牌试销售活动获得成功之后,决定于1998年7月在北京开展一系列活动,以便将这一著名品牌推向全国。爱德曼国际公关(中国)有限公司(以下简称"爱德曼"公关公司)接受宝洁(中国)有限公司之委托负责宝洁(中国)有限公司沙宣品牌全国推广的公关宣传活动。

2. 项目调查

爱德曼公关公司在通过对沙宣品牌的调查研究之后,与宝洁(中国)有限公司共同商议决定举行推广活动他们的宗旨是举办一系列发型展示会,唤起众多目标群体的注意。这些群体包括专业发型师、零售商、政府权威部门(中国美容美发协会)、媒体以及消费者。此次活动的目标是确立"沙宣美发学院"在世界美发护发界的专家地位,成为中国美发界的可信赖权威,唤起目标群体的激情及尝试沙宣产品的兴趣。

3. 项目策划

(1) 活动策略。

① 通过组织一场别具一格的发型展示会,显示沙宣品牌的传统风格及对中国消费者发质的理解。

② 利用全国各大媒体充分报道沙宣发型展示会。

③ 通过推广活动与所选定的媒体建立长期的合作关系。

爱德曼公关公司再一次成功、有力地巩固了沙宣作为时尚专业机构和产品厂商在消费者心目中的品牌地位。

(2) 活动主题。

我们的光彩,来自你的风采。

(3)目标群体。

① 年龄在 18～36 岁收入中上等的消费者,女性消费者居多。

② 舆论界风云人物及社会著名人士。

③ 国营机构、私营机构及合资机构的美发师。

④ 国内外媒体。

⑤ 零售商。

⑥ 有关政府机构。

4. 项目实施

(1)工作安排。

沙宣品牌全国推广活动从 1998 年开始筹划,工作组成员包括宝洁品牌业务部和公共事务部、推广公司以及沙宣伦敦办事处。爱德曼公关公司在此次活动中所承担的主要任务是策划推广活动及协调整个项目内容,制定并实施针对各个目标群体的各项活动。

(2)前期工作投入。

① 中国记者团访问沙宣英国总部。为了让中国消费者了解并熟悉沙宣伦敦美发学校及学院的实际情况,爱德曼公关公司组织了国内 9 家有代表性的媒体去沙宣英国总部参观、交流,并向媒体提供了全面的沙宣历史及其品牌建立的资料。

这次组织记者参观沙宣总部的活动非常成功。这使他们扩大了对沙宣品牌的了解,不仅熟悉了其产品,同时也熟悉了其历史及在全球美发界的权威地位。这种理解为对整个活动进行深入而全面的报道奠定了坚实基础。

② 前期新闻资料发放。为了向媒体提供背景资料,爱德曼公关公司在五六月份就向他们发送了活动准备情况的新闻稿。活动前发表的新闻稿数量达到约 40 份,爱德曼公关公司还负责安排香港地区媒体及一批经过挑选的驻京国际记者的专访要求。此外,爱德曼公关公司还针对其他八个省份的媒体发送了新闻资料。

(3)记者专访。

为了让记者深入了解沙宣美发机构及宝洁(中国)有限公司,爱德曼公关公司邀请、组织并安排了 60 多家新闻单位对沙宣伉俪及其他沙宣发型师乃至宝洁(中国)有限公司的主管人士均进行了独家或集体采访。

(4)新闻发布会及发型表演。

爱德曼公关公司为此次活动邀请了超过 150 名的记者,其中包括 28 家外地媒体的 56 名记者。无论从应邀的媒体数量还是从地域分布而言,都是爱德曼公关公司历史上规模最大的一次。

爱德曼公关公司为这次沙宣品牌全国推广新闻发布会进行了大量组织工作,例如制定媒体名单,与外地媒体进行联络并向他们发邀请函及新闻资料,向宝洁(中国)有限公司的主管人士和沙宣的伦敦工作组介绍情况以及跟踪全国媒体报道。

(5)摄像及摄影服务。

在这项活动中,摄像与摄影起着关键作用,直接关系到对沙宣发型表演及新产品的报道。

爱德曼公关公司于7月14日这一天与摄像人员一起利用一个通宵的时间，编辑资料带及照片，以便在次日活动时发送给媒体。

(6) 晚宴及发型表演。

爱德曼公关公司代表沙宣夫妇及宝洁（中国）有限公司邀请了北京的社会名流、演艺界人士、有关政府官员及中国美容美发协会主管人总计350多位人士出席了晚宴及发型表演，此次晚宴的影响极大，使沙宣品牌通过沙宣夫妇的明星效应得以在中国整个社会及有关群体中广泛传播。

(7) 与中国美发美容协会主管人士洽谈。

中国美发美容协会是一个准政府组织，代表国家国营发廊系统。为了加强双方的了解、互助，爱德曼公关公司为宝洁（中国）有限公司、沙宣夫妇及主要沙宣发型师们安排了一次非正式洽谈，宝洁和沙宣都表示，将为中国美发业贡献一分力量。

(8) 为专业发型师举办的培训及发型展示会。

为向广大中国发型师传授沙宣的专业美发技巧，爱德曼公关公司专门邀请到沙宣专业发型师为400多名中国发型师做了一场发型展示，其中包括现场剪发、染发等专业性极强的技术指导，反响非常好，为沙宣品牌在中国美发业内的传播、发展奠定了坚实的基础。

5. 项目评估

此次从5月延续至8月的沙宣品牌推广活动的效果及媒体的反应异常出色。截至1998年8月31日，各电视节目的总播放时间超过4小时，播放单位达33家；来自文字刊物的报道达140余篇。此外，中国国际航空公司还指定此次活动的沙宣发型展示为国内外航班娱乐录像节目，在共计3 000余次的国内外班次上播放。

从活动总结时所收到的汇报看来，此次活动取得了令人满意的效果，收到了来自媒体、业内人士及广大消费者的好评。1998年10月的全国洗发水品牌调查报告显示，沙宣品牌在短短的3个月时间内迅速跻身于中国前五大护发品牌，并在中国树立了其时尚、专业的护发品牌形象。

资料来源：https://www.taodocs.com/.

思考题

1. 结合案例，说明公共关系"工作四步法"。
2. 在项目实施阶段，开展了哪些策划推广活动？
3. 从这个案例中你得到哪些启示？

体验四　练一练

双汇"瘦肉精"事件

1. 情景介绍

2011年3月15日，中央电视台新闻频道《每周质量报告》的"3·15"特别节目播出了《"健美猪"真相》，对河南孟州等地部分养猪场饲喂有"瘦肉精"的生猪流入济源双汇食品有限公司进行了报道，引发各界强烈关注，3月16日起，股票双汇发展开始停牌。4月18日，双汇集团公告"瘦肉精"事件起源于旗下子公司济源双汇个别员工在采购环节执行《双汇集团"瘦肉精"的抽检与控制方案》时没有尽责，致使少量喂有"瘦肉精"的生猪流入济源工厂。"瘦肉精"事件一经曝出，双汇集团立即连发两次声明，重点均在其子公司济源双汇身上，该集团董事长万隆也对公众表示，问题就出在济源一家工厂身上。当时即有评论指出，双汇集团是在"弃卒保车"，希望舍弃济源一家子公司来保全整个双汇集团的利益。

2. 模拟训练

（1）同学们可自由组合或由指导老师组合成若干小组，分别商讨应对策略，谈谈应采取什么公共关系措施来处理这次危机事件？

（2）每一小组推举一名代表上台扮演双汇集团新闻发言人，从公共关系"工作四步法"角度发表危机公关的演讲；其他同学分别扮演政府官员、批发商、零售商、消费者、媒体记者等角色，提出疑问。

（3）每组抽一名同学组成评分团，分别给各小组评分。

项目	优 (90~100分)	良 (80~89分)	中 (70~79分)	及格 (60~69分)	不及格 (60分以下)
回答内容					
演讲水平					
回答技巧					
效果					

（4）最后由指导老师进行点评和总结。

体验五　做一做

走访学校各部门及外部公众

1. 实训项目

调查你所在学校的各个部门及外部公众，了解学校整体形象。

2. 实训目的

通过调查你所在学校的各个部门及相关外部公众，了解学校整体形象。

3. 实训内容

（1）调查你所在院校各个部门及相关外部公众。

（2）请为你所在的学校设计一份组织整体形象的调查内容清单，并且进行组织形象的实际调查。

4. 实训组织

把全班同学分成几大组，各个组分别走访调查学校各个部门及相关外部公众。

5. 实训考核

（1）要求每组写出调查报告。

（2）要求学生填写实训报告。其内容包括：

① 实训项目；

② 实训目的；

③ 实训内容；

④ 本人承担的任务及完成情况；

⑤ 实训小结。

（3）教师评阅后写出实训评语，组织实训体会交流。

任务 5

公共关系处理

:任 务 提 要:

5.1 内部公共关系处理

5.2 外部公共关系处理

5.3 公众纠纷处理

:任 务 目 标:

知识点

1. 认识组织内外部公共关系的重要性
2. 掌握员工关系、股东关系处理技巧
3. 掌握主要外部公共关系处理技巧
4. 掌握公众纠纷的处理方法

技能点

1. 能正确运用处理员工、股东关系的方法和技巧
2. 能针对具体组织，分析其外部公共关系对象，学会处理各种主要公共关系
3. 掌握公众纠纷的处理方法
4. 能够运用所学公共关系处理的原理，观察、分析和解决现实中公共关系问题

:案 例 导 入:

携程"泄密门" 风波

2014 年 3 月 22 日晚间，国内漏洞研究机构乌云平台曝光称，携程系统开启了用户支付服务接口的调试功能，使所有向银行验证持卡所有者接口传输的数据包均直接保存在本地服务器

上，包括信用卡用户的身份证、卡号、CVV 码等在内的信息均可能被黑客任意窃取。

正处于央行对第三方支付机构表示质疑的关口，加上安全漏洞关乎携程数以亿计的用户财产安全，舆论对这一消息表示了极大的关注，由此引发的用户恐慌和担忧亦如野火一般蔓延开来。中国上市公司舆情中心监测数据显示，从"泄密门"事发至截稿时止，以"携程+安全漏洞"为关键词的新闻及转载量高达 120 万篇之多，按照危机事件衡量维度，达到"橙色"高度预警级别。

3 月 22 日 23 时 22 分，携程官方微博对此予以回应，称安全漏洞是该公司技术调试中的短时漏洞，已在两小时内修复，仅对 3 月 21 日、22 日的部分客户存在危险，"目前没有发现用户受到该漏洞的影响而造成相应财产损失的情况"，并表示将持续对此事件进行通报。

这一说法引起了用户的重重回击。微博认证为"广西北部湾在线投资控股有限公司总裁"的严茂军声称，携程"官方信息完全在瞎扯"，并附上信用卡记录为证。作为携程的钻石卡会员，他早于 2 月 25 日就曾致电携程，他在携程绑定的几张信用卡被盗刷了十几笔外币，但当时携程回复的却是"系统安全正常"。他以强烈的语气提出，携程应该加强安全内测，"重视和尽快处理用户问题，水能载舟，亦能覆舟"。这一微博得到了网友将近 900 次转发，150 条评论，大多对他表示支持。

3 月 23 日，携程官方微博再次以长微博形式发表声明，称 93 名潜在风险用户已被通知换卡，其余携程用户的用卡安全不会受影响。

不过，携程官方的微博公关并未收到很好的成效，不少网友在其微博下留言，以质问的语气表达不信任的态度：怎么证明携程没有存储其他客户的 CVV 号？怎么才能确认用户的信用卡安全……面对质问，携程客服视若无睹，仅以"关于您反馈的事宜，携程非常重视，希望今后提供更好的服务"等官方话语加以回应。

舆论对携程违规存储用户信用卡信息未能妥善保存而重重施压，3 月 25 日，携程发出最新声明，承认此前的操作流程中确有违规之处，今后携程将不再保存客户的 CVV 信息，并将以前保存的 CVV 信息删除。

3 月 26 日，21 世纪网直指"携程保存客户信息属于违反银联的规定，携程不是第三方支付机构，无权保留银行卡信息。另一方面，PCI-DSS（第三方支付行业数据安全标准）规定了不允许存储 CVV，但携程支付页面称通过了 PCI 认证，同样令人费解"。

《21 世纪经济报道》更是简单明了地表示，在线旅游网站中，只有去哪儿已经引入该认证标准，"此前携程曾有意向接入该系统，但是公司工作人员去考察之后发现，携程业务种类多且交叉多，如果按照该系统接入，整改难度太大，而整改会使架构都有所变化"。

3 月 27 日，《中国青年报》更是发表题为《大数据时代个人隐私丢哪儿了》的署名文章，谴责企业"在用户不知情的情况下收集有限的数据，在一定程度上忽略了人的权利"。

资料来源：http://www.028brother.com/344.html。

思考讨论

1. 携程是如何处理与顾客关系的？
2. 针对以上案例，假如你是携程公关部经理，如何正确处理？

❖

现代企业是一个开放的系统，它必须与周围环境建立广泛的联系。企业通过加强与员工、股东、顾客、社区、政府、竞争者、新闻媒介及金融机构之间的协调沟通，可以为企业创造内求团结、外求和谐的良好局面，达到"人和"的境界，使企业各系统成为一个结构稳定、进化有序、功能最优的有机整体。

5.1 内部公共关系处理

5.1.1 内部公共关系的特征

内部公共关系是指组织与其内部公众之间通过双方信息交流，达到相互理解与支持的活动。内部公共关系是社会组织的首要公共关系，是公共关系工作的基础和前提。内部公共关系包括员工关系和股东关系。

组织内部公共关系状况如何，直接关系到组织的生存、组织目标的实现、组织形象的塑造，决定并影响着外部公共关系工作开展的质量。任何组织的领导者和公共关系人员都必须高度重视内部公共关系的处理，只有做到内求团结，才能外求和谐。鉴于内部公共关系的主要对象是组织的内部公众，因此与组织的媒体公关、政府公关等外部公共关系相比，内部公共关系的稳定性和可控性都较强。

（1）稳定性。

组织的内部成员是组织内部公共关系最直接、最主要的公众对象，他们共同生活在组织的"屋檐"下，因此在一定的时间和条件下，组织的内部公共关系是相对稳定的。当然，这并不是说组织内部成员流动和流失的现象不存在。事实上，这种现象普遍存在并显示出不断上升的趋势。因此，如何搞好组织的内部公共关系，以提高组织的内部成员对组织的归属感和忠诚度，减少熟练的内部成员的流失量，维护组织的竞争力，是当今组织所面临的重大课题。

（2）可控性。

总体说来，内部公共关系比其他各类外部公共关系更易于控制。这是因为：一方面，组织可以运用行政管理关系来控制和调节内部各类公众之间的往来活动，也可以很方便地运用正式的管理手段和沟通渠道对广大员工进行宣传教育，把他们的言行引导到对组织有利的轨道上来；另一方面，各级员工对组织或多或少也有一种服从关系。因为服从组织的领导，参与组织举办的各项活动对员工自身而言也是有益的。

■ 相关知识链接5-1

企业内部公共关系的内容

（1）企业与其内部公众之间的关系。

（2）上级部门和下级部门之间的关系。

（3）上司与下属之间所有的人事和情感关系。

（4）平行部门之间的关系。

（5）员工之间所有的人事和情感关系。

资料来源：陈红川．公共关系学［M］．广州：广东高等教育出版社，2006．

5.1.2　员工关系的处理

1. 员工关系的含义

员工关系是指组织内各部门及其员工相互间的关系，包括组织内上下级之间的关系，部门、科室、班组之间的关系，员工个人之间的关系。

员工是企业的财富，是一类特殊公众，其特殊性表现在以下两个方面。

（1）员工是组织的构成主体，是组织赖以生存和发展的细胞。

员工的思想和情绪无时无刻不在影响着组织机制的运行，组织存在的价值及发展目标必须首先得到员工的理解、认可，因为组织向社会提供的优质产品和服务，都要依靠他们才能付诸实施。可见，良好的员工关系是组织产生凝聚力的黏合剂。

（2）员工是组织的推销员。

员工本人在消费本组织产品和服务时会起到一种示范的作用。员工也会向其亲朋好友推荐组织的产品，为组织树立良好的口碑。

■ **相关知识链接 5-2**

做三菱人，用三菱货

日本三菱公司在 1970 年前后，与日本松下、索尼等电器公司几乎同时向市场推出彩色电视机，它们在质量和价格上可谓不相上下，而且三菱公司也做了大量的广告，但市场份额却占得很少，甚至还不断下降。这件事使三菱公司的经理伤透了脑筋，直到有一次该经理走访员工家庭时，才了解到个中原因。原来，他在许多员工家中发现，他们所看的彩色电视机并非三菱公司产品，而是其他公司的产品。他立刻醒悟：三菱公司有 10 多万名员工，就算每名员工家中经常有 10 位亲朋好友来访，那也涉及上百万人，而这些人看到某种产品连生产它的员工都不愿意买，他们又怎会有信心买呢？一传十，十传百，这不就成了最有说服力且影响广泛的"反广告"了吗？为了扭转局面，三菱公司在员工中开展了名为"做三菱人，用三菱货"的大规模活动，向他们讲明他们的言行将直接关系到公司的兴衰。结果，大多数员工都换用了本公司的产品，使"反广告"变成了"正广告"，该公司的经营状况很快好转了。

资料来源：陈红川．公共关系学［M］．广州：广东高等教育出版社，2006．

(3) 员工是组织形象的设计师和创造人,是组织与外部公众接触的触角。

每名员工都处在组织对外公关活动的第一线,他们的衣着、风貌、举止、言行都是组织形象的体现和象征。因此,每名员工都是组织中"兼职的"公关人员。

因此,组织首先必须团结自己的员工,建立良好的员工关系,培养员工对组织的认同感、归属感、向心力,然后依靠员工在公共关系的前沿阵地发挥积极作用。

■ 相关知识链接5-3

员工是酒店最宝贵的财富

酒店管理业六大明星之一的袁伟明的经营哲学是"员工第一",他认为优质的产品和服务是酒店成功的要素,而这些都需要员工来提供,员工是酒店最宝贵的财富。许多酒店根据这一思想,制定了一系列协调员工关系、激励员工士气的措施。

- 每月固定一天为员工日,届时,高层管理人员亲自下厨,为员工炒几道拿手菜。
- 公关部定期召开"酒店与员工家属亲善会",征求员工家属的意见。
- 员工工作有成绩,总经理签发嘉奖信。
- 员工生日当天,均会收到总经理赠送的贺卡。
- 酒店设有意见箱,最高管理层对具有建设性的意见保证在三天内作答,并给予奖励等。

资料来源:魏翠芬,王连廷. 公共关系理论与实务[M]. 北京:清华大学出版社,2007.

2. 员工关系处理的技巧

(1) 目标激励。

组织可以通过设置目标来激发员工的动机,指导员工的行动,使员工的需要与组织目标紧密地联系在一起,以激发员工的积极性、主动性和创造性。

组织所有相关者的利益都是通过实现组织的共同目标来达成的。因此,员工关系协调的起点就是让员工认同组织的目标。一个组织若没有共同的目标,缺乏共同的信念,就没有利益相关的前提。但凡优秀的组织,都是通过确立共同的目标,整合各类资源,当然包括人力资源,牵引组织成员通过组织目标来实现个体目标,牵引整个组织不断发展和壮大。所以,认同共同的组织目标和价值观,是建设和完善员工关系的前提和基础。

(2) 满足需求。

首先,合理的薪酬和较好的福利待遇需求。这是组织员工生存和发展的基础。一方面管理者有责任引导员工发扬奉献精神;另一方面管理者也要切实关心他们的薪酬水平。其次,晋升机会需求。员工所理解的晋升不只是更高的薪酬,还有个人价值的升华。最后,和谐的人际关系需求。组织员工在工作中离不开上级、同事和下级的支持,因此和谐的人际关系实际上也是个人需求的一种满足。

■ 相关知识链接 5-4

组织良好的工作环境

1. 员工的成长环境

良好的成长环境是维护和强化组织理念的重要内容。对员工而言，组织是成长的地方。奖励、晋升、学习培训、任人选才等制度，能为员工创造一种健康成长的环境，使具有专长的员工能一展所长。

2. 信息交流环境

组织应建立健全信息沟通渠道，形成组织内的民主气氛。组织可以通过座谈会、访谈、印刷品、录像、电视、广播、内部刊物、网络等渠道，创造信息广泛交流的内部环境，并保证信息交流的畅通。

3. 参与管理环境

组织应鼓励内部公众发扬主人翁精神，以主人的身份参与组织管理，有助于调动员工的积极性、创造性，增强组织的凝聚力。如日本柯达公司一年中提出建议的员工占员工总数的1/3，使公司共节约1 850万元。日本丰田公司员工在1980年共提出建议86万件，人均19.5件，采纳率达94%，这直接为公司带来了极大的经济效益，也使员工的主人翁意识得到提高。

4. 大家庭环境

组织既要通过建立福利保障机制确保员工的基本需求，又要重视情感的培养，创造"人和"的环境。组织可以通过员工生日、婚礼、联欢会、电影、郊游和体育比赛等方式，创造最佳的人事环境，培养内部公众的归属感、认同感和自豪感，形成融洽的"家庭气氛"，为外部公共关系工作提供保证。

资料来源：吴东泰. 实用公共关系学 [M]. 3版. 北京：北京交通大学出版社，2019.

（3）顺畅沟通。

从某种意义上而言，管理的本质就是沟通。当员工之间出现争吵、矛盾和冲突时，沟通是解决问题的有效途径。通过沟通，员工心中的各种埋怨和误解可以得到释放，组织也可以了解某种措施对员工可能造成的影响。因此，沟通是员工阐明观点、实现合作的桥梁，是员工高效率地执行工作的基础，是打造良好员工关系的保障。

在处理员工关系时，管理者们一定要学会聆听和理解员工的声音；而作为下属的员工也要学会倾诉和解释自己的意见。此外，组织可以采取多种措施，如正式的书面报告、定期的沟通会、发行内刊、成立相关委员会等，丰富沟通的形式，增强组织与员工之间的相互理解和信任，以便更好地达成组织的目标。

■ 相关知识链接 5-5

内部公共关系 "沟通10法"

- 沟通前要做好准备，预测可能发生的事件，并制定相应的应变措施。

- 确定合适的沟通目的，选择适当的沟通语言和沟通方式。
- 全面观察沟通的环境和氛围等因素。
- 沟通的信息内容要准确、客观。
- 善于利用最合适的沟通时间。
- 重视沟通中的体态语言。
- 信息发送者言行一致，讲究信用。
- 克服不良的聆听习惯，学会做一个好"听众"。
- 注意信息接收者的反馈。
- 在使用语言文字的同时，酌情使用图表、数据和实物资料，以说服对方。

资料来源：张亚. 公共关系与实务［M］. 2版. 北京：科学出版社，2011.

（4）关注细节。

细节决定成败。管理者在进行员工关系协调这项复杂、微妙的工作时，也应当十分重视协调过程中的细节。有时候，一句恰如其分的贴心问候会让员工感到舒心，一个宽容的微笑会让员工充满感动，一个信任的眼神会让你获得员工的忠心，这些细节都可以让组织中的员工关系变得和谐融洽。

■ 相关知识链接 5-6

细节决定成败

"刘经理是我7年职业生涯中见过的最敬业、最勤勉的一个管理人员，可是他有时候太不注意细节了，在人与人之间的关系处理上很糟糕，让我难以忍受……"还没等林婷开口，市场部的渠道开发主管孙德就打开了话匣子，"拿这一次的冲突来说，就因为他的性子实在太急了，还没搞明白事情的原委，就在办公室冲我大吼大叫，搞得我在那么多员工面前下不了台……"

在林婷的工作日记中，这已经是她执掌人力资源部半年时间以来，第五次记录下属员工对市场部经理刘润林的投诉。

在林婷的印象中，刘润林是公司上下都颇为称赞的员工，年过30岁，却有着初涉职场般的激情。他视野开阔，市场开发经验丰富，尤其是那股敬业精神，经常激励、带动下属员工以高昂的激情完成工作，如果需要加班，他总是能带领下属员工二话不说，把活完成得漂漂亮亮的。总经理曾称赞他是"公司内一匹充满野性和强悍进攻力的狼"。

然而，正所谓"金无足赤，人无完人"，刘润林也是公司内被下属员工投诉颇多的管理人员。因为刘润林虽然在工作中表现得很细致，但在人与人的关系处理上，却颇为粗心，经常在一些细节问题上与下属员工闹得不可开交。

"最糟糕的一次，是刘经理当着市场开发主管、总经理的面，答应会给市场开发小组申请相应的奖金，总经理也当场答应了。"林婷回忆说，"然而，粗心的刘润林出了总经理办公室就把这件事忘得一干二净。最终，这笔奖金没有兑现。原本期望值不高的开发小组,在刘润林主动提出奖励后,一度非常开心,但最后刘经理没有落实,他们都感觉自己被骗了。为此,市场开发小组员工私下抱怨了很长一段时间。"

久而久之,刘润林的下属员工逐一离去,他们都承认刘润林是非常优秀的员工,但不是优秀的管理者。他的工作方式、激发下属员工热情的能力只适用于初涉职场的新人,而有一定工作经验的员工往往会对此出现较强的抵触情绪。比如,刘经理性子较为急躁,总是在自己还没找到准确答案时就冲着下属大声呼喝,有时候没有想明白细节就冲着下属人员提出各种各样的问题,总感觉自己可以做所有的事情……

资料来源:https://www.renrendoc.com/paper.

(5) 参与管理。

参与管理是现代人的普遍需要,一个组织如果实行政治民主、决策民主、财务民主、生活民主的管理制度,就从制度上确认了员工的主人翁地位。组织的一切重大决策要经过员工代表大会讨论或广泛听取员工的意见,让员工参与管理,充分发挥员工的主人翁精神。

(6) 管控行为。

员工关系的重要目标是引导和管控员工的行为,一个组织要有良好的秩序,就要对员工的言行举止进行合理引导,及时制止越轨行为的出现、蔓延,鼓励和倡导正当行为的发扬光大。

■ 相关知识链接5-7

引导和约束员工行为方式的内容

- 思想引导。人的思想决定了其行为,用正确的思想指导职工的日常行为,可以保证员工行为的目的性和方向性。引导员工的思想是一项长期而且艰巨的工作,需长期努力方能达到效果。思想引导的形式多种多样,组织应挖掘灵活适用的思想引导方式。
- 纪律约束。纪律是一种强制手段,利用纪律手段对员工的言行进行合理疏导和矫正,是员工关系处理中不可缺少的环节。但思想引导必须先行,在广泛宣传、耐心说服的基础上对违纪者给予处罚才能收到应有的效果。
- 道德约束。这是通过道德的力量约束员工的行为,具体做法如下:一是广泛开展社会道德教育,让员工自觉遵守各种社会道德;二是加强职业道德教育,以职业道德规范员工的职业行为。
- 经济约束。组织利益与员工利益相关,组织可通过工资、奖金等的发放激励员工、鼓励员工的积极行为,也可通过经济处罚,制止员工的不良行为,但经济处罚是一种消极手段,只有在非常必要时才能使用。
- 舆论约束。这是依靠社会舆论的监督力量,对员工行为进行必要的规范和约束。

资料来源:魏翠芬,王连廷. 公共关系理论与实务 [M]. 北京:清华大学出版社,2007.

5.1.3 股东关系的处理

1. 股东关系的含义

股东关系是指组织与投资者之间的各种关系的总称。股东关系是股份公司（包括股份责任公司和股份有限公司）内部公共关系工作的重要内容，也是某些非营利性组织内部公共关系工作的重要内容。

股东是企业的投资者，是企业真正的主人，股东关系直接涉及企业的"财源"和"权源"，良好的股东关系是企业的"生命线"。因此，股东关系非常重要。

2. 股东关系的对象

（1）董事会成员。董事会是行使股东（大）会职权的机构，是股份制企业常设的权力机构和决策机构，也是最高业务执行机构，其成员一般是股份较多者或社会名流。董事会成员由股东们选举出来，并代表股东们管理企业。因此，企业与董事会成员之间的关系是股东关系的重要组成部分。

（2）持有可转让或买卖股票的纯粹个人股东。这些个人股东来自社会各个阶层，他们一般不直接参与企业经营，但关心企业的经营状况。

（3）员工股东。当企业基于某种原因向内部成员发行股票后，员工即成为具有双重身份的特殊股东。

（4）金融舆论专家。这一部分人包括证券分析家、股票经纪人、投资银行家以及金融新闻人员等。他们虽然不是企业的投资者或股票持有人，但他们的分析和舆论对社会上广大投资者的判断与选择具有一定的影响力。因此，企业也应该把这一部分人纳入股东关系之中，并认真对待。

■ 相关知识链接 5-8

股东信任，使股票增值

假设一个公司有 1 000 万股已发行的股票，每股售价为 10 元，那么这个公司就有 1 亿元的市场价值。假定公司与股东有良好的沟通，机构投资者、金融分析家和个人投资者在知道了有关这个公司的产品、管理和计划等更多的情况后，该公司的股票对他们将更有吸引力，如果股票价格上升到 15 元/股，那么该企业的市场价值就增长到 1.5 亿元。现在再假定该公司需要 1 500 万元资金用于研发新产品。在 15 元/股的情况下，只需要发行 100 万新股，相比之下在 10 元/股时需要发行 150 万股才能筹集 1 500 万元；在前种情况下，不仅原来股东持有的股份更加值钱了，而且只需要较少的股票就可以筹集到额外的资金。反之，如果该公司未能很好地处理股东关系，失去了股东的信任，那么股东就会纷纷抛售该公司的股票，最终导致股票价格下跌。股价下跌不仅减少了原有投资的价值，而且增加了筹集新资金的成本。

资料来源：陈红川. 公共关系学 [M]. 广州：广东高等教育出版社，2006.

3. 股东关系的处理技巧

简单地说,股东关系处理的内容包括:稳定老股东,使其保持或增加企业的股份;发展新股东,开辟新财源。为此,企业要加强与股东的交流和沟通,应做好以下几项工作。

(1) 了解股东需求。股东是企业的所有者,他们与企业的生存和发展休戚相关,他们的信心和态度有时可以左右企业的存亡。为了增强股东的信心,使他们做出有利于企业的行为,他们的要求应首先予以满足。

■ 相关知识链接 5-9

股东的需求

- 收益权。这是最重要的权利,他们对企业进行投资,无时无刻不在关心自己的收益。
- 决策权。股东关心自己的回报,自然需要一个强有力的领导班子,因此他们往往通过股东(大)会和董事会选择自己欣赏的经营者。
- 知情权。信息对于股东有着特别重要的意义,是他们进行分析、判断和决策的基础,他们希望能够随时获得企业的经营状况信息,从而了解企业的发展动力和前景。

资料来源:缪启军,詹秀娟. 公共关系实务 [M]. 上海:立信会计出版社,2008.

(2) 激发股东主人翁意识。一般来说,在企业所有的股东中,除了一小部分的投机者以外,其他股东在一定程度上都表现了他们对某项事业或某个企业的信心和信任,因此在处理股东关系时,应特别注意和尊重股东的这份感情,把他们看作企业的主人,创造各种让他们参与管理的机会。

(3) 维护股东正当权益。股东的基本权益主要包括参与企业经营管理权、优先认股权、经营成果分享权、剩余财产分配权、股份转让权等。股东的这些权益直接涉及股东自身的利益,企业必须认真加以维护。同时,企业还要尊重股东的知情权,定期向股东报告企业经营状况的相关信息,如企业的重大决策、经营上的重大方针、人事的变动、新产品的开发与试用、资金的流动情况、股利的分配政策、赢利预测以及相关的数据统计等。

(4) 保持有效沟通。企业一方面应加强与股东的交流和沟通,随时向股东汇报企业经营情况;另一方面要尽可能地收集股东对企业的意见、建议和其他信息。

■ 相关知识链接 5-10

企业与股东的沟通方式

1. 召开股东会议

这种股东会议既可以是股东大会,也可以是董事会或股东代表大会。从时间上看,可以定期召开，如年度、半年、季度会议，也可以是临时性会议。组织的公共关系部门应该精心策划，让股东们高兴而来，满意而去。

2. 编发年度（半年、季度）报告

这是组织和股东交流的主要方式，也是股东最关心的问题，其内容应尽量详细。年度（半年、季度）报告应该能够回答股东想要了解的、基本的、重大的问题，让股东感到组织管理层的种种努力，以及组织的美好未来，坚定他们的信心，以获得他们强有力的支持。

3. 编辑组织内部刊物

编辑组织内部刊物，并及时寄给股东，也是组织和股东交流的有效手段。在向股东传递组织信息时，不要只报喜不报忧，否则股东们可能会觉得组织不值得相信，进而导致其信心动摇，抛售股票，给组织带来不良后果。

4. 发放调查问卷或意见征集表

组织应专门就某些问题，设计调查问卷或意见征集表，收集股东对这些问题的意见和建议，作为组织经营决策的依据。

5. 建立常设的专门机构

专门机构负责处理股东关系，随时回答股东提出的各种问题。

资料来源：甄珍，张映. 公共关系实务 [M]. 北京：北京大学出版社，2006.

5.2 外部公共关系处理

5.2.1 外部公共关系的特征

外部公共关系是指组织、企业与其外部各方面关系的总称。它是组织与其外部公众之间通过有效信息沟通，达到相互理解与支持并树立组织良好形象的重要活动。它主要包括顾客关系、政府关系、新闻媒介关系、社区关系、竞争者关系、金融机构关系等。

只有处理好外部公共关系，争取外部公众的了解和合作，协调彼此之间的利害关系，消除可能出现的矛盾和冲突，才能为组织的生存和发展提供良好的社会环境。因此，必须重视研究外部公共关系的特征，以认识它、适应它，从而协调好外部公共关系。其特征主要有以下几个方面。

1. 公众对象的复杂性

与组织的内部公众相比，组织的外部公众广泛存在于组织之外，与组织具有依赖关系。这些外部公众，在性质、与组织的关系、对组织的态度等方面各不相同，并且互相关联、互相影响。比如，企业为满足顾客的需求，打算生产新产品，而此事涉及新的生产设备、原材料的供应以及金融组织对资金的支持，而资金的支持又可能涉及政府部门政策的

规定等。这说明组织与外部公众的依赖性往往并不单纯是一种单一的关系,而是要受到一系列相关因素的制约,这使组织外部的公共关系更加复杂化。因此,组织在协调外部关系时,必须统筹兼顾、全面谋划。

2. 公众需求的多元性

组织外部公众不同于组织内部公众,他们一般与组织的利益不具有同一性,同组织也不是在根本利益一致基础上的依赖关系,而是建立在各自利益需求基础上的一种互补关系。尤其是各类外部公众由于同组织面临不同的问题,从而需求目标各不相同,明显呈现多元的性质。比如,顾客要求组织提供优质的服务,社区要求组织支持社区的事业,政府要求组织模范遵守有关的政策法规,新闻媒介要求组织为报道提供便利等。可见,这种特征要求组织必须重视研究各类外部公众的利益需求,把组织外部公共关系协调作为一个系统工程,全方位地搞好组织与各类外部公众的互补合作。

3. 公关主体的全员性

社会组织与外部公众进行利益关系协调时,需要组织内部所有成员的配合。这样一来,组织的每个成员都是主体代表,都负有代表组织与外部公众进行利益关系协调的责任和使命,由组织内部公众客体转换到对组织外部公共关系进行协调的主体代表。社会组织中所有成员都要进行角色转换训练。全员关系这一现代公共关系概念,正是针对外部公共关系而言的。为实现全员关系协调的目标任务,社会组织需对本组织成员进行公关意识培养、公关思想教育以及公关能力的训练等。社会组织只有将外部公共关系协调的任务交给每个成员去运作,才能全面有效地推进外部公共关系协调。相反,仅仅依靠公关部门或少数高层领导,社会组织的外部公共关系协调就会处于十分不利的局面。

4. 公共关系公众的变动性

组织外部公众独立于组织之外,他们同组织的关系一般不具有稳固、安定性质,而是经常地具有变动性、流动性。随着组织工作的开展,原先影响组织发展的较为重要的外部公众,会因为某种原因变为较为次要的外部公众;另外,出于组织工作或其他原因,原先与本组织密切相关的外部公众,也可能转向其他组织,脱离了原先的关系。这些变化,可能是长期的,也可能是暂时的。但是,从长远的观点来看,组织与各类外部公共关系的协调、努力应当是一贯的。例如,在一段时期内,企业与供应商的关系是主要的,但当取得供应商的大力支持后,企业与供应商的关系可能不再是主要问题。不过,从长远利益出发,企业不可能因此而放松与供应商关系的协调。同样,即使原先的供应商、顾客等目前转向其他组织,企业仍然要重视供应商关系、顾客关系,使失者复归。可见,外部公共关系的变动性,对组织外部公共关系协调提出了更高的要求。

5.2.2 顾客关系处理

1. 顾客关系的含义

顾客关系是指各种产品的生产者和供应者与购买者和消费者之间广泛的外部联系。顾客公众是组织最重要的外部公众,是组织生存的衣食父母,失去顾客,无异于自断粮路,因此顾客关系就成了组织的"生命线"。良好的顾客关系对形成组织生存和发展的整个公共关系环境的质量具有决定性的作用。

■ 相关知识链接 5-11

$$1 = 326$$

美国学者研究表明:每有 1 名通过口头或书面直接向企业提出投诉的顾客,就有约 26 名保持沉默且感到不满意的顾客。这 26 名顾客每个人都会对另外 10 余名亲朋好友造成消极影响,而这 10 余名亲朋好友中,约 33% 的人会再把这个坏消息传给另外 20 个人。换言之,只要有 1 名顾客不满意,就会产生 326 名 $[1 \times (26 \times 10) + (10 \times 33\% \times 20) = 326]$ 不满意的顾客。

现代组织应清醒地认识到顾客关系的重要性,要把它作为一项长期的战略任务来抓。顾客关系之所以重要,就是因为顾客决定了组织存在的价值和可能,决定了组织的前途和命运。尤其在买方市场条件下,顾客就是上帝,谁拥有顾客,谁就拥有发展的机会。

资料来源:陈红川. 公共关系学 [M]. 广州:广州高等教育出版社,2006.

2. 顾客关系处理的要点

(1) 坚持"顾客第一"的公共关系原则,是赢得顾客的关键。坚持"顾客第一"的原则,就是把顾客放在比企业更重要的位置上,使企业的整个经营活动都始终贯彻这一宗旨,这样也就赢得了顾客的信赖。顾客就是上帝,顾客就是自己的衣食父母。

坚持"顾客第一"的公共关系原则,必须做到:

① 倾听顾客的意见是建立良好顾客关系的前提。这表现为尊重顾客的态度,认真听取顾客的意见。

② 强化"服务意识"应成为各类企业公共关系的当务之急。"服务意识"是重要的公共关系意识之一,它是指企业及其成员为公众服务的态度和观念,包括对公众的情感、服务的积极性、耐心等。具有"服务意识"的公共关系人员会时时刻刻把顾客的利益放在绝对重要的位置上,也会在服务的深度和广度方面下功夫,进而使顾客对自己产生信任感和亲近感。特别是在处理与顾客关系的纠纷时,公共关系人员一定要站在顾客的角度,换位思考,努力寻找解决问题的办法;针对有不满情绪的顾客,做耐心细致的解释工作,以取得顾客的谅解。

③ 维护消费者权益是建立良好顾客关系的基础。要站在顾客的立场上，切实维护顾客的利益，维护消费者的权益。

④ 以顾客的需求为导向是建立良好顾客关系的核心环节。要使企业的一切政策和行为都必须以顾客的利益和要求为导向。顾客关系首先是由顾客对商品的购买欲望和购买行为产生的。尤其是商业企业，作为商品的经营者，其基本活动是为卖而买，经营的商品和提供的服务只有适合顾客的需求，才能保证企业目标的实现。

（2）"顾客永远是正确的"是处理顾客公共关系的基本法则。"顾客永远是正确的"并不意味着顾客在事实上的绝对正确。从公共关系的角度看，这句话不仅概括了企业与顾客关系状态的最佳境界，而且反映了企业在处理顾客关系时应处的主动地位。企业的经营者只有树立"顾客永远是正确的"思想，才能改善服务态度，提高服务质量，才能建立良好的顾客关系。作为企业的经营者，对"顾客永远是正确的"这句话的理解，不能停留在表面上，要懂得它蕴涵的内在意义，努力做到：

① 企业应该把满足顾客的需求作为企业的奋斗目标，尊重顾客并尽力去满足他们的需求；

② 企业应把"一切为了顾客"作为提高服务质量、改善顾客关系的中心来抓；

③ 企业的服务工作永远没有尽头，企业经营者必须在已有的成绩基础上不断改进服务工作。

总之，"顾客永远是正确的"这一思想，意味着顾客得到了绝对的尊重，权益得到了真正的保护，意味着顾客的确被视为企业的"上帝"。当顾客得到了绝对的尊重与保护、品味到"上帝"的滋味时，也是企业的美誉度得到提高之时。

（3）提供优质服务是建立良好顾客关系的重要保证。随着市场竞争日趋激烈，服务成为公共关系工作的基石。抓住了优质服务，就能吸引顾客的关注，就能争取顾客的合作，赢得顾客的赞誉。优质服务一般包括以下内容。

① 售前服务。

• 通过广告宣传使顾客知晓。

企业通过广告宣传向顾客传送有关产品的功能、用途、特点等方面的信息，使顾客了解产品，诱发顾客的购买欲望，并扩大企业的知名度，树立企业良好的形象。

• 提供良好的购物环境。

企业的环境卫生、通道设计、铺面风格、招牌设计、内部装饰、标识设计、灯光色彩、营业设备等购物环境会给顾客留下不同的印象，这种印象将在很大程度上左右顾客的购买决策。

• 为顾客提供便利。

顾客购买商品不只看重产品实体本身，还非常重视因享受销售服务而获得的便利条件。因此，销售主体应尽可能地为顾客提供方便。

• 免费咨询。

企业应派遣有专业知识的人员提供各种咨询服务，以加深顾客对商品的了解，并增强顾客对商品和销售人员的信任。

- 提供顾客培训。

通过参加培训，顾客掌握了有关的技术，自然会对产品产生浓厚的兴趣，从而产生购买欲望，促进产品的销售。

② 售中服务。

- 帮助顾客了解产品。

帮助顾客了解产品的性能、质量、用途、造型、品种、规格等方面的知识，有利于营造良好的销售气氛，形成和谐的人际关系。

- 帮助顾客挑选产品。

销售人员如能根据顾客的需求心理对产品加以介绍，正确地引导顾客，做好参谋，就能使顾客按理想的方式来权衡利弊，从而有利于促成交易。

- 满足顾客的合理要求。

销售人员应尽最大努力满足顾客的合理要求，提高顾客的满意度，增强顾客对销售人员的信任，从而促成交易，提高顾客的重复购买率，扩大企业的声誉。

- 提供代办业务。

向顾客提供代办托运、代购零配件、代办包装、代办邮寄等业务。这些服务不仅为顾客提供了便利，促成了交易，密切了产需关系，还能增强顾客的信任感，与顾客达成长期合作。

- 现场操作。

销售人员在销售产品时现场操作，能让商品现身说法，真实地体现出商品在质量、性能、用途等方面的特色，激起顾客的购买欲望，提高说服力，增加顾客的信任。

③ 售后服务。

- "三包"服务。

企业的包修、包换、包退等"三包"服务，不仅能打消顾客消费顾虑，还能增强顾客对企业的信心。

- 送货上门服务。

送货上门服务为顾客提供了极大的便利，提高了顾客的重复购买率。

- 安装服务。

商业企业提供上门安装、调试等服务，解除了顾客的后顾之忧，大大方便了顾客。

- 包装服务。

商品包装不但使商品看起来美观，而且还便于客户携带。许多有声望的企业在包装物上印刷本企业的名称、地址、标识等信息，起到了家喻户晓的作用。

- 电话和人员回访。

企业应按一定频率以打电话或派专人上门服务的形式进行回访，及时了解顾客使用产品的情况，解答顾客可能提出的问题。

- 提供咨询和指导。

企业为顾客提供指导和咨询，帮助顾客掌握使用方法，了解顾客需求，融洽顾客关系。

- 建立顾客档案。

建立顾客档案的目的是与顾客保持长期的联系。

3. 顾客关系处理的技巧

顾客是组织遇到数量最多，也是最松散的外部公众，必须对他们进行组织、管理，才能掌握建立良好的顾客关系的主动权，顾客关系处理的技巧如下。

（1）树立先进的经营管理理念。任何一个组织都必须清醒地认识到，仅有高质量的产品、先进的技术装备、豪华的设施是不够的，还必须有一流的、完善的服务，并把消费者的需求放在第一位。组织应通过公关工作，使全体员工真正重视，从尊重消费者的权益出发，树立起"消费者至上"的经营管理理念，全心全意地为消费者服务。正如美国公关专家加瑞特所说的那样："企业无论大小都永远必须按照以下信念来计划自己的方向，这个信念就是，企业要为消费者所有，为消费者所治，为消费者所享。"

■ 相关知识链接 5-12

经营 50 年盛而不衰

美国凯特皮公司在它的广告里说："凡是买了我们产品的人，不管在世界哪个地方，需要更换零部件，我们保证在 48 小时内送到你们手中，如果送不到，我们的产品就白送给你们。"由于该公司讲信誉，为顾客提供优质服务，因此经营 50 年盛而不衰。

资料来源：谢红霞. 公共关系原理与实务 [M]. 4 版. 大连：东北财经大学出版社，2020.

（2）进行消费调查，研究顾客，明确顾客类型。消费调查是建立良好顾客关系的重要环节，也是顾客关系管理的基础和前提。没有调查，工作就没有针对性。只有在进行科学调查分析和研究以后，才能了解顾客的基本需求、特殊需求，然后再对顾客进行科学分类，逐步满足各类顾客的需求。

（3）尊重顾客权利，维护顾客利益。按照消费者权益保护法，顾客拥有以下基本权利：知情权、选择权、安全权、求偿权、公平交易权、受尊重权、监督权等，通过消费者协会维护权益。组织要对员工进行培训，让员工了解顾客拥有的权益，真心尊重顾客，维护顾客的合法权益。否则，组织将失去顾客。

（4）建立并疏通信息沟通渠道，及时处理顾客投诉。为了建立良好的顾客关系，组织必须建立与顾客沟通的渠道，如热线电话、客户服务中心等。应积极促进组织与顾客之间的信息交流，一方面，要收集顾客的信息，如顾客的个人信息，顾客对产品性能、种类、质量、包装以及价格的评价和需求，顾客对售后服务的反馈，顾客对交货期是否满意，顾客对组织的基本印象，等等，所有这些信息都应尽量收集，并分类归档；另一方面，要传播组织信息、宗旨、政策、产品特点、售后服务的具体标准和方法等，而且应尽量迅速、准确地送达消费者。组织必须高度重视顾客投诉，建立顾客投诉管理机制，设计接待处理投诉流程，及时有效地处理顾客投诉，将顾客的不满意率降到最低。这样，不仅能得到顾客的谅解、理解，而且还会"因祸得福"，为组织树立诚信的形象。

（5）进行消费教育，正确引导消费。日益激烈的市场竞争，一方面给顾客提供了选择的机会，另一方面也给顾客带来迷惑，不知道哪一种产品更适合自己。这正是组织建立良好顾客关系的契机。组织应通过各种形式的活动，进行消费教育，注意售前引导、售中开导、售后指导，满足顾客的需求。

（6）建立顾客档案，加强客户关系管理。许多组织建立了顾客档案，利用计算机进行管理，及时为顾客提供服务信息。管理内容包括：顾客基本信息管理，与顾客相关的基本活动和活动历史，联系人状况的记录、存储和检索；跟踪与顾客的联系，如时间、类型、简单的描述、任务等；客户的内部机构的设置概况；潜在客户管理；服务管理，涉及服务项目的快速录入，服务项目的安排、调度和重新分配，事件的升级、搜索、跟踪与某一业务相关的事件，生成事件报告，服务协议和合同，订单管理和跟踪，问题及其解决方法的数据库；合作伙伴关系管理；等等。

（7）提高服务质量和层次，加强顾客满意度管理。美国市场营销大师菲利普·科特勒在《营销管理》一书中指出："企业的整个经营活动要以顾客满意度为指针，要从顾客角度，用顾客的观点而非企业自身利益的观点来分析考虑消费者的需求。"顾客满意对组织至关重要。因此，组织必须提供良好的产品，最大限度地使顾客满意，这是组织的制胜法宝。提高服务质量包括提高服务的技术性质量和功能性质量两个方面。技术性质量主要着眼于服务结果的质量，而功能性质量则主要着眼于服务过程的质量。提高服务质量首先要求组织及其管理者必须树立科学的服务理念，建立有效的服务标准，虚心听取公众的意见和建议，运用现代科技有效地与顾客进行沟通，重视员工对待顾客的培训，建立有效的激励机制，等等。例如，西门子公司的优质服务包括专业、精确、可靠、快速、有竞争力的价格和良好的客户关系。优质服务意味着利用组织全体员工和资源，提高顾客满意度。

要加强顾客满意管理，必须制定和实施顾客满意服务策略。如：设立顾客满意服务组织、建立顾客数据库、推广服务营销、追求极致的顾客满意、鼓励顾客抱怨、签订顾客合同和服务保证书以及制定服务补救措施等。

■ **相关知识链接** 5-13

留住顾客

许多研究表明，售后服务是留住顾客、提高顾客忠诚度最有效的策略。意大利经济学家帕累托的20/80营销法则的内容就是：组织80%的经营利润来自20%的消费者的重复购买。美国的一项研究表明，让一个老顾客满意，只需花19美元，而要吸引一个新顾客，则需花119美元。减少顾客背叛率5%，就可提高25%的利润。调查还发现，顾客从一家组织转向另一家组织，70%的原因是服务，组织的员工怠慢了一名顾客，就会影响40名潜在的顾客。在竞争焦点上，服务因素已逐步取代产品的质量和价格，世界经济已进入服务经济时代。正是基于这样的认识，美国 IBM 公司公开表示，自己不是电脑制造商而是服务型公司："IBM 并不卖电脑，而是卖服务。"

资料来源：https://www.docin.com/p-669997852.html.

5.2.3 政府关系处理

1. 政府关系的含义

政府是指国家权力机构，政府关系是指作为公共关系主体的社会组织与作为公共关系工作对象的国家权力机构之间的关系。

任何组织都必须接受政府的管理和制约，因此组织需要与政府的有关职能机构和管理部门打交道，包括市场监督、人保、财政、税务、市政、治安、法院、海关、环保、卫检等政府职能部门及其工作人员，政府是所有传播沟通对象中最具有社会权威性的对象。组织必须与政府各职能部门建立和保持良好的沟通，这是组织生存、发展的重要保障和条件。

组织与政府保持良好沟通的目的，是获得政府及各职能部门对本组织的了解、信任和支持，从而为组织的生存和发展争取良好的政策环境、法律保障、行政支持和社会政治条件。

2. 政府公众的特征

具体地说，政府公众的特殊性表现在以下六方面。

（1）政府是一种具有强制力的权力机构。政府是国家权力的执行机构，它通过立法、行政、司法，运用各种政治、行政、法律手段，管理和制约各种社会组织，以确保其政策的执行。这种权力是其他任何公众所没有的。

（2）政府是最具社会影响力的社会组织。政府对有关产业和区域的倾斜、财政货币政策、经济调控政策和福利政策等都能直接影响到整个经济发展走向，从而间接影响组织的经济状况。这种社会影响力也是其他公众不可比拟的。

（3）政府是社会组织的统一管理者。政府具有组织、领导和管理等职能，对各种社会组织的管理是政府实行全社会统一管理的重要组成部分。政府通过行政干预和出台政策，对各种社会组织进行必要的管理、监督、指导和调节。

（4）政府是组织重要的外部信息源。中央和地方各级政府中，都设有专门负责收集政治、经济、文化等方面社会信息的统计数据机构，如统计局。这些信息资料和政府机关的各类文件、简报等，都是对社会组织具有重要参考价值的信息资源。

（5）政府是组织重要的资金来源。政府与各组织存在财政税务关系。政府可以采取免税、减税、无偿财政拨款、优惠贷款等方式，支持和扶助各类组织的发展。如果组织能争取政府在资金和税收方面的支持，自然有利于自身的发展。

（6）政府是全体社会公共利益的代表。从利益角度来划分，全社会的利益可分为国家利益、集体利益和个人利益三种，三种利益存在着不可避免的矛盾和冲突。社会组织对这种利益关系要有清醒的认识和明确的态度，协调好政府和组织的关系，是政府关系处理的关键所在。

3. 政府关系处理的技巧

（1）培养和提高政治素质。公关人员的政治素质主要包括以下三项内容。

① 熟悉国家政策。国家政策是经营的指南针，与法律相比，具有更大的灵活性和变动性。了解政策、善用政策是组织回避风险、创造竞争优势的重要法宝，谁最能熟知政策，谁就能最大限度地受惠。人们常说"抓住机遇"，从一定意义上讲，就是善于抓住政策调整的契机，使社会组织的运行不偏离国家政策规定的轨道，一直处于良性发展状态。

② 了解政府机构运作情况。既然不可避免地要与政府打交道，组织公关人员自然需要弄清政府机构的内部机构和层次、工作范围和办事程序，只有了解这些情况，才能提高办事效率。

③ 服从管理。社会组织应自觉地遵纪守法，不以非法手段骗取政府的支持，应依法纳税，决不偷税漏税、损公肥私。

■ 相关知识链接 5-14

政治和经济是一对连体儿

美国企业管理专家彼德·萨勒尔博士认为：政治和经济是一对连体儿，有远见的企业家不应当孤立地讲经营、讲发展，而应当把经济与政治结合起来，既研究现实问题，也研究战略性问题，政治素质应当成为企业家的重要素质之一。

在中国，企业家和公关人员的政治素质尤为重要。中国某位商人说，中国没有百分之百的商人，商人也要讲政治，经营企业过程中也要处理各种社会关系，只有20%的时间考虑商业上的事情。

许多实践也证明：公关人员的政治素质越高，业务拓展越有把握。

资料来源：陈先红. 现代公共关系学［M］. 2 版. 北京：高等教育出版社，2017.

（2）加强与政府的双向沟通。公关人员应积极主动地与政府公众沟通信息，及时地、不断地汇报情况，使政府能了解组织的基本情况和发展动向。组织应采取人际沟通为主、大众传播为辅的沟通方式，多渠道、多层次地与政府部门沟通，以谋求政府的理解与支持。

■ 相关知识链接 5-15

组织向政府汇报的主要内容

- 组织遵守法律法规、政策，完成国家计划情况；
- 组织纳税情况，承担其他社会责任、履行义务情况；
- 组织生产经营、销售赢利情况；
- 组织的社会地位、贡献、影响等情况；
- 组织对政府的需要情况。

资料来源：杨丽萍. 公共关系理论与技巧［M］. 北京：高等教育出版社，2005.

■ 相关知识链接 5-16

煮熟的鸭子飞了

美国前总统克林顿有一次与沙特王子会晤,谈笑之间,为波音航空公司争取了一份价值 60 亿美元的订货合同,欧洲空中客车公司只好眼睁睁地看着煮熟的鸭子从自己的锅里飞到别人的餐桌上。若没有克林顿与波音公司的良好友谊,这种奇迹是不会发生的。

资料来源:吕维霞. 公共关系学[M]. 北京:对外经济贸易大学出版社,2009.

(3) 积极参加政府组织的各种公益活动。组织作为社会有机体的一个重要组成部分,必须为政府分担一定的社会责任,无偿提供必要的社会公益服务。一般来说,由政府提倡的有利于社会的公益事业和活动,组织都应积极参加。这样做,一方面可以加强政府对组织的信赖和赞许,另一方面可以提高组织的美誉度和知名度。

(4) 邀请政府工作人员参加组织重大活动。组织利用开业、周年纪念、新产品发布等时机,邀请政府工作人员参加,同时邀请他们参观工厂、企业,了解情况,以提高他们对本组织的兴趣,加深他们对本组织的认同和好感。

(5) 利用国事活动扩大宣传效应。当今世界,经济使命成为国际交往的主流,政治斗争更多地以经济斗争为表现形式。"政治搭台,经济唱戏"成为大趋势。利用政治活动,尤其是重大的国事活动来宣传组织形象,无疑是天赐良机。

■ 相关知识链接 5-17

克莱斯勒的政府公关

作为美国汽车业第三把交椅的克莱斯勒公司曾创下亏损 116 亿美元的纪录,并且濒临破产的边缘。临危受命的亚柯卡在其他方案都行不通的情况下,决定以公司全部资产做抵押向美国联邦政府申请贷款。消息一传开,举国哗然,反对声不断,联邦政府一时拿不定主意。为了争取到全国公众和政府的理解支持,亚柯卡发起了强大的舆论攻势。媒体发表了一系列阐述公司主张的有亚柯卡亲笔签名的社论。这些社论的标题和内容涉及公众最为关心的问题:失去了克莱斯勒,美国的境况会更好吗?克莱斯勒有前途吗?克莱斯勒的领导部门是否有足够的力量扭转公司的局面?卡特政府的官员和国会的议员们每天都拿着这些广告和社论边看边议,同时,亚柯卡还派出专人到国会和联邦政府进行游说活动。克莱斯勒这些开展公关活动,逐渐恢复了各界对公司的信任,国会也终于在圣诞节前夕通过了贷款法案。有了这笔巨资的支持,克莱斯勒最终起死回生,并在 20 世纪 80 年代东山再起。

资料来源:谢红霞. 公共关系原理与实务[M]. 4版. 大连:东北财经大学出版社,2020.

5.2.4 新闻媒介关系处理

1. 新闻媒介关系的含义

新闻媒介关系,也就是组织和新闻媒介的关系,是组织与新闻媒介机构(包括报社、杂志社、广播电台、电视台、网站）以及新闻界人士（记者、编辑等）的关系。

组织与新闻媒介建立良好关系的目的是争取新闻媒介对本组织的了解、理解和支持，以便形成有利的舆论气氛，并通过新闻媒介实现与大众的广泛沟通，增强组织对整个社会的影响。

2. 新闻媒介关系的重要性

新闻媒介公众是组织公共关系对象中最敏感、最重要的一部分，其重要性表现如下。

（1）新闻媒介公众是一类特殊公众。一方面，它是组织与公众实现广泛交流、沟通的必经渠道，具有工具性；另一方面，它是公共关系人员必须特别重视的公众，具有对象性。在实行三权分立的西方社会，人们把新闻媒介称为"第四权力"，把立法、行政、司法、舆论称为"四权鼎立"，可见，新闻媒介在社会政治、文化、经济乃至日常生活中的重要地位。

（2）新闻媒介是影响公众舆论的重要环节。新闻机构和人员是社会信息流通的"把关人"，他们决定着社会信息的流向和流量，确定公众舆论的中心议题，能够赋予传播者特殊的、重要的地位。如果某条消息被报纸刊登为头版、头条报道、连载，电视在黄金时间播放，其社会影响更大。与新闻媒介建立良好关系，能够使组织信息较顺利地通过传播渠道与公众见面，达到引起公众的注意、树立良好的组织形象的目的。

（3）新闻媒介能帮助提高组织公关工作的效率。现代大众传播工具具有高速、准确、大范围、远距离的特点，利用大众传播媒介能实现远距离、大范围、高速度的信息沟通，极大地提高组织公共关系工作的效率。

3. 新闻媒介关系处理的原则

建立良好的媒介关系是营造良好舆论环境的关键，是运用大众传播手段的前提。为此，在与新闻媒介交往中应坚持以下原则。

（1）尊重新闻媒介。新闻媒介既然是如此重要的公众，那么就应十分注意尊重新闻媒介，尊重新闻媒介的特殊性和独立性。组织在与新闻媒介交往中，可以向新闻媒介提供信息，但无权要新闻媒介按组织的意愿办事。尊重新闻媒介，一方面要求组织充分认识新闻媒介的重要性，另一方面要求组织尊重新闻媒介的独立性，即使出现了对本组织不利的失实报道，也不要对新闻媒介大加指责，而应该主动与他们联系，重新提供正确的信息和事实真相，由他们去处理或更正，这种态度就是对新闻媒介的尊重。

（2）以诚相待。社会组织对新闻媒介要真诚，为新闻媒介提供实事求是的材料，因为真实的新闻是媒介的生命。组织提供夸张、虚假的材料，不仅会扭曲组织本身的形象，而且会降低新闻媒介的权威性和影响力。

（3）平等对待。组织对各种新闻机构，都要平等相待，不应有等级亲疏之分。接待这些机构的记者、编辑要一视同仁，使他们都能平等地获得本组织所提供的各种信息，切忌厚此薄彼。同时，对待报道本组织成绩和批评本组织失误的媒介也要平等对待，给予他们同样的支持。

（4）迅速及时。新闻媒介的职业特点是要求"快"，因为新闻信息的时效性很强。一条新闻在特定时间内与传播速度成正比例关系，超过时间就会失效。这就决定了记者采访组织时或与组织有其他业务联系时，组织要及时接待；邀请记者采访，要事先做好一切准备，争取在最短的时间内向新闻媒介提供较多的有价值的信息。记者对社会组织工作失误的报道，只要情况属实，社会组织要立即改正，并把改进情况及时反馈给记者和新闻媒介。

4. 新闻媒介关系处理的方法

维护与新闻媒介的关系可参考以下方法。

（1）主动向新闻媒介提供有新闻价值的素材。如新产品问世、新生产线投入使用，企业的重大庆典，产品价格的大幅度调整等信息都具有一定的新闻价值。

（2）尊重新闻媒介的权利。不应迫使新闻媒介发表有利于自己的新闻，扣发对自己不利的新闻，无礼纠缠记者和新闻媒介。

（3）礼貌接待新闻界人士的来访。不应蓄意掩盖或隐瞒坏消息，也不应阻挠记者采访。

（4）主动邀请新闻界人士参观。通过参观，记者可了解组织的各方面情况，既可以为记者报道新闻提供素材，又可以给组织创造新闻宣传的机会。

（5）公平对待各种新闻机构。对待新闻单位，不要分级别、种类、厚此薄彼，要公平地将新闻提供给需要的新闻机构和新闻工作者。

（6）与新闻媒介保持经常联系。若要新闻媒介对组织有好感，平常要与新闻媒介保持经常联系。例如，重要节日向新闻媒介发送贺年片、纪念品，举办各种形式的联谊活动，增进组织公共关系人员与新闻界人士之间的个人友谊。

（7）适当给新闻媒介提供经济、物质等方面的资助。新闻媒介举办活动，需要社会组织的支持，如果组织出面提供赞助，就可以提高其知名度。

（8）正确对待新闻媒介的报道。当新闻媒介发表了有利于组织的消息时，应主动表示感谢；发表了不利于组织的消息时，如属实，应主动致歉，争取让新闻媒介把改进工作的情况公之于众，恢复组织形象；如不符合事实，则应直接向新闻媒介提供证明材料，澄清事实，但不能持敌对态度，更不能轻易诉诸法律。

5.2.5 社区关系处理

1. 社区关系的含义

社区关系主要是指一个组织与周围相邻工厂、机关、学校、商店、旅馆、医院、公益事业单位以及居民的相互关系。

社区是一个组织赖以生存和发展的基本环境，是组织的根基，共同的生存背景使社区公众具有"准自家人"的特点。

俗话说，"远亲不如近邻"，发展良好的社区关系是为了争取社区公众对组织的了解、理解和支持，为组织创造一个稳固的生存环境；同时体现组织对社区的责任和义务，通过社区关系扩大组织的生存环境。

2. 社区关系的重要性

任何组织都生存于一定的社区之中。组织的活动和员工的生活与社区有着千丝万缕的联系。

(1) 社区为组织提供社会服务。如水电供应、邮政通信、文体教育、医疗卫生、人民调解、流动人口、服务管理、社区安全等的支持。

(2) 社区为组织提供劳动力资源。如果组织与社区的关系良好，社区公众就愿意到该组织就业，组织在人才选聘的竞争中就处于有利地位。

(3) 社区为组织员工提供生活条件。如社区的商店、学校、幼儿园、医院等单位。

(4) 社区公众是稳定的消费者。一般来说，在其他条件相同的情况下，本社区生产的产品与社区外的产品相比，本社区产品价格比较便宜，且容易得到更为方便的服务。社区公众购买本社区的产品更符合消费者心理，如果组织与社区关系良好，则有利于促进社区公众的购买，形成稳定的顾客队伍。

3. 社区关系处理的技巧

社区是社会组织生存和发展的"根据地"，社会组织是社区的构成要素，社区的发展依赖于社区社会组织的发展。处理好社区关系，就是为了使组织在所处环境中树立起良好的形象，争取得到社区公众的爱护、合作和支持。正确处理社区关系的方法如下。

(1) 加强沟通。加强与社区公众的信息沟通，是搞好社区公众关系的基础。一方面，组织应将其目标宗旨、工作业务、员工情况、产品用途、环境治理等信息及时有效地传递给社区公众，增加组织的透明度；另一方面，组织负有宣传社区的责任，通过对社区信息的宣传和介绍，增进社区全体成员对所在社区的了解和认同。

(2) 开放组织。开放组织是拉近与社区公众心理距离的一种良好做法。如对外开放组织内部的俱乐部、食堂、学校、舞厅等，给社区居民生活带来了便利。另外，组织还可以定期或不定期地邀请社区成员来参观座谈，让他们了解本组织的生产经营活动过程，从而使公众对组织为社区的繁荣和发展所做的努力给予赞扬，对组织给社区造成的问题有一个正确的认识，甚至给予同情、理解与配合。实践证明，开放组织，能够增进社区公众对组织的了解和信任，从而给予支持与合作。

(3) 关心建设。社会组织生存在社区这个环境里，社区的发展依赖于社会组织的发展，而社区的发展同样也给社会组织创造了良好的生存发展环境，两者是相辅相成的。社会组织有义务积极关心社区建设，利用组织的人力、物力、财力等方面的优越条件，为社区建设出力，在力所能及的条件下，投入社区规划建设中，如兴资办学、积极参与公共设施的建设、治理环境、美化社区等。

(4) 勇担责任。社会组织作为社区的重要团体组织，有义务将社区的许多社会问题列入自己的议事日程，尽自己所能去为社区做出贡献。

■ 相关知识链接 5-18

社会组织应为社区做以下贡献

- 企业赞助地方文化、艺术、体育团体；资助慈善机构、残疾人协会等社会福利机构；兴资办学，为希望工程捐款，设立各种基金以表彰先进等。
- 积极为社区排忧解难。如社区发生自然灾害时，积极组织人力、物力，抢险救灾，捐款捐物。
- 帮助社区兴办企业，繁荣社区经济。尽己所能解企事业单位经营资金短缺、技术力量不足、物资缺乏等燃眉之急。
- 做社区文明公众。有义务做到文明生产，文明施工，有效治理"三废"，使社区的空气、水源、土地等不受本组织行为的损害。积极参与社区绿化建设，美化环境，有责任、有义务确保社区环境优美整洁。
- 全力维护社区的安全。协助公安部门做好治安保卫工作，为打击犯罪提供人力、物力；教育职工自觉遵守法律法规，为社区的安宁做贡献。

资料来源：https://zhidao.baidu.com/question/1708939289248696100.html?fr=search&word。

（5）建立关系。社区中富有影响力的主要人物和团体对组织的生存和发展起着重要作用，社会组织应与他们建立良好的关系。如金融机构能提供社会组织扩大规模、开发产品所需要的资金；新闻媒介是舆论宣传的喉舌，组织的一切功过信息都要通过它公之于众，它左右着组织的前途和命运；市场监督、税务机关与组织直接接触；司法机关则起到保护组织合法权益等作用。所以，社会组织必须采取各种方式和措施，建立良好关系，为自身长远发展打下坚实的社区基础。

5.2.6 竞争者关系处理

1. 竞争者关系的含义

竞争者关系是指组织与其同行业组织的关系。在市场经济的条件下，同行业之间的竞争甚至冲突是不可避免的。竞争是发展的动力，正当的竞争可以促使社会组织采用先进的技术和科学的手段，提高产品质量和服务质量，降低产品价格。

组织在处理竞争者关系上，一定要保持高度的冷静和慎重，要在技术、产品、质量和管理上下功夫，而不能破坏全社会共同信守的道德标准。那种倾轧拆台、造谣惑众的恶劣手段只能导致企业身败名裂。良好的竞争者关系，既表现为相互的矛盾和竞争，又表现为相互的理解和支持。双方都为建设良好的竞争环境而努力，做到竞争中求协调，协调中求竞争，促进双方共同发展。

2. 竞争者关系处理的技巧

（1）加强信息沟通。组织可以通过社交软件、人际交往、电话、互联网等，及时沟通信息，亦可通过主持召开同行业研讨会、座谈会，企业之间互送企业刊物、小册子等方式方法，加强竞争企业间的相互联系与沟通。组织与竞争者通过信息沟通，从竞争到联合，做到优势互补，协作分工，提高组织的整体效益。

（2）建立伙伴关系。对手并不等于敌手。竞争对手之间，不光有你消我长、我枯你荣的竞争关系，也有可能成为配合互助、相得益彰的合作关系。从总的趋势上讲，竞争肯定是优胜劣汰，但是在竞争的过程中，同业公众之间真诚合作、共谋发展，也能成倍地提高双方的效益。

（3）讲求竞争道德。经济的发展需要竞争，没有竞争就没有活力。然而，竞争应该是质量、技术、效益上的比拼，而不是权术、诡计、手段上的较量。竞争要讲道德，要寻找对手的长处，弥补自身的差距，任何形式的诋毁谩骂、拆台破坏都只能毁坏自己的声誉。

（4）妥善处理纠纷。企业间的激烈竞争往往使竞争一方岌岌可危，因此，为了反竞争，处于危机的一方必然采取各种措施，造成企业之间业务纠纷频繁不断。竞争中发生纠纷，首先要冷静分析；然后采取相应对策，尽可能使矛盾缓和；最后达到平息，彻底解决纠纷。千万不可使纠纷激化，把事情搞僵。

5.2.7 金融关系处理

1. 金融关系的含义

金融关系就是资金融通的关系，在我国主要是指社会组织与银行、证券公司、信托投资公司、保险公司等金融机构之间的关系。

对于社会组织来说，金融关系无疑是极其重要的。我们处于商品社会之中，一个组织的资金情况直接决定着该组织的生存和发展。在我国，现阶段组织的融资主要是通过资本市场和资金市场获取，也就是由信托投资公司、证券公司发行组织债券、股票的融资方式和银行的借贷融资方式获取。不难看出，组织与金融机构之间建立相互了解和信任的关系，是组织不断扩大资金来源、创造良好的融资环境和渠道、实现组织持续发展的有效保证。

2. 金融关系处理的技巧

根据不同的客体，组织在协调金融关系的时候可以采取以下不同的方法。

（1）相互沟通，寻找互惠互利、平等合作的结合点。现代新型银企关系的特征有：互惠互利、平等合作、双向选择、联盟发展。因此，在处理与金融机构的关系时，首先要分析本组织能够为金融机构带来什么样的利益，有哪些足以吸引金融机构主动合作的优势，找出双方合作的结合点，这也是组织处理金融关系的基础。金融机构也是独立的企业，同样要追求利润、承担风险。因此，组织与金融机构之间是平等的关系。虽然两者的交易行为不一样，但本质上是相同的。

（2）诚信为本，全面翔实地反映组织真实的经营状况。诚信是现代银企关系的基础，没有诚信什么事情都无法做到。社会组织必须与金融机构建好关系，组织应该主动把经营情况全面翔实地反映给这些机构。银行如果不知道组织真实的经营状况，当然不会向组织发放贷款。证券公司如果不知道组织的真实经营情况，也不会为投资者做出有利于组织的引导。如果组织的经营状况良好，那么银行和证券公司自然会支持组织。如果组织的经营状况不好，那么金融机构也会给出合理的投资建议，使组织尽可能避免盲目投资带来的损失。

（3）注重专业，充分利用金融媒体和经济专家的影响。组织需要与金融媒体、经济专家保持经常性的联系，及时将本组织的投资信息和投资效益全面准确地提供给他们。信息的内容包括组织重大的经济决策、人事任免、重大成果等。组织要做到：有什么最新的消息首先应该让他们知道，组织生产经营中的重大失误也要通过适当的方法通报给他们，不能报喜不报忧。只有让金融公众及时、全面地了解组织的有关信息，才能取得他们的理解、信任和支持。在金融关系中，专业的金融媒体、经济学家的观点和倾向对组织融资有着至关重要的影响，他们的导向作用直接影响着金融机构和投资者对组织的判断。因此，组织要充分意识到专业的金融媒体和经济专家的影响作用，利用和创造各种机会与他们深入沟通，使他们了解组织、信任组织、帮助组织。

（4）休戚与共，建立组织与金融机构之间的战略联盟。组织可以通过参股、入股和发起的方式，参与商业银行以及投资公司等非银行金融机构的投资组建。例如，中国民生银行就是经国务院、中国人民银行批准的首家主要由非国有组织入股的全国性股份制商业银行。同样，组织也可以通过募股的方式，吸引金融机构的资金，从而形成战略联盟。由于组织与金融机构有着休戚与共、共进共退的利益关系，因此他们愿意为组织的发展出力尽责。组织进行金融公关的目的不仅仅是将金融关系作为融资关系、财务关系来处理，更多是与金融机构建立战略联盟，激发金融机构的参与意识，这样既深化协调了组织与金融机构的联系，也可通过他们促进组织对外公共关系的发展，达到协调的目的。

5.3 公众纠纷处理

任何组织在处理与各种公众之间关系的过程中都难免发生差错、出现失误，引起与公众的纠纷。

5.3.1 常见公众纠纷的种类

1. 内部公众纠纷

组织内部干群关系、部门关系、上下级关系处理不当或经营管理方面出现错误，可能造成内部公众纠纷。例如，某企业因为分配方案不合理，严重挫伤了员工的工作积极性；又如，某企业单方面撤销与下级单位签订的承包合同，结果被承包方告上法庭。

2. 顾客公众纠纷

顾客利益受到损害时，上门投诉、直接投书组织、在新闻媒介上向组织提出批评等，产生顾客关系纠纷。

3. 社区公众纠纷

由于组织的生产经营活动给社区的生态环境造成破坏或污染，危害了社区的正常生活与工作秩序，因此产生社区关系纠纷。

4. 政府公众纠纷

组织违背社会公众利益，拒绝接受政府有关部门的监督检查，因此产生政府关系纠纷。

5. 媒介纠纷

新闻界的不利报道影响了组织的利益，因此产生媒介纠纷。

6. 其他公众纠纷

其他公众纠纷是指组织与原材料供应商、批发商、零售商、协作单位之间发生矛盾和冲突。

以上纠纷均可能导致组织出现严重的形象危机和信誉危机，若组织不能及时发现纠纷的"苗头"，或纠纷发生后不能采取恰当的方法处理，将使组织遭受严重损失。

5.3.2 公众纠纷处理的方法

一旦纠纷发生后再着手解决，无论解决得如何，都免不了会给组织带来某种危害。因此，最明智的做法是及时地发现有可能引起纠纷的"苗头"，把纠纷化解在"萌芽"状态中。当然，无论组织如何预防，都难免发生公众纠纷，无论经营如何成功的企业，在其经营历史上，都有与公众产生纠纷的情况。成功与失败的差别不在于是否出现过公众纠纷，而在于出现纠纷后，组织所采取的不同态度。

妥善处理纠纷等于企业赢利。不同纠纷面临的公众不同，采取的对策措施也不同，处理公众纠纷没有一成不变普遍适用的方法，但可按如下程序进行。

1. 诚恳、耐心地倾听

当公众纠纷发生后，公众或投书、来访、通过新闻媒体向组织提出严厉批评，不管采取何种方式，是否偏激，公关人员均应代表组织详细倾听公众的抱怨，这是最基本的态度，而且应尽可能站在对方的立场为对方着想，缓解矛盾，争取与公众在感情和心理上共鸣，切不可与之发生冲突。

2. 向顾客道歉，并查清事件的原因

在听完公众的抱怨之后，组织应立刻真诚地向公众道歉，以平息公众的不满情绪，并对事件的原因加以判断、分析。产生纠纷的原因主要有三种。

（1）外界的误解、谣言、人为破坏。如商标、牌号被盗用，产品中被人加入有害物质等。

（2）组织内部不完善。如严重的产品质量、服务质量、环境污染等问题。

（3）上述两方面共同作用的结果。

公众与组织发生冲突，情绪对立，有关调查结论尽量不要由当事方做出，最好委托具有相对权威性的第三方进行调查。

3. 果断行动，解决纠纷

在查清事实的基础上，基于事实迅速拟订解决方案。在提出解决方法时，应该站在公

众的立场，尽量满足公众的要求，充分与公众交流意见，争取与公众达成谅解。

（1）迅速、准确地答复公众的投诉和质询。如果公众的投诉合理，应立即给出处理意见，或退货或赔偿；如果是服务员态度问题，应马上赔礼道歉，而且最好是肇事者来道歉；如果接到的是信函投诉，应记下对方的地址，待处理完后，立即向对方汇报。

（2）果断采取实质性行为，解决纠纷。如果问题是外部原因造成的，组织应配合市场检查部门、法律部门迅速采取措施，并通过媒介不断公布事实真相、澄清事实、反驳谣言、消除误解。具体可通过记者招待会、公众代表座谈会公布调查结果，刊登广告、诉诸法律等手段维护自己的声誉。当然，在处理纠纷的过程中，组织不能满足于通过声明的方式澄清事实，应抓住机会进一步完善自身的工作，在解决纠纷的同时树立自身形象。

内部原因造成的纠纷，组织应及时纠正错误，并承担相应责任。仅仅只有友好态度，而不解决实际问题，只会造成公众的更加不满。纠纷发生后，组织必须采取切实可行的解决问题的措施，以平息公众的不满，稳定公众的情绪，避免公众采取更加极端的行为，如投书新闻机构、消费者协会等，影响组织形象。在解决问题的过程中，组织要善于利用传播媒介向公众公布纠正的措施和进展情况，以平息风波、恢复信誉。

4. 处理总结，避免类似问题再发生

事件处理完后应了解各方对事件处理的满意程度，深刻总结并从中吸取经验教训，改进工作，不让类似问题再发生。公关人员处理公众纠纷，不能满足于消除公众的不满，更重要的是通过公众的不满找出组织工作中的薄弱环节，并加以改进。否则，虽然通过采取补救措施消除了这个公众的不满，但同样的抱怨可能还会发生，这个问题实际上等于没有解决。可以说，公众的每次抱怨都为组织变得更好提供了机会。

要点回放

公共关系是社会组织内外部各方关系的总称。内部公共关系包括员工关系和股东关系；外部公共关系包括顾客关系、政府关系、新闻媒介关系、社区关系、竞争者关系、金融关系等。

员工关系是指组织内各部门及其员工相互间的关系，包括组织内上下级之间的关系，部门、科室、班组之间的关系，员工个人之间的关系。员工是企业的财富，是一类特殊公众。员工关系处理的技巧有：目标激励、满足需求、顺畅沟通、关注细节、参与管理和管控行为。

股东关系是指组织与投资者之间的各种关系的总称。股东是企业的投资者，是企业的真正主人。董事会成员、持有可转让或买卖股票的纯粹个人股东、员工股东、金融舆论专家是股东关系的对象。股东关系的处理技巧有：了解股东需求、激发股东主人翁意识、维护股东正当权益和保持有效沟通。

顾客关系是指各种产品的生产者和供应者与购买者和消费者之间广泛的外部联系，良好的顾客关系对于形成组织生存和发展的整个公共关系环境的质量具有决定性的作用。顾客关系处理的技巧有：树立先进的经营管理理念、明确顾客类型、维护顾客利益、疏通信息沟通渠道、处理顾客投诉、正确引导消费、加强客户关系管理和顾客满意度管理。

政府关系是指作为公共关系主体的社会组织与作为公共关系工作对象的国家权力机构之间的关系。组织与政府保持良好沟通的目的，是获得政府及各职能部门对本组织的了解、信任和支持，从而为组织的生存和发展争取良好的政策环境、法律保障、行政支持和社会政治条件。政府关系处理技巧有：培养和提高政治素质、加强与政府的双向沟通、积极参加政府组织的各种公益活动、邀请政府工作人员参加组织重大活动和利用国事活动扩大宣传效应。

新闻媒介关系是指组织与新闻媒介机构（包括报社、杂志社、广播电台、电视台、网站）以及新闻界人士的关系。新闻媒介公众重要性表现在新闻媒介公众是一类特殊公众，新闻媒介是影响公众舆论的重要环节，新闻媒介能帮助提高组织公关工作的效率。建立与新闻媒介关系可参考以下方法：尊重新闻媒介的权利，主动向新闻媒介提供有新闻价值的素材，礼貌接待新闻界人士的来访，主动邀请新闻界人士参观，公平对待各种新闻机构，与新闻媒介保持经常联系，适当给新闻媒介提供经济、物质等方面的资助，正确对待新闻媒介的报道。

社区关系主要是指一个组织与周围相邻工厂、机关、学校、商店、旅馆、医院、公益事业单位以及居民的相互关系。社区关系处理技巧有：加强沟通、开放组织、关心建设、勇担责任和建立关系。

竞争者关系是指组织与其同行业组织的关系。竞争者关系处理技巧有：加强信息沟通、建立伙伴关系、讲求竞争道德、妥善处理纠纷。

金融关系就是资金融通的关系。在我国主要是指社会组织与银行、证券公司、信托投资公司、保险公司等金融机构之间的关系。金融关系处理技巧有：相互沟通，寻找互惠互利、平等合作的结合点；诚信为本，全面翔实地反映组织真实的经营状况；注重专业，充分利用金融媒体和经济专家的影响；休戚与共，建立组织与金融机构之间的战略联盟。

公共关系纠纷处理的方法是：诚恳、耐心地倾听；向顾客道歉，并查清事件的原因；果断行动，解决纠纷；处理总结，避免类似问题再发生。

任务体验

体验一　考一考

1. 单项选择题

（1）内部公共关系是社会组织的（　　），是公共关系工作的基础和前提。

　　A. 重要公共关系　B. 次要公共关系　C. 首要公共关系　D. 以上均不是

（2）（　　）是指社会组织与投资者之间的各种关系的总称。

　　A. 员工关系　　　B. 股东关系　　　C. 金融关系　　　D. 政府关系

（3）（　　）是组织最重要的外部公众，是组织生存的衣食父母。

　　A. 社区　　　　　B. 股东　　　　　C. 员工　　　　　D. 顾客

（4）（　　）是处理顾客公共关系的基本法则。

　　A. 顾客第一　　　　　　　　　　　B. 顾客永远是正确的

　　C. 服务意识　　　　　　　　　　　D. 消费者至上

(5) 最具社会影响力的社会组织是（　　）。
　　A. 政府　　　　B. 员工　　　　C. 社区　　　　D. 顾客
(6) 组织公共关系对象中最敏感公众是（　　）。
　　A. 政府　　　　B. 金融　　　　C. 新闻界　　　D. 社区
(7) 具有"准自家人"特点的公众是（　　）。
　　A. 股东　　　　B. 员工　　　　C. 社区　　　　D. 顾客
(8) （　　）关系是指组织与其同行业组织的关系。
　　A. 竞争者　　　B. 政府　　　　C. 顾客　　　　D. 社区
(9) 某企业因为分配方案不合理，严重挫伤了员工的工作积极性，这种纠纷属于（　　）。
　　A. 内部公众纠纷　B. 政府公众纠纷　C. 社区关系纠纷　D. 顾客公众纠纷
(10) 危害了当地居民的正常生活与工作秩序，产生的纠纷属于（　　）。
　　A. 内部公众纠纷　B. 政府公众纠纷　C. 社区关系纠纷　D. 顾客公众纠纷

2. **多项选择题**

(1) 内部公共关系包括（　　）。
　　A. 顾客关系　　B. 股东关系　　C. 社区关系　　D. 员工关系
(2) 内部公共关系是（　　）。
　　A. 社会组织的首要公共关系　　　　B. 公共关系工作的基础和前提
　　C. 现代社会组织正常运转的必要条件　D. 公共关系工作的重点
(3) 下列属于外部公共关系的是（　　）。
　　A. 顾客关系　　B. 政府关系　　C. 新闻媒介关系　D. 股东关系
(4) 处理股东关系的技巧有（　　）。
　　A. 了解股东需求　　　　　　　　B. 激发股东主人翁意识
　　C. 维护股东正当权益　　　　　　D. 保持有效沟通
(5) 公众纠纷处理的方法是（　　）。
　　A. 诚恳、耐心地倾听　　　　　　B. 查清事实
　　C. 解决纠纷　　　　　　　　　　D. 处理总结

体验二　讲一讲

1. **要求**

　　(1) 由学生对下面所学知识进行复述、总结与拓展。
　　(2) 鼓励学生课外自查资料。
　　(3) 建议在该知识讲授结束时布置，下一次课开始时进行。
　　(4) 学生随机轮流上台，面对全班同学讲述，每题时间不超过三分钟。
　　(5) 教师对学生的讲述进行考评，计入平时成绩。

2. **内容**

　　(1) 组织内部公共关系"沟通10法"是什么？

(2) 为什么说员工是企业的财富？组织如何处理员工关系？

(3) 企业与股东沟通方式的内容有哪些？

(4) 为什么说新闻媒介对组织的发展具有举足轻重的作用？组织应如何加强与新闻媒介的合作与联系？

(5) 为什么说处理好内部公共关系是处理好外部公共关系的前提和基础？

(6) 一名顾客在一家酒店用餐后，付款时发现服务员在菜单上做了手脚，多算了100多元，顾客拒绝付款，你作为该酒店的公关部经理，应如何处理？

(7) 最近办公室里很多员工上班时间炒股，对工作有一定的影响。公司领导非常气愤，立刻要检查人员把名单列出来，扣发当月奖金。你认为公司领导的处理方式对吗？为什么？

体验三　想一想

顾客争座时，肯德基该怎么办

2000年8月，江西第一家肯德基餐厅落户南昌，开业数周，一直非常火爆。不想一个月未到，竟有顾客因争座被殴打而向报社投诉肯德基，造成一场不小的风波。

事件经过大致如下：一位女顾客用所携带物品占座后去排队购买套餐时，座位被一位男顾客抢占。先是两位顾客因争座发生口角，尽管已引起其他顾客的注意，但都未太在意，此时餐厅的员工未能及时平息两人的争端。接着两人的争吵声音渐大，店内所有顾客都开始关注，邻座的顾客停止用餐，离座回避；带小孩的家长担心事态危险，怕小孩受到粗话影响，领着小孩离店。最后两人由争吵上升到斗殴，男顾客大打出手，殴伤女顾客后离店，别的顾客也纷纷离座或远远地看热闹。女顾客很气愤，当即要求肯德基餐厅对此事负责，并加以赔偿。但餐厅经理表示"这是顾客之间的事情，肯德基不应该负责"，拒绝了女顾客的要求。女顾客马上打电话向《南昌晚报》和《江西都市报》投诉，两报立即派出记者到场采访。女顾客陈述了事件的经过并坚持自己的要求，而餐厅经理在接受采访时对女顾客被殴表示同情和遗憾，但是认为餐厅没有责任，不能做出道歉和赔偿。两报很快对此事做了报道，结果引起众多市民的议论和有关法律专家的关注。事后，根据消费者权益保护法，肯德基被认为对此事负有部分责任，向女顾客公开道歉，并赔偿了部分医药费，两报对此也都做了后续报道。

资料来源：蔺洪杰.公共关系原理与实务［M］.2版.北京：中国人民大学出版社，2015.

思考题

1. 从公共关系角度来看，顾客争座，肯德基到底该不该管？

2. 从这一事件中，我们应该吸取哪些教训？

体验四　练一练

辩论赛：谁是第一

1. 实训目的

了解企业内外部公共关系内容，掌握内外部公共关系处理技能。

2. 实训内容

"顾客第一,顾客至上,顾客是上帝,顾客永远是对的。"这一理念的最高推崇者应属沃尔玛,然而,有这么一家企业却放弃了"顾客第一"的原则,倡导的是"员工第一,顾客第二。"这家企业就是美国西南航空公司。还有的公司提出,应当是"股东第一",因为没有股东,就没有企业。

3. 实训要求

(1) 全班同学分成若干组。
(2) 以抽签形式确定正方和反方。
(3) 针对实训内容,开展辩论赛。
(4) 经过初赛、复赛和决赛,产生冠军。

体验五 做一做

走访商业零售企业:了解顾客公众

1. 实训项目

访问学校所在地的商业零售企业。

2. 实训目的

通过访问学校所在地的商业零售企业,了解顾客的需求,以及商业零售企业协调处理与其顾客关系的方法。

3. 实训内容

(1) 观察商业零售企业顾客关系的特点。
(2) 写一份处理商业零售企业顾客关系的建议书。

4. 实训组织

根据实际情况,将全班同学分组,每组分别走访调查商业零售行业组织,了解顾客公众情况。

5. 实训考核

(1) 要求每名学生写出访问报告或小结。
(2) 要求学生填写实训报告。其内容包括:
① 实训项目;
② 实训目的;
③ 实训内容;
④ 本人承担的任务及完成情况;
⑤ 实训小结。
(3) 教师评阅后写出实训评语,组织全班交流实训体会。

任务 6

公共关系工作事项

:任务提要:

6.1 公共关系日常工作

6.2 公共关系专项工作

:任务目标:

知识点

1. 了解公共关系日常工作的工作内容
2. 掌握公共关系日常工作的工作要求
3. 掌握公共关系专题活动的特点、具体操作步骤及注意事项

技能点

1. 学会开展公共关系日常工作，编写宣传资料
2. 学会开展公共关系专题活动的策划和组织工作，提高活动的实际运作能力
3. 培养公共活动实施的应变技能、传播与沟通技能

:案例导入:

大连城市的公共关系专题活动

1. 中国大连（旅顺）国际樱花节

樱花节以樱花为媒介，弘扬文化传承，关注百姓生活，坚持绿色环保，通过媒体"传"樱、近景"观"樱、手机"拍"樱、微博"赞"樱、泉中"探"樱、自驾"寻"樱、书画"展"樱、购房"赏"樱与草莓、樱桃采摘体验等活动形式，让市民与游客体验地方特色。

旅顺是我国栽植樱花最多、最早的城市，有樱花树 30 000 多株，每年都吸引大批的国内外

游客前来赏樱。樱花品种主要有中国樱、日本早樱、八重樱、山樱等。在太阳沟景区，有长达1.7公里的樱花一条街；在二〇三樱花园，有5 000株樱花和数百株星玉兰，是目前国内园区面积最大、樱花树最多、品种最全的樱花园。

2. 大连赏槐会

大连素有"东方槐城"之美誉，每年5月槐花盛开，满城飘香，一年一度的赏槐会就在这个最美的季节里举行，每年的赏槐会都是人山人海。游人可以赏槐看花领略槐乡风韵，重温童年放风筝的乐趣。

大连赏槐会始于1989年，是以槐花为媒介的大型旅游节庆活动。赏槐会由大连市人民政府主办、大连市旅游局承办，每届赏槐会都会有盛大的巡游表演、开闭幕式演出。对大连这座城市来说，赏槐会已经成为全城市民的节日，同时也有来自韩国、日本、俄罗斯等各国的友人来参加这一盛大节日，带来充满异域风情的文艺表演。

1992年，国家旅游局正式确定"大连赏槐会"为国家级地方性旅游节庆活动。2005年，为迎接第16届赏槐会，大连市在西岗区正仁街上建立"槐花大道"；2006年，为迎接第17届赏槐会，大连市将西岗区日新街道命名为"槐花社区"；2007年，在第18届赏槐会上，大连又开辟了一处赏槐去处——槐花谷，位于森林动物园一期正门东侧的莲花山山谷中。

3. 中国国际啤酒节

中国国际啤酒节自1999年开始举办，其中前三届在北京奥体中心举办，2002年起移师大连，由中国轻工业联合会与大连市政府举办。

在大连举办的中国国际啤酒节，参节酒商阵容最整齐，大部分都是由啤酒厂商直接投入人力、物力进行现场活动组织，而不是由经销商、代理商现场运作，囊括了海内外知名啤酒品牌。中国国际啤酒节组委会在进一步完善与丰富节日内容的基础上，把游客的组织招徕作为工作重点，立足东北市场，逐步向东北亚市场拓进，辐射日韩等国际客源市场。中国国际啤酒节的成功举办，不仅对推动城市旅游业和地方经济的发展起到了很好的促进作用，而且进一步提升了城市的知名度和美誉度。

4. 大连国际服装节

大连国际服装节是集经贸、文化、旅游活动于一体的颇具规模的盛大节日，与香港时装节互结为"姐妹节"。服装节的主要活动有气势恢宏的开幕式广场艺术晚会、欢快热烈的巡游表演、精品竞秀的服装博览会、商贸云集的服装出口洽谈会、争奇斗艳的服装设计大赛、光彩照人的世界名师时装展演会、热闹非凡的游园会以及新颖别致的闭幕式晚会等，每年都吸引成千上万的中外宾朋。

大连国际服装节始于1988年，以弘扬服饰文化、丰富人民生活、促进国际交流、推动经济发展为宗旨。每届大连国际服装节都吸引五大洲众多国家和地区的客商和海内外政界要人、外交使节、新闻记者、旅游者前来参加。大连国际服装节开幕式晚会气势恢宏，狂欢节暨巡游表演欢快热烈，服装博览精品竞秀，出口洽谈商贾云集，设计大赛佳作生辉，世界名师时装展演光彩照人，国际服饰文化论坛颇有见地，游园会热闹非凡，闭幕式晚会别致新颖。特别值得一提的是，大连的服装文化吸引了如阿玛尼等一批国际顶级奢侈品入住，进一步招徕游客，提升了旅游的消费附加性。

5. 大连国际马拉松赛

大连国际马拉松赛是被国际路跑协会、中国田径协会路跑委员会列入国际标准的马拉松赛事之一，1987年举办第1届大连万人国际马拉松赛，是国内历史最悠久的马拉松赛事之一。首届马拉松赛事是由时任国际奥委会主席萨马兰奇倡导并巨资赞助的万人长跑赛。在项目上突出了马拉松赛的国际性，还最大程度地调动了广大市民和长跑爱好者参与的积极性，设有马拉松、20公里、10公里、5公里等四个项目，男女甲乙丙丁8个组别的比赛。

多年来，在大连市委、市政府的正确领导下，在社会各界及广大市民的大力支持和参与下，大连国际马拉松赛事得到了持续健康发展，目前是我国唯一群众性与竞技性相结合、健全人与残疾人同场竞技的大型体育赛事，每年都吸引来自世界各地的优秀马拉松选手和近万名马拉松爱好者来大连参加比赛，充分说明大连国际马拉松赛是国际性、群众性、竞技性及社会性的完美结合，既突出了彰显个性的魅力，又体现出和谐的完美，同时也为我国中长跑运动员在世界比赛中取得优异成绩搭建了一座桥梁。大连国际马拉松赛现已成为体育的舞台、城市的盛会、人民的节日；成为大连市对外开放、加强国际文化体育交流与合作，开创全民健身时代，满足人民群众日益增长的体育文化需求，体现体育为促进经济社会和谐发展，构建和谐社会、和谐世界做贡献的重要载体。

6. 大连国际沙滩文化节

大连国际沙滩文化节由大连市政府主办，自2004年起每年举办一届，是最能体现大连夏季"3S"（阳光、大海、沙滩）特点、独具海滨文化特色的国际性旅游节庆活动，大连国际沙滩文化节充分发掘了美丽滨城大连丰富的海岸旅游资源，全面展示了大连作为"浪漫之都"的迷人风采。

资料来源：新浪网.

思考讨论

1. 仔细阅读案例，说说以上活动中开展了哪些具体的公共关系专题活动。
2. 大连政府开展这些公共关系专题活动有何意义？

组织要与公众形成良好、融洽的关系，提高组织声誉，扩大组织影响，树立组织形象，就必须有效开展公共关系日常工作和专项工作。

6.1 公共关系日常工作

公共关系日常工作主要是指大量例行性的业务工作和临时性的琐碎工作，如日常接待、收集和处理信息、编写宣传材料、传播组织信息、媒介研究等。

公共关系日常工作在组织中的渗透性最强，有些是专职性的，有些可能分散在各个职能部门的相关工作之中，需要组织中的全体成员共同努力来完成。

6.1.1 日常接待

日常接待一般包括接待来访者、拜访别人、写信、打电话等。

一个组织的公共关系机构，往往承担着大量的接待任务，例如接待来访人员，安排有关部门与来人洽谈或由本部门负责人与来人见面，处理来函、来电，接受记者采访，等等。做好日常接待工作要注意组织形象和个人形象，讲求信誉，注重礼仪，掌握一些特殊的沟通技巧，建立起公众对组织的良好形象。

6.1.2 收集和处理信息

收集和处理信息是公共关系最基本的工作，也是其他一切工作的基础。公共关系工作主要就是向公众传递相关信息，向组织提供、反馈公众的信息。

1. 阅读有关报刊和图书

阅读有关报刊和图书是公共关系工作人员最基础的工作，也是收集信息的主要来源。一般来说，以下三类报纸刊物必须阅读。

（1）本省、市的日报。这些是党报，它们往往是宏观政策的风向标，其中值得关注的内容有近期党政机关的主要工作方向，对党中央、国务院大政方针的贯彻，政府部门和经济专家对宏观经济走向的分析和态度，尤其是中央、省、市领导在会议上的讲话，更需仔细研读。

（2）影响力较大的经济类报纸。这些报纸涉及的行业广泛、专业性强，非常具有启迪性，使读者受益匪浅并引发广泛的联想，如《中国经济报》《经济观察报》等。

（3）公共关系类刊物。这些刊物刊登有关公共关系意识、公共关系调查、公共关系策划、公共关系技巧方面的文章和案例，对工作启发很大，如《公关世界》《演讲与口才》《国际公关》等。

此外，阅读完相关刊物后，还要学会做记录，把宏观政策新闻、市场信息、其他组织的公共关系新闻事件记录下来，以备后查和学习。

2. 收听收看有关广播、电视节目

经常收听收看当地的一些社会新闻类和民生类广播、电视节目能够了解公众的关注点以及公众的心理，同时也可以利用一些社会热点新闻或社会事件开展公共关系活动，以提高活动效果。

3. 利用信息互联网和数据库

互联网的飞速发展，影响力日益扩大。面对互联网技术发展带来的海量数据时代，如何有效地开展舆情收集和分析成为组织关注的焦点，也越来越受公共关系人员的重视。

■ 相关知识链接 6-1

记录内容

公共关系人员除了要阅读有关报刊和图书外,还要学会记录。记录内容可以分为"宏观政策记录表""公共关系新闻事件记录表""市场信息记录表",可以以表格的形式进行记录。

宏观政策记录表

标题(版面)	媒体与作者	主要内容及新提法	见报时间

公共关系新闻事件记录表

标题(版面)	媒体与作者	采访对象	主要内容及倾向性	见报时间

市场信息记录表

标题(版面)	媒体与作者	信息要点	见报时间

资料来源:李文庠,赵新,等. 初涉公关·营销一年记[M]. 上海:上海财经大学出版社,2009.

6.1.3 编写宣传材料,传播组织信息

1. 撰写新闻稿

新闻稿的内容可以是报道、通讯、短消息、评论、情况综述、信息报告等。组织可以通过撰写并发表各种新闻稿,提高组织的知名度和美誉度。

撰写新闻稿一定要以事实为依据,向社会传播真实可信的信息。真实性是新闻的生命。一个完整的新闻稿件应包括新闻报道的6要素,即5W1H:When(何时)、Where(何地)、Who(何人)、What(何事)、Why(何因)和How(过程怎样)。

■ 相关知识链接 6-2

如何撰写新闻稿

1. **用语准确**

词不达意、用错词语等,会使内容有所偏差。

2. **语句清晰**

尽量多用简单的句子,少用从句或复句,因为过于复杂的语句会使读者误解或难以理解内容的意思。

3. **报道客观**

切勿加入个人的主观意见和评论,并避免使用带有价值判断的语句,除非是确定事实,否则不宜写在新闻稿中。

4. **用词庄重得体**

尽量使用庄严和文雅的字词。

5. 善用数字资料

在标题中运用数字可突出新闻价值及卖点，但在运用的同时要写明背景及第三方出处。

资料来源：https://www.haowenwang.com/show/8c4a243c5cc85017.html。

2. 编印组织刊物

组织刊物包括组织内部刊物、组织介绍和宣传册。一篇好的概况资料，要求说明组织或企业的性质、特点，阐述其历史、现状与未来，讲明它的生产经营规模、经营宗旨与范围；要求图文并茂，内容生动活泼。办好组织刊物（比如企业报）有利于调整好组织与员工之间的关系，增强企业凝聚力；使企业对外宣传工作日常化、制度化，加强与外界的沟通；保障企业双向沟通的渠道畅通；对员工进行全面的教育，提高员工的整体素质。

3. 记录组织活动

公共关系机构应该对组织的重大事件进行详细的文字记录，并且拍摄照片，制作录音、录像资料，以尽可能齐全的活动资料存档。

4. 编发柬帖

柬帖，也称请帖，它是邀请客人的通知，编发柬帖是公共关系机构日常工作一项重要内容。在公共关系活动中，规格较高的会议、宴会或活动通常要使用柬帖，这既是出于礼貌，也能对客人起到提醒作用。

6.1.4 媒介研究

媒介研究就是对主要的或者组织将要运用到的大众传播媒介的质量进行分析。从公共关系的角度来讲，媒介研究的主要内容包括媒体分析和媒介分析。

1. 媒体分析

媒体分析就是对媒介机构的分析，主要侧重于传媒机构的性质、资信、运行时间、工作规律、工作分工状况等的分析。这对于组织选择大众传播媒介，以及与大众传媒机构在工作中建立良好的合作关系是非常重要的。

2. 媒介分析

媒介分析就是对专业化的信息载体进行分析。媒介分析的内容也是多方面的，主要包括以下几种。

（1）媒介的资信。它主要是对媒介本身作为信息载体在社会上的层次性、重要性、影响性和权威性等方面进行分析，主要的指标有媒介的级别、发行量、发行范围、收视率、覆盖面或影响范围等。

（2）媒介的报道动态。它主要是对大众传播媒介近期内的议题设置、报道动态进行分析研究，以便于组织寻找有价值的传播活动和新闻事件。

（3）媒介的立场分析。它主要是对媒介对于组织活动的基本立场、态度、关注程度和介入程度进行分析，以便有针对性地确定组织的媒介策略。

6.2 公共关系专项工作

公共关系专项工作，也称公共关系专题活动，是指组织为塑造自身形象，围绕特定主题事件，运用丰富多彩的活动方式，有计划、有组织、有步骤地举行的具有较强社会影响力的公共关系活动，是组织与公众沟通的有效途径。公共关系专题活动的种类很多，常见的有新闻发布会、展览会、庆典活动、赞助活动、开放参观、联谊活动等。

6.2.1 公共关系专题活动的特征及作用

1. 公共关系专题活动的特征

在实践中，有些公共关系活动（如公共关系人员处理日常事务）并不需要对活动的目标、过程和手段进行事先的详尽考虑，只有某些特殊的活动形式才需要精心策划。从这个意义上，公共关系专题活动包括任何具有明确主题、经过周密策划而实施的公共关系活动。因此，公共关系专题活动应具备以下几个基本特征。

（1）主题明确。公共关系专题活动是在审时度势后，根据组织或公众的某种特殊需要而举办的，这就使得它的目标明确，而且每次通常只有一个主题，同时活动也比较集中，能较好地解决某一特殊问题。

（2）精心策划。公共关系专题活动必须经过精心策划，离开了策划将无法保证这些活动正常举办。策划者把活动作为一个信息传播的载体，通过活动内容把信息传达给活动参加者，并且进一步通过参与者的人际传播和大众传播媒介把信息传播到更大的范围。

（3）协调沟通。公共关系专题活动的协调沟通表现在专题活动过程的各个方面与环节。

① 目的与内容的协调。一个既定的目的，要通过内容来兑现，只有目的与内容相协调，策划构思才能实现。

② 内容与形式协调。公共关系专题活动的形式具有多样性，运用何种形式要与专题活动的内容相协调，这样才能达到最佳的活动效果。

③ 实施操作管理的协调。公共关系专题活动在实施管理的过程中，管理的事项纷繁复杂，各个实施项目之间要综合协调，否则专题活动无法实现既定的目的。

（4）灵活多样。公共关系专题活动形式多样、方法多种，举办时间的长短各不相同，其规模大小随需要而定，活动内容可以根据需要不定期安排，在活动过程中也可以做适时调整。

（5）讲求效率。公共关系专题活动的效率性主要体现在两个方面。

① 投入与产出概念。一个专题活动，应该讲究投入了一定数量的人力和物力，能产

生多少效益。

②时间观念。现代社会的人们讲究时间观念,参与活动的公众付出了时间的代价,活动策划者应予以有效的回报。

■ 相关知识链接6-3

人机大战:计算机能否战胜人脑

20世纪90年代末,IBM公司出资110万美元举办了一场国际象棋"人机大战"。决战的双方是IBM公司设计的超级计算机"深蓝"和人类历史上杰出的国际象棋特级大师、俄罗斯棋王卡斯帕罗夫。这项赛事一下子就成了全世界媒体关注的焦点。

棋赛的结果是"深蓝"以2胜3和1负的比分赢得了胜利,事后这一事件受到了人们前所未有的讨论与关注。一场关于人类与计算机到底谁是赢家的争论在全球蔓延开来,各个阶层的人物纷纷发表自己的看法。有人说"深蓝"的胜利表明机器总有一天会统治人类;也有人说不管比赛结果如何,最终获胜的仍然是人类,因为"深蓝"毕竟是IBM公司的人员制造的。

与此同时,IBM公司收到了几个令人十分兴奋的消息。

(1) 在"人机大战"期间,全世界每天有上千万用户通过国际互联网访问IBM公司的网址,关注棋局的发展,使IBM公司名声大噪。

(2) 沸沸扬扬的"人机大战"使IBM公司的股价大幅上扬,其收益净增2亿美元。

(3) "深蓝"的胜利证明了IBM公司强大的技术能力,显示了它在计算机领域的王者地位。这种花费几千万美元的广告费都无法保证达到的宣传效果,却让IBM公司仅仅凭借几局棋赛就奇迹般地实现了。

看来"人机大战"的最终赢家既不是"深蓝"这台机器,也不是研制"深蓝"这台机器的人,而是以极低的代价不动声色地获得高回报的IBM公司。

资料来源:周安华.公共关系:理论、实务与技巧[M].6版.北京:中国人民大学出版社,2019.

2. 公共关系专题活动的作用

有公共关系专家形象地指出:优秀的公共关系工作=正确的公共关系意识+科学的公共关系活动,这说明开展有效的公共关系活动十分重要。

(1) 制造新闻。公共关系专题活动能够吸引新闻媒体和社会公众的注意,以扩大组织的社会影响,提高组织的知名度。所谓制造新闻,是指在坚持真实性的前提下,举办具有新闻价值的活动,吸引新闻界和社会公众的注意,争取被正面报道的机会。公共关系专题活动因具有明确的主题、独特设计的活动内容,成为新闻媒体和社会公众关注的"热点"。当然,策划者更应该主动与新闻媒体联系,使新闻媒体的参与成为整个活动的组成内容之一。

(2) 促进销售。公共关系专题活动能够制造有利的营销气氛,淡化推销色彩,使社会公众从情感上接受一种新产品、新服务,从而为进一步的销售活动开拓道路。

（3）营造气氛。公共关系专题活动能够利用社会上传统的重大节日或企业自身富有意义的纪念日，举办一定的活动来表达企业对社会公众的善意，改善社会舆论，和谐关系环境，协调企业内外部人际关系。

（4）联络感情。通过策划和举办公共关系专题活动，可以与社会各界广泛联络交往，为企业广结善缘，达到"争取有用朋友"的目的。

（5）挽回影响。当企业形象受到损害时，需要运用各种手段加以纠正。举办公共关系专题活动即为方法之一，可以通过针对性强的活动设计，改变公众原有的印象，纠正错误的社会舆论，使受到损害的组织形象得以恢复。

6.2.2 新闻发布会

新闻发布会，又称记者招待会，是社会组织邀请有关媒体记者参加宣布有关本组织的重要信息，并回答记者提问的一种公共传播形式，是组织与新闻机构相互沟通的最有效的方式之一，是公共关系人员广泛传播各类新闻信息的最好的工具之一。

新闻发布会是一种两级传播：社会组织将信息告知记者，再通过记者所属的大众传播媒介告知公众。

1. 新闻发布会的准备工作

（1）明确主题。新闻发布会的组织者一定要明确主题，以便确定邀请记者的范围，做到有的放矢。如果主题不明，新闻记者就不可能按照组织者的目的传播信息，甚至会弄巧成拙，损害组织在公众中的形象。一般而言，新闻发布会的主题大致有三类：一是发布某一消息，二是说明某一活动，三是解释某一事件。

■ 相关知识链接6-4

企业举办新闻发布会的时机

当企业及产品（服务）已成为某类公众关注问题的一部分、新产品开发或上市、经营方针改变或新举措、组织首脑或高级管理人员更换、新组织开业和老组织扩建或关闭、组织合并、组织创立周年纪念日、当企业或其他成员已成为众矢之的、重大人身伤亡事故等事件发生时，都可以举办记者招待会，发布这些消息。

资料来源：何伟祥. 公共关系原理与实务 [M]. 3版. 大连：东北财经大学出版社，2009.

（2）确定会议的时间和地点。确定的时间应尽量避开节假日和有重大社会活动的日子，以免记者不能来参加。选定的地点要考虑设施是否齐全、交通和停车是否便利、环境是否良好等。

（3）确定邀请的对象并发出请柬。根据会议的主题，有选择地邀请有关的记者参加，同时考虑根据消息发布的范围来确定记者的新闻覆盖面和级别，考虑如何选择如报纸、杂志、广播、电视等不同新闻媒体的记者。

（4）选定主持人和发言人。由于新闻记者的职业要求和习惯，他们大都会提出一些尖锐深刻甚至较为棘手的问题，这对会议的主持人和发言人提出了很高的要求。主持人和发言人除了应具有较高的文化修养和专业水平，还要思维敏捷、口齿伶俐。主持人一般由社会组织公共关系部门的负责人来担任，发言人则应由社会组织的高级领导人来担任。不论是主持人还是发言人，都是社会组织形象的化身，其外表形象的设计也应下一番功夫，服饰仪表、言谈举止都应给人以礼貌真诚的感受。

（5）准备好发言和报道提纲，以及宣传辅助资料。根据会议的主题全面收集有关资料，考虑记者可能提出的问题，准备专业准确、语言生动的发言稿供发言人参考，必要时准备一些与会议主题有关的图片、实物、影像、模型等辅助资料，同时还要准备报道提纲，在会前发给记者作为采访报道的参考。新闻通稿和背景材料的封面也应加以留意，要打印公司标志，以建立公众认知。需特别注重的是，会前应将会议主题、发言稿和报道提纲在组织内部通报一下，以统一口径。

（6）布置会场，安排好工作人员。会场布置应安全舒适、大小适宜、光线合适，桌椅设置方便记者提问和记录。工作人员（礼仪人员、接待员、服务员、安保人员）应准时到位。

（7）组织记者参观的准备。必要时给记者创造实地采访、摄影、录像等机会，增强记者对会议的感性认识，同时安排好接待、介绍工作。

（8）经费预算。根据会议的规格和规模做出可行的经费预算。经费预算的项目一般包括：场租费、会场布置费、印刷品、茶点、礼品、文书用品、音响器材、邮费、电话费、交通费等，需要用餐时还应加上餐费。

（9）小型宴请的安排。必要时应安排一些小型酒会、便餐或茶会，以密切关系。

（10）礼品准备。适当准备一些具有组织特色的小纪念品、礼品，以扩大影响，加强宣传，加深友谊。

2. 新闻发布会的程序

（1）迎宾签到。会议工作人员引导来宾和记者签名，并将准备好的有关材料发给与会宾客。签到后，要有专门的礼仪、服务人员引导来宾至会场或休息室，安置席位、上茶或饮料等。

（2）宣布开会。会议主持人准时宣布记者招待会开始，致简短欢迎词，介绍议题和议程及出席招待会的嘉宾，并将本组织发言人的姓名、职业、职位、发言内容等介绍给来宾。

（3）发言、答问。发言人发表组织的有关信息；如果推出新产品，还应安排有关专家讲话，宣读鉴定单位的鉴定报告，展示新产品。答记者问时应按分工范围，做到责任分明；同时，要掌握时间和节奏，按事先规定的时间宣布"最后一位记者提问"。

（4）闭会、欢送记者。预定时间到后，主持人宣布记者招待会结束，简短评述会议，向与会者致谢，并传达日后继续合作的意图。闭会后，要做好欢送记者的工作，并巧妙地提醒记者及时将报道情况反馈给本组织。

■ 相关知识链接6-5

新闻发布会的注意事项

1. 起草发言提纲

主题确定后,组织专门的班子起草发言提纲,估计记者可能提出的问题并预先作答。因此,要广泛收集有关主题的各种材料,归纳出宣传内容的要点和背景,做成卡片,供发言人参考。所发布的消息必须准确无误,若发现有错误,应及时更正。

2. 选择好时机

新闻发布会时机的选择一要及时,二要注意避开重大节日和社会活动。此外,确定在哪一周的哪一天、哪一天的哪一时刻也很重要。一般不宜选星期一、星期五。早报、晚报的截稿时间不同,如安排早报记者参加,新闻发布会应在中午、下午;如要在当天晚报或电视晚间新闻报道中,最好安排在上午9:30或10:00~10:30,同时,要注意协调好网络媒体。

3. 确定邀请范围

新闻发布会的邀请范围要根据实际需要确定,尽量广泛邀请各级各类记者参加。要考虑一下谁会对本次新闻发布会的内容感兴趣。例如,经济新闻只对商业报刊记者有价值;如是医疗新闻,那就邀请医疗报刊、电视台医疗节目的记者。邀请对象一旦确定,最好不要电话邀请,而是发请柬并提前3~4天送到,注意不要送得太早,以至于邀请信埋没于文件堆里。会前1~2天还应打电话联系确认。

4. 选定会议地点

选定的会议地点要符合交通便利、设施齐全、环境良好的原则。应考虑是否方便与会记者及其他人士的进出和乘车、会议室是否能够容纳所有记者与嘉宾,还应考虑能否给记者创造各种采访的条件,如拍摄的辅助灯光、视听辅助工具、适合记者使用的桌椅等。此外,在会场布置时,不要让新闻发言人坐在镜子、窗户或其他反射光线的背景之前,以防镜头效果受损,影响组织形象。会议室大小的选择也要多加留心。房子空间大、人员少,给人的印象是新闻发布会的新闻价值不大,与其这样,还不如在一个小点儿的房间里较好,给人一种座无虚席的感觉,给人的印象是肯定有重要的消息。

5. 遴选发言人

举办新闻发布会,一般首先由主持人发布消息或介绍情况,随后由主要发言人详细发言。主要发言人原则上应安排总经理或厂长等主要负责人,因为他们能准确地回答有关组织的方针、计划、生产、经营等重大问题。如果公布某项新产品、新技术,分管技术方面的主要负责人也应列席。发言人要思维敏捷、反应迅速、口才较好。发言人遇到不便回答或不好回答的问题时,不要回避,更不要说"无可奉告",而要婉转、抽象、幽默地给予回答。不要随便打断记者的发言和提问,也不要采取任何动作、表情或评议阻止他们。

6. 准时开始

正式发布会前1~2小时,检查一切准备工作是否就绪,将会议议程精确到分钟,并制定意外情况补救措施。

资料来源：何伟祥.公共关系原理与实务［M］.3版.大连：东北财经大学出版社，2009.

3. 新闻发布会的会后工作

为使新闻发布会这一公共关系专题活动取得预期的效果，在会议结束后，组织还应做以下方面的工作。

（1）整理资料。记者招待会结束后，要尽快整理记录材料，从中总结此次招待会在组织、布置、主持和回答问题等方面的成败，并将其编成档案以备今后查阅。

（2）归类分析。整理发布会音像资料，收集报刊、网络媒体、电台或电视台上的报道和稿件，综合比较，检查报道内容是否有误。若存在问题，应及时拿出补救措施。制作发布会成果资料集（包括来宾名单和联系方式、发布会各媒体报道资料集、发布会总结报告等），作为企业资料保存，并可在此基础上制作相应的宣传资料。

（3）检查效果。收集到会记者在报刊、网络媒体、电台、电视台上的各类报道和评论，把握公众的反应和舆论走势，检查是否达到了举办发布会的预定目标，是否由于失误而造成了误会等，并以此检测发布会活动的效果。

（4）采取措施。如果是不正确或歪曲事实的报道，应主动采取行动，说明真相，并向报道机构提出更正要求；如果是反映了事实却不利于本组织的负面报道，则应通过有关媒体向公众表示歉意，并制定改进措施，以挽回组织声誉。

6.2.3 展览会

展览会是一种以实物、文字说明、图片、模型、幻灯片、录像等来展示社会组织成果，树立社会组织形象的公共关系宣传活动。对于公众来讲，展览会可以触摸、使用、品尝或通过其他方式对展览商品加以检验，能形成较完整的感性认识；同时，由于展览会集中了许多行业不同的产品，而且价格也较优惠，因此可以为公众节约大量的时间和费用。成功地举办展览活动可以吸引公众的注意和兴趣，实现社会组织与公众的双向沟通，有效推销组织形象。

1. 展览会的类型

（1）按展览的性质分为贸易性展览会和宣传性展览会。贸易性展览会以商品促销为目的，将商品实物展览和订货融为一体，具有现场广告的效果。宣传性展览会展出照片资料、图表和有关实物，目的在于宣传某一观点、思想和信仰。

（2）按参展的种类分为专项展览会和综合展览会。专项展览会围绕某一项目或某一专业、某一专题进行，要求主题鲜明，内容集中，有一定的深度。综合性展览会介绍一个地区或组织的全面情况，要求内容系统，具有全面性和概括性。

（3）按展览的规模分为大型展览会、小型展览会和袖珍展览会。

（4）按举办地点分为室内展览会和室外展览会。

2. 展览会的组织工作

（1）明确展览会的目的和主题。展览会是一项综合性的传播活动，它可以提升组织形象。因此，在举办展览会之前，要明确其主题和目的，围绕主题认真收集实物、材料和选择展品，精心布置陈列，编好解说词。

（2）确定展览时间、地点、参展单位和参展项目。展览会时间依据展销内容和规模而定，尽量选择在节假日举办，使更多观众有时间参观。地点可以在室内，也可以露天，但应选择在交通便利、公众容易找到的地方，并考虑周围的环境是否与展览内容相配合，各种设施能否满足展览的需要。根据展览会的主题和目的，确定参展单位、参展项目和参展标准，然后采取广告和发放邀请信的方式召集参展者。

（3）明确目标公众，邀请重点嘉宾。参观展览会的观众就是目标公众，是组织准备影响的对象。要明确参观者的范围、类型和构成，以选择信息传播的手段和方式。如参观者是展出内容的行家里手或本专业的同行，展览就要有一定的深度，讲解人员必须有相当程度的专业知识，介绍资料要专业化；如参观者是一般的群众，则力求通俗易懂，进行直观普及性的宣传。

展览会组织者还应重点邀请与展览主题相关的各级各类组织负责人、社会知名人士、专家学者、评论专家等作为展览会开幕式的嘉宾，以提高展览会的地位与声誉。此外，还应重点邀请有关新闻媒介的记者采访、报道展览会，以扩大传播效果与影响。

（4）做好各项准备工作。准备工作包括：文字、图片的制作、安放；实物的运达、布置；各种宣传材料的印制、展区平面图的绘制、展览会徽标设计制作等；对展会工作人员（如讲解员、接待员、服务员、安保人员等）的培训。

■ **相关知识链接6-6**

展会工作人员的培训内容

- 各项目、内容的专业基础知识；
- 公关接待和公关礼仪方面的基本知识；
- 各自的职责、各种可能发生的突发性事件的处理原则和基本程序；
- 产品订购、邮寄、海关、检疫、运输、旅游等辅助机构的设置等。

资料来源：杨加陆. 公共关系学教程［M］. 2版. 上海：复旦大学出版社，2007.

（5）做好展览会的经费预算。展览会的经费预算主要包括场地租用费、展品规模图表制作费、设计装修费、交通运输费、广告宣传费、水电费、劳务费、保险费、便餐费以及估算不可预见费等。

（6）成立专门对外发布新闻的机构。对外发布新闻的机构主要负责和新闻界进行联系的一切事宜，制定新闻发布的形式，在展览日期、地点确定后，举办记者招待会发布消息，邀请新闻界人士参加开幕式，尽可能多地在报刊、广播、电视、网络媒体上报道开幕式的消息和实况。这样做可以在展览会展销开始之前就产生重要的宣传作用，也可以吸引更多的参观者。安排好新闻发布室,并准备新闻报道所需的各种辅助宣传材料。在展览会期间,新闻发布室应自始至终开放,随时收集参观者及展览会的有关信息,并与新闻媒体保持密切联系。

(7) 开幕式—观展—闭展。

① 开幕式。通常开幕式的内容包括:主办者致辞,说明举办展览会的目的、宗旨,向协办组织致谢,向各位嘉宾、与会者表示欢迎与感谢;来宾代表讲话并表示祝贺;嘉宾代表、知名人士剪彩等。

② 观展。主要是接待参观者,讲解展品,做好服务咨询工作,并注意利用参展机会向其他组织提出合作意愿。

③ 闭展。展览会结束后,要撤除展品,进行工作总结和效果评价,答谢合作者和公众。

(8) 总结评价。展览会结束后,组织者应收集公众留言簿上的意见;召开公众座谈会,听取他们对展会的观后感;开展问卷调查,了解展览会的实际效果;收集新闻媒介对展览会展销的有关报道、闭幕式的报道、各种评价的总结报告,总结经验教训,最后形成综合材料留档保存,作为下次举办展览会的参考依据。

6.2.4 庆典活动

庆典活动是组织利用自身或社会环境中的有关重大事件、纪念日、节日等所举办的各种仪式、庆祝会和纪念活动的总称,包括节庆活动、纪念活动、典礼仪式。通过庆典活动,可以渲染气氛,强化组织的影响力;也可以广交朋友,广结良缘。成功的庆典活动还可能具有较高的新闻价值,从而进一步提高组织的知名度和美誉度。

1. 常见的庆典仪式

(1) 节庆活动。节庆活动是指组织利用盛大节日举行或参与的庆祝活动。这类庆典活动不仅可以扩大组织的社会影响,也可以总结一段时间内的工作,并借此机会谋求新闻媒介传播社会组织的良好形象。

不同国家甚至同一国家不同地区,都有自己独特的节日。节日又有官方节日和民间传统节日之分。比如每年6月1日前后,大小商店都会在小孩商品上绞尽脑汁;中秋节前,则会爆发一轮又一轮的月饼大战;各节假日前夕,旅游胜地和饭店就会大张旗鼓地宣传和推介其优质的特色服务。还有些地方会根据自身文化传统、风俗习惯等,组织举办一些具有地方特色的节庆活动,如北京地坛庙会、湖南龙舟节、山东潍坊风筝节、慕尼黑啤酒节等。

(2) 纪念活动。纪念活动就是利用社会上或本行业、本组织具有纪念意义的日期而开展的公共关系活动。通过举办纪念活动,可以传播组织的经营理念、经营哲学和价值观念,使社会公众了解、熟悉进而支持本组织。因此,举办纪念活动实际上也是一则极好的公共关系广告。

可供组织举办纪念活动的日期和时间有很多，如历史上重要事件发生的纪念日、本行业重大事件纪念日、社会名流和著名人士的诞辰或逝世纪念日；而本组织的周年纪念日、逢五逢十的纪念日及重大成就的纪念日，更是举办纪念活动的极好时机。

（3）典礼仪式活动。典礼仪式包括各种典礼和仪式活动，如开幕典礼、开业典礼、项目竣工典礼、毕业典礼、颁奖典礼、就职仪式、授勋仪式、签字仪式、捐赠仪式等。

在实际工作中，典礼仪式的形式多样，并无统一模式。有的仪式非常简单，如某个企业办公楼的开工典礼，放一挂鞭炮，喊一声"开工"，仪式便宣告结束。有的仪式非常隆重、庄严，如英国女王登基、国外皇室婚礼及葬礼等，甚至还有一套严格的程序和繁文缛节。这类庆典活动容易引起公众与媒体的关注。但不管仪式简单还是隆重，现场的气氛一定要热烈，给人留下深刻的印象，可以在现场悬挂横幅、条幅，布置彩旗、鲜花，放气球、鸽子，设置大型立体显示屏、独特造型，等等。热烈喜庆的庆典活动还可以安排一些助兴节目或娱乐活动。

■ 相关知识链接6-7

典礼仪式活动中的助兴节目

常见的助兴节目有军乐队演奏、传统舞狮表演、舞龙表演、传统鼓乐表演、独歌舞、合唱、交响乐队表演、马戏小丑表演、杂技、戏曲、歌唱、魔术、相声、小品及放礼花、鞭炮、焰火等。助兴节目最好由本单位内部工作人员创作编演，能增强员工的职业自豪感，如果条件允许，也可以请著名歌手、演员来演出。娱乐活动包括游戏、猜谜、抽奖等。

资料来源：王玫，王志敏.公共关系原理与实务［M］.北京：中国林业出版社，2007.

2. 庆典活动的组织

"凡事预则立，不预则废。"庆典活动不是单纯的交际活动，而是寓公共关系活动目标于庆典活动之中的专门活动形式，它需要一定的技巧和艺术，需要公共关系人员精心策划、认真组织、仔细协调。为了达到预期的效果，应当做好如下工作。

（1）明确目的。庆典活动不是简单地走过场、摆样子，它需要有明确的目的。就总体而言，这类活动的目的主要是扩大影响，提高组织的知名度、美誉度，协调组织和公众的关系。具体而言，庆典活动是组织向社会和公众展现自身形象，展示组织的领导能力、组织能力、社交水平、组织文化素养等。因此，庆典活动的目的一定要明确，不可贪多。

（2）组建班子。庆典活动必须要有一套精明强干的工作班子。该班子一般包括：

① 策划管理人员，他们对整个庆典活动进行整体构思和策划，并分工主管各部门、各环节的工作；

② 实施操作人员，主要负责策划阶段的材料准备、文字撰写、美工制作、广告设计、迎宾礼仪、主持司仪、摄影摄像等具体工作；

③ 其他勤杂人员，主要根据庆典活动的实际需要，承担起司机、厨师、清洁工、勤

杂工、电工、木工等后勤人员的工作。

（3）妥善安排活动内容、形式和规模。庆典活动的内容必须是本组织发生的值得庆祝或有纪念意义的事件，要挖掘深刻的主题，既要与活动内容相结合，更要与社会热点问题、公众关心的问题相结合，使活动具有强烈的社会意义，以增强社会效果。庆典活动的形式和规模要考虑社会组织自身的性质、特点和与公众关系的密切程度等因素，同时还应考虑社会组织自身的规模大小、经济实力等条件。

（4）准确把握时机。选择最佳时机举办庆典活动容易产生广泛的社会效应。庆典活动的时机要与活动的目标和内容相适应，既要考虑宣传效果，又要考虑所邀请的公众有较合适的时间，还要让公关部门有充分的准备时间。

（5）做好准备和协调工作。庆典活动规模较大，参加人数较多，有时活动的范围也不小，因此准备和协调工作尤显重要。会前要做好准备工作，如会场的地点、设备的配置、环境的布置、座次的安排、资料和纪念品的准备、流程的安排、发言人的确定、与会者的邀请、新闻单位的联系等。会议工作人员必须明确分工、各司其职，同时要有人负责联络和协调，注意整体的形象。

（6）拟定出席庆典仪式的宾客名单和庆典流程。出席庆典仪式的宾客一般包括政府要员、组织领导、知名人士、新闻人士、同行代表、员工代表、公众代表及业务单位代表等，要提前将请柬送到宾客手中。庆典的流程一般为：签到、宣布庆典开始、宣布来宾名单、致贺词、致答谢词、剪彩、组织来宾参观等。

（7）善后工作。庆典结束后，要督促新闻界客观、迅速地报道本组织的情况，通过座谈、留言形式广泛征求意见，并综合整理，总结经验，形成庆典活动的总结报告。

6.2.5 赞助活动

赞助活动是指社会组织通过对社会性、公众性的事业或事件无偿地给予资金或物质上的赞助或帮助，使组织塑造良好形象并扩大影响的一种公共关系活动。赞助的目的不只是发善心，而是希望通过赞助活动在造福社会的同时树立起组织的形象，获得公众的理解和支持。

1. 赞助活动的意义

（1）达到广告的目的。赞助活动是一种有效的广告形式，既可以通过新闻媒体扩大影响，迅速提高社会组织的知名度，又可以增强商业广告的说服力。

（2）制造新闻效果。通过赞助制造新闻效果，扩大社会组织的认可度，给公众留下良好的印象，使公众认识到社会组织对公益事业和慈善事业的热心，获取公众的赞美，提高组织在公众心中的美誉度。

（3）承担的社会责任。通过赞助表明社会组织承担的社会责任，可以树立关心社会公益事业的良好形象。

（4）增强社会组织与外界交流的和谐度。社会组织开展赞助活动的目的是满足公众某一方面的需求，能够加深与公众及其他社会组织的关系，增强社会组织与外界交流的和谐度，提高公众的信任度。

■ 相关知识链接6-8

王老吉向地震灾区捐款1亿元

2008年5月18日晚，中央电视台"《爱的奉献》——2008抗震救灾大型募捐晚会"现场，王老吉向地震灾区捐款1亿元，创下当时国内单笔最高捐款额度。这一善举感染了民众，也刺激了消费者对王老吉的热情。

王老吉在这次募捐晚会上对赈灾慈善事业的大手笔，让热衷王老吉的消费者看到了王老吉是一个负责任的企业，是一个懂得回报社会的企业，同时树立了王老吉的良好形象。因此，王老吉在很短的时间里得到市场认可和更多人的关注，其品牌价值也不断提升。

资料来源：周安华. 公共关系：理论、实务与技巧 [M]. 6版. 北京：中国人民大学出版社，2019.

2. 赞助活动的类型

（1）赞助体育事业。体育运动和比赛拥有广泛的观众，往往也是新闻媒体重点报道的对象，对公众的吸引力极大，特别是通过赞助奥运会等世界性体育赛事的大型体育活动，可以展示组织实力，扩大自身的社会影响力。"健力宝"就是因赞助中国体育健儿而蜚声海内外的。赞助体育活动的方式有提供经费、场地、饮料、食品、服装、奖品、项目运动队的训练和主办体育比赛等。

（2）赞助科技教育事业。赞助科技教育事业既有助于科技教育事业的发展，又能树立组织关心社会科技教育的良好形象，为组织吸纳优秀人才和开展业务培训创造有利条件。赞助科技教育事业的常见途径包括：赞助科学研究机构及各类学校建设，赞助学校图书馆、实验室和其他教育设施，赞助科研项目和学科建设，为学术活动提供会议场所和会议经费，设立奖学金、学习或研究基金，在经济欠发达地区建立希望工程，对贫困和特殊学生进行经济、物质或其他资助等。

（3）赞助社会福利和慈善事业。此类赞助活动有助于组织向社会表明其承担的社会义务和责任，博得公众好感。这类活动形式主要有：修建马路、天桥、公园、路标、车棚、卫生环境设施、少年宫、养老院、福利院以及赞助残疾人事业、老年康复保健事业等。具体方式可分为临时性捐助和定期性捐助，或两者相结合。

（4）赞助文化艺术事业。此类赞助活动有助于培养组织与公众的良好感情，提高组织的社会效益和知名度。这类活动形式主要有：出资主办音乐会，赞助广播电视节目的制作、播映，赞助电影的拍摄，赞助文艺演出、书画展览、摄影作品展览，赞助媒体文化栏目、文学艺术创作、文化机构、出版事业等。

（5）赞助环保事业。近年来，环保问题成为一个不断升温的引起全球普遍关注的"热点"，因此，赞助环保事业对组织赢得公众的信任和好感，取得良好社会效益的作用是不言而喻的。组织可采用的赞助形式有：投入资金宣传环保意识，资助环保组织、环保项目和设施建设等。

（6）赞助救灾活动。赞助救灾活动主要是对遭受各种自然灾害或社会危机事故的地区和公众实施捐助。常见的有：向地震、水灾、火灾、瘟疫等受害地区和公众提供物品、器械、技术、资金等帮助。

（7）赞助其他特殊领域。其他特殊领域的赞助活动如赞助保护文化遗产（包括一些文化古迹、语言、音乐、绘画、雕塑、技艺和民俗等）、野生动物、壮举和探险、地方性的节日活动等。

■ 相关知识链接6-9

地方性的节日活动

自贡的灯节、潍坊的风筝节、广东的龙舟节、哈尔滨的冰雪节、云南的泼水节、深圳的荔枝节、海南的椰子节、洛阳的牡丹节、甘肃的花会等。

资料来源：于朝晖，邵喜武. 公共关系学 [M]. 北京：中国林业出版社，2008.

3. 赞助活动的步骤

（1）赞助活动方案调查。社会组织不管采用哪种形式的赞助，都有必要进行赞助调查。首先，研究社会组织自身的情况，了解本组织的公共关系现状、目标与政策等，以此作为制定赞助对策、选择赞助对象、决定赞助金额的基础。其次，掌握赞助对象的相关情况，如赞助对象的社会信誉、公众关系、面临的问题、经营状况等，以便有选择地赞助。再次，了解赞助项目提出的背景，对公众的影响力，公众对项目所持的态度和心理，项目需要的人力、经费，可能出现的问题和困难等情况，以便制订更为稳妥的方案。最后，分析社会组织在付出相应的财力、物力、人力所能获取的经济效益和社会效益。

通常情况下，要组成一个专门的赞助审查委员会（小组），对赞助项目的方方面面进行审查并进行综合效益分析，以保证组织和社会双赢。在赞助调查时，要防止只花钱、不看效果和各种赞助活动互不相关，离本组织总体赞助计划主题太远的现象。

赞助通常有两种形式：一是组织主动对某些社会活动、社会机构提供赞助；二是应某机构、某活动的请求予以赞助。

（2）制订计划。制订具体翔实的赞助计划是确保赞助活动取得预期效果的必然条件。赞助计划有年度计划和项目计划。既要有一年中的总体设想，又要有具体活动内容，包括：赞助的目标、形式、范围，赞助活动所选择的传播方式，赞助活动的具体实施方案，赞助的预期效果，赞助的经费预算，等等。具体项目的赞助计划要求详尽、可以操作，并且与赞助调查的结论一致。制订赞助计划时要从实际出发，量力而行，要考虑到应变方案，在经费使用上应留有一定的余地，以防在突发性事件面前陷入被动。

（3）审核和认定赞助项目。实施赞助活动前，应对某一具体的赞助项目进行详细的分析研究，要组织论证和审核。论证的内容包括赞助的目的和意义、赞助内容是否适宜、赞助范围是否恰当、赞助项目是否可行、赞助时机是否适当、赞助费用是否合理等。在审核时，要结合年度赞助计划，确定此项目赞助的可行性。

（4）严格管理。社会组织的赞助活动应从组织的公共关系目标、组织面对的社会环境出发，制定切实可行的政策、方针和策略，将赞助活动纳入整个组织公共关系的管理系统中，科学有序地进行。社会组织赞助时，在财务上应严格管理与审计，防止资金被挪用、私吞或骗取。

社会组织若想长期向社会公益事业提供稳定的赞助，以此取得长期的公共关系效益，最好成立基金会或其他同类组织，以确保赞助活动长期、有序地运行，并取得良好的效益。

（5）落实赞助活动。赞助活动要落到实处，这就需要组织对整个赞助活动中的各个环节，分派具体人员负责落实，要派公共关系人员与赞助单位进行联系，签订赞助协议，商讨在赞助活动中如何扩大社会组织的影响，组织名称或标记出现的时机、场合、频率和时长，如何举办赞助仪式等相关事宜。

（6）测定赞助效果。在活动结束后，应广泛调查、收集各方面的看法，根据赞助计划逐项对照检查，总结此次赞助活动的经验与教训，以量化的形式测定赞助效果。检查测定后，要写出分析报告，总结经验，查找不足，并归档存储，为此后的赞助活动提供借鉴。

■ **相关知识链接**6-10

开展赞助活动注意的问题

- 社会组织的赞助活动要选准赞助对象，否则会适得其反。一般情况下，应优先考虑赞助社会慈善福利事业和教育文化事业。
- 赞助活动要根据组织的发展需要灵活制定，不能拘于形式。
- 在制订赞助计划时，要考虑保留一部分机动款项，以解决实施赞助过程中临时变动情况引起的费用增加。
- 对明显不符合条件的赞助对象，或对不能满足或不能全部满足赞助对象要求的，应坦率相告，态度要诚恳，以免引起矛盾，但不必为威逼利诱所吓倒或屈服。组织要根据自身实力开展赞助活动，要量力而行。
- 开展赞助活动，必须配合各种公共关系手段，尽量利用赞助活动开展宣传，体现出组织负责任和积极承担社会义务的形象，增进社会公众对组织的理解和支持，增加组织的社会影响力。

资料来源：王玫，王志敏. 公共关系原理与实务［M］. 北京：中国林业出版社，2007.

6.2.6 开放参观

社会组织为了让公众更好地了解自己，获得公众对其各项活动的支持，可以有计划地组织公众参观，邀请组织的员工家属、社区公众、新闻工作者以及其他对组织感兴趣的人到组织参观，利用这个机会向公众进行宣传，这也是塑造社会组织形象的方法之一。

1. 开放参观的作用

（1）扩大组织知名度。通过组织参观，增加组织的透明度，让公众了解组织的宗旨、功能、优势、特点，显示组织的存在有利于社会和公众。

（2）促进业务。通过组织公众参观组织的厂区、生产流程、产品，让公众产生信任感，便于推销产品，谋求投资或相互协作、拓展业务。

（3）协调社区关系。组织社区公众参观本组织完善的设施、优良的工作环境、可靠的安全系统，表明组织对社区公众不会产生危害，以求得社区公众的理解和支持。

（4）增强组织内部员工的自豪感。组织员工或其家属参观组织，往往能让员工家属感受到组织的人文关怀，更深入了解组织的优势，这既能增强员工家属全力支持员工的工作、激发员工的工作热情、增强员工及其家属的自豪感，又能让组织获得更多的宣传途径和效应。

2. 开放参观的组织工作

（1）成立专门机构，配备专门人员负责。专门机构中应至少有一名决策层的人来做总协调，并有相关部门的负责人和具体的工作人员参加。

（2）印制宣传册子。这些册子以简明扼要、深入浅出的语言介绍参观内容，在参观一开始时分发给公众，使公众快速阅读后对参观的内容有大致的了解，便于公众更好地了解组织情况。

（3）确定参观日期和参观内容。在确定参观日期时，应注意不要和重要节日或社会组织的重要活动发生冲突，否则会影响参观的实际效果。参观的内容包括情况介绍、现场观摩和实物展览三种，帮助公众了解组织的实际情况。

（4）选择参观路线。选择参观路线时，既要展示组织最佳的一面，又不能泄漏组织的商业秘密；既要引起参观者的兴趣并保证他们的安全，又要对组织正常工作的持续干扰最小。参观路线应有明确的路标，且事先采取安全措施，安全人员应在必要的地方设置警告和障碍，以防止意外发生。

（5）做好接待和解说工作。对导游或解说人员要事先进行筛选、培训，使他们熟练掌握参观过程中每个参观点的解说内容。参观点的员工应佩戴印有个人名字的标牌，并要耐心细致地回答来宾提出的问题，热情周到地做好接待工作。

（6）做好欢送工作，征求意见。参观结束后，要做好欢送工作，并认真听取他们对组织的看法和建议，注意收集参观者的意见，整理分析后提交有关部门，以便组织改进工作。

■ 相关知识链接 6-11

工业旅游不是广告胜似广告

工业旅游是指以工业生产过程、工厂风貌、工人工作生活场景为主要旅游吸引物的旅游。国际上一些著名的生产企业都非常重视通过开展旅游让客户了解自己的产品，提高消费者的兴趣和信任感，培养忠诚的消费群体，为消费者提供改进产品的市场信息，同时宣传企业的历史、文化、理念，进而提升自身的品牌形象。特别是一些工业企业建立的博物馆、展览馆，更是集中展示了企业的文化和产品，不仅促进了工业旅游的发展，也在市场营销方面取得了很好的成效。可以说，工业旅游的发展，为企业发展战略确立、品牌形象定位、产品市场营销提供了新的手段和依据，为企业发展发挥了积极作用。以现代汽车工业为例，法国雪铁龙汽车制造公司早在五六十年前就组织客人参观它的生产流水线，以雷诺、标致、雪铁龙三大汽车公司为代表的法国汽车工业企业已成为吸引旅游者人数最多的工业旅游项目；总部设在斯图加特的德国奔驰汽车公司，不仅将总装配线等现代化生产流程作为重要的旅游项目向外推出，还将穿上工作服、拧几颗螺丝钉以及到工厂食堂就餐，亲身体验"奔驰人"的生活作为工业旅游活动的内容之一；大众汽车公司还特地建设了一座通体透明的生产车间，全景展示轿车的整个生产过程。这些工业旅游项目都深受广大游客青睐。

近年来，我国一些知名企业认识到开放企业、让公众参观生产流程、开办工业旅游的巨大社会效益，纷纷将这一形式引入企业。国家文化和旅游部还制定和颁布了工业旅游示范点标准，引导更多有代表性的企业积极开展、申报工业旅游项目。

青岛海尔集团于1999年年初推出"海尔工业游"项目，当年到海尔集团参观的中外游客就达到24万人次。"这些参观者对海尔树立企业形象的作用不可小视。"海尔人说。

北京燕京啤酒集团每年在电视广告上的投入要以千万元计算，而工业旅游参观通道的投资仅为几十万元。成千上万的参观者在看到燕京啤酒的计算机管理系统和世界领先的生产线之后，带回去的口碑比任何广告都可信。在前些年就开发了工业旅游项目的燕京啤酒集团因为尝到了甜头，准备继续投资扩大旅游内容。例如增加大麦、啤酒的实物展览，让游客不仅看得见，而且摸得着，了解整个啤酒生产过程，在旅游之中增长知识。

工业旅游项目比做广告花钱少，却比做广告的效果好，这正是越来越多的企业看好"工业旅游"的真正原因。

资料来源：朱崇娴. 公共关系原理与实务[M]. 3版. 北京：高等教育出版社，2019.

6.2.7 联谊活动

联谊活动是指社会组织为了联络组织与其他组织之间以及本组织内部各部门之间的情感与沟通而举行的活动。联谊活动形式多样，如组织舞会、参观游览、各种有益身心健康的休闲活动、竞赛活动等。

1. 联谊活动的类型

（1）社会组织内部的联谊活动。社会组织内部的联谊活动可以调节职工文化生活，创造和谐的人际关系。组织者应注意活动形式的多样性，以满足员工的不同需求。此外，有时也要满足员工携带亲属、好友参加联谊活动的要求。组织的领导者也应将参加联谊活动作为和员工建立信任关系的一种方式。

（2）社会组织外部的联谊活动。社会组织外部的联谊活动是指社会组织对外部公众所组织的联谊活动，如客户联谊会、社区公众联谊会等。它可以增进外部公众对社会组织的关注和了解，加强相互联系和协作交流。开展此类联谊活动时，组织要掌握外部公众的爱好，遵循友善真诚、互惠互利的原则。

2. 客户联谊活动的组织

企业中最常见的联谊活动是企业与客户之间举办的客户联谊活动。客户联谊活动具有加深客情关系、宣传提升企业或项目品牌形象，以及增强市场信心、促进销售等作用。

（1）明确活动目的。对于一次客户联谊活动而言，明确活动目的，以及由此确定活动形式是活动成功的必要前提。不同类型企业、不同类型项目，甚至是同一企业或项目的不同时期进行的客户联谊都具有自己独特、明确的活动目的，不同的活动目的将直接影响客户联谊采取的活动形式和活动内容。因此，在每一次客户联谊前，作为活动的策划者或组织者一定要组织相关人员开会研究分析当前宣传推广的阶段特点及需求，以确定明确的活动目的，以及采用何种形式。

（2）制订周密的计划。周密的计划也称客户联谊的活动方案，是组织一次成功的客户联谊的基础。通常，一份完整的客户联谊活动方案主要包括以下几点。

① 前言。活动方案既是活动执行的"剧本"，也是给领导汇报工作，上报审批的材料。因此，在方案正文之前简单扼要地把宣传推广的发展状况、跟进推广的必要性和重大意义阐述清楚，是非常关键和必要的。

② 活动目的。虽然在制订方案之前早已明确了活动的目的，但作为一份完整的活动方案，必须把举办活动的目的逐条阐述清楚，大到对企业品牌形象的提升，小到维系客户关系、促进成交等这是整个活动的指导思想和检验活动成效的标尺。

③ 活动形式。根据活动的目的，策划者要明确何种形式更有利于加深客情关系，顺利实现预期的目的。客户联谊的活动形式有很多，比较常用的主要有"论坛+就餐""演出+就餐""论坛+演出+就餐"等形式，当然还有其他诸如户外拓展、郊游、茶话会等众多形式，策划者可根据活动性质的需要进行选择。

④ 活动时间及地点。在方案中，策划者必须把活动的时间和地点进行明确，并且有必要根据活动组成部分的不同进行明确分类。

⑤ 活动主题。活动主题应体现出活动目的，加深客情关系，以及明确体现出活动的主题和形式。主题要朗朗上口、具有感召性。一般来说，活动主题主要包括两个部分，一是主标题部分，二是副标题部分，如"起舞中秋，领秀无锡——首创隽府客户联谊会"，其中"起舞中秋，领秀无锡"是主标题，"首创隽府客户联谊会"是副标题。

⑥ 活动内容。此部分是整个方案的主体和实操部分，是整个方案的躯体。一般来说，活动内容主要包括开场致辞、演出、就餐等内容。

⑦ 筹备工作。为了组织一次成功的客户联谊活动，必须进行充足的筹备工作。通常筹备工作主要分内部组织和外部联系两块。

内部组织主要包括：文字类——场地布置内容、宣传视频、领导致辞稿、主持词等；

物品类——请柬、场地布置物料（喷绘布、大屏幕、海报、条幅等）、奖箱及奖券、奖品及纪念品等；人员类——组织协调人员、辅助服务人员等。

外部联系主要包括：活动场所——场地可用的时间、费用、服务内容、音响灯光设备、场地布置、物料、人员配备情况等；节目准备——活动公司、主持人、演艺人员的来源及档次、节目类型搭配、费用协调等；新闻媒体——计划投放媒体的记者联系、刊登和录播、费用协调等。

■ 相关知识链接6-12

联谊会主持词

各位尊贵的来宾、女士们、先生们，各位领导、各位老师，各位亲爱的伙伴们，在座的所有朋友们：

大家晚上好！

我是武汉××医药有限公司销售部的×××，我非常荣幸担任×××五周年联谊晚会的主持人。

首先给大家拜一个早年，祝大家身体健康、阖家幸福、事业兴旺、万事如意！

今天莅临我们现场的有：……

感谢你们的光临，在这儿我谨代表公司全体员工向你们表示衷心的感谢和热烈的欢迎！

刚刚过去的一年，是我们公司承前启后、成就非凡的一年。在这一年里，公司各项业务稳健发展，在一些重大领域中更取得了令人瞩目的成就。

喜悦伴着汗水，成功伴着艰辛，遗憾激励奋进，我们不知不觉地走过了五年。

今天，让我们欢聚一堂，共同畅想美好的未来。在这个激动人心的时刻，让我们用热烈的掌声有请武汉××医药有限公司销售部总经理×××先生上台致辞，掌声有请……

感谢总经理真诚的祝福，在这憧憬未来的盛夜，让我们牵起手来，相互支持，友好合作，携手奔向美好的明天。

今夜星光灿烂，回眸与公司同呼吸、共命运、心连心的五年，不由感慨万千，激情高昂，让我们在今晚燃烧所有的热情，尽享成功的喜悦！

下面请用我们热烈的掌声有请厂家代表××药业有限公司×总上台畅谈合作感受，掌声有请……

感恩，会使心境变得平和；

感恩，会使自己感到幸福；

感恩，会使生活充满希望。

拥有一颗感恩的心，才能理智地面对一切困难，从容地面对是是非非。

我们怀着一个感恩的心，感谢有您！感谢有你们的支持，公司的发展才得以茁壮成长！

下面请用我们最热烈的掌声有请几年来和××同行，和××共进的客户代表：

武汉××社区服务中心谢主任上台致辞，掌声有请……

千淘万漉虽辛苦，吹尽狂沙始到金。公司的营销伙伴不断超越自我，实现自我，用辛勤和汗水浇注出了今天骄人的成绩。

一年过去了，这一小段光辉岁月见证的是我们公司逐步成长的足迹；公司令我们无比欣慰与自豪。

回首过去，我们热情洋溢，

坚定现在，我们激情澎湃，

展望未来，我们斗志昂扬。

20××，我们将不断地前进！感谢有您！再创新绩！

让我们在新的一年里张开腾飞的翅膀，向着更高的目标飞翔！

让我们携手并肩，志存高远，实现新跨越，再创新辉煌！

今天晚会暂告一段落。

武汉××医药有限公司联谊晚宴现在正式开始：开局之前先送我们在座的所有来宾一副对联，上联是：吃，吃尽天下美味不要浪费，下联是：喝，喝尽人间美酒不要喝醉，横批是：吃好喝好！

最后祝愿我们在场的所有来宾、所有朋友们家庭幸福、生活美满、身体健康、万事如意！

资料来源：https://www.ruiwen.com/zhuchici/1376443.html.

⑧ 费用预算。活动的费用预算最好采用表格的形式罗列，使领导审批和执行人员实施时能够一目了然。通常，此表格主要包括事项、单价（元）、数量、费用（元）和备注五项。

⑨ 实操性强的方案附件。上述内容包含了一份活动方案的主要内容，但一份合格、周密的活动方案必须具备的条件是它具有很强的可执行性，因此，还必须在以上内容的基础上对某些事项进行深化、细化，撰写成实操性很强的方案附件，这些附件通常主要有物料准备清单、人员分工及职责、活动流程、领导致辞、主持词及互动问答等。

■ 相关知识链接 6-13

客户联谊会方案策划

1. 策划背景

（1）由于在 2006 年度的市场运作中取得了辉煌的成就，公司可借此机会真诚答谢所有合作伙伴、回报社会；同时，采用联谊会形式，可以树立公司企业形象，宣传企业经营优势，构建一个畅通的客户关系沟通渠道，营造宽松、良好的交流氛围。

（2）基于社会传统思维习惯的现状，每年岁末阶段，各个企业都争相举办形式多样的春节联欢活动，但是主题和形式上皆大同小异，只有具有创新意义、雅俗共赏的联谊会才能给人留下深刻的印象，继而对主办单位（企业）产生美好印象并自发进行企业口碑宣传。

（3）公司的合作伙伴以及列席联谊会的人员，在商业背景环境下，可以用功成名就和风云人物来形容。普通意义地观摩其他企业的非专业歌舞晚会，有可能出现事倍功半的结局。采用突出他们心理优越优势，并借以发挥的互动式联谊活动会让他们感觉意义悠远，最终达到联谊目的。

2. 活动方式

（1）活动目的：塑造企业社会形象，巩固客户关系，增强内部员工凝聚力。

（2）活动主题：合作伙伴联谊及慈善晚会。

（3）活动时间：2007年1月15日15：00～18：00。

（4）活动地点：××俱乐部二楼中型会议厅。

（5）参加人员：公司领导、合作伙伴负责人、特邀嘉宾、企业员工，总计100人。

3. 活动内容

（1）开场阶段（30分钟）。

- 经理致辞并介绍公司业务及业务开展情况；
- 业务负责人介绍双方合作情况；
- 主要客户介绍合作情况。

（2）表演阶段（120分钟）。

- 主持人：当地电视台（电台）首席主持人；
- 节目表演：外聘杂技、魔术、小品、相声8个、歌舞4个（公司内部组织2个）以来宾圆桌小组为评选单位，对每个节目进行评分；
- 奖品设置：最佳表演节目2个，最佳评委团队1个。

（3）拍卖阶段（30分钟）。

- 前场铺垫：《爱的奉献》主题音乐、道具物品整理；
- 拍卖介绍：目的是捐赠希望工程的慈善义举；标的由公司免费提供，竞拍者出钱得物；竞胜者现场获得"荣誉捐赠证书"；新闻媒体相关报道；
- 拍卖活动：介绍拍卖规则，展开拍卖活动，预期成交额15 000～20 000元；
- 民政部门代表致答谢词。

（4）晚宴阶段。

- 公司领导致辞祝福；
- 宴会开席、发放纪念品；
- 活动结束。

4. 前期准备

（1）内部组织。

- 文字类：公司简介，主持、拍卖解说词，新闻发布稿；
- 物品类：标志、号牌、请柬、零食、奖品、纪念品；
- 人员类：节目表演人员、辅助服务人员、组织协调人员。

(2) 外部联系。
- 活动场所：时间、地点、费用、音响灯光设备，会场布置，物料、人员准备；
- 节目准备：主持人，文艺表演人员的来源、条件、费用协调；
- 拍卖准备：拍卖师选择，"希望工程"项目的活动实施协商谈判；
- 新闻媒体：当地有影响力的两家报纸记者。

5. 费用预算

(1) 物品费用（计21 500元）。
- 基础费用：简介、请柬、标牌、横幅制作600元，交通费300元；
- 礼品费用：纪念品100元×100＝10 000元，奖品200元×3＝600元；
- 拍卖标的：艺术品1 000元×5＝5 000元，日常用品500元×10＝5 000元；
- 茶水零食：寻求赞助商和宾馆提供0元。

(2) 人员费用（计8 500元）。
- 演出人员：500元×10＝5 000元，主持人1 000元，拍卖师500元；
- 新闻媒体：500元×2＝1 000元；
- 希望工程：前期协调费用1 000元。

(3) 晚餐费用（10 000元）。
- 圆桌1 000元×10＝10 000元。

(4) 费用合计：40 000元。

6. 关键控制

(1) "希望工程"拍卖项目的严肃性与细节实施把握。
(2) 表演节目的质量水平和主持、拍卖人的艺术技巧。
(3) 新闻媒体的新闻价值以及内容报道的侧重点控制。
(4) 出席嘉宾的节目互动参与性与现场气氛烘托调控。

资料来源：曹红玲，王芸. 公共关系学［M］. 合肥：中国科学技术大学出版社，2006.

要点回放

公共关系工作事项一般分为日常工作和专项工作。

公共关系日常工作主要是指大量例行性的业务工作和临时性的琐碎工作，如日常接待、收集和处理信息、编写宣传材料、传播组织信息、媒介研究等。

公共关系专项工作，也称公共关系专题活动，是指组织为塑造自身形象，围绕特定主题事件，专门计划和实施的专题活动，是组织与公众沟通的有效途径。公共关系专题活动有鲜明的目的性，有确定的主题，有清楚的诉求对象——目标公众。公共关系专题活动具有主题明确、精心策划、协调沟通、灵活多样、讲求效率的特征。常见的公共关系专题活动主要有新闻发布会、展览会、庆典活动、赞助活动、开放参观、联谊活动等。开展专题活动时要注意各种活动的工作准备和工作流程。

任务体验

体验一 考一考

1. 单项选择题

(1) 下列各项中,属于公关日常工作的是( )。
　　A. 庆典活动　　B. 赞助活动　　C. 日常接待　　D. 展览会

(2) ( )是公共关系最基本的工作,也是其他一切工作的基础。
　　A. 日常接待工作　　　　　　B. 收集和处理相关信息
　　C. 开放参观　　　　　　　　D. 联谊会

(3) 公共关系专题活动具有主题明确、精心策划、( )、讲求效率、灵活多样。
　　A. 协调沟通　　B. 全面性　　C. 时效性　　D. 观赏性

(4) ( )的目的是大做实物广告,促进产品销售。
　　A. 贸易性展览会　B. 宣传性展览会　C. 室内展览会　D. 室外展览会

(5) 按参展的种类,展览会分为单项展览会和( )。
　　A. 大型展览会　B. 综合展览会　C. 小型展览会　D. 宣传性展览会

(6) 假如某企业成为2022年北京冬奥会主赞助商,此时召开( ),有利于迅速提高企业知名度,塑造企业良好形象。
　　A. 展览会　　B. 新闻发布会　　C. 庆典活动　　D. 节庆活动

(7) 常见的庆典活动有节庆活动、( )、开业典礼、竣工典礼等。
　　A. 参观活动　　B. 舞会　　C. 记者招待会　　D. 纪念活动

(8) 2021年7月,特大暴雨突袭郑州,各企业纷纷开展的捐助活动,这属于( )。
　　A. 赞助科技教育事业　　　　B. 赞助节日庆典活动
　　C. 赞助救灾活动　　　　　　D. 赞助文化事业

(9) 开放参观活动主要邀请组织的( )、社区公众、新闻工作者以及其他对组织感兴趣的人到组织内参观,以此来联络感情,提高组织形象。
　　A. 所有公众　　B. 员工家属　　C. 非公众　　D. 边缘公众

(10) 如要把信息在当天晚报或电视晚间新闻报道中刊出,新闻发布会最好安排在( )。
　　A. 下午1:00　B. 晚上6:00　C. 上午9:30　D. 上午8:00

2. 多项选择题

(1) 从公共关系的角度来讲,媒介研究的主要内容包括( )。
　　A. 媒介分析　　B. 公众　　C. 媒体分析　　D. 专题活动

(2) 赞助科技教育事业的赞助形式有( )。
　　A. 赞助学校图书馆　　　　　B. 建希望小学
　　C. 资助贫困学生　　　　　　D. 赞助科研项目

(3) 开放参观的作用有( )。
　　A. 扩大组织知名度　　　　　B. 促进业务
　　C. 协调社区关系　　　　　　D. 增强员工或家属的自豪感

(4) 公共关系日常工作包括（　　）。

A. 日常接待　　B. 收集信息　　C. 信息处理　　D. 撰写新闻稿

(5) 下列活动中，（　　）属于公共关系专题活动。

A. 联谊活动　　B. 媒介研究　　C. 庆典活动　　D. 新闻发布会

体验二　讲一讲

1. 要求

(1) 由学生对下面所学知识进行复述、总结与拓展。

(2) 鼓励学生课外自查资料。

(3) 建议在该知识讲授结束时布置，下一次课开始时进行。

(4) 学生随机轮流上台，面对全班同学讲述，每题时间不超过三分钟。

(5) 教师对学生的讲述进行考评，计入平时成绩。

2. 内容

(1) 阅读有关报刊和图书是公共关系人员收集信息的主要来源。结合自身实际，谈谈应该阅读哪些报纸刊物。

(2) 召开新闻发布会前应做好哪些准备工作？

(3) 结合实际讲一讲公共关系日常工作的内容。

(4) 一些企业在举办产品展销会时，展销的大都是积压品、处理品，你如何看待这一现象？

(5) 谈谈赞助活动有哪些形式。

体验三　想一想

"一枚金牌，一所希望小学"

在北京奥运会期间，海尔正式启动了"一枚金牌，一所希望小学"计划，即在北京奥运会上，中国运动员每获得一枚金牌，海尔就将为贫困地区的孩子捐建一所希望小学。让金牌托起希望——海尔的这项计划不但完美地诠释了奥运精神，更使金牌"增值"，承载了更为深刻的社会意义。

为期17天的北京奥运已经圆满闭幕，通过健儿们的奋力拼搏，中国体育代表团交出了一份堪称优异的答卷，在邹市明和张小平为中国夺得两枚奥运拳击金牌之后，中国以51枚金牌的成绩傲居金牌榜第一，并在女子体操、射箭、击剑、赛艇、蹦床、拳击等多个项目上取得历史性的突破。相应地，海尔"一枚金牌，一所希望小学"计划也遍地开花——共捐建希望小学51所，遍布全国25个省份，其中就包括四川北川地震灾区的15所，3万多名贫困地区的孩子也因此收获了"希望"，有了新的学校。

海尔集团新闻发言人张铁燕表示，海尔一直积极支持希望工程，将反哺社会、致力公益作为企业的使命，而北京奥运是全人类的盛会，是中国的盛事，所以海尔"一枚金牌，一所希望小学"计划就是为了让更多贫困地区的孩子感受到奥运的喜庆气氛,分享奥运带来的"希望"。

中国青少年发展基金会出示的资料显示,迄今为止,海尔集团用于社会公益事业的资金和物品总价值已高达5亿多元,其中,在救助失学儿童、赞助萌芽工程等爱心活动中捐赠总额近1.6亿元,援建的希望小学数量也已达到78所。

中国青少年发展基金会秘书长涂猛认为,海尔对北京奥运和公益事业的支持不仅仅是提供必要的钱物,更重要的是长期的实际行动,海尔在发展壮大的同时,始终记住对社会的回馈,用高度的企业责任感为国内企业做出表率。

资料来源:张亚.公共关系原理与实务[M].北京:北京理工大学出版社,2009.

思考题

1. 此种公共关系活动属何种类型?它具有什么作用?
2. 你认为海尔这项公共关系活动的成功之处在哪里?

体验四　练一练

设计大学校园开放参观活动

1. **实训项目**

   模拟本校的开放参观活动。

2. **实训目的**

   要求学生了解并掌握开放参观的前期准备工作和参观路线的设计。

3. **实训背景**

   假设有上级领导来学校指导工作,作为组织者,请准备好参观前的相关资料。

4. **实训内容**

   (1) 学生可自由组合或由指导老师组合成若干小组,分别商讨开放参观的活动计划并编制参观的解说词,同时针对参观的公众,设计出一条最佳的参观路线。

   (2) 每一小组推举2名代表上台分别介绍解说词和参观路线;其他小组学生扮演专家评审团,提出疑问。

   (3) 每组抽一名学生组成评分团,分别给各小组评分。

项目	优 (90~100分)	良 (80~89分)	中 (70~79分)	及格 (60~69分)	不及格 (60分以下)
设计路线					
解说词					
回答技巧					
效果					

   (4) 最后由指导老师进行点评和总结。

体验五 做一做

模拟公共关系专题活动——校园十佳歌手大奖赛新闻发布会

1. **实训项目**

    校园十佳歌手大奖赛新闻发布会。

2. **实训目的**

    会准备有关新闻发布的资料，掌握新闻发布会的流程和礼仪，锻炼学生的临场应变能力。

3. **实训背景**

    学院要举办一次校园十佳歌手大奖赛，为发动学生踊跃参加，特召开一次新闻发布会。

4. **实训内容**

    （1）撰写一份新闻发布计划书。

    （2）举办一场新闻发布会：准备新闻发布资料，邀请新闻媒介，布置会场，现场模拟。

5. **实训组织**

    （1）将全班学生按 6~8 人/组分成若干组，每组选出一名组长。

    （2）角色确定：主持人、发言人、若干名记者、礼仪小姐、服务人员和组织者。

    （3）请各组分别制定本小组专题活动的策划书。

    （4）会场布置。

    （5）一个小组在模拟时，其他各组成员可扮演评委或其他公众。

    （6）各组对本次活动进行总结，指导老师点评。

6. **实训考核**

    （1）要求每个小组完成一份公共关系活动策划书。

    （2）要求每位学生填写实训报告，其内容包括：

    ① 实训项目；

    ② 实训目的；

    ③ 实训内容；

    ④ 本人承担的任务及完成情况；

    ⑤ 实训小结。

    （3）教师根据学生表现和实训报告写出实训评语，组织全班交流实训体会。

任务 7

组织形象分析与 CIS 设计

任务提要

7.1　组织形象分析
7.2　组织形象定位与设计
7.3　CIS 战略

任务目标

知识点

1. 了解组织形象的含义、划分、构成
2. 熟悉组织形象塑造的原则、基本内容及组织形象设计原则
3. 掌握组织形象定位与设计
4. 掌握 CIS 的含义、构成要素及三大识别系统之间的关系

技能点

1. 能对被调研组织进行简单的组织形象分析
2. 能对被调研组织进行组织形象设计
3. 掌握 CIS 的设计技巧，会运用创造性思维进行 CIS 设计

案例导入

专业且有亲和力的高露洁

牙膏是人们日常生活中的必备产品，牙膏的推广市场有着广阔的前景，百货店和超市中那些琳琅满目的牙膏告诉我们，口腔保健是一个竞争激烈的行业。那么，高露洁是如何在这一行业中成为世界强者的呢？它成功树立组织形象的秘诀是什么？下面将从以下几点进行分析。

1. 高露洁的实力形象

高露洁创建于1806年,其盈利规模在家用产品这一高利润率的行业中独占鳌头,以牙膏及其他家用产品为拳头产品的高露洁,覆盖了全球200多个国家和地区。

(1) 高露洁的核心价值与附加价值。

① 核心价值:坚固防蛀、减少牙渍、洁白牙齿。

② 附加价值:口气清新,与人更亲近。

(2) 该品牌在世界品牌实验室编制的2006年度"世界品牌500强"排行榜中名列第207名。

(3) 2008年12月30日,在世界权威的品牌价值研究机构——世界品牌价值实验室举办的"2008世界品牌价值实验室年度大奖"评选中,高露洁凭借良好的品牌印象和品牌活力,荣登"中国最具竞争力品牌榜单",赢得了广大消费者的赞誉。

2. 高露洁公司的文化形象

(1) 高露洁的价值观:人才是最重要的财富。

① 关怀备至:关心每个员工、消费者、股东和合作伙伴。在任何时候都要善良、正直和诚实,懂得倾听和尊重他人,重视他人意见。

② 团队合作:每个人都是全球团队的一部分,在全球各个国家一同工作。通过理念、技术和人才共享,实现并长期保持利润增长。

③ 不断完善:不论为谁,每天都要做得更好,更好地了解客户的期望,不断对产品、服务和工艺进行创新和改良。

(2) 高露洁的目标。

① 在全球,真正成为全球最好的日用消费品公司。

② 在中国,成为口腔护理行业的主导和其他行业的重要力量,从而成为迅速发展的大中华区最好的日用消费品企业。

3. 高露洁公司的品牌形象

提升客户的品牌忠诚度,充分挖掘客户价值成为企业成功突围行业、形象俱佳的关键。

高露洁的主题广告语"我们的目标是没有蛀牙!"创造了客户的认同感,拉近了心与心的距离。"全面清洁,口腔更健康!"则针对潜在需求,创造了口腔健康意识。"360度口腔洁净,笑容更开怀!"专业又贴切,在微笑中传递了品牌价值。

(1) 品牌定位打赢第一仗。

按客户消费特点细分市场,率先推出客户品牌,即牢固占据了"防蛀牙"这一心智资源。早在1992年,高露洁就发现中国市场的众多牙膏品牌是在做清新口气、洁白牙齿、消炎止痛等,而面对牙膏中最大的心智资源"防蛀牙"却没有一个品牌全神贯注地去抢占。高露洁根据美国牙膏市场的经验得出,随着生活水平的提高,消费者必然会增强对防止蛀牙效用的关注度,于是迅速进入中国市场,开始了十多年来单一而集中的诉求——防蛀牙。今天,人们一想到防蛀牙就能迅速想到高露洁。

(2) 特色消费群体的专属品牌。

① 目标群体:18~25岁追求时代步伐的年轻人(但高露洁的包装并不凸显时尚)。

②目标群体特点：从心理特征来看，他们追求时尚，对新事物感兴趣，思维活跃，具有很强的品牌意识，对品牌的忠诚度较低，是容易互相影响的消费群体。从对牙膏的需求来看，他们更注重实际效用，如防蛀、清新口气、美白牙齿等。

（3）明星加盟，凸显时尚与个性。知名女星为高露洁代言，"光感白是一款能够六倍祛除牙渍的美白牙膏，它蕴含S微米活珠因子，能够温和美白牙齿并祛除表面牙渍。每天使用，能够帮助重现牙齿自然亮白，展现灿烂笑容"。

4. 高露洁公司的人才形象

20世纪初期，高露洁在管理层发展和继承人规划方面没有做好，到20年代末期，高露洁内培养的继承人缺乏至极，以致只好通过和Palmolive-Pect公司合并，"让位给外来的管理层"。此后，高露洁吸取教训，把人才当作最重要的财富，不断实现人才共享。

5. 高露洁公司的CI战略

CI战略亦称企业识别战略或企业形象战略，是在调研和分析的基础上，通过策划和设计企业识别系统（corporate identity system，CIS），来体现本企业区别于其他企业的标志和特征，塑造企业在社会公众心目中的特定位置和形象的战略。

（1）理念识别。高露洁经营管理层次鲜明，经营理念、发展战略、企业哲学、行为道德准则、企业精神、企业文化、经营方针与策略等为员工所认同和接受。

（2）行为识别。对内包括把产品做精、做深、做透，即用心做好细节，保持品牌形象一贯性，树立专业的品牌形象。

对外包括在高露洁含有三氯生的公关危机中主动出击应对危机，忠于事实，迅速查明真相，不仅再塑企业形象，还借助社会公益活动（免费口腔健康检查）提升了企业形象。

（3）视觉识别。在高露洁启用的全新形象中，包装设计中新的标识除了在保持其标志性的红白配色的同时，还采用了全新的设计字体（colgate ready），该字体更简洁流畅，并同时带来了西里尔文、东欧语、印地语、泰文四种语言版本，有利于宣传使用，气息统一，有助于品牌建立全球一致性的形象。

宣传中用了"纽带"这一意象，分别代表连接、关怀和领先，流动的线条与新字体相呼应，让企业形象更具亲和力。

资料来源：https://wenku.baidu.com/view/7d9108afef3a87c24028915f804d2b160b4e8696.html?_wkts_=167886450147 2&bdQuery。

思考讨论

1. 本案例中组织形象树立的成功之处在哪里？
2. 高露洁的CI战略是什么？

❖

研究公共关系，必须研究组织形象，公共关系的目标是塑造组织良好的社会形象。

7.1 组织形象分析

7.1.1 组织形象的含义

组织形象特指社会公众或消费者按照一定的标准和要求，对组织经过主观努力所形成和表现出来的形象特征的整体看法及最终印象，并转化成基本信念和综合评价。它涉及组织的方方面面。其含义包括以下三个方面。

1. 组织形象是一种总体评价

组织形象是一种总体评价，是各种具体评价的总和。具体评价构成局部形象，总体评价组合总体形象。

2. 公众是组织形象的评定者

组织形象的确定者是公众，社会公众是组织形象的评定者。

3. 组织形象的好坏源于组织的表现

社会公众对组织的印象和评价不是凭空产生的，也不是公众强加给组织的，而是组织的特征和表现在社会公众心目中的印象。

7.1.2 组织形象的划分

1. 自我期望形象和社会实际形象

（1）自我期望形象。自我期望形象是指一个组织希望在社会公众中的形象。它往往是理想化的，但它是组织发展不可缺少的内在动力。因为这种理想往往驱使组织规范自己的行为，并促使组织开展各种有效的公共关系活动。一个组织的自我期望形象越高，自觉做出努力的可能性就越大。

（2）社会实际形象。社会实际形象是指社会公众对一个组织的真实看法和评价，是组织形象的客观存在。了解组织的实际形象是制定公共关系目标的基本依据。

2. 整体形象和特殊形象

（1）整体形象。组织的整体形象是指社会公众心目中对组织的全部看法和评价。

（2）特殊形象。组织的特殊形象是指与组织有特殊利益关系和对组织有特殊要求的公众对组织的看法和评价。这是特殊公众从特定的角度对组织形成特定的看法和评价。

组织必须善于处理好特殊公众和其他公众的关系，使特殊形象和整体形象达到平衡统一，以保证组织形成良好的生存和发展环境。

3. 外在形象和内在形象

（1）外在形象。外在形象是指公众对组织的名称、标识、环境、建筑、设备、设施、组织行为等方面的看法和评价。这些外在形象因素是可以通过公众的感官直接感受到的组织有关的实体形象。

（2）内在形象。内在形象是指通过组织的外在形象表现出的内在品质给公众留下的印象，如组织的信誉、职工的精神风貌、企业的特征与风格等。

组织的外在形象和内在形象是统一的。组织的内在形象必然反映到组织的外在形象上，而组织的外在形象是组织内在形象的客观反映。

7.1.3 组织形象的构成

组织形象是一个完整的系统，它由各个形象的子系统有机构成。其中，任何一个形象的子系统出现问题，都会对整个组织形象造成影响。

1. 组织的产品形象

组织的产品形象即公众对组织的产品所形成的认知和评价。产品是组织形象的物质载体，是公众对组织进行认知与判断的主要依据，通过产品体现出来的组织形象最为直观，公众可以直接通过产品了解一个组织，组织也直接运用产品去吸引公众，产品形象是整个组织形象的客观基础。

产品形象的基本要素包括质量、性能、款式、包装、品牌等。不同的组织有不同的产品形式，比如政府的公共政策、企业的产品、餐馆的菜肴、宾馆的客房、银行的服务项目、出版社的书籍、电视台的节目、学校培养的学生等，这些都是产品的特殊形态，都有其特定的产品形象。

2. 组织的管理形象

组织的管理形象即公众对组织的管理行为所形成的认知和评价。通过组织的管理行为展现的形象是全面的、整体的，包括组织的管理体制、方针政策、规章制度、办事程序、工作效率、服务态度、人事政策、财政资信、信守合同的信誉、技术实力、营销能力、参与社区活动的影响等，综合地反映着一个组织的管理形象。

现代形象竞争很大程度上取决于服务的竞争，谁的服务好谁就容易赢得人心。结合组织的特点，针对公众的需要，完善组织的服务管理，增加服务的种类，扩大服务的范围，延长服务的时间，挖掘服务的深度，改善服务的态度，提高服务的效率，对于树立组织形象相当重要。

3. 组织的人员形象

组织的人员形象即公众对组织的人员所形成的认知和评价。组织的人员是最活跃的形象载体，通过组织成员所展现出来的组织形象，包括人员的品行、素质、作风、能力、行为、仪表等具体的形象因素。组织领导人的形象、管理群体的形象、全体员工的形象，都是组织形象的缩影和化身。

4. 组织的环境形象

组织的环境形象即公众对组织的内外环境所形成的认知和评价。环境对组织起着烘托、装饰的作用，通过组织内部及外部环境设施所展现的形象，包括组织的门面、招牌、厂容店貌、展览室、会客室、办公室、生产场所，以及橱窗、指示牌的陈设、装修等，这些都属于组织形象的"硬件"，构成现代办公文明、生产文明、工程文明、商业文明的一部分。

5. 组织的文化形象

组织的文化形象即公众对组织的特定文化所形成的认知和评价。组织文化（企业文化）包括组织的价值观念和管理理念、组织的历史与传统、组织的榜样人物和标志性事件、组织的职业意识与职业道德、组织的礼仪与行为规范，以及组织的口号、训诫、厂歌、厂旗、厂服、各种宣传品等，它们均鲜明地体现出一个组织的形象内涵。

6. 组织的社区形象

组织的社区形象即公众对组织的社区活动形成的认知和评价。社区是组织生存和发展的根基，与组织在空间上紧密地联系在一起，组织的各种社会关系是通过社区形成和延伸的，组织的社区形象首先表现为社区的认知程度和评价状况。一个组织如果不能得到社区公众的认同，就很难在社会上获得良好的名声。因此，组织需要对社区的经济发展、劳动就业、文化教育、社区福利、慈善事业、环境保护等，承担必要的社会责任和义务，树立一个"合格公民"的社区形象。

7. 组织的标识形象

组织的标识形象即公众对组织的标识所形成的认知和评价。标识本身就是组织形象的标志，能够帮助公众识别和记忆组织的形象。通过标志和识别系统所展现的组织形象，包括组织的名称、产品的品牌、商标或徽记，广告代言人、宣传的主题词和典型音乐、标准字体和标准色彩、宣传的风格及格调等。这些视觉形象或听觉形象的基本要素，是企业识别系统 CIS 的基本构件。

8. 组织的媒介形象

组织的媒介形象即公众对组织在大众媒介上有关的宣传报道所形成的认知和评价。在现代信息社会和大众传播时代，人们对外界的认知和判断越来越依靠各种传媒，大众媒介是广大公众认知一个组织的重要渠道，通过电视、广播、报纸、杂志以及互联网上的宣传、广告，公众能够了解到某一组织的政策、行为、产品、人物或事件等，从而形成对某一组织的认知和评价。也就是说，公众对组织的认知与评价，在很大程度上受媒介宣传的引导，媒介宣传影响和制约着组织的社会形象。组织必须高度重视和谨慎处理自己的媒介形象，包括宣传的对象、内容、渠道、方法、时间、地点、选择和设计，都应该纳入传播管理的范畴。

以上组织形象的各个构成要素，都可以进一步分析形象的内涵和外显两个方面。比如，质量、性能是产品形象的内涵，外观、品牌是产品形象的外显；素质、能力是人员形象的内涵，作风、仪表是人员形象的外显；历史传统、价值观念、职业意识是文化形象的内涵，口号、厂歌、厂旗、制服是文化形象的外显；格调、风格、含义是标识形象的内涵，品牌、商标等文字、图案设计是标识形象的外显；等等。

7.1.4 组织形象的价值和作用

良好的组织形象是组织的一笔宝贵的无形资产。组织形象的积累，实际表现为资产的积累。良好的组织形象之所以成为宝贵财富，主要在于它的巨大价值和作用。

1. 组织形象的价值

良好的组织形象是一种无形的财富。所谓无形，即摸不着、看不见，但与组织生死攸关。同时，还可以用金钱来衡量。如企业的品牌和名称是企业形象的重要载体，品牌的价值虽然不能完全表明企业形象的价值，但它在一个方面肯定了企业的价值。

■ 相关知识链接 7-1

2020 年全球最具价值品牌 500 强前十名

排名	品牌名称	国家	品牌价值/亿美元
1	亚马逊	美国	2 207.91
2	谷歌	美国	1 597.22
3	苹果	美国	1 405.24
4	微软	美国	1 170.72
5	三星	韩国	944.94
6	中国工商银行	中国	807.91
7	Facebook	美国	798.04
8	沃尔玛	美国	775.20
9	中国平安	中国	690.41
10	华为	中国	650.84

资料来源：Brand Finance 2020 年全球品牌价值 500 强报告。

2. 组织形象的作用

组织形象之所以有巨大的价值，根本原因是它能为组织带来巨大的好处，也就是说，是由它的巨大作用决定的。

（1）良好的组织形象可以创造消费信心。组织一旦被公众认可、信赖，它生产的任何产品、提供的任何服务也就同样被公众认可、信赖，即可以为具有该组织名称的任何一种产品和服务创造出一种消费信心。

■ 相关知识链接 7-2

良好的组织形象可以创造消费信心

美国的堪农毛巾公司做了一个实验：这家公司与商店合作，在自己的产品出售时一部分加上堪农商标，另一部分则不加任何商标。结果，尽管毛巾质量完全一样，但售价相同时有商标的销售量是无商标的三倍；将有商标的提价 4 美分后，销售量为无商标的两倍。最后，将有堪农标记的毛巾提价 10 美分，两者销量才算拉平。

中国产的青岛啤酒，在美国检验各项指标均高于美国的百威啤酒。但在 1994 年评估时青岛啤酒的品牌价值只有 25.4 亿元人民币，而百威啤酒为 97.24 亿美元。百威啤酒的品牌价值为青岛啤酒的 30 多倍。

资料来源：朱崇娴．公共关系原理与实务［M］．3 版．北京：高等教育出版社，2019．

由此可见，名牌可以使组织扩大产品销路，增加盈利，其知名度越高，含金量就越大，自然销售量也越大。组织形象的作用还促使我们认识到，在当今世界，并非都是物有所值，即并非一分钱一分货。百威啤酒和青岛啤酒的例子就说明了这一点。

（2）良好的组织形象是组织产品在市场上的"通行证"。良好的组织形象在公众心里有一种延续作用，留下深刻的"烙印"，会在长时间内发生作用，长期地影响顾客的消费心理和消费行动。如果组织有了良好形象，那么组织产品就会赢得广大客户和消费者的信赖，保证销售渠道畅通，并使企业不断顺利地开拓新的市场。这种美好形象的延续作用，促使顾客产生对组织的偏爱并持续保留着消费的渴望，因而不断涌现出新的消费需求。日本家用电器在市场上之所以占有很大的份额，靠的就是松下、索尼、三洋、日立几个名牌。由于它们一开始进入中国就树立了良好的形象，所以消费者爱屋及乌，信任它们生产销售的任何一种产品。它们出了新产品，公众会很快地接纳，因为消费者更信赖生产这种产品的企业。

（3）良好的组织形象优化了组织的生存环境。在现实生活中，一些知名度、美誉度高的企业，其社会地位都比较高，政府和主管部门器重，同行们信赖，金融机构支持，往往振臂一呼，同行响应，有关单位纷纷向它们靠拢，心悦诚服地拥戴它们。那些有很高信誉的企业，各种投资团体也对之充满信心，愿意慷慨解囊，客户愿意预先付款，社会大众也愿意踊跃掏钱购买它们的股票。这种社会的理解、信赖和支持，使企业增加了价值和分量，成了企业无形的资产和财富，为解决企业各类难题，争取更有利的外部条件提供了极大的便利。良好的组织形象对外有强大的吸引力，对内有强大的凝聚力，是现代组织竞争的法宝。

正因为组织形象的巨大作用，所以不少企业步步为营，一点一滴、辛辛苦苦地构筑良好的企业形象，创出名牌，保住名牌，以不断充实自己的竞争实力。现代企业家必须清醒地认识到企业形象在今天激烈的企业角逐和商战中举足轻重。可以说，今天的商战已转向为一场异彩纷呈的"形象战"。"形象战"是当今商战的主要内容。因此，拿起良好"形象"这个市场竞争的利器已是刻不容缓。

■ 相关知识链接 7-3

"形象战"是现代组织竞争的法宝

可口可乐公司的前总裁道格拉斯·达夫特说，如果可口可乐在世界各地的厂房被一把大火烧光，只要可口可乐的品牌还在，一夜之间它会让所有的厂房在废墟上拔地而起。这是因为人们相信可口可乐"世界第一饮料"的良好形象，也是因为它有巨额的无形资产。

资料来源：孙继滨．卓有成效：管理者的职业习惯［M］．北京：清华大学出版社，2015．

7.1.5 组织形象的特征

组织形象的特征,即组织形象的性质。只有了解它的性质,才能更好地塑造企业的良好形象。

1. 组织形象具有独特性

世界万物都有自己的形象。千人一面的形象很快就会被人遗忘;风格各异的形象,会深刻留在人们的脑海中,经久不衰。良好的组织形象应该具有区别于其他企业的特征,也只有组织形象的个性化、独特性,才能使人们产生强烈的印象,从而提高竞争力。

现代企业随着技术的不断进步,彼此之间在竞争"硬件",包括财力、人力、技术、产品等方面的差别越来越小,从这方面寻找突破口和竞争优势的难度越来越大。组织要想脱颖而出,就必须依靠塑造与众不同的良好企业形象来实现。因此,凡是良好的企业形象都有鲜明的独特性,也只有具有独特个性组织形象的企业价值才更大。组织形象的差别不但有利于消费者的识别,也有利于表现企业产品和服务的差别,有利于企业赢得顾客,保持信誉,击败或避开竞争对手。

2. 组织形象具有整体性

良好的组织形象是一笔无形资产,它的树立与传播必将为企业带来巨大的效益。但是,树立一个完美的让人难以忘却的良好形象,必须付出艰苦不懈的努力。这种努力应该是全方位的,因为组织形象具有整体性特点。组织(企业)形象具体由企业精神、企业文化、经营哲学、员工形象、产品形象、服务形象等多种要素组成,或者说是各种形象要素的综合,体现了组织形象的整体性。这些形象要素无论哪个失误都会对组织形象的整体性产生影响。

组织形象的整体性包括三个方面的含义:

(1)组织形象是由组织的全部活动决定的。

(2)组织形象是由组织全部管理过程决定的。

(3)组织形象是由组织的全部成员共同塑造的。

■ 相关知识链接 7-4

锦江模式: 全国的服务行业形象

在塑造企业形象的过程中,必须贯彻人人关心、人人参与的方针,要求每位员工时刻都要有维护自己企业形象的进取精神。一位住在上海新锦江大酒店的日本旅客在深夜一点钟悄悄走出客房观察,发现前厅服务员精神抖擞,独自站在服务台旁。日本旅客大为感动,钦佩地说:"这种敬业精神不是靠金钱能买来的。"这家酒店依靠每一位员工的努力,塑造了闻名全国服务行业的"锦江模式"。

资料来源:朱崇娴. 公共关系原理与实务 [M]. 3 版. 北京: 高等教育出版社, 2019.

3. 组织形象具有识别性

组织形象既是公众对组织总体的、抽象的、概括的认识和评价，又是组织现实的再现。由于组织形象的独特性和整体性，包含了形形色色的具体内容，因此组织形象必定会被公众所认识、所识别。这就形成了组织形象的识别性。无论人、事、物有多么深刻的内涵，有多么个性的特征，都可能从言行举止中被他人感受、识别。良好的组织形象必定具有可识性和易识性。尤其组织形象若被公众迅速接受，易识性则至关重要。北京世界公园的每处景观都是选自世界各地最鲜明、最突出、最有代表性的建筑。因此，你走进公园无须多问，便知道是哪国的景观和建筑，这就是易识性强的缘故。

4. 组织形象具有深刻性

良好的组织形象实际包含了很深刻的东西，向外展示的似乎仅仅是经营状况、市场占有率等。其实，任何一家企业通过自身的行为或可识别的标志都在展示企业的经营作风和精神风貌及企业风尚。良好的企业形象必然反映了其企业文化是善良高尚的，体现先进的思想、健康的感情、优秀的品德、开拓进取的精神。因此，企业形象必然是真善美的结晶，具有外美而内慧的特征。健康的企业文化是深层次的企业形象。企业文化涉及企业的各个部门，渗透在各项工作之中，它包括企业哲学、企业精神、企业民主、企业道德、企业风尚、企业目标、企业制度，以及全体员工对企业的责任感和荣誉感等。企业形象的深刻性，决定了企业形象塑造的艰巨性和长期性。建设企业文化的过程就是树立企业形象的过程。

■ 相关知识链接 7-5

组织真正的美在于组织的精神和文化

良好的组织形象实际包含了组织内在特征与风格和外在特征与风格。外在特征与风格是内在特征与风格的直接表现。塑造组织形象是一项创造美的事业。

评价任何事物的美都可从两个方面进行，一是外在美，二是内在美。花之美表现为"色、香、姿、韵"四个方面的美，其中"色、香、姿"属于外在美，"韵"则属于内在美、灵魂美。牡丹大而艳丽是其外在美，其富贵神韵是内在美；荷花娇艳固然令人赞叹，但主要还在于它冰清玉洁出淤泥而不染的精神令人敬仰。

"花美在颜色，人美在心灵。"

黑格尔说："心灵美才是人的形态中本质的东西。"对于人来说，心灵美才是内在美；对于花来说，风韵美是内在美；对于组织来说，真正的美在于精神和文化。

资料来源：新浪博客。

7.1.6 组织形象塑造的原则

组织形象塑造的原则是组织制订、实施组织形象战略必须遵循和贯彻的指导思想，是塑造组织形象的行为准则。

1. 以质量为本的原则

企业的产品形象是树立企业良好形象的关键。除了独特的产品商标外，企业还必须靠产品过硬的质量、合理的价格、周到的服务取信于公众。当代企业之间的竞争是产品质量、价格、服务和信誉的全方位竞争。企业如果不注重产品开发，不注重产品的质量管理，不注重优质服务，即使是名牌、老牌子也会倒掉。经营者永恒的主题就是以质取胜、以质悦人。

2. 视信誉为生命的原则

良好的组织形象核心指标是信誉。信誉，是企业的生命，是无可替代的财富。企业及一切组织塑造形象，首先要坚持"信誉高于一切"的原则。当然，企业要取得信誉绝非一日之功，需要长期重视质量。既有优质的产品，又有优质的服务，唯此，企业才能塑造良好的形象。

■ 相关知识链接 7-6

信誉，是企业的生命

多米诺皮公司总是保证在订货后最多 30 分钟内，将客户订的货送到任何指定的地点。有一次长途运输车出了故障，有一家商店差点中断了生面团的供应。公司总裁得知后，当机立断包了一架飞机，把生面团及时送到那家商店。当时有人提出疑问："几百斤生面团，值得包一架飞机吗？"总裁回答说："我们宁可付出高额运输费，也不中断对商店的供货。飞机送去的不是几百斤生面团，而是本公司的信誉！"几年前，这家公司的一家商店曾经发生了一次货物供应中断的情况，使这家商店停止了一天营业。公司总裁硬是让助手上街买回来一千多个黑袖纱，命令全体员工佩戴了好长时间，以此来表示对这类不幸事件的哀悼，这给公司员工留下了极其深刻的印象。

资料来源：https://wiki.mbalib.com/wiki/.

3. 注重全局的原则

对于一个组织来说，建立良好的组织形象是一项全方位的工作，这是由组织形象的整体性特点决定的。它主要包括四个方面：

（1）组织形象的目标具有全面性的特点；
（2）组织形象涉及各个方面；
（3）组织形象的塑造需要全体人员共同努力；
（4）塑造良好的形象应运用多种方法。

正因为塑造良好的组织形象涉及组织的许多方面，所以要求组织必须注重全局，切忌各自为政，一定要从全局出发，制定统一的公共关系政策来协调组织内部的公共关系活动；若需要对外开展公共关系活动，组织公关部门应事先争取各有关部门的支持、配合，求得协调一致，以防止出现相互重复甚至自相矛盾的做法，导致不良后果甚至毁坏组织的整体形象。

4. 注重传播的原则

一个良好的组织形象，首先源于这个组织的行为，源于它的实力和努力。但是，仅靠这一点是不够的。良好的组织形象依赖于有效的公共关系传播。这就是说，必须通过适当的渠道宣传自己，使本组织的形象尽可能在更多的公众心目中留下好的影响。因此，组织可借助必要的传播渠道，把真实、美好的自己介绍给公众。

7.1.7 组织形象塑造的基本内容

形象是公众对社会组织或个人的外在和内在素质的综合印象。它由主体形象要素、客体形象要素和延伸形象要素三部分组成。

1. 主体形象要素的塑造

主体形象要素是指作为主体的组织和个人应该具备的良好形象，主要包括员工形象和领导形象。

（1）员工形象塑造。员工形象是组织的员工在职业道德、专业技能、文化素养、精神风貌、言谈举止、服务态度和仪容仪表等方面的集体表现。员工是组织形象的代表者和展示者，是组织形象人格化的体现。塑造员工形象的目标是使员工成为优秀的组织人员。塑造员工形象的主要途径如下。

① 提高员工的整体素质。让员工认识到形象塑造的重要性和方法，自觉成为组织形象的塑造者和代表者。

② 培养员工的敬业精神。要求员工对事业有执着的追求，对工作一丝不苟，将自己的前途与组织的发展紧密联系起来，以主人翁的态度工作，树立同舟共济、荣辱与共的思想，人人关心组织的经营，人人重视组织的效益，人人珍惜组织的荣誉。

③ 力求让最好的员工享受最好的待遇。将员工的贡献与待遇联系在一起，激励员工不断努力工作，发挥员工的生产积极性和主动性，把实现员工的自身价值当作实现组织价值的主要途径。

④ 鼓励员工培养高尚的情操、进取的精神和健康的价值观，让组织具有蓬勃向上的活力。

（2）领导形象塑造。领导形象是指商业组织领导者的思想政治水平、知识结构、工作经验、组织指挥决策能力、开拓创新精神和气质风度等给外部公众和内部职工留下的印象。塑造领导形象的目标是使领导者成为有奉献精神和服务意识的高素质的决策者和精明的管理者。塑造领导形象的主要途径如下。

① 配备结构合理的领导，即领导者的知识结构多元化、年龄结构合理化、年轻化，让领导这个群体具备开拓、实干和朝气蓬勃的精神。

② 实行唯才是举的方针。不拘一格地提拔有能力、有前途的年轻干部。

③ 及时反馈工作成绩，考核领导者的政绩和作为，表彰优秀领导者。

④ 培养领导者的服务意识。让领导者正确认识自己承担的角色，严于律己，率先垂范。

2. 客体形象要素的塑造

组织的客体形象要素主要包括产品形象、品牌形象和服务形象。

（1）产品形象塑造。塑造产品形象的目标是将产品塑造成一个内在质量和外在质量相一致的、使消费者满意称心的形象。塑造产品形象的途径如下。

① 重视产品的基础设计，采用新思路、新技术、新工艺和新材料，开发富有特色的产品。

② 认真实行全面质量管理，即对生产、经营或管理过程中的各工序、各岗位、各部门直至各员工，都规定明确的质量标准和目标，保证产品质量最优。

③ 注重产品的外在形象塑造，产品的外形、颜色、包装、装潢都应该符合审美要求。

④ 要充分利用传播手段，扩大产品的知名度。只有公众知道了你的产品，才有机会认可你的产品。

（2）品牌形象塑造。品牌形象塑造是指为本组织产品建立"名牌"形象，也就是知名度高、美誉度也高的优秀产品形象。它是产品的内在本体价值和外在效用价值的统一。塑造品牌形象的途径如下。

① 要树立名牌意识。更新重质量、轻品牌的旧观念。

② 要实施重点战略。集中商业组织的人力、财力、物力打名牌攻坚战。

③ 要坚持长期不懈地努力。一个名牌产品的培育、产生、成长，绝非一日之功或依赖于一时的轰动效应。

④ 要实施名牌系统工程。既要注重外在的品牌形象，做好产品自身策划工作，又要重视品牌的内在形象的塑造，保证产品的质量独具特色、高人一筹，并能长期保持下去。

（3）服务形象塑造。服务形象就是指组织的员工在经营活动过程中所表现出的服务态度、服务质量、服务水准及由此引起的消费者和社会公众对商业组织的客观评价。人们在享用产品的同时，越来越注重享受服务。服务形象塑造的目标是树立一种服务态度诚恳、热情，服务技能娴熟、高超，服务过程及时、快捷，服务项目完善、衔接顺畅，服务方式新颖、别致的形象。塑造服务形象的途径如下。

① 树立优质服务意识。它要求组织全体员工牢固地树立以为顾客提供优质服务为荣的观念，将自己的一切活动和工作都看作自己为公众提供服务的机会。

② 配置完善的服务设施和条件，即满足优质服务在物质上的要求，当代公众对商业组织的要求是一流设施、一流环境、一流服务态度的统一，没有物质基础的服务是不可能达到高水平的。

③ 要设置周到的服务项目和内容。服务项目主要根据顾客的需求来考虑，如供应配件，免费提供安装、调试、维修、上门服务，培训、包退、包换、建立用户档案、处理好顾客投诉等，一经承诺，就要切实履行，切不可开空头支票。

3. 延伸形象要素的塑造

有一些要素，既与形象主体有关，也与形象客体有关，还牵涉到环境形象、媒体等要素，这些同样是组织形象塑造中不可或缺的要素，可将它们归类到延伸形象要素的范畴。延伸形象要素主要有竞争形象、信誉形象和环境形象三个方面。

（1）竞争形象塑造。在市场经济条件下，敢于竞争、善于竞争的组织才能得到生存和发展。

组织竞争形象塑造的目标，是将组织塑造成遵循竞争规则，注重相互合作、相互理解，以及平等竞争的形象。塑造竞争形象的主要途径如下。

① 要把握竞争的焦点。在目前生产力条件下，我国组织竞争的焦点集中在价格、合作、广告、商标和技术等方面。组织产品定价要考虑顾客需要和成本，以及竞争的要求。组织之间既有竞争，也不乏合作机会。广告、商标一定要符合法律法规要求，不得欺骗、造假等。在技术方面，组织既要注重开发新的技术，又要重视技术成果的保密和有偿使用。

② 要正确处理竞争矛盾。与同行、与对手产生矛盾是正常的事情，关键要在矛盾出现后，保持冷静的头脑，谨慎处理，不要因小失大，更不能利用非法手段"摆平"对方，让组织形象陷入灭顶之灾。

③ 在竞争的同时，寻求合作的机会。因为组织不可能有一成不变的竞争对手和合作伙伴，在这个问题上双方可能是竞争对手，在另一个问题上双方又可能成为合作伙伴。

（2）信誉形象塑造。组织的信誉形象是公众对组织的工作效益、产品质量、技术水平、服务态度、人员素质和总体实力等方面的信任与评价。对于公众而言，组织的信誉可以让他们在荣誉、感情、性格、爱好等精神需求方面得到满足。对于组织而言，信誉则是重要的无形资产，能够为组织带来高于正常投资回报的利润。

信誉形象塑造的目标是让组织在公众心目中树立恪守信用，对公众负责，勇于承担社会责任的良好形象。塑造信誉形象的主要途径如下。

① 重合同，守信用，讲究职业道德。不搞假冒伪劣，不以牺牲公众的利益来获取不法利益，不做违法犯罪的事。

② 勇于承担社会责任。要通过自身优良的产品和服务为社会做贡献。要关心由自身行为引发的社会问题的解决，要对由于自己的过错造成的社会损失负责。

③ 努力为公众办实事。用实际行动维护消费者的合法权益，为公众提供物质上和精神上的帮助，为社会解决诸如就业、污染治理等实际问题。

（3）环境形象塑造。对于组织外部公众而言，组织环境是他们认识和识别该组织形象的窗口；对于组织员工而言，组织环境是他们工作的岗位环境和居住的生活环境；对于组织本身而言，环境代表了组织的精神风貌和管理水平。优美舒适的组织环境，会使人奋发向上，力求进取，使组织的员工产生一种热爱本组织、为组织而工作的信念；良好的对外服务与营业环境，会使更多的公众对组织产生好感，愿意接纳它的产品和服务。尤其是服务组织,每天都要接待成千上万的顾客,经营环境的好坏,是给顾客第一印象的最主要标志。因此,组织环境形象的好坏对员工的精神状态、行为模式、工作态度、人际关系、工作质量和数量都将产生极大的影响。

环境形象塑造的目标,是为组织环境塑造一种优美高雅、整洁有序、个性鲜明的形象。塑造环境形象的主要途径如下。

① 要注重环境的全方位美化,即要搞好五个方面的工作:
- 院落和厂区的美化与绿化;
- 办公和生产场所的整洁有序;
- 庭院中的雕塑、装饰及点缀设计合理;
- 建筑群落的艺术风格和特征设计协调精美;
- 废气、废水、废渣治理有成效。

② 强调环境的个性特征。也就是说,组织的环境应当具有鲜明的特色。不管是建筑物、绿化带,还是车间、办公室、庭院的装饰和布置,均应别具一格,独树一帜,具有独特的个性差异,充分体现组织的形象特征。

7.2 组织形象定位与设计

7.2.1 组织形象定位

组织形象定位是指组织基于环境变化的要求、本组织的实力和竞争对手的实力,选择自己的经营目标、经营领域和经营理念,为自己设计出一个理想的、独具个性的形象。

■ 相关知识链接 7-7

定位理论的产生

定位理论最早出现于 20 世纪 60 年代末美国广告界的一些文章中,1972 年在美国很有影响的《广告时代》上正式出现。当时强调通过广告攻心,将产品潜移默化地定位在顾客的心智中,而不改变产品本身。到 20 世纪 80 年代,美国著名营销学专家菲利普·科特勒开始把定位理论系统化、规范化。他指出:定位就是树立企业形象,设计有价值的产品和行为,以便使细分市场的顾客了解和理解企业与竞争者的差异。可见,企业要想在公众心目中留下清晰、深刻的印象,就必须有准确的形象定位。

资料来源:MBA 智库百科。

1. 组织形象定位的缘由

在现代社会,多数组织为了塑造自身的形象,大都采用了公共关系、广告等宣传手段。广告及公共关系活动数量的剧增,导致组织形象对公众的影响力相对减弱,加上繁多的形象宣传方法而造成的沟通"过度",使公众更难在眼花缭乱的市场中识别某一组织。

此时，最有效的识别办法就是明确独特的组织形象定位。只有这样，组织形象的信息才能深入人心，在消费者心目中扎根，否则组织形象根本不可能产生。

由此可见，在当今产品、宣传都先进的时代，组织形象要得到公众的认可，首先就必须进行准确的定位。

■ 相关知识链接 7-8

尿垫大王：尼西索公司的定位

日本尼西索公司在第二次世界大战结束时只有 30 多名职工，却生产雨衣、游泳帽、卫生带、尿垫等多种产品，品种繁多，缺乏明确的形象定位，生产经营极不稳定。战后的经济复苏和发展为企业带来了契机。有一次，尼西索公司的董事长多川博在考虑市场定位时看到了一份日本的人口普查报告，得知日本每年大约出生 250 万名婴儿。多川博想，如果每名婴儿用两条尿垫，全国至少就需要 500 万条。如果能够出口，市场就更大了。于是尼西索公司把企业及产品定位于"尿垫大王"，放弃了一切与尿垫无关的产品。最后，公司靠它明确的形象定位占得日本 70% 以上的婴儿尿垫市场，成为名副其实的"尿垫大王"。

资料来源：http://shijixinhua.blog.163.com/blog/static.

2. 组织形象定位的三要素

公众的喜好与要求，是千奇百怪、千变万化的，处于不同地区、不同行业的公众对一个组织的形象会有不同的看法与评价。因此，组织在哪方面出名，便成为树立形象的关键。具体来说，有下面几个要素会影响到组织形象的定位。

（1）主体个性。主体个性，是指组织在其品质和价值方面的独特风格。任何组织主体都要有良好的质量，都需要提供售前、售中、售后优良服务，都要生产适销对路的产品，这些都是共同的个性。但更值得思考的是个性特点，如组织目标定位、组织精神定位、组织风格定位等。

组织形象定位必须是组织所具有的个性，不能夸张，也不能捏造，否则一定会被公众遗弃。组织形象定位不是空泛的，也不是随心所欲的，而是实实在在需要以自身品质、价值为基础和保障的。

■ 相关知识链接 7-9

日本五大电器公司的形象定位

日本的五大电器公司都是以各自的个性来表现其组织形象定位的。

- 索尼：冒险、创新。
- 东芝：尽量满足公众的各种需求而生产包罗万象的产品。
- 松下：把大众需要的东西，变得像自来水一样便宜。
- 日立：不断改革自身技术来发展企业形象。

- 三洋：物美价廉，薄利多销。

资料来源：https://www.docin.com/p-374882936.html.

（2）传达方式。传达方式是指主体把个性信息有效、准确地传递给公众的渠道和措施。传达方式主要指营销方式以及广告和公关等宣传方式。

（3）公众认知。主体个性确定，使用有效的传达方式之后，真正完成形象定位的标志，应是公众认知。

公众对组织形象的认知是在获得组织提供的物质、服务的同时，也要能获得精神上、感受上的满足，这样才能使组织形象更易、更深入地被公众认识、接受。

3. 组织形象定位的原则

（1）组织形象的定位应将组织利益与社会利益相结合。

（2）组织形象的定位应将民族化与全球化相结合。

（3）组织形象的定位应追求个性化与差异性。

（4）组织形象的定位应强调统一性与连贯性。

4. 组织形象定位的特征

（1）组织形象定位的性质：找寻差异。组织塑造形象的过程和活动均是发掘、维护和提升个性，围绕个性或独特性来开展。因此，组织形象定位事关组织本来形象的总体态势和特征，它是组织形象战略的核心，是组织形象塑造活动中具有决定性的因素或环节。

（2）组织形象定位的依据：环境分析。具体来说，环境分析的内容主要包括社会环境分析、组织实态分析等。

社会环境分析主要是对经济发展、技术进步、国家政策、法律规定、社会文化等因素的分析。

组织实态分析，即通过系统性的组织实态调查，一方面把握组织自身的实际状态，另一方面把握社会公众对于组织的期望和要求。

环境分析的过程实际上就是进行大量的、系统的市场调查和形象调查，以及对这些调查资料进行整理、归纳、统计的过程。

（3）组织形象定位的基础：组织总体发展战略。组织形象定位是在组织总体发展战略的基础上制定的，它必须反映组织总体发展战略的内容，这也是组织战略管理的客观要求。也就是说，组织形象定位与组织总体发展战略之间是互相联系、互相影响、互为保证的双向、动态的关系。

（4）组织形象定位实现的手段：管理职能的发挥和传播活动的开展。要想实现组织形象定位的决策意图，一方面，在组织的运作和各项社会活动中，必须严格以组织形象定位决策的要求来约束、规范组织的行为，并对外部公众实施科学的引导和管理；另一方面，还要把这种具有个性特征的组织形象，运用系统的传播策略和传播手段传递给公众，使公众不仅看到、体验到组织的各种行为和社会活动，同时还能了解到组织产生这些行为的内在驱动力，感受到组织的思想和文化等，从而使组织确立独特、鲜明和丰满的形象。

5. 组织形象定位的方法

（1）个性张扬定位法。个性张扬定位法主要是指充分表现组织独特的信仰、精神、目标与价值观等，它不易被人模仿，是自我个性的具体表现。这既是组织形象区别于他人的根本点，又是公众认知的辨识点。因此，组织形象定位一定要注意把这种具有个性特征的企业哲学思想表现出来。

■ 相关知识链接 7-10

个性张扬定位

美国 IBM 公司是以"科学、进取、卓越"的独特定位来表现组织哲学的。这种个性形象可以是整体性的，也可以是局部性的，如组织的人员个性、产品个性、外观个性、规范个性等。

丰田汽车的"车到山前必有路，有路必有丰田车"，就是其局部性——产品个性的表现。当然，这种个性也应是组织整体个性的代表性、集中性的表现。

资料来源：根据网络资料整理。

（2）优势表现定位法。在这个"好酒也怕巷子深"的年代，组织要想在激烈的市场竞争中立于不败之地，除了利用个性的张扬之外，还必须扬其所长而避其所短，重视表现组织的优势。公众对组织形象的认识实质是对其优势性的个性形象的认识。组织只有给予公众这种优势性形象的定位，才能赢得公众的好感与信赖。因为公众都会不同程度地得益于这种形象定位。当然，组织也同样因这种定位而获得更高的社会效益与经济效益。不同特色的组织都有不同特色的优势，只要抓住其优势特色进行定位，就可以取得很好的效果。

■ 相关知识链接 7-11

优势表现定位

法国轩尼诗公司的 XO 白兰地，历经 38 个月的海上航行，在 1991 年 6 月 6 日到达上海客运码头时，不仅动用了中国传统舞狮和鼓乐开道，还举行了有爵士乐队和时装模特献技的宣传活动，充分表现了法国轩尼诗"高贵气派"的形象定位，给中国老百姓留下了深刻的印象。

资料来源：周朝霞. 公共关系 [M]. 北京：机械工业出版社，2019.

（3）公众引导定位法。它是指组织通过对公众感性、理性、感性与理性相结合的引导来树立组织形象的定位方法。

① 感性引导定位法。它主要是指组织对其公众采取情感性的引导方法，向公众动之以情，以求消费者能够和组织在情感上产生共鸣，进而获得理性上的共识。海尔集团的"真诚到永远"是以打动人的情感来树立组织形象的。

② 理性引导定位法。它主要是指对消费者采取理性说服方式，用客观、真实的组织优点或长处，让顾客自我做出判断进而获得理性的共识。比如安飞士出租车公司的"我们仅是第二，我们更为卖力"，就表现出公司对公众的真诚、坦率；苹果公司那只被咬掉了一口的苹果，让公众清楚地知道公司仍然存在不足，并不完美，但它们会不断努力。这种理性地引导公众的定位更有利于培养起公众对组织的信任。

③ 感性与理性相结合的引导定位法。感性与理性相结合的引导定位法综合了感性与理性的双重优势，可以做到"情"与"理"的有机结合，在对公众"晓之以理，动之以情"的过程中完成形象定位。麦当劳以干净、快捷、热情、优质而组成的"开心无价，麦当劳"为其企业形象定位，充分表现了公司愿意让每一位顾客都"高兴而来，满意而归"的宗旨。这种既表现出组织的价值观又带有人情味的形象定位，能适应不同消费者心理的多方面需求，更能赢得公众的青睐。

（4）形象层次定位法。形象层次定位法是指根据组织形象表现为表层形象与深层形象来进行定位的方法。

① 表层形象定位法，是指构成组织形象外部直观部分的定位，比如厂房、设备、环境、厂徽、厂服、厂名、吉祥物、色彩、产品造型等的直接定位。例如，可口可乐那鲜红底色上潇洒动感的白色标准字就体现出了"世界第一可乐饮料"的大家风范。

② 深层形象定位法，主要是根据组织内部的信仰、精神、价值观等企业哲学的本质来进行定位的。例如，美国通用公司的"以提供高品质的产品与服务为目标，满足顾客需要，成果共享、利益均沾"的定位即为深层形象定位。

（5）对象分类定位法。对象分类定位法主要是针对内部形象定位和外部形象定位而言。

① 内部形象定位法，主要是指企业家、管理人员、科技人员及全体员工的管理水平、管理风格的定位。例如，喜来登酒店的"在喜来登小事不小"，昆仑饭店的"深疼、厚爱、严抓、狠管"，都是其管理风格的真实写照。

② 外部形象定位法，是指组织外部的经营决策、经营战略策略、经营方式方法等方面的特点与风格的定位。例如，今日集团的"一切为了国人的健康"，长安汽车的"点燃强国动力，承载富民希望"等，都是属于外部形象定位的方式。

组织因其形象定位的不同，采取的方法也是不一样的。但各种方法归纳起来只有一个目的——在公众心目中留下深刻、清晰的组织形象。

7.2.2 组织形象设计

在经济全球化的今天，市场经济日益成熟，市场的产品、服务差异日益缩小，组织间的竞争已经发展为组织形象的竞争。于是如何树立个性化的组织形象，已成为现代组织中的重要课题。

1. 组织形象设计的内在基础

组织形象的设计必须首先从它的内在基础开始，这是组织形象相互有所区别的根本，其中主要包括组织事业领域的确定、组织目标的确立和组织理念的确立三个方面。

(1) 组织事业领域的确定。组织事业领域与生产领域有很大差别。生产领域是组织生存的基础，事业领域则是组织面向未来的总体方面，是组织发展的长远打算。作为组织行动的总纲领，组织事业领域能够并且应该使每名员工都清楚并参与到以后的组织行动中，确定各自的责任范围，在工作中获得自我满足、自我成长的机会，并为组织今后的资源分配和利用指明方向。例如，雅马哈是人们熟知的日本公司，它本以生产钢琴为主，后来拓展到电子琴、射箭用具、滑雪设备、游船、网球拍和游乐场等领域，这实际上是根据企业的事业定位——娱乐工业而进行开发的。

事业领域的内容包括四个方面：

① 组织历来的"业务"是什么？
② 组织的总目标是什么？
③ 组织在未来该如何发展？
④ 组织怎样才能在不断变化的环境中稳步发展？

一般而言，对组织事业领域的表达，必须包括核心产品或服务、基本市场、主要技术、组织性质四个要素，由此，才能为组织的发展确定一个基础的范围。

组织在确定事业领域时，必须充分考虑技术发展的未来趋势，使组织的形象定位能为组织的发展提供相当大的空间；同时组织的定位还要充分考虑消费者形态的变化趋势，既要谨慎保持经营内容的连续性，又不可过于死板，丧失了灵活性和可变性。实际上，组织要繁荣兴旺，就必须对自己的任务进行不断的审查，并在必要时加以改变。

(2) 组织目标的确立。组织的事业领域只是描述了组织的发展前景、希望，它并不是详细的量化指标，要使它真正实现，还必须设定相应的目标。没有组织目标，组织就没有发展方向。任何一种目标的确立都必须遵循以下原则。

① 一致性原则。总目标的确立必须与组织确立的事业领域保持一致，是组织事业领域的量化指标；阶段目标必须与总目标一致，是总目标的分解。

② 可行性原则。组织确立的目标必须既富于挑战性，又符合客观发展规律，是最终能够实现的。

③ 可衡量性原则。目标必须是明确的，应侧重定量化和便于计量，目标定得越明确具体，越具有可行性。

④ 优先性原则。总目标实现往往要经过相当长的时期，因此必须根据阶段目标对总目标的重要性进行排序，将其中重要的、具有决定性的阶段目标优先实行，保证其实现。

(3) 组织理念的确立。在组织形象的内在基础中，组织理念是十分重要的。组织理念特指带有个性的组织经营活动的思想或观念。IBM 公司的创始人在谈到组织信念时说："任何一个组织要想生存，首先就必须有一套完整的信念，作为一切政策和行动的最高准则，其次必须遵守那些信念。处于千变万化的世界里，要迎接挑战，就必须自我改变，而唯一不能变的就是组织信念。换句话说，组织的成功主要是跟它的基本哲学、精神和驱策动机有关。信念的重要性远远超过技术、经济资源、组织机构、创新和时效。"由此可见，组织理念是组织生命力和创造力综合的整体反应，是一切组织形象的出发点和落脚点。

2. 组织形象设计的外在条件

组织形象的设计除了注重内在基础的建立之外，还需要与外在条件相配合，才能使组织形象在市场竞争中保持优胜的状态。组织形象的外在条件可分为市场环境中的条件和未来发展中的条件。

（1）市场环境中的条件。社会进入高度成熟的消费时代，公众需要的不只是量的满足、质的追求，他们更强调"感性"的需要，也就是说，消费者要求有一种被关心、被理解、被吸引、被个性化服务的感觉。例如，三菱公司的"诚实、和睦、公私分明、顾客第一"的定位，是整体组织的文化特征在为公众服务中的集中表现。

另外，组织形象必须与同行组织之间保持差异性，这样才能在复杂的市场中独树一帜。组织形象的差异性不仅表现在组织的标志、商标、标准字和标准色等不同于其他组织，还表现在组织的经营哲学、企业文化、市场定位、产品定位、营销手段、组织机构设置等不同于其他组织。同时，这种差异性还表现在国与国之间的民族差异性上。由于各个国家在政治环境、文化背景、社会特征、组织形态、国民心态等方面存在差异，组织形象的内涵、形成、运行规律、具体规模都表现出不同的社会性和民族性。因此，在设计组织形象时必须重视其形象的差异性。

（2）未来发展中的条件。在进行组织形象设计时，不仅要考虑到现在的定位，而且要考虑到如何在公众心目中立于不败之地、如何继续发展组织形象等问题。注意组织形象的统一性和动态性，这对组织形象在未来的发展中起着重要的作用。

① 统一性。组织形象设计的基本内容就是形成统一的组织形象系统，使组织形象在各个层面上得到有效的统一。它是突出组织个性，强化组织印象的最有利的武器，也是组织形象可持续发展的基本保证。

组织形象的统一性具体表现为：企业理念、行为及视听传达的协调性；产品形象、员工形象与组织整体形象的一致性；组织的经营方针及精神文化的和谐性。组织在形象设计之时，一方面要把组织形象灌输在经营管理思想和经营管理活动之中，不仅要注意通过厂徽、建筑物等外观形状，而且要通过组织的优质产品和优质服务，以及组织文化活动来体现组织的完整形象；另一方面要调动组织员工塑造组织形象的积极性，教育和要求组织的每一名员工充分认识自己所处的地位与作用，用组织形象规定的价值观和准则来约束自己。

② 动态性。组织形象的设计和导入是一项复杂的系统工程，它涉及组织经营的各个方面，既是组织外在"形象"的更新，也是组织内部"灵魂"的革命。因此，组织形象的树立不是一次性的短期行为，而是一项长期的工作。

在这一期间，组织的内外环境，比如经营战略、经营方式、市场定位、产品定位及组织机构设置等都可能发生一定的变化。因而，组织的形象设计不可能是固定不变的，它应随着组织内外的变化而不断进行调整。组织形象的设计和推广应是一个只有起点而无终点的螺旋上升过程，这才是保证组织形象可持续发展的重要条件。

3. 组织形象设计的原则

对组织形象的设计必须和组织管理战略协同，并应遵循以下原则。

（1）战略性原则。组织形象战略是一种全方位推行的系统战略。组织形象战略策划一旦完成，就是组织全体员工在较长时期内严格遵循的准则，任何成员、任何环节、任何部门均不得违反。

（2）民族性原则。"只有民族的，才是世界的"。从组织的兴衰关系到国家经济、文化的兴衰，以及组织必须融入全球经济一体化来看，组织形象设计应当民族化。美国20世纪50年代和日本20世纪70年代掀起组织文化、组织形象策划热时，均为美日组织向外扩张之际，他们的策划与设计中都充分体现了本民族的文化传统特色。

（3）个性化原则。组织的形象诸如组织名称、管理制度、品牌标识、广告口号等，均应突出自己的特色，体现自己鲜明的个性。有个性的东西，才能把自己与其他组织区分开来。

（4）标准化原则。组织形象设计是一项系统工程，必须从组织的经营哲学、经营宗旨、行为规范及形象传播等各方面进行系统设计，不能忽略或歧视某个方面，对外传达的任何信息也都必须突出同一形象。其标准化的形式主要如下。

① 简化，即在一定范围内对设计内容进行提炼、浓缩，使之满足一般需要。

② 统一化，即把同类事物两种以上的表现形式合并为一种或限定在一定范围内。例如，日本索尼公司的"随身听"，以前在美国、英国、瑞典等国都有不同的名称，令索尼公司的广告代理商头痛不已，1980年以后统一以"Walkman"命名，才免除了许多麻烦。

③ 系列化，即对同一类对象的设计中的组合参数、形式、尺寸、基本结构等做出合理安排与规划，如根据不同的产品形象设计其系列包装。

④ 通用化，即形象设计可以在各种场合使用，彼此互换。

⑤ 组合化，即设计出若干个通用性较强的单元，可根据需要搭配成不同用途的视觉识别系统。

（5）社会化原则。社会化原则就是使组织的利益与社会的利益结合起来，从而使组织得以迅速发展，创造更多的财富。如就商业组织与社会的关系来说，商业组织无论强大抑或弱小，都不能靠损害社会和公众利益求发展，而应在力所能及的范围内，多做"善"事，资助社会公益事业和社会文化事业，这样做实际上也是为商业组织自身树立形象。组织之间应提倡公平文明的竞争，为一己小利而陷害、中伤其他商业组织是不道德的。

4. 组织形象设计的作业流程

组织形象设计是一项周密、复杂、系统的长期发展规划。组织形象设计作为一项系统工程，必须要按照一定的规则，循序渐进地开展工作，才能达到预期的目标。原则上各组织形象设计程序都大致相同，这里，我们细化分解为43个作业流程，以便各组织根据自己的特点与实际情况进行具体操作和实施。

（1）组织形象设计计划的开始和确认。有关导入组织形象设计的提案被批准，组织形象设计计划的实行正式得到公司内部的承认。公司内部与其他相关人士，确定执行已确认的作业。公司与所委托的机构签订基本合同。

（2）组织形象设计委员会的设置。设置组织形象设计委员会，选定委员会负责人和具体业务负责人。

（3）系统分析以委员会为中心。研讨有关组织形象的期待成果和现状问题。如有必要，通知相关单位来参与讨论。

（4）收集内部意见。发放调查表，请公司内部员工记下有关组织形象的现状问题，以及对组织形象的期待成果。收回调查表，经过分析后加以整理。

（5）组织形象设计中心的确认和决定。以系统分析结果和调查表为基础，构筑组织形象系统。

（6）实地考察。为了让公司顾问机构了解公司情况，可安排他们到本公司的事业部门和流通部门实地考察。

（7）公司内部的信息传递活动。唤起公司员工的组织形象意识，策划信息传递方式与媒介，编发《组织形象信息》等刊物，进行公司内部的启蒙教育活动，并分别举行各员工阶层的说明会议。

（8）调查体系的策划。根据组织形象设计，以客观地调查企业形象的现状为目的，安排调查对象和调查方法，确认调查方针。

（9）调查设计、调查对象和调查方法的决定。选定调查对象和调查方法，具体实施有关调查问题和进行问卷设计。事先预估调查作业，选择适当的调查机构。确定调查作业的概略计划表。

（10）选定调查机构。与选定的调查机构签订合同。确认调查顺序、调查内容的计划表。

（11）准备调查。根据调查计划而进行准备工作，例如，抽样、印刷问卷、分配调查工作等。调整并事先约定访问对象。

（12）实际调查。实行公司内外环境的调查。整理收回的调查问卷，安排统计分析作业。

（13）调查结果的统计分析。完成定量调查后，根据调查资料进行分析。收集定性调查结果的资料，加以整理。

（14）信息媒体调查。根据信息媒体的需要，设计问卷调查表。将有关信息媒体的方式和期限等计划立案，同时对内部进行传递和说明工作，整理信息媒体收集的结果。

（15）视觉审查。分析已有的识别系统和识别要素，进行设计的视觉审查。

（16）访问负责人。直接访问负责人，了解其意向。向企业经营的负责人请教企业理念，以便了解公司未来的活动方针，以及探讨有关视觉问题等。

（17）解析调查分析结果。以一切调查结果为基础，解析这些资料所显示的意义，找出公司目前形象活动中的问题点，以探索未来发展方向。

（18）制作总概念报告书。根据调查的综合整理结果，构筑组织形象概念的方案。对企业思想、将来的企业形象和识别问题等，经过充分研究做出结论。

（19）总概念的发展。对公司高级主管阶层（或董事长）说明总概念。审议总概念提案内容，决定实施方针和内容。

（20）企业理念体系的构筑。根据总概念的实施方针和内容，探讨表现新企业理念的体系问题。由高级主管阶层决定新企业理念的表现内容，加以讨论后正式通过。完成组织形象设计，接受新管理系统的业务。

（21）企业识别系统的构筑。根据总概念和新企业理念决定企业名称、识别内容，以及有关标志和个别标志的问题。企业识别系统的再构筑作业完成后，争取公司内外的认同。

（22）变更企业名称、称呼。决定变更企业名称后，先选出几种新名称，经过讨论后再决定新的企业名称，办理必要的法律手续。

（23）制定组织形象设计开发计划书。根据总概念和变更企业名称的结论，整理出设计开发条件。如果需依靠外界设计，应先制定《设计开发要领》或《设计开发计划书》。

（24）设计人员的挑选和签订合同。挑选负责组织形象设计开发的设计专家或设计公司。必须按照《设计开发要领》的规定，与负责设计的专家和机构签订合同。

（25）设计人员确定方案。选定设计人员后，应提示调查结果的开发条件标准，并说明各种有关设计开发的问题。

（26）介绍设计基本形态。设计专家完成以基本要素为中心的设计基本形态后，呈送上级组织形象设计委员会和企业高级主管阶层，审议此设计方案。

（27）设计测试。指定测试对象，进行新设计基本形态的反应测试与测验。

（28）法律上的核定。核定商标、标志等设计方案。办理商标注册的必要法律手续。

（29）决定设计基本形态及细化。从几套基本形态设计方案，经过讨论选定企业的设计基本形态。对选定的设计形态，进行造型精致化作业。

（30）制定企业标语的措施。制定企业标语，作为基本设计要素的一部分，也可采取对公司内部公开征求标语的措施。企业标语确定后，应列入设计系统中。

（31）基本设计要素及系统的提案。以设计基本形态为中心开发基本设计要素及说明设计系统的提案。以基本设计要素的组织为中心，经过讨论决定设计原则。

（32）制作基本设计手册。编辑基本设计手册，定稿后印制基本设计手册。

（33）对外发表计划。策划设计对外发表的有关计划，做好关于发表的方针、时机、方法、费用等问题的计划。

（34）公司内部的信息传达计划。策划有效的诉求方式，将组织形象设计的成果有效地传达给全体员工。制订周详的有关信息传达的方针、方法、顺序、资料、费用等计划。

（35）应用的适用计划。对开发的新设计在具体项目中展开适用性考察，并制订详细计划。妥当安排适用计划的方针、时机、方法、费用等。整理新设计对项目的应用条件。

（36）应用设计开发。将基本设计具体地用于应用项目。对应用项目的设计进行试作、测试。

（37）编辑应用设计手册。定稿后，印刷应用设计手册。

（38）新设计的应用展开。按照新设计的项目，配合应用适用计划进行实际制作。

（39）策划制作企业内部使用的用具。制作公司内部信息传递用的用具，制作公司内部信息传递用的概念手册。

（40）对内推广。对内推广组织形象成果，进行员工培训。

（41）对外推广。对外推广组织形象成果，以及企业思想和企业识别的变化等。发行报道组织形象设计信息的报刊，利用广告媒体进行公开发表活动。通知各交易对象。

（42）组织形象相关计划的推行。对于与组织形象的相关计划，必须考虑其应用问题及对公司内部有效的推广方法。

（43）组织形象管理系统的实行。确定实行组织形象设计的管理维持作业系统。决定组织形象相关计划的结束和继续管理问题，建立新企业的信息开发管理系统。

由此可见，就整体而言，组织要一次性完成所有的组织形象设计并使之统一化，并不是轻而易举的，这不只需要投入大量的资金，更需要大量的人力和时间。因此，组织可以根据自身的需要和状况，有秩序、有选择地逐步进行。

7.3 CIS 战略

7.3.1 CIS 的含义

企业识别系统（corporate identity system，CIS），是指一个企业为了塑造自身的形象，将企业的经营理念、经营行为、视觉形象、听觉形象及一切可感受的形象实行统一化、标准化与规范化的科学管理体系。CIS 是公众辨别与评价企业的依据，是凸显组织的个性和精神，在经营和竞争中赢得公众认同的有效手段。

CIS 作为企业识别系统，是一种高级的管理系统。在公众面前和国际交往中，CIS 代表了企业文明的现代化程度，凸显了企业规范的管理和值得信赖的经营作风。所以，CIS 是企业的一种"身份牌"。当今企业界普遍把有无导入 CIS 作为判定一个企业是否进入高级管理层次的标准之一。

7.3.2 CIS 的形成与发展

1. CIS 的创立期

（1）CIS 萌芽在德国。1914 年著名建筑家培德·奥伦斯为德国 AEG 电器公司设计商标，并应用于公司的所有便笺纸和信封上，这可以说是 CIS 的雏形。

（2）CIS 诞生在美国。CIS 作为一种理念用，是在 20 世纪 50 年代。当时美国 IBM 公司的产品很多，而销售额只在 1 亿美元左右徘徊。小汤姆斯·华生接替其父担任总裁后采纳公司设计顾问的建议，于 1955 年正式导入 CIS，聘请世界著名设计师保罗·兰德为公司设计出一套完整的企业识别系统，以传达统一的 IBM 形象。

保罗·兰德为 IBM 公司设计的标志是由几何图形造型的 IBM 三个大写字母并列组合而成，"M"字母的大小是"I"与"B"两者大小之和，名称、字样、图形三者合一。IBM 是"International Business Machines"（国际商用机器）的缩写。该企业识别系统简洁、明了、流畅、美观，很好地反映了 IBM 的品质感和时代感。

到 20 世纪 70 年代，IBM 公司深深体会到企业经营哲学的重要性，于是在 1976 年提出在企业标志的设计上，要把经营哲学列为首先表现的东西。于是保罗·兰德又为 IBM 设计了 8 条与 13 条两种变体条纹标志，其标准字是"前卫、科技、智慧"的代名词，其蓝色条纹构成 IBM 字形标志成功地建立起 IBM 高科技的"蓝色巨人"的形象。

除 IBM 外，美国较早导入 CIS 的公司还有美孚石油公司（Mobil）、美国东方航空公司（Eastern）、西屋电气公司等。

（3）CIS 在日本。日本导入 CIS 比美国晚了十多年。日本 TDK 公司，从 1966 年导入 CIS，也只是出于把它作为类似一种"装饰"的考虑，还不是从根本战略上来考虑问题。

（4）CIS 在中国台湾。中国台湾台塑集团 1967 年首次导入 CIS，由郭叔雄一手策划。他设计出波浪形外框的台塑集团统一化的识别系统。该系统深刻反映了该企业一体化的发展战略，将台塑集团从根本上与其他企业区别开来。接着味全食品公司也导入了 CIS，开始使用象征"圆润可口、五味俱全"的 W 字圆形标志，牢牢控制了调料品市场。

■ 相关知识链接 7-12

CIS 创立期的特点

- 从数量看，仅有为数不多的企业认识和导入 CIS。
- 从内容看，CIS 设计仅局限于视觉识别领域，在统一企业标志并突出企业的个性上下功夫。
- 从过程看，CIS 主要是在美国推行，直到这个阶段的末尾，才有日本和中国台湾加入。

2. CIS 的全盛期

20 世纪 70 年代是世界 CIS 领域发展的全盛时期，也是 CIS 战略从幼年走向成熟的重要过渡阶段。

1970 年，可口可乐公司联合美国 CIS 专业公司 Lippincott & Margnlies（简称 L&M 公司）革新了世界各地的可口可乐标志，一改当时其标准字和标志设计于圆形或四方形之内，有红色也有黄色的形象混乱状况，采取了红色和富有特征的可口可乐字体。这一改进与统一，使可口可乐声名大振，销售红火，利润倍增。可口可乐的成功震惊了世界，从 20

世纪 50 年代出现的 CIS 很快在美国、日本、中国台湾等国家和地区迅速发展与普及，世界上掀起了一股 CIS 热潮。

日本的 CIS 导入可分两个阶段：第一阶段为 1971—1975 年，基本上是参照美国的具体做法和风格，强调视觉统一的美化，局限在视觉识别范围内；第二阶段为 1976—1979 年，除注重视觉识别外，开始探索企业深层次的东西。

中国台湾自台塑集团开 CIS 先风之后，味全食品公司导入 CIS。而后，大同公司、和成公司、声宝公司、光男企业、建弘电子公司也在适当时机导入 CIS，再加上相关组织的推波助澜，亦促进了中国台湾 CIS 全盛期的来临。中国台湾的 CIS 发展与日本相似，两者都始于 60 年代，发展于 70 年代。中国台湾在 CIS 导入中更善于融入中国大陆的文化和环境。

20 世纪 60 年代末 70 年代初，CIS 也传播到了欧洲。意大利著名品牌 Oliretti（沃乐惠特）打字机和电子计算机、最大的汽车公司菲亚特等纷纷导入 CIS。瑞典高必特公司（Swedish Cooperative）是一家拥有 300 个分支机构的集团组织，其销售额约占全国食品零售额的 27%，该公司也导入了 CIS。

3. CIS 的完善期

进入 20 世纪 80 年代，世界 CIS 逐渐进入成熟期和完善期，不仅表现为导入 CIS 战略的企业越来越多，更表现为在 CIS 体系的理论上有了突破性的进展。这主要反映在日本式 CIS 战略和中国台湾式 CIS 战略的出现。

在 20 世纪 70 年代，日本较早实行 CIS 的公司，如大荣、马自达均接受美国式的 CIS，主要在沟通企业理念的标志、标准字、商标上下功夫，专注于视觉统一的作业，以此作为 CIS 战略的核心。但有些企业和专家认识到，仅局限于视觉效果上，无法达到预期目的，于是对 CIS 的体系进行了重新变革。

（1）在 CIS 的定义上重新定位。美国从 CIS 战略创立起，一直把 CIS 定义为以标准字和商标作为沟通企业理念与企业文化的工具。日本的山田理英则把 CIS 定义为一种明确认识企业理念与企业文化的活动，并指出"当美国的 CIS 制作者仍固守视觉设计的同时，企业理念及文化所展示的 CIS 战略效力已经在日本开花结果，成为一种不可动摇的事实了"。

（2）从 CIS 的目标和结果看，美国式 CIS 主要侧重于设计，设计完成便大功告成。而日本式 CIS 是"作为生存的根本"，即企业的经营者可以变化，但继承、培育这种企业经营的宗旨不变，并将其视作企业生存的根本。因而日本式 CIS 更注重长期的培育和发展。

（3）在操作重心和步骤上，日本也与美国的做法不同，即把企业理念的开发作为 CIS 战略的核心所在。日本式 CIS 操作一般可分六个步骤。

① 制定明确的企业理念及企业战略。

② 设定一流的形象概念，使公司内外人员达成共识。

③ "形象概念"具体化。将制定完成的企业理念应用于标准字及商标设计中。

④ 视觉识别的应用。把标准字与商标的推广应用于企业办公事务用品及各式广告中。

⑤ 编写 CIS 指导手册。

⑥ 企业行为配合。员工按企业战略行动，按指导手册行事。

日本式 CIS 选取美国式 CIS 的优点，结合本国特点，成为适应日本具体环境的 CIS，这是对 CIS 的重大拓展。

20 世纪 80 年代，中国台湾的 CIS 也进入了成熟的完善期。这表现在导入 CIS 的企业数量急剧增加，更重要的是具有中国民族特色，并形成完整的体系。

就 CIS 的发展而言，CIS 的实践必然向前发展，呈现境界更深远、系统更完善的趋势，那种徒具形式的 CIS 应该被禁止。日本已经提出 CIS 公害的问题。CIS 的实施应以创造企业良好的品质为目标，只以引人注目为目的的 CIS，是造成 CIS 公害的原因。

7.3.3 CIS 的构成要素

CIS 是由三个相互关联的要素构成的。它们是理念识别（mind identity，MI）、行为识别（behavior identity，BI）、视觉识别（visual identity，VI）。三者有机结合，相互作用，共同塑造特定的企业形象。

三大识别内容和结构，如图 7-1 所示。

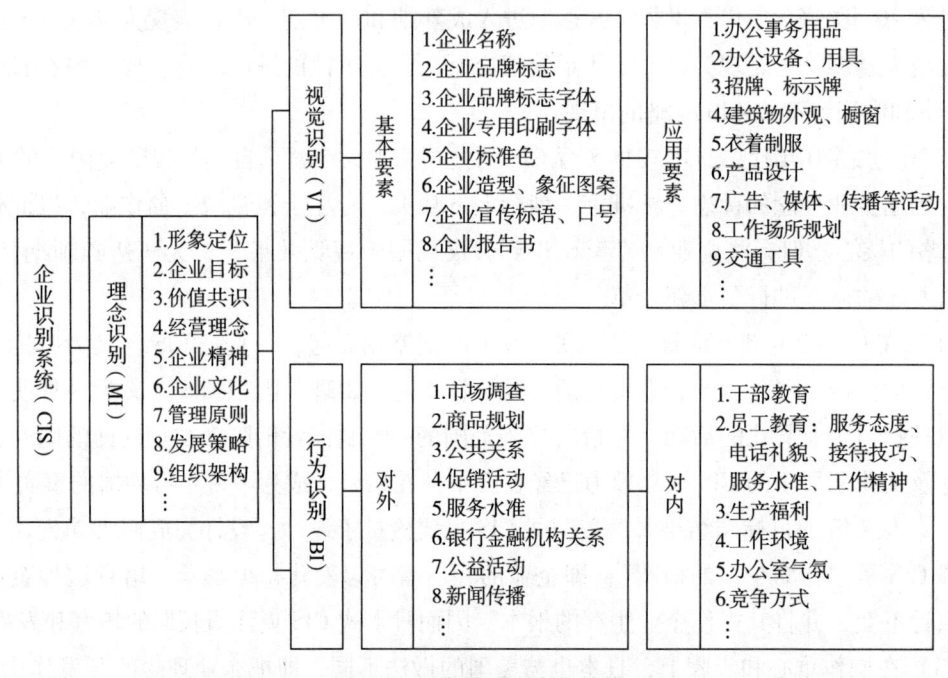

图 7-1　三大识别内容和结构

1. 理念识别系统

理念识别系统（MIS）是 CIS 战略运作的原动力和实施的基础，是 CIS 的最高决策层。完整的 CIS 的建立，有赖于企业经营理念的确立。企业理念有其丰富的内容和构成要素，主要包括：形象定位、企业目标、价值共识、经营理念、企业精神、企业文化、管理原则等。这些内容和要素构成了理念识别系统。

■ 相关知识链接 7-13

核心价值观

企业存在的目的、意义的集中反映，是企业的精神支撑力、驱动力和所有价值观的核心，决定了企业的基本特性和发展方向，也是企业及其每个成员共同的价值追求、价值评价标准和所崇尚的精神。以下是一些企业的价值观。

惠普公司：① 相信、尊重个人，尊重员工；② 追求最高的成就，追求最好；③ 做事情一定要非常正直，不可以欺骗员工，不能做不道德的事；④ 公司的事情是靠大家来完成的，并不是靠某个人的力量来完成的；⑤ 相信不断创新，做事情要有一定的灵活性。

IBM 公司：IBM 就是服务。

中国华能集团：坚持诚信，注重合作，不断创新，积极进取，创造业绩，服务国家。

中国电信：全面创新，求真务实，以人为本，共创价值。

中国移动：正德厚生，臻于至善。

中国石化工程建设公司：知识力 = 竞争力，满意度 = 生命力。

海尔集团：创新；真诚到永远。

万科集团：创造健康丰盛的人生，客户是我们永远的伙伴，人才是万科的资本，"阳光照亮的体制"，持续的增长和领跑。

联想集团：服务客户，精准求实，诚信共享，创业创新。

资料来源：https://max.book118.com/html/2019/1013/8015074014002055.shtm.

（1）企业理念的定位。企业理念是企业的灵魂和核心，是企业运营的依据。因此，企业理念的定位是否准确，不仅直接影响企业行为识别系统、视觉识别系统的开发与实施，而且最终影响企业运营成功与否。企业理念的定位可采用以下七种模式。

① 目标导向型。采用这种定位模式，企业将其理念规定或描述为企业在经营过程中所要达到的目标和精神境界。它可分为具体目标型和抽象目标型。具体目标是指企业要达到的销售、利润或市场目标，而抽象目标往往是指企业所要实现的一种社会目标或所要达到的一种精神境界。现实中，各企业更倾向于使用抽象目标来规定企业理念。例如，日本丰田公司的"以生产大众喜爱的汽车为目标"即属具体目标型；日产公司的"创造人与汽车的明天"，以及美国杜邦公司的"为了更好地生活，制造更好的产品"即属抽象目标型。

② 团结凝聚型。采用这种定位模式，企业将团结奋斗作为企业理念的内涵，以特定的语言表达团结凝聚的经营作风。这种定位模式有利于加强全体员工的团结合作精神，促进企业内部形成和谐融洽的工作气氛，更大程度地发挥员工的积极性和创造性，同时还有助于获得公众的认同。例如，美国塔尔班航空公司的"亲如一家"，上海大众汽车有限公司的"十年创业，十年树人，十年奉献"，等等。

③ 开拓创新型。采用这种定位模式，企业以拼搏、开拓、创新的团体精神及群体意识来规定和描述企业理念，目的在于激发员工的创造力和创新意识，不断开发新产品以满

足市场不断升级的产品需求，提高企业的竞争能力。例如，日本本田公司的"用眼、用心去创造"，日本住友银行的"保持传统，更有创新"，等等。

④ 产品质量型。采用此类定位模式，企业一般以质量第一、注重质量、注重创名牌等含义来规定或描述企业理念，目的是以产品的高质量来树立企业的好形象。例如，上海英雄股份有限公司的"至尊英雄，卓越风范，赶超一流"，日本 TDK 公司的"创造——为世界文化产业做贡献，为世界的 TDK 而奋斗"，等等。

⑤ 技术开发型。采用此类定位模式，企业以尖端技术的开发意识来代表企业精神，着眼于企业开发新技术的观念。这种定位模式与前面开拓创新型较相似，不同之处在于开拓创新型立足于一种整体创新精神，渗透于企业技术、管理、生产、销售的方方面面，而技术开发型立足于产品的专业技术的开发，内涵相对要窄得多。例如，日本东芝公司的"速度，感度，然后是强壮"，佳能公司的"忘记了技术开发，就不配称为佳能"，等等。

⑥ 市场营销型。采用此类定位模式的企业，强调自己所服务的对象，即顾客的需求，以顾客需求的满足作为自己的经营理念。例如，麦当劳的"顾客永远是最重要的，服务是无价的，公司是大家的"，施伯乐百货公司的"价廉物美"，等等。

⑦ 优质服务型。采用此类定位模式的企业，强调为顾客、为社会提供优质服务，以"顾客至上"作为其经营理念。这种理念在许多服务型行业如零售业、餐饮业、娱乐业极为普遍。例如，美国假日饭店的"为旅客提供最经济、最方便、最令人舒畅的住宿条件"，北京西单购物中心的"热心、爱心、耐心、诚心"，北京王府井百货的"用我们的光和热去温暖每一个人，每一颗心"，等等。

(2) 企业理念的提炼与设计。

① 企业理念的来源。企业管理者、企业专业人员、企业一般员工，企业外部专家、社会公众等，都是企业理念的来源。

为激发理念的创意，在企业内部，可采用专家或专业人员会议法、研讨法、头脑风暴法；对一般员工可采取有奖征集法；在企业外部可采取针对专家的德尔菲法和针对社会公众的征集法。

■ 相关知识链接 7-14

使用征集法的优点

- 通过发动所有人员的智慧，集思广益，有可能征集到最好的企业理念。
- 通过征集活动可使广大员工主动参与 CIS 导入活动。
- 面向社会公众的征集活动本身就是一个形象传播和树立的过程。

资料来源：https://max.book118.com/html/2016/0822/52347060.shtm。

② 企业理念设计识别系统的两种方式：标语口号式和组织宣言式。

标语口号式。即用简练的语言来表达企业的思想、精神，代表企业的理念体系，既传播了企业理念，又展示了产品形象。

■ 相关知识链接 7-15

标语口号式的理念设计

- 日本本田公司的"用眼、用心去创造"。
- 飞利浦公司的"让我们做得更好"。
- 杜邦公司的"为了更好地生活,制造更好的产品"。
- 海尔集团的"真诚到永远"。
- IBM 公司的"IBM 就是服务"。

资料来源:百度知道。

组织宣言式。针对企业的特点设计,将企业理念设计为主题理念、经营哲学、人才观、准则等。

■ 相关知识链接 7-16

海尔集团的理念系统

- 海尔理念:海尔只有创业,没有守业。
- 海尔目标:海尔——中国的世界名牌。
- 海尔原则:不能对市场说不。
- 海尔管理模式:"OEC 管理法",即日事日毕、日清日高。
- 海尔标准:紧盯市场创美誉。
- 海尔作风:迅速反应,马上行动。
- 用人机制理念:人人是人才。
- 售后服务理念:用户永远是对的。
- 质量工作理念:优秀的产品是优秀的人干出来的。

资料来源:https://www.yjbys.com/hr/qiyewenhua/1614450.html。

对已定为企业理念的创意,要给予丰富的内涵,以便在以后的理念传播和理念实施过程中有据可查。规定理念内涵首先要从字面上给予科学合理的解释。其次,在此基础上,可通过联想与比喻使其内涵延伸,以便与树立理念的真正目的相吻合。最后,针对理念的要求,明确企业的发展战略、管理者的职责和员工的行为准则等。

2. 行为识别系统

行为识别系统(BIS)是 CIS 的外化和表现。如果说 CIS 是企业的"想法",那么 BIS 则是企业的"做法",即通过企业的经营行为、管理行为、社会公益行为等来传播企业的理念,使之得到内部员工和社会公众的认同,建立起良好的企业形象。

企业的行为范围很广,它们是企业理念得到贯彻执行的重要领域,包括企业内部行为和企业市场行为两个方面。企业的各种行为只有在企业理念的指导下规范、统一并有特色,才能被公众识别、认知和接受。

■ 相关知识链接 7-17

企业的行为

- 内部行为：员工选聘行为、员工考评行为、员工培训行为、员工激励行为、员工岗位行为、领导行为、决策行为、沟通行为等。
- 企业市场行为：企业创新行为、交易行为、谈判行为、履约行为、竞争行为、服务行为、广告行为、推销行为、公关行为等。

资料来源：作者根据相关资料整理。

（1）行为识别系统的设计。

① 企业管理体制。企业导入 BIS，规范企业行为，要先有一个合法、科学、完善的行为主体，即企业。因而科学构建行为主体是企业导入 BIS 的前提。构建行为主体包括决定企业的组织形式，设计组织结构，划分部门，确定管理幅度与层次，授权，等等。

② 员工手册。这是统一员工行为的"宪法"，是高于具体操作规程的准则。全体员工应人手一份，并以此指导今后的行为。

■ 相关知识链接 7-18

某企业的员工手册目录内容

欢迎加入×××行列。

手册简介；你的新工作；×××公司简介；工作性质；在×××公司工作的收获；基本责任；各部门联系方式；工作时间；时间更改；发薪日期；试用期；辞职须知；报销政策；培训政策；制服；仪容整洁；个人卫生；福利；按工作表现付酬。

资料来源：作者根据相关资料整理。

③ 各项行为制度。企业建立 BIS，不能只靠铺天盖地的宣传教育，还需要制定和完善一系列具有可操作性的制度和规范。制度和规范使企业及其员工的行为有章可循、规范划一，具有一定的强制性。制度和规范的设计必须以正确的企业理念为指导，必须有助于员工在一种宽松的环境中准确无误、积极主动地完成自身的工作。制度和规范包括人事管理制度、行政管理制度、财务管理制度、部门工作职能、岗位责任、任职标准、质量管理标准等。

④ 市场营销活动。它包括营销政策和广告活动两个方面。前者包括营销战略、营销策略和营销手册；后者指广告策划，包括主题广告语、文字广告语、广播电视广告语、广告电视创意脚本及媒介组合战略。

（2）员工培训。企业 BIS 的建设不是员工自发的，必须开展多种形式的教育培训；让全体员工知道本企业导入 CIS 的目的、意义和背景，了解甚至参与企业识别系统的设计，熟悉并认同企业的理念，清楚地认识到企业内每一位员工都是企业形象的塑造者。通过教育培训，使员工从知识的接收到情感的内化，最终落实到行为的贯彻。

■ 相关知识链接 7-19

麦当劳公司的 BIS

为了保证麦当劳的经营理念的贯彻，麦当劳有一套准则来保证员工的行为规范，即"小到洗手有程序，大到管理有手册"。这些准则主要包括：

- OTM（operation training manul）即营运训练手册。

该手册详细说明麦当劳的政策，餐厅各项工作的程序、步骤和方法，是指导麦当劳系统运转的"宝典"。

- SOC（station operation checklist）即岗位工作检查表。

麦当劳把餐厅服务组的工作分成 20 多个工作站，每个工作站都有一套 SOC，详细说明在该工作站时，应事先准备和检查的项目，操作步骤，岗位第二职责，岗位注意事项，等等。员工进入麦当劳后将逐步在各个工作站学习，通过在各个工作站的学习，表现突出的员工将会晋升为训练员，并训练新员工，训练员中表现好的就会晋升到管理组。

- PQG（pocket qual guide）即袖珍品质参考手册。

麦当劳管理人员人手一册，手册中详细说明各种半成品接货温度、储存温度、保鲜期，成品制作温度、制作时间、原料配比、保存期等与产品品质有关的各种数据。

- MDT（management development training）即管理发展手册。

这是麦当劳专门为餐厅经理设计的。该手册一共四册，介绍了麦当劳的各种管理方法，并配有训练课程。通过这样系统的训练，麦当劳的经营理念、行为规范就深深地渗透到每一名员工的行动之中。

资料来源：https://wenku.baidu.com/view/5d85df3227fff705cc1755270722192e443658db.html?_wkts_=1679038294388&bdQuery.

3. 视觉识别系统

视觉识别系统（VIS）是指能够被视觉识别的一切事物，包括企业标志、名称、商标、标准字、标准色、办公事务用品、传播媒介、交通工具、制服等。

视觉识别系统的传播力与感染力最为具体、直接，能将企业识别的基本精神、差异性等充分表达出来，并且可以让消费者一目了然地掌握其中的情报信息，轻易地达成识别、认识的目的。例如，麦当劳的标志——大写的黄色的 M、麦当劳大叔，标准色是黄色；海尔的标志——海尔兄弟，标准色是蓝色；三菱重工的标志——三个红色的菱形，既醒目又体现了三菱公司的思想。

7.3.4 三大识别系统的作用

1. 理念识别系统是组织的最高决策层

理念识别系统是最高决策层，也是 CIS 的基本精神所在。完整的企业识别系统的建立，须以企业理念的确立为核心，也是 CIS 运作的原动力和实施的基石。

2. 行为识别系统是组织的执行层

行为识别系统是通过动态的活动或训练形式，建立企业形象，它用于规划企业内部的组织、管理、教育，以及对社会的一切活动。

3. 视觉识别系统是组织的表现层

视觉识别系统是静态的识别符号，也是具体化、视觉化的传达形式；效果最明显、最直接。

企业识别系统构成三要素的结构层次，如图 7-2 所示。

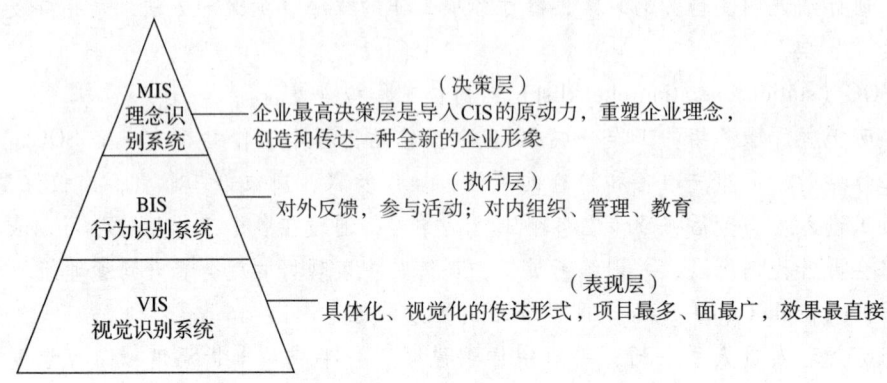

图 7-2　企业识别系统构成三要素的结构层次

7.3.5　三大识别系统之间的关系

三大识别系统之间的关系是相辅相成、互相支持。MIS 是 CIS 的决策面，是企业的心；BIS 是 CIS 的执行面，是企业的手；VIS 是 CIS 的表现面，是企业的脸。MIS 是 CIS 的基础和源泉；BIS 是保证和行为；VIS 则是外在表现。

CIS 的三大识别系统只有相互推动、协调运作，才能为企业塑造独特的形象，带动企业经营的发展。因此，CIS 的三大构成要素既具有很强的层次性，又具有紧密的关联性，其相互关系如图 7-3 所示。

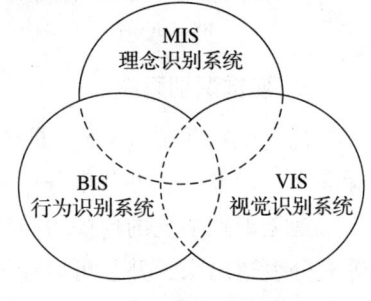

图 7-3　三大构成要素的相互关系

三大构成要素的相互关系，可概括为以下三点。

(1) 各具特点，层次分明。MIS 设计的重点在心和精神，是 CIS 系统的原动力。BIS 设计的重点在人，着眼于企业中人的主观能动性的充分发挥。VIS 设计的重点在物，是一种传播媒介或载体。所以，VIS 是 CIS 的表现层，直接联结着社会公众；BIS 是 CIS 的执行层、实践层；而 MIS 是 CIS 的决策层，是最高、最深层次，发号施令。

(2) 互相关联，三位一体。MIS 是 CIS 的基础，起"软件导向"作用，左右着企业的素质，决定着企业的发展。MIS 一经形成，将通过两种媒体对外传播。其中，BIS 是动态的传播，借助于实物显示出 MIS 的内涵，VIS 是静态的传播。如果没有 MIS，VIS 只能是简单的装饰品，CIS 也会失去生命力；反之，如果没有 VIS，MIS 也将无法有效地传播和表现，MIS 就是空洞的口号，没有任何意义。所以，三者相互联结，缺一不可。

(3) 高度统一，协调运作。如果把 CIS 比喻成一棵树，那么，MIS 是树根，BIS 是树枝，VIS 是树叶，只有根深树壮，才能枝繁叶茂，成为一棵参天大树。这形象地说明，只有 MIS、BIS、VIS 三者高度统一、配套完备，在相互关联中协调运作，才能塑造一个完好无缺的企业形象。

要点回放

组织形象是指社会公众或消费者按照一定的标准和要求，对组织经过主观努力所形成和表现出来的形象特征的整体看法及最终印象，并转化成基本信念和综合评价。组织形象的划分有自我期望形象和社会实际形象、整体形象和特殊形象、外在形象和内在形象。组织形象的构成包括组织的产品形象、组织的管理形象、组织的人员形象、组织的环境形象、组织的文化形象、组织的社区形象、组织的标识形象和组织的媒介形象。良好的组织形象是一种无形的财富。它可以创造消费信心，它是组织产品在市场上无形的"通行证"，它优化了组织的生存环境。组织形象塑造的原则包括以质量为本的原则、视信誉为生命的原则、注重全局的原则和注重传播的原则。组织形象塑造的基本内容由主体形象要素的塑造、客体形象要素的塑造和延伸形象要素的塑造三部分组成。

组织形象定位是指组织基于环境变化的要求、本组织的实力和竞争对手的实力，选择自己的经营目标、经营领域和经营理念，为自己设计出一个理想的、独具个性的形象。主体个性、传达方式和公众认知是组织形象定位的三要素。组织形象定位有四个原则，即组织利益与社会利益相结合、民族化与全球化相结合、追求个性化与差异性、强调统一性与连贯性。组织形象定位的特征有找寻差异、环境分析、组织总体发展战略、管理职能的发挥和传播活动的开展。组织形象定位的方法有很多，主要有个性张扬定位法、优势表现定位法、公众引导定位法、形象层次定位法和对象分类定位法等。

组织形象的设计首先从它的内在基础开始，这是组织形象相互有所区别的根本。其中主要包括组织事业领域的确定、组织目标的确立和组织理念的确立三个方面。组织形象的设计除了注重内在基础的建立之外，还需要与外在条件相配合。

企业识别系统（CIS）是指一个企业为了塑造自身的形象，将企业的经营理念、经营行为、视觉形象、听觉形象及一切可感受的形象实行统一化、标准化与规范化的科学管理体系。CIS 是由 MIS、BIS 和 VIS 三个相互有关联的要素构成的，三者相互推动，协调运作，共同塑造独特的企业形象。

任务体验

体验一　考一考

1. 单项选择题

(1) 组织形象的评定者是（　　）。

　　A. 政府　　　　　B. 顾客　　　　　C. 员工　　　　　D. 社会公众

(2) 组织的（　　）形象是指社会公众对组织的名称、标记、环境、建筑、设备、设施、组织行为等方面的看法和评价。
　　A. 外在　　　　B. 整体　　　　C. 实际社会　　　D. 特殊
(3) 组织形象塑造的基本内容包括主体形象要素、产品形象要素、品牌形象要素、（　　）形象要素和延伸形象要素的塑造。
　　A. 领导　　　　B. 员工　　　　C. 服务　　　　　D. 环境
(4) 组织形象定位的三要素有主体个性、传达方式和（　　）。
　　A. 产品　　　　B. 服务　　　　C. 质量　　　　　D. 公众认知
(5) 组织形象的设计除了注重内在基础的建立之外，还需要与（　　）相配合，才能使组织形象在市场竞争中保持优胜的状态。
　　A. 市场环境中的条件　　　　　B. 未来发展中的条件
　　C. 外在条件　　　　　　　　　D. 组织目标的确立
(6) （　　）是企业形象的核心内容。
　　A. 企业理念　　B. 企业制度　　C. 企业信誉　　　D. 员工素质
(7) （　　）是评价企业形象的量的指标。
　　A. 美誉度　　　B. 知名度　　　C. 销售量　　　　D. 利润率
(8) CIS 于 20 世纪（　　）兴起于欧美。
　　A. 40 年代　　　B. 50 年代　　　C. 60 年代　　　D. 70 年代
(9) （　　）是一种介于企业理念和标志之间的识别要素。
　　A. 品牌　　　　B. 商标　　　　C. 标语　　　　　D. 标准字
(10) 企业理念应用的方式和过程，实际就是（　　）的设计和实施过程。
　　A. CIS　　　　　B. BIS　　　　C. VIS　　　　　D. 营销策划
(11) （　　）是企业的"金字招牌"，是企业无形形象的主要内容。
　　A. 企业信誉　　B. 企业理念　　C. 产品形象　　　D. 社会形象
(12) 以下哪一项不属于 CIS 手册的基本设计系统？（　　）
　　A. 企业标志　　B. 标准字　　　C. 包装　　　　　D. 标准色

2. **多项选择题**

(1) 组织形象是一个完整的系统，它由各个形象的子系统有机构成，包括（　　）形象。
　　A. 人员　　　　B. 环境　　　　C. 文化　　　　　D. 产品
(2) 组织形象塑造的原则包括（　　）原则。
　　A. 以质量为本　B. 视信誉为生命　C. 注重全局　　D. 注重传播
(3) 组织的延伸形象要素主要包括（　　）。
　　A. 竞争形象要素　B. 信誉形象要素　C. 服务形象要素　D. 环境形象要素
(4) 组织形象定位的方法有很多，主要有（　　）。
　　A. 个性张扬定位法　　　　　　B. 优势表现定位法
　　C. 公众引导定位法　　　　　　D. 形象层次定位法

(5) 以下哪些属于企业形象的有形要素？（　　）

　　A. 员工素质　　　B. 环境形象　　　C. 产品形象　　　D. 社会形象

(6) 以下哪些属于 BIS 的内容？（　　）

　　A. 公关行为　　　B. 领导行为　　　C. 服务行为　　　D. 经营宗旨

体验二　讲一讲

1. 要求

(1) 由学生对下面所学知识进行复述、总结与拓展。

(2) 鼓励学生课外自查资料。

(3) 建议在该知识讲授结束时布置，下一次课开始时进行。

(4) 学生随机轮流上台，面对全班同学讲述，每题时间不超过三分钟。

(5) 教师对学生的讲述进行考评，计入平时成绩。

2. 内容

(1) 结合你所在学院的实际，谈谈如何理解社会组织形象。

(2) 如何提高社会组织形象？

(3) 如何进行 CIS 策划？

(4) 结合以下案例讲一讲麦当劳的形象。

案例背景资料

麦当劳

麦当劳是当今世界上最成功的快餐连锁店之一，麦当劳公司旗下最知名的麦当劳品牌拥有超过 32 000 家快餐厅，分布在全球 121 个国家和地区，每天接待 2 800 万人次的顾客，并且以平均每 7.3 小时新开一家餐厅的速度发展着。顾客走进任何一家麦当劳餐厅时都会发现，这里的建筑外观、内部陈设、食品规格和服务员的言谈举止、衣着服饰等在诸多方面惊人地相似，这能带给顾客同样标准的享受。

金拱门——麦当劳（McDonald's）的企业标志是弧形的 M 字，以黄色为标准色，稍暗的红色为辅助色，黄色让人联想到价格的便宜，而且无论在什么样的天气里，黄色的视觉性都很强。M 字的弧形造型非常柔和，和店铺大门的形象搭配起来会令人想走进店里。

吉祥物——象征麦当劳餐厅的人物偶像——麦当劳叔叔，是友谊、风趣、祥和的象征。他总是传统马戏小丑打扮：黄色连衫裤、红白色的衬衣和短袜、大红鞋、黄手套、一头红发。他的全名是罗纳德·麦当劳（在美国 4~9 岁儿童心中，他是仅次于圣诞老人的第二位最令人熟识的人物）。他象征着麦当劳永远是大家的朋友，时刻准备着为儿童和社会发展贡献力量。麦当劳叔叔儿童慈善基金会在 1984 年成立，至今已向世界各地 1 600 多个组织捐出了超过 6 000 万美元的资助。北京王府井的麦当劳餐厅开业之际，就向儿童福利院等机构捐款 1 万美元。此外，到公园参加美化，到地铁站做卫生，到大街上擦栏杆，都是麦当劳经常发起的公益活动，这不仅树立了企业形象，也培养了员工的社会责任感和参与意识。

体验三 想一想

海尔集团：CIS 伴随步步高升

海尔集团的迅速发展与企业实施名牌战略，通过导入 CIS，借以提高企业形象是分不开的。海尔集团原来是由两家小厂组合而成，10 年后这家厂已成为全国著名的企业，员工近万人。企业产品以电冰箱为主，后来又开拓出电冰柜、空调器、微波炉、洗衣机、展示柜、小家电，共计 7 个大类、65 个系列、2 000 多个品种。这个成绩来之不易，然而又并不奇怪。CIS 的导入给企业提供了很大的推动力。它的具体做法如下。

1. 正确认识 CIS 的意义

海尔集团认为 CIS 就是投资，而不是常人理解的一次消耗性支出。CIS 是整体营销战略的一部分，把 CIS 当作"软件品"，将其中密集、综合的知识与商场信息灵活运用到每次营销活动中，并始终保持充足的资金投入，以确保 CIS 实施的质量。1991 年 5 月以来，海尔集团用于纯 CIS 开发的费用达 80 余万元，这笔费用不能与硬性广告费用来比较，用知识与智慧开创的卓越 CIS 方案，可以带来数百万元广告费所达不到的效益。

2. CIS 给予的是对高质量的承诺

当新产品推出时，必须要给消费者一个信得过的依据，孤立地宣传新产品的质量与特性往往难以奏效。

海尔抓住了 CIS 的实质，CIS 本身并不是灵丹妙药，一吃企业形象就提升，CIS 必须与产品质量相依存。形象的关键在于产品质量。产品质量过硬，再加之 CIS 的宣传、系统化、一体化，那么企业形象就可以真正提升，如果只是 CIS，只是做视觉形象识别，产品仍不过关，那是徒劳而不能长久的。

在信息拥挤、广告过多的时代，加上虚假广告和假冒伪劣产品泛滥，企业要获得顾客的信任，以企业形象作为基础是十分正确的。

3. 实施品牌定位，确立产品个性

海尔集团现有 65 个系列的家电、家用产品，2 000 多个品种。近几年来，海尔又向金融、房地产、制药、商贸等领域拓展，且成绩可观。

如此多的领域，如此复杂、庞大的产品家族，没有完整、系统的品牌定位战略，无疑会导致品牌及企业形象上的混乱。海尔的做法是首先将集团品牌划分为企业牌（产品总商标）、产品牌（产品类别名称）、行销牌（产品销售识别名）三个层次。从家电的长线产品考虑，将各类家电产品统一。"Haier 海尔"总商标，最大限度地发挥了"Haier 海尔"名牌的连带影响力，大大降低了广告宣传中的传播成本。

围绕上述三层次集团品牌的划分，企业将海尔产品定位在高质量、名牌产品的高层次上，并相应开展各层次的广告活动。如电视广告中在海尔集团"总形象篇"下，相继完成"服务篇""技术篇"等分层次注释，深化、丰富集团形象"真诚到永远"的内涵，避免空洞。由于每一产品类别中有众多的产品，海尔将每类产品归纳出共性，在此基础上，再将主要产品型号根据其主要功能制作出产品"功能广告"片，对已有的"共性"的认识做个性的说明，供不

同需求的消费者选择。这三层次统一结尾标版，配合周密的营销推广媒介策略，互相补充，层次分明，主题突出，产生了良好的效果。

在这三层次的整体推广中，海尔仍始终从CIS角度把握风格，形成大统一、整体的个性，如在表现手法上，从无序到以"真诚到永远"为主题的温情的"热"表述，再到稳重、大气、简洁、直接的"冷"表述，这种"冷""热"风格是企业发展到一定程度的自然流露。公关、广告、促销等CIS活动要具有亲和力的"热"，而企业产品的诸多优势、直接简明的表达需要"冷"，"冷""热"呼应，足以打动消费者。

以上仅以集团的主导家电产品来说明，家电以外其他领域的产品，海尔将从与家电产品分离的角度进行品牌定位。

4. 强化识别，追求新的发展

海尔集团的前身是1984年由濒临倒闭的两个集体小厂合并成立的"青岛电冰箱总厂"，1985年引进德国"利勃海尔"公司先进技术和设备生产出亚洲第一代"四星级"电冰箱，为体现出双方合作，将产品名称定为"琴岛-利勃海尔"，标志以德方标志为基础，经加笔画而成，从当时冰箱装饰考虑，成功地设计了象征中德合作的儿童吉祥物。这些视觉形象及名称，称为企业第一代视觉识别形象。在20世纪80年代中期，这些视觉识别形象辅以广告带来了一种新鲜感，一下子吸引了许多顾客和社会公众，大家无论是否关心电冰箱，都会被两个可爱的儿童形象所吸引，由此也对海尔集团产生了某种不自觉的好感。视觉识别系统的开发在传媒中发挥了良好的作用，对企业知名度的提升，对企业的发展都起到积极的推动作用。

随着企业的成功，产品的畅销，出口量的不断增加，也显示出企业标志与德方的"近似"，影响国际市场拓展，以及企业名称"青岛电冰箱总厂"与产品名称"琴岛-利勃海尔"不统一，不利于识别等弊端。经过几次变更，1991年企业名称简化为"青岛琴岛海尔集团公司"，产品也同步过渡为"琴岛海尔"牌，实现了企业与产品名称的统一。与此同时企业导入CIS理念，并推出了以"大海上冉冉升起的太阳"为设计理念的新标志，以及"海尔蓝"企业色，形成了集团CIS的雏形。这一阶段，称为第二代视觉识别形象。这些识别存在着不够凝练、工业感、科技感不强等弱点。伴随着企业的迅猛发展，多元化、国际化经营进一步明确，迫切需要更为超前的企业识别设计及产品品牌定位。

1993年5月，经过深入的调研，公司将第二代识别中的图形标志去掉，将企业名称简化为"海尔集团"，将英文"Haier"作为主识别文字标志，集商标标志、企业简称于一身，信息更加简洁直接，在设计上追求简洁、稳重、大气、信赖感和国际化。为推广"Haier"，以中文"海尔"及两名儿童吉祥物"Haier"组合设计辅助推广，力求建立长期稳固的视觉符号形象。这种抛开抽象、具象图形符号标志，追求高度简洁的超前做法，顺应了世界设计趋势，为企业国际化奠定了形象基础。

海尔识别形象的三次演变互相连贯，既有变革，又有继承，逐步简化到位。这样宣传投入较少，过渡比较自然，也能够顾及社会公众的接受态度。

当然，这种变化的时间周期须有考虑，多长时间较好，是个十分有意思的课题，海尔发展迅猛，因此企业识别形象的演变周期相对也短了，从某种程度上讲，这是较为有利的。

资料来源：https://ishare.iask.sina.com.cn/f/32eTa8PxlLP.html.

思考题

1. 结合上述案例，说明海尔集团导入 CIS 给企业提供了怎样的推动力。企业有哪些具体做法？
2. 这一案例给我们的启示是什么？

体验四　练一练

央视 3·15 晚会曝光：锦湖轮胎使用大量返炼胶

1. 情景介绍

2011 年，央视 3·15 晚会曝光了锦湖轮胎使用大量返炼胶。

赵赫：2010 年，我们国家的汽车产销量已经达到了 1 800 万辆，汽车消费现在已经走进了我们的千家万户，随之，人们对汽车的安全越来越关注了。今天我们晚会一开始就从汽车的配件说起。

解说：3·15 接到内幕人士举报，锦湖轮胎在轮胎制造过程中存在严重的轮胎品质问题。内幕人士告诉记者，轮胎制造过程中一些废掉的半成品会进入新料中再次使用。为了保证轮胎品质，锦湖轮胎制定了严格的作业标准，规定在市场上零售的胶品，只允许采用少量返炼胶。但实际上标准规定的是一套，锦湖轮胎具体操作的却是另一套。

内幕人士：我们现在为了减少成本不按照比例操作，而是全部使用返炼胶，整个轮胎的性能就全降下来了。

解说：难道锦湖轮胎制定和执行的真的是两套标准吗？2010 年夏天的一个晚上，记者直接来到锦湖轮胎天津有限公司的生产车间，在返炼车间记者看到，经过返炼的胶重新打上标号。

解说：原来 3 或 4 开头的是返炼胶，1 开头的是原片胶，锦湖轮胎又是怎么使用这些返炼胶的呢？按照公司作业标准规定，标准是 3∶1，就是 3 份原片胶中掺入一份返炼胶。纸上的 1366 表示此时生产线上使用的正是原片胶，令人诧异的是记者走近一看却发现，三盘中有两盘是 1366 的原片胶，另一盘却是 4366 的返炼胶。

内幕人士：不用的话只能以废品的价格被卖掉，成本就会上来，按这个价格卖的话很便宜。

解说：锦湖轮胎是全世界十大轮胎企业之一，包括为通用、北京现代、一汽大众等汽车厂家提供配套轮胎，在中国国内配套市场占有率第一。锦湖轮胎天津有限公司是它在中国投资的第二工厂，作为一家跨国企业，锦湖轮胎在什么情况下才能严格按照作业标准生产呢？

内幕人士：按正常比例，就是有配套厂家来认证的时候，比例改成作业标准的比例，其他基本上只要是有返炼胶的时候，都是不按比例的，有的情况严重一些。

解说：2011 年 1 月，记者来到锦湖轮胎进行正面采访，公司负责人告诉记者，按照作业标准，胎面与胎侧比例是 3∶1，气密层则是 6∶1。

2. 模拟训练

（1）学生可自由组合或由指导老师组合成若干小组，分别商讨以下问题：

① 锦湖轮胎的品质问题损害了锦湖轮胎形象的哪些价值？

② 锦湖轮胎的品质问题违背了现代企业形象塑造的哪些原则?
③ 采取什么公共关系措施来挽回锦湖轮胎的形象?

(2) 每个小组推举一名代表上台扮演锦湖轮胎企业新闻发言人,回答以上问题;其他同学扮演媒体记者、用户、市民等,提出以上问题。

(3) 每组抽一名学生组成评分团,分别给各小组评分。

项目	优 (90~100 分)	良 (80~89 分)	中 (70~79 分)	及格 (60~69 分)	不及格 (60 分以下)
回答内容					
演讲水平					
回答技巧					
效果					

(4) 最后由指导老师进行点评和总结。

体验五 做一做

CIS 策划

1. 实训项目

为你熟悉的企业进行 CIS 策划。

2. 实训目的

通过访问你熟悉的企业,了解企业的现代社会形象状态,找出不足之处,并且进行 CIS 策划。

3. 实训内容

(1) 走访你熟悉的企业。

(2) 针对企业的实际形象进行 CIS 策划,以提高组织的知名度和美誉度。

4. 实训组织

选定若干家企业,分析其社会形象状态,然后把全班同学分成几个组,各组分别走访调查各企业。

5. 实训考核

(1) 要求每组学生为走访的企业设计 CIS 策划方案。

(2) 要求学生填写实训报告。其内容包括:
① 实训项目;
② 实训目的;
③ 实训内容;
④ 本人承担的任务及完成情况;
⑤ 实训小结。

(3) 教师评阅后写出实训评语,组织全班交流实训体会。

任务 8

公共关系危机管理

任务提要

8.1 公共关系危机概述
8.2 公共关系危机预防
8.3 公共关系危机处理

任务目标

知识点

1. 了解公共关系危机的含义、特征及类型
2. 明白公共关系危机形成的原因
3. 掌握公共关系危机预防程序
4. 掌握公共关系危机处理的原则和对策

技能点

1. 树立公共关系危机意识，培养面对危机的积极心态
2. 初步具备公共关系危机预防、处理公共关系危机的能力素质
3. 能制订公关危机管理计划
4. 能根据危机处理的原则和程序制定有效的危机处理对策
5. 能针对具体危机事件提出合理的应对措施

案例导入

西贝"哭穷"求生

新冠疫情暴发后，广大中小企业都说日子难过，但大多数的抱怨仅限于朋友之间、行业之

间。而北京西贝餐饮管理有限公司（以下简称西贝）董事长贾国龙此前接受有关媒体采访时说的一番话引发了很多人的关注。

在引发人们关注的第二天，西贝当即宣传外卖业务，将进店就餐业务转化为外卖业务，并表示将部分收入捐赠给武汉医生，这一系列的行为不得不让人称赞西贝的危机公关能力之强。

正所谓"爱哭的孩子有奶吃"，在声称一个月将损失7亿元，贷款只够支撑日常运营3个月后，多家银行主动找到西贝，西贝在5天获得了4.3亿元的授信以继续给员工发工资，可以说是瞬间转危为安。西贝的这次公关做得非常不错，与其被动地面对企业困境，不如借势社会热点，努力取得人们的同情和关注，既让品牌得到了传播，还解决了当前的困境。

资料来源：https://zhuanlan.zhihu.com/p/108921447.

思考讨论

试用危机公关的5S原则，点评西贝的危机公关。

❖

8.1 公共关系危机概述

8.1.1 公共关系危机的含义

"危机"从字面看，是"危"与"机"的组合，一方面代表着危险，另一方面也意味着机会。在公共关系理论与实务中，公共关系专指灾难或危机中的公共关系，公共关系危机是指社会组织由于突发事件或重大事故的出现，导致面临强大的公众舆论压力和危机四伏的社会关系环境，使组织形象严重受损，并使组织的公共关系处于危机状态。

无论是何种危机，它往往会给组织带来巨大的损失。危机的到来常常会引起媒体和公众的广泛关注。危机事件会对组织的品牌形象、信誉及消费者和股东的信心造成严重的威胁和影响。

8.1.2 公共关系危机的特点

1. 突发性

"出其不意，攻其不备"是危机常具有的特点。公共关系危机事件大多是在人们毫无察觉或准备的情况下偶然发生的。它让人们既感到意外、吃惊，又感到恐惧、害怕，并给组织带来一定程度的混乱。

2. 破坏性

"千里之堤，毁于蚁穴"。危机事件一旦发生，涉及面广，影响巨大，给公众造成严重伤害，也会造成组织多方面的损失和伤害，甚至使组织遭到灭顶之灾。

■ 相关知识链接 8-1

冠生园事件

"冠生园事件"不仅使南京的月饼市场一下跌入冰点,而且使全国各地的月饼经销商和消费者产生了恐慌或误解,许多经销商因此取消了订单。在长沙,上柜的"新冠"牌月饼被撤了下来;在兰州,有人提出要驱逐所有的"冠生园"月饼;还有河北、内蒙古……退货的电话、传真似雪片,企业的损失巨大。其他地区以"冠生园"为名的企业也受到了很大的影响。这些企业因为同叫"冠生园",让大家误以为跟"冠生园"是同一家企业,对于这些企业来说,真是"城门失火,殃及池鱼"。

资料来源:缪启军,詹秀娟. 公共关系实务 [M]. 上海:立信会计出版社,2008.

3. 关注性

"好事不出门,坏事传千里"。危机事件往往会受到公众舆论的强烈关注,并成为各类媒体关注的焦点、热点。特别是近年来,媒体之间的竞争日益激烈,为吸引"眼球",少数媒体记者更是对爆炸性新闻"孜孜以求,死盯不放"。再加上新闻复制、传播得异常迅速,互联网、新闻热线等互动方式吸引公众参与,更加剧了公关危机的恶化和蔓延。火借风势,瞬间燎原。

4. 必然性

89%的美国主要组织领导人认为"组织发生危机如同死亡和税收一样,是不可避免的"。表面看危机具有偶然性,但偶然发生的危机却往往有其必然性。任何组织都有可能陷入公关危机。

5. 紧迫性

紧迫性是指危机的爆发速度很快,允许组织和个人做出反应的时间很短。危机一旦发生,就会快速扩张,像瘟疫一样迅速蔓延,在社会中迅速扩散开来,成为公众街谈巷议的话题,成为新闻媒体追踪报道的内容,成为竞争对手发现破绽的线索,成为主管部门检查批评的对象,引起社会各界的不同反应。

6. 可变性

无论是什么程度的危机事件,都不存在不可收拾的情况。哪怕是影响极大,后果极严重的灾难性事件,也要根据不同的危害程度,制定相应的处理措施。任何一种危机事件的出现都是事物运动、发展、变化的结果,我们发现它后,就可以让它在我们能力所及的范围内得到抑制、扭转和向好的方向发展。

■ 相关知识链接 8-2

"抢盐"风波

2011年3月,日本大地震引发核泄漏危机,核危机谣言传至亚洲多个地区,出现了一些诸如"海盐变核盐不能再吃""碘盐可以预防核辐射"的谣言，一部分人陷入恐慌，开始抢盐。抢盐风潮从浙江省蔓延至珠三角地区，随后席卷安徽、河北、山东等多个省份。

3月16日，浙江省有关领导通过微博和媒体辟谣，相关部门开通科普宣传热线，提供咨询，主动给浙江东部沿海地区的手机用户发送短信，报告当日浙江境内辐射水平的监测情况，并对日本核辐射对浙江的影响进行了预判和预测。3月17日，中国盐业总公司紧急开通新浪微博辟谣，配合政府制止抢盐风波。随着各大媒体不断进行辟谣报道，3月18日，抢盐风波逐渐平息，散发谣言者也受到了警方的惩处。

资料来源：朱崇娴. 公共关系原理与实务 [M]. 3版. 北京：高等教育出版社，2019.

8.1.3　公共关系危机类型

准确认识和判断公共关系危机的类型，是成功进行公共关系危机处理的一个必不可少的重要前提。从不同的角度，公共关系危机可划分为不同的类型。

1. 按危机性质划分

（1）突变危机。突变危机主要是指造成较严重的生命损失的危机。在这类危机中，一部分是指自然灾害，如地震、风暴、洪水、泥石流、雪崩、火灾、流行病等；另一部分是指人为的灾难，如抢劫、盗窃、破坏、爆炸等。

（2）商誉危机。商誉危机即商业信誉危机，主要是指由于不履行合同、不按时交货、质量问题等而形成的商业信誉危机。商誉是组织存在和发展的根本，出现商誉危机会直接威及组织的生存。

（3）经营危机。经营危机是组织管理不善而导致的危机。如投资失误、定价策略失误、产品质量低劣、管理混乱。另外，组织由于种种原因而经营不下去也属于此类危机。

（4）信贷危机。信贷危机主要是因组织丧失信誉而得不到银行贷款，同时又难以募集到股份，致使资金枯竭，组织的日常运营难以为继而形成的危机。

（5）素质危机。素质危机是指由于组织内部员工素质不高危及自身生存的危机。如员工缺乏公关意识和质量意识、专业技能低下、组织所生产的产品科技含量不高。另外，组织基本设施老化、设备重大故障而导致的危机也属于此类危机。

（6）形象危机。形象危机是指社会组织由于在经营理念、组织形象、管理手段、服务态度、组织宗旨、传播方式等方面出现失误而造成的社会公众对组织的不信任，甚至怨恨的情绪。形象危机会直接影响组织的经济效益和可以量化的其他收益。例如，企业被指控贿赂国家公务人员、偷税漏税等，或者企业领导被揭露出有贪污、挥霍浪费等问题。形象危机是真正意义上的公关危机，如不及时想办法挽救，很快就会波及组织的其他领域，遭受灾难性的损失。

2. 按危机发生程度划分

（1）一般性危机。它主要是指常见的公共关系纠纷。对一个企业来说，常见的公共关系纠纷主要有：内部关系纠纷、消费者关系纠纷、同行业关系纠纷、政府关系纠纷、社区关系纠纷等。从某种意义上说，公共关系纠纷还算不上真正的危机，它只是公共关系危机的一种信号、暗示和征兆。只要及时处理，做好工作，公共关系纠纷就不会向造成危机局面的公共关系危机发展。

（2）重大危机。它主要是指组织的重大工伤事故、重大生产错误、灾害造成的严重损失、突发性的商业危机、大的劳资纠纷等。它是公共关系从业人员面临的必须及时处理的真正的危机。

3. 按危机产生的客观原因划分

（1）人为危机。它是指由与组织有直接联系的人的行为引起的危机，如有关工作人员设计的生产工艺不科学、有关工作人员制作的配方有问题、有关工作人员工作不尽职、有关工作人员对组织的财产管理不善、有人蓄意破坏等。

（2）非人为危机。它主要是指不是由人的行为直接造成的某种危机，大部分无法预见，具有不可控性，如地震、洪涝、飓风等自然灾害，其造成的损失通常是有形的。

4. 按空间位置划分

（1）内部危机。发生在组织内部的公共关系危机称为内部公关危机，这种危机的发生主要是由该组织成员直接造成的，危机的责任主要是由该组织内部的成员承担。

（2）外部危机。外部危机是相对于内部危机而言的，它是指发生在组织外部，影响多数公众利益的一种公关危机。

8.1.4 公共关系危机的原因

1. 组织内部可控原因

美国危机管理专家诺曼·奥古斯丁形容说："危机就像普通的感冒病毒一样，种类繁多，难以一一列举。"分析危机发生的原因，对于制定正确的预防和处理对策有着十分重要的意义。一般来说，组织内部可控原因主要有以下几个方面。

（1）组织危机意识淡薄。由于管理者没有正确的公共关系理念，在组织与公众利益发生矛盾时，不懂得"皮之不存，毛将焉附"的道理，没有"忧患"意识，致使问题演变成一项危机。

■ 相关知识链接 8-3

企业管理者危机识别能力现状

由零点调查公司、清华大学公共管理学院危机管理课题组和中国惠普有限公司共同合作完成的"企业危机管理现状"课题研究显示，能从19种潜在危机中正确识别出5种或者5种以下者界定为低危机识别能力者；能正确识别出6～10种的为中等危机识别能力者；能正确识别出10种以上者为较高危机识别能力者。根据这一划分，有72.6%的被访企业的中高层管理人员属于低危机识别能力者，9.4%属于中等危机识别能力者，仅有18.0%属于较高危机识别能力者。

资料来源：http://www.3158.cn.

（2）组织素质低。组织素质包括管理者素质、员工素质、组织技术水平及装备状况等方面。具体到一个企业的素质也就是指一个组织内部所有普通工作人员的素质和领导者素质。如果这两类素质低，那么都有引发危机的可能。特别是如果领导者自身素质低下的话，导致企业危机的可能性就更大。而且在企业公关危机出现之后也难以自觉有效地处理危机。有些企业家知识结构不够完善，素质低，水平差，对员工缺乏威信和感召力，同时对外部公众缺乏平等意识和必要的尊重。

■ 相关知识链接8-4

肯德基的"秒杀门"事件

2010年4月6日，肯德基中国公司在网上推出"超值星期二"三轮秒杀活动，64元的外带全家桶只售32元，于是在全国引爆热潮。但消费者从网上辛苦秒杀回来的半价优惠券（优惠券上标明复印有效）突然被肯德基单方面宣布无效。中国的肯德基发表声明称由于部分优惠券是假的，所以取消优惠兑现，并向顾客致歉，但"各门店给出的拒绝理由并不一致"。消费者认为是肯德基忽悠了大家，一些人在各大论坛发表谴责留言，不时出现"出尔反尔拒食肯德基"这样的言论，有网友甚至把各地的秒杀券使用情况汇总，一并向肯德基投诉。肯德基陷入"秒杀门"危机。4月12日，肯德基发表公开信，承认活动安排不周全，未能充分预估可能的反响，承认网络安全预防经验不足，表示应对不够及时，个别餐厅出现差别待遇带来不安全因素，承认第一次声明中"假券"一词用得欠妥当。6月1日，肯德基在中国内地的第3 000家餐厅落户上海，公司高层就"秒杀门"事件首次公开向消费者致歉。

肯德基"秒杀门"危机根源于忽视企业信誉，危机类型属于诚信危机，事件本身以及发生之后的危机公关处理手段都是失败的。首先暂且不论电子优惠券的真假，肯德基各门店单方面以不同的理由取消活动已经侵犯了消费者的权益。实体店运用网络电子商务手段搞促销优惠本来无可厚非，但因为经验不足且处理不当带来的必然是信誉的损失和消费者的流失。在一个不断成熟的消费氛围中，消费者维权的意识必然越来越高，维权的手段也必然越来越多元化，企业必须高度重视与消费者之间的沟通与关系维护，防止出现恶性的消费维权事件。危机的管理手段再高明，也不如做好预案工作，把危机扼杀在源头——预防胜于治疗，是企业在进行危机管理的时候应该看到的原则。

资料来源：朱崇娴.公共关系原理与实务[M].3版.北京：高等教育出版社，2019.

（3）组织经营决策失误。决策贯穿于组织管理工作的各个方面，是管理过程的核心，是执行各项管理职能的基础。一般来说，不同层次的决策，对组织可以有不同的影响，小则影响组织管理工作的效率,大则关系到组织的盛衰。一旦组织决策失误,出现组织总体目标、公共关系目标与内部的现实条件和外部客观环境的严重脱节,势必使组织发展受挫,产生危机。

■ **相关知识链接 8-5**

"爱多"的决策失误

1998年,"爱多"在拿下中央电视台广告"标王"后,企业业绩达到了巅峰,进入了最辉煌时刻。但1999年年初因资金问题,"爱多"从中央电视台撤掉广告,不承想,在众目睽睽之下的默默撤军导致了一场信誉危机。传媒界和公众的纷纷猜疑,使"爱多"的众多业务伙伴惊慌失措,供应商断绝供应,配套厂不再生产,要债的人接连上门,其债权人向法院提出"爱多"破产申请,就此将"爱多"悬在破产边缘,"爱多"大厦终于倒塌。

"爱多"大厦倒塌关键的原因就是决策失误。首先,不依据企业自身力量,盲目追求"标王",造成企业资金危机;其次在下撤广告时,没有考虑到由此可能带来的信誉压力,又无事先周密计划。

资料来源:周朝霞. 公共关系理论与实务 [M]. 北京:高等教育出版社,2011.

(4) 公关决策失误。社会组织要通过持续不断的公共关系活动与公众进行沟通,同时,还要通过各种公共关系策略来塑造组织形象,促进组织总体目标的实现。如果社会组织公关决策失误,就会对组织的公共关系工作产生误导,人为地造成危机,危及组织形象。

■ **相关知识链接 8-6**

富士康的公关决策失误

2006年6月15日,《第一财经日报》刊发记者王某的关于"富士康工厂存在员工连续工作12小时"的一篇文章,被数十家网站转载。

富士康方面对此报道表示不满,于7月3日向深圳中级人民法院提交了一份民事诉状,该诉状将《第一财经日报》采写上述报道的记者和该报一名编委翁某列为被告,而未直接起诉报社。该诉状要求法院判令《第一财经日报》停止刊发对其名誉侵权的报道并赔礼道歉、消除影响、恢复名誉,还要求被告补偿富士康方面因名誉受损而造成的经济损失。翁某和王某因此分别被要求赔偿1 000万元和2 000万元给原告。

诉状的递交使富士康把自己推上了媒体公敌的位置上,很多媒体用"悍然"等词表达对富士康状告《第一财经日报》的王某以及翁某的愤慨,同时,各界人士也纷纷指责富士康不能客观对待媒体的报道。

出现负面报道后,富士康不去主动对企业的自身行为进行检查和反省,也不去积极采取措施提高员工的福利和改善员工的工作环境等,而是采取对抗的方式,以名誉侵权为由向《第一财经日报》两名新闻工作者提出总额 3 000 万元的天价索赔。在危机处理中，富士康除了和媒体矛盾公开化之外，没有采取任何赢取公众好感的行为。因此，公关决策的失误让富士康成为大众口诛笔伐的目标也就在所难免。

资料来源：http://www.wines-info.com.

2. 组织外部不可控原因

（1）不可抗力。不可抗力是组织无法抵御的外力或突发性自然灾害，使组织的生产经营活动无法正常进行。如地震、山洪、海啸等大自然灾害，战争、政变等社会突发事件等，这些事件的爆发对组织的影响是巨大的，也是组织无法抵御的。

（2）企业恶性竞争。恶性竞争作为企业公共关系危机的一个外部因素，是指本企业受到外部其他企业的不正当竞争，使本企业面临严重的经营危机和信用危机，从而发展为企业公关危机。在现实生活中，一些不正当竞争者或采取散布谣言，恣意损害竞争对手的形象，或盗用竞争对手的名义生产假冒伪劣的产品，或进行比较性广告宣传有意贬低竞争对手的能力，或采取恶劣行径严重扰乱竞争对手的经营秩序等，这些恶性竞争行为，都可能导致企业出现严重的公共关系危机。

（3）媒体不利报道。媒体的舆论导向作用是非常显著的，从某种程度上讲，媒体宣传还起到了树立某种社会评价标准的作用，往往直接影响着公众对某种社会现象的评价态度与关注程度。

新闻媒体对于组织及产品的不利报道包括两个方面：一方面是报道的内容准确无误，但事实对组织非常不利，使组织处于被动地位，受到严重影响；另一方面是报道本身不正确或歪曲事实，对组织造成不良影响。在一些国家，人们将舆论视为司法、立法、行政之外的"第四种权力"，因此对任何一种舆论的负面报道，组织都必须足够重视。

（4）政策体制不利。国家的经济管理体制和经济政策是组织外部不可控因素，会对组织的经营和发展产生重大影响。国家或地区的经济体制、经济政策是构成组织外部环境的核心。如果体制不顺，政策对组织发展不利，组织经营就会遇到很大阻力，或者陷入欲进不能、欲退不忍、裹足不前的困境。如果没有良好的社会环境和经济环境，组织的危机在所难免。

造成危机的上述原因中，素质、管理、决策等可控因素是主要的，通过社会组织自身的努力，这些可控因素所导致的危机是可以避免或有效解决的。但是，面对引发危机的外部不可控因素，所有社会组织也不能是完全被动、无所作为的。因为社会组织有效的公关工作可以对外部环境产生积极的影响，促进各种因素向组织有利的方向发展，甚至可以通过努力去积极影响社会政策的改变，给组织的发展带来较好的外部环境。

综上所述，对危机成因的认识和判断是公共关系危机预防的一项很关键的工作。如果对危机形势分析判断不准确，就不可能制定出科学、有效的防范措施，公共关系危机的预防就会流于形式。

8.2　公共关系危机预防

美国公关权威罗伯特·L.狄思达在《公共关系手册》中写道："最好的危机管理方法是预先防备，知道去找谁和按哪个电钮……"公共关系危机预防是指社会组织对公共关系危机隐患进行预测、监测、控制的公共关系工作过程。虽然危机的发生有偶然性和突发性，但这绝不意味着我们可以不做准备，听天由命。事后控制不如事中控制，事中控制不如事前控制。

公共关系危机预防主要从以下几个方面入手。

8.2.1　强化组织成员危机意识

《左传》中有"思则有备，有备无患"，《周易》中有"安而不忘危"，《孟子》中有"生于忧患，死于安乐"，这些话都提醒人们，只有居安思危、未雨绸缪，随时警惕危难的征兆，并预先备好应对的方案，才是预防危机发生的有效之道。因此，树立危机意识，预防不测以求生存，成为危机工作的第一要则。

■ 相关知识链接8-7

"微软离破产永远只有18个月"

一些企业的决策者有很强的危机意识，如比尔·盖茨的"微软离破产永远只有18个月"，张瑞敏的"我每天的心情都是如履薄冰，如临深渊"，任正非的"华为总会有冬天，准备好棉衣，比不准备好"。

美国波音公司在20世纪80年代曾摄制了一段模拟企业倒闭的电视新闻：一个天气阴沉的日子，员工们一个个低着头，脚步沉重地离开自己的岗位，离开工厂，高高的厂房上悬挂着"厂房出售"牌，一个画外音在回荡——今天是波音公司时代的终结，波音公司关闭了最后一个车间。这使得员工危机感进一步增强，对工作更加珍惜，对产品质量也更加重视。

所以，企业决策者要有一种敏锐的危机意识，能够尽早察觉危机可能发生的"警告标"，应该多想一想"万一……怎么办"的问题。这是防范危机的突破口。

资料来源：蔺洪杰.公共关系原理与实务［M］.2版.北京：中国人民大学出版社，2015.

8.2.2　分析预测危机事件

对组织来讲，危机的出现虽然是无法把握的，但其中也存在一些规律。这就需要从以下几个方面进行分析预测。

1. 从组织自身的类型做出预测

要对危机事件进行准确预测，首先要弄清楚组织的类型，列出组织可能发生的公共关系危机事故。

2. 根据组织以往的经验做出预测

查看组织曾发生过什么样的危机，当时对危机的处理方法如何，有哪些经验，以作为日后发生同样问题时处理的参照依据。

3. 根据同行业组织的经验或教训做出预测

查看本组织所属的同行业或类似的行业发生过怎样的危机事件，分析危机如果发生在本组织会造成多大损害，并且有针对性地对组织进行完善，以全面增强防御能力。

8.2.3 在日常业务中预防危机

在日常业务中，要有严格的制度作为保障。"没有规矩，不成方圆"，一个组织能够持续发展下去，首先要有一个严格的制度作为有力的保障，只有这样，组织才能凡事都按照规程来做，进而就会将危机发生的可能性降到最低。

■ 相关知识链接 8-8

肯德基餐厅严格的纪律

为防止与顾客发生矛盾纠纷，肯德基从日常业务中就开始预防危机的产生。

- 餐厅制作的炸鸡要严格按"七、十、七"操作法进行。即将一袋鸡块放到鸡蛋中浸七下，再放到干粉里滚十下，最后再按七下。有一天，因顾客爆满，炸鸡供不应求，操作工为了加快速度，按"七、十、七"操作法一次同时操作两袋鸡块，结果被经理发现，立即给予口头警告，并扣奖金15元。
- 肯德基有一项铁的规定：鸡块炸出超过1.5小时就不能再卖了，不管剩多少都要扔掉，不准进行廉价处理，也不准给员工吃。不进行廉价处理的理由是便宜卖给顾客，会损害餐厅的名声。
- 运用科学手段，保证炸鸡的分量。在制作过程中，餐厅运用电脑控制选用肉鸡，体重均在1.13~1.23kg。每只鸡分9块，保证分量。
- 美国肯德基总公司还明文规定，肯德基快餐厅一律不许卖酒。世界各地的7 700余家肯德基快餐厅都要遵守这一规定。

资料来源：缪启军，詹秀娟. 公共关系实务 [M]. 上海：立信会计出版社，2008.

8.2.4 监测危机隐患

许多危机在爆发之前都会出现某些征兆，因此应当建立组织的预警系统来及时捕捉危机的预兆。建立预警系统的工作可由公关人员协同各个管理部门来进行，主要包括以下内容。

（1）加强公共关系信息与组织经营信息的收集分析工作，及时掌握公众对组织活动的反应及评价。

（2）密切注意国家经济政策及经济、政治体制改革的方向，使组织的生产经营活动与社会经济大气候相协调。

（3）加强与重点客户的沟通，使重点客户成为组织的稳定支持者，及时关注其变动趋势。

（4）经常分析竞争对手的生产经营策略和市场需求发展变化趋势。

（5）定期或不定期进行自我诊断，分析组织生产经营和公共关系状态，客观评价组织形象，找出薄弱环节，采取必要措施。

（6）开展多种调研活动，并在此基础上研究及预测可能引起组织危机的突发事件，把组织危机因素消灭在萌芽之中。

8.2.5　制订危机应变计划

危机应变计划是提供应对、处理突发事件所需要的人力、组织、方法和措施的一整套方案。一旦危机出现，就可以借助计划去应付、解决危机。

1. 成立危机应变团队

危机应变团队首先由经理（厂长）、技术专家、公关部主任和法律顾问组成一个核心；其次根据可以预见的危机，增加危机处理的人员。这样，发生某种危机时，可以直接由专人负责处理；而在平时，负责处理某项危机的人就应有意识地做好各种应对准备。

■ 相关知识链接8-9

危机管理团队成员的特征

英国公关专家迈克尔·里杰斯特在《危机公关》中提出了危机管理团队成员的五种特征。

- 点子型。积聚富有创造性的专门人才，不断提出新建议与新点子，使危机公关方案不断丰富完善。
- 沟通型。起到承上启下的沟通协调作用并能够与新闻媒体融洽合作，使各方交流顺畅。
- "厄运经销商"型。不断运用逆向思维提出修正意见，尽量考虑完善。
- 记录型。善于总结完善，形成文字方案。
- 人道主义型。以人为导向，倾向于顾客利益至上，真正为社会大众利益着想，这正是危机公关获得成功最应该配备的成员。

资料来源：葛梅，张瑞华. 公共关系 [M]. 北京：机械工业出版社，2006.

2. 拟订危机应变计划

"凡事预则立"，组织要全面、清楚地对可能发生的各种危机情况进行"未雨绸缪"，超前决策，精心策划出科学而周密的危机管理计划。

应变计划要设想各种可能发生的危机和所采取的应对行动，一些组织常常把本单位拟订的危机应变计划体现在危机应变手册上。危机应变手册是处理各种危机的指南，因此不同行业和组织应有所不同，但其计划一定要细致到足以应对危机。

不同组织制订的危机管理计划，在内容、格式和风格上会有所差异。

■ 相关知识链接8-10

优秀的危机管理计划一般包含的内容

- 对危机管理理念和计划重要性的表述。
- 对什么是危机以及什么样的事件或问题可以启动危机管理计划的实施，做出明确的定义。
- 列出潜在的危机，并加以分类。
- 组织的整体目标和危机管理目标。
- 危机报告和协调的汇报机制以及危机管理团队成员的名单（应附有联系方式）。
- 紧急情况下的工作程序。
- 紧急情况下需要接触的新闻媒体。
- 组织发言人和后备发言人的名单，以及严禁其他人与新闻媒体或其他组织讨论此事的严正声明。
- 在危机中需要立即采取的步骤，例如，需要接触的人和危机管理团队应该见面的地方等。
- 危机期间需要的有关组织和其他方面的信息事实、背景材料。主要包括：

① 最新的员工名单、主要的顾客、供应商/经销商、股票交易所（如果是上市公司）、政府官员、舆论领袖，以上所有的人或单位都要有地址和电话；

② 与组织及事件相关的社区和行业组织的名单；

③ 主要的市场分析师和行业分析师的名单。

资料来源：张亚. 公共关系与实务 [M]. 2版. 北京：科学出版社，2011.

3. 危机培训与演练

（1）组织危机管理培训。对员工进行危机管理培训，首先要强调"居安思危"，强化其危机意识，强调许多大的、灾难性的危机可能仅仅源于小的疏漏，提高他们对于危机事件发生的警惕性；其次，培训和提高员工防范与处理危机的能力。培训内容应该包括：

① 熟悉危机发生时企业内部的沟通系统和应急处理计划；

② 了解危机发生时应该如何与客户、合作伙伴、媒体、政府等群体进行及时有效的沟通；

③ 传授其他企业实际危机管理中的成功经验和失败教训。此外，还应包括心理训练、危机处理知识培训和危机处理基本功的演练等。

（2）组织危机管理计划的模拟演练。组织危机管理计划的模拟演练，一方面是对组织内部相关人员展开危机管理计划演练培训，让相关人员熟悉危机管理计划的各个步骤，使全体员工对出现危机的可能性和处理措施有足够的了解，避免真正危急时的慌乱无序。另一方面，相关人员通过实际预演，才能发现危机管理计划的不足，修正完善方案，以帮助组织改进危机防范工作。

■ 相关知识链接8-11

危机管理计划的演练应遵循的步骤

1. 演习准备
- 思想准备。在演习之前，应该将准备演习的决定告诉员工，让他们深入了解组织实施危机管理的重要意义，了解应对危机的具体步骤、应遵守的原则等。思想认识的深化是演习成功的保证。
- 设置指挥机构。演习需要组织，需要指挥。为了保证演习的逼真，需要成立演习的指挥机构。一般而言，危机管理小组可以承担指挥机构的责任。如果要考察危机管理小组的水平，也可以适当聘请一些专家参与指挥工作。
- 设计步骤。演习的指挥机构要设计整个演习的步骤，制定检查的标准和方法。事先的评定标准有助于工作的正常开展，减少产生不必要的矛盾。
- 制定检查表格。为了使工作一目了然，执行和检查都便于操作，许多演习需要事先制定一些表格。需要特别指出的是，在进行危机原因分析时，编制表格的方法最有效。
- 建立演习评定小组。演习的指挥机构主要负责演习的组织、指挥和协调，而评定小组的主要任务是监督，检查相关部门是否达到了要求。
- 落实相关物资。演习需要许多设备和物品，因此相关物资的准备就成为一项重要的准备工作。

2. 执行演练

通常，准备工作就绪后就可以进行演习。但是，并不是一定要等各部门完全准备好了再演习，也不是准备好了就一定马上演习。演习的具体时间应该由指挥小组确定并加以保密，因为真正的危机在来临时是不会事先通知所有人的。

执行演练的过程，就是把蓝图变成现实的过程。在执行过程中，指挥机构要设计一些"图纸"上没有的意外，以检查应变能力。比如，新闻发布会上可以提一些事先没有准备的问题；在大家紧急处理一件事的同时，连续出现其他意外；在大家都认为演习已经结束之际，马上又有危机来临等。

3. 演习总结

演习结束后，要尽快进行总结，因为这时大家还清楚地记得所发生的事情和采取的行动。需要进行总结的人或机构主要有：直接参与演习的人员、作为观察人的专家、评定小组、指挥机构、高层领导等。对于做得好的人员，一定要奖励；对于存在的问题，一定要指出具体的解决措施和办法。同时要组织员工认真学习、讨论演习总结，还可组织大家就存在的问题提出建设性的建议，集思广益，提高大家的参与度。

演习总结应重点考虑的问题主要有：
- 组织是否具备实施预警方案内容的资金和人力；
- 所鉴别出的潜在危机的真实性如何；
- 组织现有的行为能否阻止危机的产生；
- 所制定的预防方针和政策是否经得住公众的考验；
- 组织是否具备行动所需的资源；
- 组织是否有采取行动的决心；
- 不采取行动的结果将会怎样。

4. 修正方案

通过对演习做全面的总结，修正方案中不足的、不符合实际的以及程序不优化的地方。修正方案应重点考虑：
- 定期检查应急设备的情况；
- 是否需要培养参与危机处理的新成员；
- 更新背景材料内容的周期；
- 是否需要修改应急媒体反应工作程序；
- 是否需要修改应急的联系方式。

资料来源：张亚. 公共关系与实务 [M]. 2版. 北京：科学出版社，2011.

8.3 公共关系危机处理

8.3.1 公共关系危机处理5S原则

危机公关5S原则是指危机发生后为解决危机所采用的5大原则，它由北京关键点公关公司董事长提出，具体包括承担责任原则（shouldering the matter）、真诚沟通原则（sincerity）、速度第一原则（speed）、系统运行原则（system）、权威证实原则（standard）。

1. 承担责任原则

危机发生后，公众会关心两方面的问题：一方面是利益的问题，利益是公众关注的焦点，因此无论谁是谁非，企业应该承担责任。即使受害者在事故发生中有一定责任，企业也不应首先追究其责任，否则会各执己见，加深矛盾，引起公众的反感，不利于问题的解决。另一方面是感情问题，公众很在意企业是否在意自己的感受，因此企业应该站在受害者的立场上表示同情和安慰，并通过新闻媒介向公众致歉，解决深层次的心理、情感关系问题，从而赢得公众的理解和信任。

实际上，公众和媒体往往在心目中已经有了一杆秤，即企业应该怎样处理，他们才会感到满意。因此企业绝对不能选择对抗。企业的态度至关重要。

■ **相关知识链接** 8-12

勇担责任，赢得顾客

2001年3月23日，是杭州家世界超市重新开张后的第6天，为酬谢顾客，家世界超市对生鲜食品等大量商品进行特价促销，到早上8点钟超市开张时，门口有200余名顾客。超市卷帘门开启后，顾客不顾工作人员的劝导，争先恐后地进入超市，因人群拥挤，玻璃大门被挤破，造成一名顾客的手指被划破。事发后，家世界超市立即委派两名员工送伤者去医院治疗，慰问伤者家属，并由该超市承担受伤顾客的医疗费用。家世界超市表示将吸取教训，举一反三，防止类似事件的再次发生。对于一个超市来说，顾客在购买时受伤本是非常令人不快的事件，会对组织的声誉造成不良的影响，但家世界超市主动在第一时间承担责任，得到了顾客的谅解，同时也树立了良好的组织形象。

资料来源：http://www.chinapr.com.cn.

2. 真诚沟通原则

企业处于危机旋涡中时，是公众和媒介的焦点。企业的一举一动都将接受质疑，因此千万不要有侥幸心理，企图蒙混过关，而应该主动与新闻媒体联系，尽快与公众沟通，说明事实真相，促使双方互相理解，消除疑虑与不安。

真诚沟通原则是处理危机的基本原则之一。这里的真诚是指"三诚"，即诚意、诚恳、诚实。如果做到了这"三诚"，则一切问题都可迎刃而解。

（1）诚意。在事件发生后的第一时间，公司的高层应向公众说明情况，并致以歉意，从而体现企业勇于承担责任、对消费者负责的企业文化，以赢得消费者的同情和理解。

（2）诚恳。一切以消费者的利益为重，不回避问题和错误，及时与媒体和公众沟通，向消费者说明危机处理的进展情况，重拾消费者的信任和尊重。

（3）诚实。诚实是危机处理最关键且最有效的解决办法。人们会原谅一个人的错误，但不会原谅一个人的谎言。

3. 速度第一原则

"当真相还未穿上鞋子，谣言已跑遍世界"。在危机出现的最初12~24小时内，消息会像病毒一样，以裂变方式高速传播。而这时候，可靠的消息往往不多，社会上充斥着谣言和猜测。公司的一举一动将是外界评判公司如何处理这次危机的主要根据。媒体、公众及政府都会密切关注公司发出的第一份声明。对于公司在处理危机方面的做法和立场，舆论赞成与否往往都会立刻见于传媒报道。

因此，公司必须当机立断，快速反应，果决行动，与媒体和公众进行沟通，从而迅速控制事态，否则会扩大突发危机的范围，甚至可能失去对全局的控制。危机发生后，能否首先控制住事态，使其不扩大、不升级、不蔓延，是处理危机的关键。

■ 相关知识链接 8-13

上海地铁 10 号线快速反应

2011 年 9 月 27 日，上海地铁 10 号线因设备故障转为人工调度后两列车追尾，造成 271 人受伤。事故发生后，微博成为信息首报源头，大量网民通过微博关注事件进展并发表评论。上海地铁官方微博"@上海地铁 shmetro"在事故发生 26 分钟后即在微博上通告事故情况，随后直播救援情况，并多次向市民致歉，把握导向，遏制谣言传播。事故发生当天晚上，上海市新闻办召开新闻发布会，上海地铁运营方总裁就追尾事故道歉。一系列做法保障了网民的知情权，达到了良性沟通的目的。

上海地铁 10 号线这种快速反应，公开向社会道歉，承认工作存在问题，态度坦诚的危机处理方式，赢得公众的好评与谅解，成功化解了危机。

资料来源：朱崇娴. 公共关系原理与实务 [M]. 3 版. 北京：高等教育出版社，2019.

4. 系统运行原则

危机的系统运行主要应做好以下几点。

（1）以冷对热、以静制动。危机会使人处于焦躁或恐惧之中。所以企业高层应以"冷"对"热"、以"静"制"动"，镇定自若，以减轻企业员工的心理压力。

（2）统一观点，稳住阵脚。在企业内部迅速统一观点，对危机有清醒的认识，从而稳住阵脚，万众一心。

（3）组建班子，专项负责。一般情况下，危机公关小组的组成由企业的公关部成员和企业的高层领导直接组成。这样，一方面能够保证高效率，另一方面能够保证对外口径一致，使公众感受到企业处理危机的诚意。

（4）果断决策，迅速实施。由于危机瞬息万变，在危机决策时效性要求和信息匮乏的条件下，任何模糊的决策都会产生严重的后果。所以必须最大限度地集中决策使用资源，迅速做出决策，系统部署，付诸实施。

（5）合纵连横，借助外力。当危机来临时，应充分和政府部门、行业协会、同行企业及新闻媒体充分配合，联手应对危机，在众人拾柴火焰高的同时，增强公信力、影响力。

（6）循序渐进，标本兼治。要彻底地消除危机，需要在控制事态后，及时准确地找到危机的症结，对症下药，谋求"治本"。如果仅仅停留在"治标"阶段就会前功尽弃，甚至引发新的危机。

5. 权威证实原则

自己称赞自己是没用的，没有权威的认可只会徒留笑柄。在危机发生后，企业不要自己整天拿着高音喇叭叫冤，而要请重量级的第三者发声，使消费者解除对自己的警戒心理，重获信任。

除以上 5S 原则外，当然还有其他的原则，如客户信任原则、团队合作原则等。

■ **相关知识链接 8-14**

锅我背、错我改、员工我养

2017 年 8 月，《法制晚报》的媒体记者卧底海底捞暗访，通过拍摄老鼠钻食品柜、火锅漏勺掏下水道、扫帚簸箕与餐具一起洗等照片，揭露了餐饮行业的标杆企业——海底捞的卫生状况堪忧的问题。在事件爆发后 3 小时左右，海底捞给出了一个堪称企业危机公关范本的案例，业内人士将海底捞的危机公关策略概括为：锅我背、错我改、员工我养。

与其他企业的危机公关不慎会引发二次危机不同，海底捞的危机公关不但成功挽回了海底捞的声誉，而且还因为态度端正、应对得当而广受赞誉，成功地为本次危机止损。下面详细解读海底捞的危机公关策略。

海底捞危机公关中体现了以下几个原则。

1. **速度第一**

很多企业发现危机之后，往往会贻误时机，或者 24 小时后才给出反馈，与此相反，海底捞的反应速度非常快，堪称完美。就在危机发生后 3 小时左右，海底捞就已经发布了道歉声明，并在当天给出全套整改和处理措施。对"黄金时间"的精准把握，让海底捞在一定程度上控制了网络舆情的蔓延，也为本次危机公关的成功奠定了基础。

需要指出的是，速度第一原则，不仅仅是指企业的反馈要及时，更重要的是，企业发现危机之后要第一时间组织相关人力，第一时间核实相关信息，第一时间策划危机公关方案，第一时间给出回应。表面上看，海底捞在很短的时间内做出了道歉声明看似寻常，其实不然，这种速度反映了海底捞在应对危机时的系统应对能力，这一点对所有餐饮企业乃至所有行业的企业都有重要的借鉴意义。

2. **真诚沟通**

海底捞在危机发生之后，第一时间进行了核实，确定问题属实后，主动承认错误，并感谢媒体的监督，这种处理态度为海底捞赢得了广泛的好评。其实，餐饮行业的卫生状况，一直备受诟病，这不仅仅是海底捞一家企业的问题，很多餐饮企业可能都存在类似的问题，但是海底捞并未因此推脱责任、敷衍塞责，而是勇于承担、果断认错，这种勇气和担当是非常难得的。

3. **承担责任**

危机发生之后，认错只是第一步，如何处理问题、承担责任才是解决问题的关键。很多企业之所以不愿意认错，一个重要的原因就是不愿意承担责任。危机发生之后，海底捞非但没有像很多企业一样将责任甩给员工或门店，反而由董事会出面，积极地为员工承担错误，切实做到了锅我背、错我改、员工我养。同时，海底捞还公布了后续整改的负责人职位、姓名、电话，以及事件最新进展的信息获取渠道，让整个危机变得透明，这对遏制危机的进一步传播，起到了非常关键的作用。

这一态度，不仅快速取得了网民的广泛信任与好感，而且安抚了公司内部员工，让全员感受到公司为自己、为门店承担责任的立场，海底捞身体力行的做法，不仅仅成功地挽回了企业声誉，更重要的是凝聚了企业内部的人心，可谓一举两得。

4. 权威证实

为了消除顾客及各方的担忧和疑虑，海底捞聘请了专业的第三方公司对自身各个角落的卫生进行全面排查，杜绝类似问题的二次发生。更进一步，海底捞还积极开展"透明厨房"活动，将之前隐藏在背后的厨房，用摄像器材实时拍摄出来并播放给在门店用餐的顾客监督。这种将自己置身群众的广泛监督下的改正做法，极大地加强了顾客对海底捞的信任。

5. 系统运行

企业在进行危机管理时必须系统运作，决不可顾此失彼。只有这样才能透过表面现象看本质，创造性地解决问题，化害为利。它包括：组建班子，专项负责；果断决策，迅速实施；合纵连横，借助外力；循序渐进，标本兼治等。

危机发生过后，海底捞依然门庭若市。很多顾客坦言，与其他的火锅店相比，海底捞整改后的透明厨房更令人放心。由此可见，海底捞不仅没有受到此次危机的重大影响，反而成功地危中取机，赢得了网民的赞誉、顾客的信任、内部员工的信赖，海底捞危机公关可以说非常成功。

资料来源：https://www.zhihu.com/question/370906991/answer/1008356744。

8.3.2 公共关系危机处理的程序

各种类型的危机事件在规模、性质、表现形式、涉及的公众等方面虽有不同，但在处理程序上有其共同点。正确的工作程序对危机事件的有效处理十分重要，组织要善于利用危机处理的程序，妥善处理好组织的危机。

1. 迅速反应，控制事态

危机一旦发生，万不可乱。要冷静地启动危机应急程序，采取紧急措施，防止事态的蔓延。这个阶段速度是关键，因为现代社会信息传播高度发达，任何组织的公共关系危机事件都有可能被迅速传播，如不加以控制，就可能使组织遭受重创。而采取紧急措施，一方面可以使组织的形象与声誉损失降到最低，另一方面则赢得了宝贵的时间。这个阶段的具体任务有以下三项。

（1）迅速成立危机管理机构。组织在危急时刻，如果没有一个核心指挥中心，就很容易会乱成一团。危机管理机构一般由决策层负责人、公关部经理、人事部经理、新闻发言人、保卫部经理等组成。一般选择与危机影响相适应的管理层出面是比较合理的，往往越是高层人物出面，对于危机的消除益处越明显。建立危机管理机构的作用包括：一是负责危机的调查与调解;二是进行组织内外的联络,加强与外界公众的传播沟通;三是为媒介准备材料。

(2)果断控制事态。果断控制事态就是核心小组成员立即奔赴危机现场,表明立场,果断采取措施,使危机不能继续发展和扩大。危机如同瘟疫,一旦蔓延开,后果不堪设想。因而,在危机发生的第一时间,必须牢记"兵贵神速"兵法格言,这样才能有效控制事态。

■ 相关知识链接8-15

果断隔离危机

2001年,在"9·11"恐怖袭击事件发生后,美国果断采取措施,迅速关闭了所有的机场,封锁了通往纽约机场的各条道路、桥梁、隧道等,这样做就是为了控制危险局势的恶化。

2008年,一场流感令部分中国香港居民感到恐慌,特区政府也丝毫不敢怠慢,对此严阵以待,更在本地发现第一位来自墨西哥的感染者之后,立即施以雷霆手段,隔离了该位游客曾经住宿过的整间酒店,包括其全部住客和员工。

资料来源:蔺洪杰.公共关系原理与实务[M].2版.北京:中国人民大学出版社,2015.

(3)制订危机处理计划。危机发生之后,组织首要的工作便是根据现有的资料和情报以及组织拥有或可支配的资源来制订危机处理计划。计划必须体现出危机处理目标、程序、组织、人员及分工、后勤保障和行动时间表以及各个阶段要实现的目标。其中还须包括社会资源的调动和支配,费用控制和实施责任人及其目标。

2. 全面调查,收集信息

在危机得到初步控制之后,组织接下来要做的就是立即展开对危机的范围、原因、后果的全面调查。危机调查是采取适宜公关措施的基础,也是成功处理危机的关键所在。

组织首先要安排调查组深入现场了解事实,详尽、全面、细致地收集以下与危机相关的各种综合信息。

(1)迅速掌握问题是在何时、何地、如何发生的。
(2)目前的状况怎样、损失如何,其发展趋势如何。
(3)解决危机问题的关键所在。
(4)从公共关系角度出发,组织有何考虑,应争取何种目标。
(5)有哪些公众卷入危机事件中,卷入程度如何。
(6)目前这些被卷入危机事件的公众与组织间的信息联系如何,应如何与他们进行更有效的沟通联系。
(7)危机事件何时能解决,解决时需要附加什么条件,并尽快做出初步报告。

3. 针对对象,制定对策

这是危机处理的关键。组织在对危机事件有了比较全面、清楚的了解之后,要分析研究情况，制定对策、措施。这些对策大致包括以下几个方面。

（1）对组织内部的对策。首先，要动员全体员工齐心协力、共渡难关。其次，通告内部全体人员，以统一口径共同行动。最后，可以奖励有功者，处罚主要责任者，并通告有关各方。

（2）对受害者的对策。第一，认真了解受害者的情况，实事求是地承担相应的责任，并诚恳地道歉。第二，冷静地倾听受害者的意见，及时了解和满足有关赔偿损失的要求。第三，给予受害者尽可能多的安慰和同情，并尽可能提供他们所需要的服务。第四，派专人负责与受害者接触，在整个事件处理过程中，不随意更换工作人员。

（3）对上级主管部门的对策。第一，及时汇报。危机事件发生后，及时向上级主管部门汇报，不能文过饰非，更不能歪曲真相、混淆视听。第二，及时联系。在事件处理中，应定期报告事态的发展情况，及时与上级主管部门取得联系，求得主管部门的支持和指导。第三，总结报告。事件处理后，要形成详细报告，内容包括处理程序、解决办法和今后的预防措施。

（4）对业务往来单位的对策。第一，传递信息。尽快如实地传递事件发生的信息。第二，告知对策。以书面形式通报正在采取的对策。第三，当面解释。如有必要，应派工作人员到各单位当面解释。第四，说明处理经过。事件处理过程中，定期向各单位和各界公众通报处理情况。事件处理完毕后，要以书面形式向对方表达诚恳的歉意。

（5）对新闻媒体对策。

① 向新闻媒介公布危机事件的真相，表明对该事件的态度，并通报将要采取的措施。何时向新闻媒介公布、公布时如何措辞、采用何种形式、有关信息怎样有计划地披露等，应该在组织内部事先达成共识，统一口径。

② 成立临时记者接待机构，由专人负责发布消息，集中处理与事件有关的新闻采访，向记者提供权威的资料。

③ 为了避免报道失实，向记者提供的资料应尽可能采用书面形式。介绍危机事件的资料应简明扼要，避免使用技术术语或令人难懂的词汇。

④ 对待新闻媒介要有良好的态度。

主动。主动向新闻媒介提供真实、准确的消息，公开表明组织的立场和态度，以减少新闻媒介的猜测，帮助新闻媒介做出正确的报道。

谨慎。在事情未完全明了之前，不要对事故的原因、损失以及其他方面的任何可能性进行推测性的报道。

合作。对新闻媒介不可采取隐瞒、搪塞、对抗的态度，不可像挤牙膏一样地吐露信息，对确实不便发表的消息，也不要简单地说"无可奉告"，而应说明理由，取得记者的同情和理解。

自信。面对危机事件，社会组织应充满自信心，而且要通过发布信息让新闻媒介和广大公众对自己有信心。一定要做到以公众的立场和观点来进行报道，不断向公众提供他们所关心的消息,如补偿方法、善后措施等。

⑤ 除新闻报道外,可在刊登有关事件消息的报刊上发表歉意广告,向公众说明事实真相,并向公众道歉及承担责任。

(6) 对消费者的对策。

① 设立专线电话,以应付危机期间消费者打来的大量电话,要让训练有素的工作人员接听专线电话。

② 以尊重消费者权益为前提,并据此制定所有的处理危机事件的对策、措施。

③ 迅速查明和判断受到危机事件影响的消费者类型、特征、数量、分布等。

④ 通过不同的传播渠道,向消费者颁发说明事件梗概的书面材料。

⑤ 认真听取受到不同程度影响的消费者对事件处理的意见和愿望,尤其要热情地接待消费者团体的代表,回答他们的询问、质询;另外,还要主动、及时地与消费者团体中的领导及意见领袖进行沟通、磋商;通过新闻媒介向消费者公布事故的经过、处理方法、与消费者团体达成的一致意见以及制定今后的预防措施。

(7) 对社区居民的对策。社区是组织赖以生存和发展的基地,社区居民也是组织形象的传播者,如果危机事件给社区居民带来了损失,组织应努力做好与社区居民的沟通协调工作。

① 道歉。根据危机事件的性质以及给社区居民带来的损失程度,可选择不同的道歉方式。如委派专人向社区道歉;派人到每一户家庭分别道歉;通过地方报纸致歉;通过全国性的报刊发致歉广告等。不管用哪一种方式道歉,一是要态度诚恳,二是要鲜明地表示敢于承担责任,三是要表明知错必改的态度。

② 补偿。如果危机事件给社区居民造成的损失不大,可以适当地给予社区一些补偿,如修桥补路、种花植树、美化环境、赞助教育、修建老年公寓等。通过这些补偿,得到社区居民的谅解,使组织保持"社区好公民"的形象。

③ 赔偿。如果危机事件给社区居民造成了严重损失,组织应明确表示并尽快落实经济赔偿问题。经济赔偿问题处理起来难度较大,应委派有相关经验的工作人员,代表组织与社区居民沟通,尽量让社区居民满意,使组织的形象损失控制在最低限度。

如果组织不幸发生了危机事件,与各方面公众的沟通协调是非常重要的,除了上述七个方面的对策外,还应根据具体情况,分别与和事件有关的交通、公安、市政、友邻单位等方面进行及时沟通,以便通报情况,回答咨询,巡回解释,调动各方面的力量,协助组织尽快度过危机。

4. 沟通信息,主导舆论

危机发生后,各种传闻、猜测都会发生,媒体也会纷纷报道。组织一定要充分利用舆论,巧妙运用现代传播媒体,正确引导公众舆论,防止公众因误导而产生不利于组织的联想。因此,组织在公共关系危机处理中要开展有计划的信息传达和交流工作。具体包括以下几个方面。

（1）确定发言人。组织要统一信息发布口径，指定新闻发言人，用同一个声音对外。在组织危机发生之后，组织针对媒体的沟通渠道如果超过一个，那么随时有可能因为主渠道之外的一个细微的错误而使组织陷入被动。要知道，一些媒体有窥探的嗜好，危机发生后会挖空心思地寻找漏洞，捕捉和挖掘负面的新闻。因此，组织面对媒体时，只能由新闻发言人出面，其他任何员工不得随便发表观点，但态度要认真，不得敷衍或不耐烦。这样，就可以有效避免组织对外口径不统一，也避免触怒记者造成事件恶化。

（2）主动与新闻界沟通。一方面，组织应主动告诉媒体事件的详细背景材料和最新进展，尽量给予采访上的便利，以免媒体通过一些非正规渠道去寻找新线索，而且这样做也能取得媒体对组织的理解与支持；另一方面，通过媒体掌握的组织自身尚不清楚的信息，如社会公众的反响、某些权威人士的观点等，组织应采取针对性措施阻止种种错误信息的进一步传播。在与媒体沟通的过程中，还要注意两方面的情况，即有利的情况和不利的情况。因为，如果竭力掩盖于己不利的真相，一旦被发现，可能被媒体怀疑组织是危机的罪魁祸首，反而得不偿失。

（3）不向外发布不准确的信息。组织只有确切了解危机真相及原因后才能向外传播信息，尤其不能凭主观推测对外交流，否则会节外生枝。当外界传播的信息失真时，组织应通过向媒体提供真实情况，以纠正不正确信息。对于那些涉及面广、事态严重的危机，组织需召开新闻发布会，并通过媒体广泛传播给社会公众，以免小道消息、传言泛滥。为保证信息传播的及时、准确，组织有必要保证信息渠道畅通，在条件允许的情况下组建一个与外界联络的中心，包括准备资料、接受媒体与外部公众询问等，并采取24小时工作制。

5. 做好善后，重塑形象

（1）安抚好受害者。认真了解受害者的情况，实事求是地承担责任，并诚恳地道歉，冷静地听取被害者的意见，了解和确认有关赔偿损失的要求，给受害者以安慰和同情，并尽可能提供他们所需的服务，尽最大努力做好善后处理工作。财产损失核准后应赔偿经济损失，诚恳地向公众致歉，以期迅速获取公众的谅解、宽容，并有效了解公众需求，及时弥补公众的损失。要及时治疗与抚恤伤亡人员。如属内部事件，应立即通知伤亡者的亲属，采取有力的措施进行救护和善后工作，安抚有关各方人员；如属外部事件，应立即组织队伍参与抢救或应急服务工作。在进行这些工作时要谨慎、冷静、耐心、富有同情心，应该派经验丰富的工作人员去完成。避免在事故现场与受害者发生争辩，即使受害者有一定责任，也不要在现场追究。

（2）重塑组织形象。重塑组织形象的目标，具体来说分为四个方面：
① 使组织公共关系危机事件的受害者及家属得到最大的安慰；
② 使利益受损者重新获得作为支持者的信息；
③ 使观望怀疑者重新成为真诚的合作伙伴；
④ 更多地获得事业上新的关心者和支持者。

在确立了重塑组织形象的目标后，关键是如何采取有效措施重塑组织形象。这些措施包括对内对外两个方面。

针对组织内部公众，一是要以诚实、坦率的态度进行双向交流，增强管理的透明度和员工的信任感；二是以积极、主动的态度动员内部公众参与决策；三是进一步完善组织管理制度、措施，有效规范组织行为。

针对组织外部公众，一是要保持联络，继续充分运用传媒工具进行连续性、全方位的报道，将组织在危机后所采取的措施及服务方针告诉公众，使公众能真正了解组织及其行为，并能逐步对组织恢复信心；二是针对形象受损的内容与程度，重点开展有益于弥补形象缺损、恢复形象的公共道德活动，如倡议发起某种社会道德大讨论，积极支持社区建设，热心社会公益事业，关心社会热点问题等；三是设法提高组织的美誉度，提高其产品或服务的质量，从本质上改变公众对组织的不良印象。

■ 相关知识链接 8-16

危机既包含了导致失败的根源，又蕴藏着成功的种子

美国前总统肯尼迪说："危机由两层含义组成，'危'意味着'危险'，'机'意味着'机遇'，两者处于极度的对立之中，因此危机的发展变化常常极富戏剧性效果。"

美国危机管理专家诺曼·奥古斯丁说："一次危机既包含了导致失败的根源，又蕴藏着成功的种子。发现、培育，进而收获潜在的成功机会，就是危机处理的精髓；而错误地估计形势，并令事态进一步恶化，则是不良危机处理的典型特征。"

资料来源：http://bbs.a.com.cn.

6. 评估总结，改进工作

危机管理机构应对危机处理情况做全面调查、评估，并将检查结果写出详细的书面报告，以便向董事会和股东汇报，向公众和媒介公布。有些重大事故也可采取刊登广告的形式检讨自己。通过总结检查，找出本组织在危机管理方面存在的问题或薄弱环节，并将一些经验教训写成教材，日后用它来教育员工，进而吸取教训，改进工作，从根本上杜绝公共关系危机事件的发生。

● 要点回放 ●

公共关系危机是指社会组织由于突发事件或重大事故的出现，导致面临强大的公众舆论压力和危机四伏的社会关系环境，使组织形象严重受损，并使组织的公共关系处于危机状态。

公共关系危机的特点有：突发性、破坏性、关注性、必然性、紧迫性和可变性。

公共关系危机类型：按危机性质划分，有突变危机、商誉危机、经营危机、信贷危机、素质危机和形象危机；按危机发生程度划分，有一般性危机和重大危机；按危机产生的客观原因划分，有人为危机和非人为危机；按空间位置划分，有内部危机和外部危机。

公共关系危机预防主要从以下几个方面入手：强化组织成员危机意识、分析预测危机事

件、在日常业务中预防危机、监测危机隐患和制订危机应变计划。

公共关系危机处理原则有速度第一、承担责任、真诚沟通、系统运行、权威证实等原则。

公共关系危机处理的程序是迅速反应,控制事态;全面调查,收集信息;针对对象,制定对策;沟通信息,主导舆论;做好善后,重塑形象;评估总结,改进工作。

任务体验

体验一 考一考

1. 单项选择题

(1) 对危机"出其不意,攻其不备"的表述,这是指危机具有( )的特点。
   A. 必然性　　　B. 破坏性　　　C. 关注性　　　D. 突发性

(2) 早在1985年,美国莱克西肯传播公司对美国主要组织领导人的一项调查表明,89%的领导人认为"组织发生危机如同死亡和税收一样,是不可避免的"。这是指危机具有( )的特点。
   A. 必然性　　　B. 破坏性　　　C. 关注性　　　D. 突发性

(3) 不履行合同、不按时交货、质量问题等形成企业的危机属于( )。
   A. 信贷危机　　B. 经营危机　　C. 商誉危机　　D. 突变危机

(4) 以下属于突变危机的是( )。
   A. 企业被指控有贿赂国家公务人员、偷税漏税
   B. 抢劫、盗窃、破坏、爆炸
   C. 员工缺乏公关意识和质量意识
   D. 投资失误、定价策略失误

(5) 在美国,人们将( )视为"第四种权力"。
   A. 司法　　　　B. 立法　　　　C. 行政　　　　D. 舆论

(6) 地震、山洪、海啸等大自然灾害,属于组织外部的( )原因。
   A. 企业恶性竞争　B. 媒体不利报道　C. 不可抗力　　D. 政策体制不利

(7) 以下属于组织内部可控原因的是( )。
   A. 公关策略失误　B. 不可抗力　　C. 企业恶性竞争　D. 媒体不利报道

(8) 公共关系危机预防是指社会组织对公共关系危机隐患进行( )的公共关系的工作过程。
   A. 预测　　　　B. 监测　　　　C. 控制　　　　D. 以上都是

(9) 危机应变团队首先由( )组成一个核心。
   A. 经理　　　　B. 技术专家　　C. 公关部主任　　D. 法律顾问
   E. 以上都是

(10) 企业被指控贿赂国家公务人员、偷税漏税等,这是指企业的( )。
   A. 商誉危机　　B. 信贷危机　　C. 素质危机　　D. 形象危机

2. 多项选择题

（1）以下属于突变危机的有（　　）。
  A. 新冠疫情   B. 郑州千年一遇暴雨
  C. 汶川地震   D. 某公司投资失误

（2）以下属于素质危机的有（　　）。
  A. 组织基础设施老化   B. 组织产品科技含量不高
  C. 专业技能低下   D. 员工缺乏公关意识

（3）组织内部的可控原因有（　　）。
  A. 组织的意识淡薄   B. 组织素质低
  C. 媒体不利报道   D. 组织经营决策失误

（4）组织外部的不可控原因有（　　）。
  A. 企业恶性竞争   B. 组织经营决策失误
  C. 公关策略失误   D. 政策体制不利

（5）当组织发生危机时，对社区居民采取的对策有（　　）。
  A. 设立专线电话 B. 补偿   C. 道歉   D. 赔偿

体验二　讲一讲

1. 要求

（1）由学生对下面所学知识进行复述、总结与拓展。
（2）鼓励学生课外自查资料。
（3）建议在该知识讲授结束时布置，下一次课开始时进行。
（4）学生随机轮流上台，面对全班同学讲述，每题时间不超过三分钟。
（5）教师对学生的讲述进行考评，记入平时成绩。

2. 内容

（1）如何理解公共关系危机的含义？
（2）公共关系危机有什么特点？
（3）根据危机的性质，公共关系危机有哪些类型？
（4）试述公共关系危机产生的原因。
（5）公共关系危机预防主要从哪些方面入手？
（6）如何制订危机应变计划？
（7）公共关系危机处理应遵循什么程序？
（8）针对不同的公众对象，试述公共关系危机处理的对策。

体验三　想一想

"芝华士风波"：一场传媒与品牌的博弈

2006年1月20日，距离农历中国新年只有9天，在重要的春节前夕，全国消费能力被空前放大，市场的繁荣和火爆令辛勤打拼一年的商家们露出了难得的笑容。《国际金融报》刊登的一篇题为《芝华士12年："勾兑"了多少谎言》的报道，却掀开了狗年中国洋酒市场的一场品牌信任危机——"芝华士风波"拉开序幕。

《国际金融报》在异常醒目的头版位置刊登出这篇火药味道十足的曝光文章，文中援引一位不愿透露姓名的消息人士所了解的在华销售的国际知名酒类产品"芝华士12年"的成本信息，向欧盟最大的酒类公司保乐力加集团在华经销商保乐力加（中国）酒业有限公司发出4项质疑："芝华士12年"的成本："25元"缔造"亿元神话"？在华产品销售：大陆市场没有真正的12年酒？全体员工赴英旅游：暴利下的奢侈？品牌价值："变了味道的水"？

一连串极具挑战性的发问，将原本远离普通消费群体的洋酒奢侈品芝华士拉下神坛。"芝华士风波"与其说成是新闻曝光，更不如视为媒体向洋酒品牌发起的挑战宣言，一时间，"芝华士12年"的成本谎言通过网络、报纸、电视、电台等迅速扩散至全国。

事件暴发后，保乐力加（中国）酒业有限公司对"芝华士12年"的产品危机做出如下应对。

1月20日，在《国际金融报》刊登文章质疑"芝华士12年"成本的当天，保乐力加（中国）酒业有限公司即委托其公共关系公司发布新闻公告。公告指责《国际金融报》的报道并无事实根据，要求给予书面道歉和纠正报道内容，并对"芝华士12年"产品的生产年份控制和成本构成做了说明。一则简单的新闻公告虽没有向公众传递很多信息，但保乐力加（中国）酒业有限公司能在危机事件发生的第一时间，通过快速回应媒体的负面报道发出自己的声音，并表明态度和立场，这为其危机公关打好了第一仗。

1月24日，"芝华士12年"的生产商保乐力加（中国）酒业有限公司再度以苏格兰威士忌协会（SWA）的名义通过《第一财经日报》向公众做出回应，表示"芝华士12年"年份是足额的。同时，针对成本仅25元一说，保乐力加（中国）酒业有限公司传播总监向媒体透露："光增值税一项就超过25元。"但至于"芝华士12年"的总成本，保乐力加（中国）酒业有限公司以商业机密为由拒绝透露具体数据。

1月25日，苏格兰威士忌协会、保乐力加（中国）贸易有限公司和保乐力加集团下属的芝华士兄弟（英国）股份有限公司于上海共同举行了联合记者招待会，再次向媒体重申"芝华士12年"是用多种在橡木桶中醇化了至少12年以上的威士忌调和而成的。

新闻发布会上，保乐力加（中国）酒业有限公司董事总经理，现任苏格兰威士忌协会首席主管、芝华士兄弟（英国）股份有限公司首席调酒师以及芝华士亚太区副总裁、英国驻上海总领事馆及欧盟驻华代表团代表等众多高层人物到场接受记者询问。同时，苏格兰威士忌协会、欧盟和英国驻华官员们现身说法，从行业协会和政府组织的两个层面表达了对芝华士的明确支持。

在1月25日召开的记者招待会上，面对来自全国多家媒体的各种质疑，芝华士各方代表的相关解释似乎仍然不能让现场记者完全信服。以"芝华士12年"的年份检测为例，苏格兰威士忌协会首席主管坦言超过3年的酒类的确切年份很难鉴定。而保乐力加方面则一味声称对自身产品有绝对把握，认为无需第三方检测报告，继而又表示英国大使馆的声明也完全可以作为进口国信赖的标准。

尽管保乐力加能够在"芝华士风波"发生后第一时间做出反应,但受事件发生后各类媒体铺天盖地的持续质疑、报道和评论的影响,门户网站上 77.76% 的消费者表示不会再购买芝华士相关酒水。

资料来源:根据网络资料整理。

思考题

1. 保乐力加(中国)酒业有限公司对"芝华士 12 年"产品的危机公关有哪些成功和不足之处?
2. 上述案例给我们带来什么启示?

体验四 练一练

危机公关处理

1. 背景资料

某年春节,杭州的王先生收到他的侄女送的一箱瓷瓶装黄酒。王先生拿出一瓶招待来拜年的客人,发现酒里有蟥虫,遂与绍兴某黄酒厂联系,黄酒厂负责人态度生硬,推脱责任,王先生一怒之下,向小强热线反映此事,小强热线进行跟踪报道。

假如你是绍兴某黄酒厂的公关经理,你将如何处理此事?请制订危机管理方案。

2. 实训步骤

(1) 诚恳、耐心地倾听,采取措施,控制事态发展。

① 公众不管采取何种方式,是否偏激,公关人员均应认真倾听。

② 尽可能站在对方立场上为对方着想,争取让公众在感情和心理上引起共鸣。

(2) 部署调查,查清事实原因,提出危机公关管理方案。

① 外界的误解、谣言、人为破坏造成。

② 组织内部管理不完善造成。

③ 以上两方面共同作用的结果。

④ 公众与组织情绪对立,最好委托权威性的第三方进行调查并得出相关调查结论。

(3) 按照危机公关管理方案,解决纠纷。

① 迅速、准确地答复公众的投诉和质询。

② 果断采取实质性行动,解决纠纷。

(4) 处理总结。

事件处理完毕后应了解事件处理的满意程度,从中吸取经验教训。

3. 实训要求

(1) 制订危机管理方案。

(2) 实训分小组进行。

(3) 各小组派代表上台汇报,接受同学质询。

(4) 每组选派一名代表担任评委。

(5) 老师对各小组的处理危机公关的方案及过程进行评价,指出存在的问题。

体验五 做一做

企业危机管理体系调查

1. 实训项目

调查某企业危机管理体系的现状。

2. 实训目的

通过调查企业的公共关系工作部门,了解企业危机管理体系的现状,发现问题,积累成功经验。

3. 实训内容

(1) 设计一份企业危机管理体系构成现状的访谈调查问卷。

(2) 到企业相关部门进行访谈。

(3) 做好访谈记录。

(4) 整理调查资料,撰写一份调查报告。

4. 实训组织

把班级同学分成8~10人/组。每组确定一个组长,由组长确定小组成员任务,并带队到老师联系好的企业实施调查。

5. 实训考核

(1) 要求每位学生写出访谈调查报告或小结。

(2) 将实训体会在班上进行交流。

(3) 教师点评。

任务 9

公共关系礼仪

| 任 务 提 要 |

9.1　公共关系礼仪概述

9.2　公共关系个人礼仪

9.3　公共关系活动礼仪

| 任 务 目 标 |

知识点

1. 了解各种礼仪包含的内容
2. 明确各种礼仪的基本要求、原则
3. 掌握各种礼仪的基本做法

技能点

1. 能规范地设计个人形象
2. 能得体地使用公共关系礼仪，提高组织形象
3. 掌握社交场合良好的举止和风度的技巧

| 案 例 导 入 |

美丽为何得不到升职

美丽是某贸易公司的业务员，她外形靓丽，穿着青春时尚，工作主动性非常强，工作业绩也不错，但到公司三年了，她却一直没有得到升迁机会，美丽不明白是什么原因。

美丽对流行元素非常敏感，装扮时尚性感，发型每隔一段时间就会有新变化，颜色也在不断调整，金黄色、酒红色……总是让同事眼前一亮，脸上的妆容就如同经常翻新的服装一样，

变化多端，有着一副好身材的她，紧身衣、透视装、露脐装、低腰裤轮流换，各种小配饰不断更新，办公室的一些男士都觉得美丽很养眼，经常跟她开玩笑，美丽从不恼怒。注重个人形象的她，喜欢照镜子，常在办公室补妆，若是看到哪位女同事的口红、眼影是自己没有的，她一定缠着别人借来试用一下，看看效果如何。热情开朗的她，对同事也好，对客户也罢，交谈时喜欢靠得很近，眼睛一直关注着对方，手势语非常丰富。

美丽近年来发展了不少客户，与她同时进入公司的陈娟，虽然业绩不如美丽，却已经升为主管了，美丽只是薪酬增加了，很希望在事业上有所发展的美丽感到很困惑：" 难道我的工作能力不如陈娟，领导为什么不提拔我呢？"

资料来源：杨再春，陈方丽. 商务礼仪实训教程 [M]. 北京：清华大学出版社，2010.

思考讨论
1. 请你分析一下美丽如何才能改变现在只加薪不升职的现状。
2. 你对美丽在职场工作有何建议？

❖

我国是"礼仪之邦"，孔子竭力倡导"非礼勿视、非礼勿听、非礼勿言、非礼勿动"。孔子的经典名言是"不学礼，无以立"。对此，荀子在《大略》中做了诠释："人无礼不生，事无礼不成，国家无礼不宁。"礼仪是个人立身处事、企业生存发展、国家和谐安宁的重要基石。

9.1 公共关系礼仪概述

礼仪是人的精神境界的外在表现，也是人的道德修养和人格完善的体现。当礼仪和公共关系相结合成为公共关系礼仪时，礼仪就不单纯是人际交往的"润滑剂"，而是组织、团体在进行整个公共关系工作的过程中，扩大、提高其知名度和美誉度，塑造其良好形象的行为准则。

公共关系礼仪，简称公关礼仪，是社会组织在公共关系活动中应遵循的礼仪规范和必须履行的礼仪程序。它不仅是公共关系工作人员的行为规范，而且是组织所有员工的行为规范。也就是说，人人都是公关礼仪遵守者和执行者。

9.1.1 公关礼仪的作用

1. 塑造形象作用

礼仪是个人，也是组织形象的标牌。公关人员的举止言行、衣帽服饰等应符合公关礼仪的要求，不仅应反映出个人，而且某种程度上也代表所在社会组织的形象，是社会组织形象的一种外显方式。人们往往会从某个职工、某件小事情来衡量一个组织的可信度、服务质量和管理水平。如果组织的每个人都能够做到知书达礼，着装得体，举止文明，彬彬有礼，谈吐高雅，组织整体就会更容易赢得社会的信赖、理解和支持。反之，如果大家言语粗鲁，衣冠不整，缺乏素养，待人接物冷若冰霜或傲慢无礼，公众可能会联想到组织整体素质低下，很难有较强的经济和技术实力，从而更容易失去顾客，失去市场，在竞争中处于不利的地位。

2. 协调关系作用

礼仪，是人际交往的"润滑剂"。在现代生活中，人们的相互关系错综复杂，在平静中可能会突然发生冲突。礼仪有助于促使冲突各方保持冷静，缓解已经激化的矛盾。同时，公关礼仪可以协调组织与内部员工之间的关系，也可以加深与外部公众的关系。在企业与外部公众的交往活动中，公关礼仪起到调节相互关系的"润滑剂"作用。良好的公关礼仪不仅可以巩固现有的公共关系，还可以广结良缘，拓展更多的新关系，获得更多外部公众对组织的认可和好评，从而创造出有利于自身发展的最佳环境。

3. 凝聚情感

礼仪是"人情味"最佳表达。公关礼仪不仅可以规范内部公众的言行，也可以凝聚组织与员工、组织与外部公众的关系，使全体员工团结协作，提高工作效率，保质保量地完成任务，进而提高组织在市场竞争中的生存和发展能力。如果人们都能够自觉主动地遵守礼仪规范，按照礼仪规范约束自己，就容易沟通感情，建立起相互尊重、彼此信任、友好合作的关系，进而有利于各项事业的发展。

■ 相关知识链接 9-1

微笑永远属于旅客

20 世纪 30 年代世界经济一度处于大萧条中，全球酒店业倒闭了 80%，希尔顿酒店也负债 50 万美元，但酒店老板没有灰心丧气。他教导员工，无论酒店本身的命运如何，在接待旅客时千万不可愁云满面。他说，希尔顿酒店服务人员脸上的微笑永远是属于旅客的。自此，员工们的微笑服务使旅客对希尔顿酒店充满信心，在社会经济普遍不景气背景下，希尔顿酒店不仅挺过萧条，而且一枝独秀。

资料来源：作者根据相关资料整理。

9.1.2 公关礼仪的原则

1. 尊重真诚原则

真诚是对人对事的一种实事求是的态度，应待人以诚、言行一致、表里如一。若少了真诚，礼仪就成了一种伪装与道具。

2. 自信自律原则

自信是社交场合非常可贵的心理素质，一个充满自信的人，在交往中不卑不亢、落落大方，遇强者不自惭，遇到磨难不气馁，遇到侮辱敢于挺身反击，遇到弱者会伸出援助之手。

自信但不能自负，不能自以为是，这需要自律来进行自我约束。在社会交往中，我们应在心中树立起一种内心的道德信念和行为修养准则，以此来约束自己的行为，实现自我管理、自我教育。

尊重是指要尊重交往对象的人格与隐私，小心避免对他人尊严的伤害。要常有敬人之心，处处不可失敬于人，这是公关礼仪的重点与核心。

3. 诚信宽容原则

孔子说："民无信不立，与朋友交，言而有信。"在社交场合，尤其讲究一要守时，约定好的时间，决不拖延迟到。二要守约，即与人签订的协议、约定和口头答应的事，说到做到，即所谓"言必信，行必果"。故在社交场合，如没有十足的把握就不要轻易许诺他人，许诺而做不到，反落了个不守信的恶名，从此会失信于人。

宽容是一种较高的境界，容许别人有行动与见解自由，对观点不同的人能够理解和包容，从而创造出和谐、友好和宽松的人际关系。

4. 平等适度原则

平等的原则表现为在交往中不要骄狂、自以为是、厚此薄彼，也不要傲视一切，目中无人，更不能以貌取人，或以职业、地位、权势压人，而是应该处处时时平等谦虚待人，唯有这样，才能结交更多的朋友。

适度的原则表现为在交往中把握分寸，根据具体情况、具体情境而遵守相应的礼仪，如在与人交往时，既要彬彬有礼，又不能低声下气；既要热情大方，又不能轻浮谄媚，要自尊不要自负，要坦诚但不能粗鲁，要信人但不要轻信，要活泼但不能轻浮。

5. 普遍差异原则

礼仪具有很强的普遍性，是同一社会人们调节相互关系的行为规范。它无时不在，无处不有。

"十里不同风、八里不同俗"，各个民族、各个地域、各有千秋，因而我们必须有充分的心理准备和技术准备尊重习俗原则与风俗禁忌原则。"到什么山唱什么歌""进门见礼，出门问忌"，这些有益的格言都说明尊重各地不同风俗与禁忌的重要性。

9.1.3 公关礼仪的特点

由于公共关系活动对象的特定性，公关礼仪有其自身的规律和特征。

1. 特定性

公关礼仪与普通礼仪不同，它是组织在特定公共关系活动中对公共关系对象的诚意表达。公关礼仪的对象为特定的社会公众。

2. 规范性

公关礼仪具有规范性，是指人们在交际场合待人接物时必须遵守固有的行为规范。这种规范性，约束着人们的言谈话语、行为举止。

3. 灵活性

公关礼仪虽然具有固有的规律、程序和要求，但在执行中，任何礼仪都不是僵化的教条，公共关系人员要因地制宜，依据实际需要，根据时间、地点、场合、对象的不同而灵活运用。

4. 时代性

公关礼仪具有时代性，随着时代的发展而发展。随着社会经济的不断发展，人际交往日益频繁，礼仪已经渗透到社会的各个方面，表现出较为强烈的时代特色。

9.2 公共关系个人礼仪

个人礼仪是社会个体在仪表仪容、表情举止、衣着打扮等方面的具体规范，它是公关礼仪的基础。在社交场合，个人礼仪不但可以体现一个人的文化修养，也可以反映他的审美趣味。良好的礼仪不仅有助于与人交往，而且还会提高个人以及组织的形象。

9.2.1 举止礼仪

举止是指人的动作和表情。日常生活中人的一抬手一投足、一颦一笑，都可概括为举止。举止是一种不说话的"语言"，能在很大程度上反映一个人的素质、受教育的程度及能够被别人信任的程度。在社会交往中，一个人的行为既能体现他的道德修养、文化水平，又能表现出他与别人交往是否有诚意，更关系到一个人形象的塑造，甚至会影响国家民族的形象。从容潇洒的动作，给人以清新明快的感觉；端庄含蓄的行为，给人以深沉稳健的印象；坦率的微笑，则使人赏心悦目。因此，我们在交往中应该使自己成为举止优美的人。

1. 得体的站姿

站姿是指人的双腿在直立静止状态下所呈现出的姿势。站姿是人们日常交往中最基本的一种举止，是优美举止的基础，一个人要想表现出得体雅致的姿态，首先应从规范站姿开始。站姿不仅要挺拔，还要优美。古人云"立如松"，站的姿态应该是自然、轻松、优美的。

得体的站姿给人以健康向上的感觉，不好的站姿，如低头含胸、双肩歪斜、倚靠墙壁、腿脚抖动、双臂交叉、两手叉腰，或将手插在裤袋里，或下意识地做小动作等会给人以萎靡不振的感觉。

工作场合可以根据自身条件选择以下站姿。

（1）基本站姿。这种站姿男女均可使用。

① 两脚跟相靠，脚尖展开 45°~60°，身体重心主要支撑于脚掌、脚弓之上。

② 两腿并拢直立，腿部肌肉收紧，大腿内侧夹紧，髋部上提。

③ 腹肌、臀大肌微收缩并上提，臀、腹部前后相夹，髋部两侧略向中间用力。

④ 脊柱、后背挺直，胸略向前上方提起。

⑤ 两肩放松下沉，气沉于胸腹之间，自然呼吸。

⑥ 两手臂放松，自然下垂于体侧。

⑦ 脖颈挺直，头向上顶。

⑧ 下颌微收，双目平视前方。

（2）前搭手式站姿。这种站姿适用于女性。

① 挺胸直立。

② 平视前方。

③ 双腿适度并拢。

④ 双手在腹前交叉。

⑤ 右手握住左手的手指部分。

⑥ 双腿均匀用力。

（3）双手背后式。这种站姿通常适用于男性。

① 挺胸收腹。

② 两手在身后交叉。

③ 右手搭在左手腕部。

④ 两手心向上收。

（4）丁字步站姿。这种站姿仅限于女性。

① 挺胸收腹。

② 平视前方。

③ 右手握左手轻搭在小腹前。

④ 一脚在另一脚弓处成90°形成丁字形。

站立时间长时左右脚可以互换以减轻疲劳感。站姿可以随着时间、地点和身份的不同而变化，但一定要自然大方，并且适合自己的外在和内在特点。

■ 相关知识链接9-2

站姿禁忌

（1）站立时切忌出现以下不雅与失礼姿态：低头含胸，身体歪斜，两腿分开距离过大，腿脚抖动等。

（2）站着与人交谈时，不可太远或过近，不可双臂交叉，更不能两手叉腰，或将手插在裤袋里或下意识地做小动作，如摆弄打火机、香烟盒，玩弄衣带、发辫，咬手指甲，等等。

资料来源：杨丽敏. 公共关系理论与实务［M］. 北京：科学出版社，2008.

2. 良好的坐姿

坐姿是指人在就座以后身体所保持的一种姿势。所谓"坐如钟",是指坐姿要像钟一样端庄沉稳、镇定安详。坐姿总的要求是舒适自然、大方端庄、上身直立。入座动作要轻盈和缓,自然从容,不能猛地坐下,发出声响,起座要端庄稳重。女性着裙装,应养成在就座前从后面抚顺一下再坐下的习惯。

工作场合可以根据自身条件选择以下坐姿。

(1) 正襟危坐式。

① 上身与大腿,大腿与小腿,小腿与地面,都应当成直角。

② 双膝双脚适度并拢。

这是最传统意义上的坐姿,适用于大部分的场合尤其是正规场合。

(2) 大腿叠放式。

① 两条腿在大腿部分叠放在一起。

② 位于下方的一条腿垂直于地面,脚掌着地。

③ 位于上方的另一条腿的小腿适当向内收,同时脚尖向下。

女性着短裙不宜采用这种姿势。

(3) 双脚交叉式。

① 双脚在踝部交叉。

② 交叉后的双脚可以内收,也可以斜放,但不宜向前方远远直伸出去。

(4) 前伸后屈式。

① 双腿适度并拢。

② 左腿向前伸出,右腿向后收。

③ 两脚脚掌着地。

以上坐姿男女均可采用,以下为女士坐姿。

(5) 双腿斜放式。

① 双腿完全并拢。

② 双脚向左或向右斜放,斜放后的腿部与地面约呈45°角。

■ 相关知识链接9-3

不雅坐姿

(1) 两膝分开,两脚呈八字形;两脚尖朝内,脚跟朝外。

(2) 在椅子上前俯后仰,或把腿架在椅子或沙发扶手或茶几上。

(3) 两腿交叠而坐时,悬空的脚尖向上,上下抖动或摆动。

(4) 与人谈话时,手支撑着下巴。

(5) 摆弄手指、拉衣角、整理头发等懒散的姿态。

(6) 躺在沙发上,半坐在桌子或椅背上。

资料来源:杨丽敏.公共关系理论与实务[M].北京:科学出版社,2008.

3. 标准的走姿

走姿是指一个人在行走过程中的姿势。所谓的"行如风",是指行走动作连贯,从容稳健。步幅、步速要以出行的目的、环境和身份等因素而定。协调和韵律感是步态的最基本要求。

得体的走姿的最基本要点是:抬头挺胸,上身直立,双肩端平,两臂与双腿成反相位自然交替甩动,手指自然弯曲,身体重心略微前倾。

(1)女士走姿。女士在较正式的场合中的行路轨迹应该是一条线,即行走时两脚内侧在一条直线上,两膝内侧相碰,收腰提臀挺胸收腹,肩外展,头正颈直收下颌。

(2)男士走姿。男士在较正式的场合中的行路轨迹应该是两条线,即行走时两脚的内侧应在两条直线上。

■ 相关知识链接9-4

不雅走姿

(1)左右摇晃,弯腰驼背,左顾右盼,鞋底拖地,八字脚,碎步,等等。
(2)行走时,不可把手插进衣袋里,多人行走时,不能横排并走,更不能勾肩搭背。

资料来源:全细珍,黄颖. 职场礼仪实训教程[M]. 北京:北京交通大学出版社,2009.

4. 优雅的蹲姿

在日常生活中,当人们拿取、捡拾低处物品或拍摄照片时,往往需要采用蹲姿。但是很多人却因不雅的蹲姿而破坏了个人形象,同时也令旁观者感到尴尬。

(1)高低式。

① 下蹲时,右脚在前,左脚稍后,两腿靠紧往下蹲。
② 右脚全脚着地,小腿基本垂直于地面,左脚脚跟提起,脚掌着地。
③ 左膝低于右膝,左膝内侧靠于右小腿内侧,形成右膝高左膝低的姿势,臀部向下,基本靠一只腿支撑身体。

男士选用这种蹲姿时,两腿之间可有适当距离。

(2)交叉式。

① 下蹲时右脚在前,左脚在后,右小腿基本垂直于地面,全脚着地。
② 左腿在后与右腿交叉重叠,左膝由后面伸向右侧,左脚跟抬起,脚掌着地。
③ 两腿前后靠紧,合力支撑身体。
④ 臀部向下,上身稍前倾。

此姿势较适合于女性。

■ 相关知识链接9-5

蹲姿的禁忌

通常情况下,蹲姿有以下几种禁忌。

(1)忌方位失当。如正对或背对客人蹲下,会让对方感到尴尬或不便。

（2）忌毫无遮掩。下蹲时，注意不要让背后的上衣自然上提，露出皮肤和内衣裤；女士无论采用哪种蹲姿，切忌两腿分开，既不雅观，更不礼貌。

（3）其他禁忌。忌弓背撅臀，忌突然下蹲，忌离人过近，忌蹲着休息。

资料来源：全细珍，黄颖．职场礼仪实训教程［M］．北京：北京交通大学出版社，2009．

5. 协调的手姿

手姿，又叫手势。手姿是指通过手和手指活动传递信息，是一种可以用来传递信息的身体语言。手势是社会交往中不可或缺的动作，正确地使用手势会收到意想不到的效果。交谈时，手势可衬托、强调关键性话语，显示出个人的风格。

运用手势要与面部表情和身体其他部位相配合。交谈时切忌紧握拳头或用手指指指点点，也不能用拇指自指胸口或自指鼻子等，会给人以粗鲁、庸俗和缺乏修养的印象。此外，还应注意，在公共场合要禁止使用不雅的手势，如掏耳朵、抠鼻孔、剔牙、咬指甲等，即使是不经意间的一个小动作也会使别人改变原来对你的良好印象。与不同文化背景的人交往时，最好少用手势，以免发生沟通中的误解，甚至触犯交往对象的习俗禁忌。要注意，即使是同一文化背景中的人，对同一个手势，也可能会有不同的理解。

（1）指路或介绍时的手势。平时为客人指路时，或为其他人介绍时，不可用一根手指指路。指示时，应五指轻轻并拢，掌心朝上略倾斜，指向所需方向。

（2）"OK"手势。"OK"手势在中国可以表示"好""行""零""三"等不同含义；在美国、英国表示"赞同""顺利""了不起"的意思；在阿根廷和大多数欧洲国家表示"零"的意思；在泰国表示"没问题""请便"；在日本、韩国表示"金钱"；在印度表示"不错""正确"；在印度尼西亚表示"一无所有""一事无成""什么也干不了"；在突尼斯表示"没用""傻瓜"；在巴西、巴拉圭等国家则表示侮辱男人，引诱女人。

（3）竖起大拇指的手势。竖起大拇指的手势在中国表示"好""了不起"，有高度称赞之意；在美国、英国、新西兰等国表示"请求搭车"；在日本表示男人、父亲；在希腊表示"够了"；在伊朗表示"滚开"。

（4）"V"手势。"V"手势在中国表示"2"或"胜利"，在世界上大部分地区都表示数字"2"。英国首相丘吉尔曾用它来表示 victory——胜利。要注意，在表示胜利时一定要掌心朝向对方，如果手背朝向对方则是侮辱人的意思。

（5）竖起食指的手势。竖起食指在中国表示"1"，在美国表示"让对方稍等"；在新加坡表示"最重要"；在法国表示"请求提问"；在澳大利亚表示"请再来一杯啤酒"。

（6）递送物品时的动作。在给他人递送物品时，不可使物品的尖端朝向他人。

（7）持文件夹时的动作。工作人员在工作场合持文件夹时，不要随意将文件夹拿在手上，应当以正确站姿站好，左手握住文件夹正面右侧上三分之一处，将文件夹正面朝向腰部并自然横立于腰部的左侧，左臂微曲，右手自然下垂。

在国际交往中，手势作为一种交流符号，具有十分重要的意义。了解和熟悉某些常见的手势，有助于更准确地相互理解和交流，否则就容易产生误解。

■ 相关知识链接 9-6

手势的不同含义

以食指指着别人说话，往往会引起欧美人士的反感，因为在欧美这是不礼貌的责骂人的动作。

"到这边来"的手势用得很多，中国人习惯手臂前伸，手心向下，弯动手指，示意"过来"。而在欧美，这一动作是招呼动物的表示。他们招呼人时，是将手掌向上伸开，伸屈手指数次。在中国，这一动作又被误解为招呼幼儿或动物。

在大部分中东和远东国家，一根手指表示"性手势"，所以用一根手指召唤人是对人的侮辱。竖起大拇指在世界多数国家表示"好""行了"，而在伊朗，这个手势是粗鲁的。

在希腊人和尼日利亚人面前摆手是对他们的极大侮辱，手离对方越近，侮辱性就越强。

资料来源：全细珍，黄颖. 职场礼仪实训教程 [M]. 北京：北京交通大学出版社，2009.

6. 规范的鞠躬姿势

鞠躬礼即弯身行礼，为中国、日本、朝鲜的传统礼仪，用来表示对别人的尊敬。

（1）鞠躬的规范。

① 距离：行鞠躬礼时，施礼者通常需距离受礼人 2 米左右。

② 基本姿势：身体成标准站姿，手放在腹前，身体上部向前弯腰呈一定程度，然后恢复原状。

③ 角度：15°~90°。

④ 表情：自然，并且要适应场合。

⑤ 眼神：正视对方或正视地面。

■ 相关知识链接 9-7

鞠躬礼仪

（1）目光应向下看，表示一种谦恭的态度。

（2）鞠躬礼毕起身时，目光应有礼貌地注视对方。

（3）鞠躬时，视线落在对方脚尖部位。

（4）鞠躬时，脖颈挺直。

（5）鞠躬时，要脱帽。

（6）在我国，接待外宾时常用鞠躬礼。

资料来源：杨再春，陈方丽. 商务礼仪实训教程 [M]. 2 版. 北京：清华大学出版社，2016.

（2）分类。

① 一鞠躬：身体上部前倾一次，鞠躬的角度为 15°~45°。

② 三鞠躬：身体上部前倾三次，鞠躬的角度为 90°。

③ 鞠躬的深度：鞠躬的深度视受礼对象和场合而定。

7. 愉悦的微笑

俗话说：见人三分笑，礼数先尽到。微笑是指在脸上露出愉快的表情，是善良、友好的表示。在绝大多数国际交往场合中，微笑都是礼仪的基础。亲切、温馨的微笑能让不同文化背景下的人迅速缩小彼此间的心理距离，创造出交流与沟通的良好氛围。

（1）笑的基本要求。国际标准微笑即三米八／六齿原则，就是别人在离你三米时就能看到你标准亲切的微笑。笑时面容祥和，嘴角微微上翘，露出上齿的八／六颗牙齿。注意，要保持牙齿的清洁以表示尊重。当然，微笑还必须做到自然得体、适度、适宜、表里如一。真诚的微笑可以使人产生安全感、亲切感，缩小人与人之间的心理距离。

（2）笑的禁忌。

① 假笑，即笑得虚假，皮笑肉不笑。它有悖于笑的真实性原则，是毫无价值可言的。

② 冷笑，即含有怒意、讽刺、不满、无可奈何、不屑于、不以为然等意味的笑。这种笑，非常容易使人产生敌意。

③ 怪笑，即笑得怪里怪气，令人心里发麻。它多含有恐吓、嘲讽之意，令人十分反感。

④ 媚笑，即有意讨好别人的笑。它亦非发自内心，而来自一定的功利性目的。

⑤ 怯笑，即害羞或怯场的笑。例如，笑的时候，以手掌遮掩口部，不敢与他人交流视线，甚至还会面红耳赤、语无伦次。

⑥ 窃笑，即偷偷地笑，多表示洋洋自得、幸灾乐祸或看他人的笑话。

⑦ 狞笑，即笑时面容凶恶，多表示愤怒、惊恐、吓唬他人。此种笑容丝毫无美感可言。

9.2.2 美容美发礼仪

1. 发型

美观、整洁、大方、方便生活与工作是个人礼仪对发型的基本要求。整洁的头发、得当的发型会使人精神抖擞、容光焕发，给人留下美的印象。

发型的选择要符合年龄、职业、身份、工作性质和周围环境，同时要根据自己的脸型、肤色、身材等有的放矢地选择，不能盲目追求，一味模仿。

（1）女士发型的统一要求。女士发型应该简约、美观、大方，女士可以留长发，但不宜长过肩部，必要时以盘发、束发作为变通。

（2）男士发型的统一要求。

① 前部的头发不要遮住自己的眉毛。

② 侧部的头发不要盖住自己的耳朵，同时不要留过厚，或者过长到鬓角。

③ 后部的头发，不要长过自己西装衬衫领子的上部。

总体原则是前不覆额，侧不掩耳，后不及领。

■ 相关知识链接 9-8

发型要与脸型相符合

- 鹅蛋脸（又称瓜子脸）。属于标准型，可以做任何发型。
- 圆形脸。用两边的头发盖住双耳及一部分脸颊，即可缩小脸的圆度。
- 方形脸。类似于圆形脸，其发式应遮住额头，并将头发梳向两边及下方，可以烫一下，营造脸部窄而柔顺的视觉效果。
- 梨形脸。要保持头发覆盖丰满且高耸，分出一些带波浪的头发遮住额头，造成宽额头的视觉效果。
- 长形脸。可适当用刘海儿掩盖前额，一定不可将发帘上梳，头缝不可中分，尽量加重脸型横向感，使脸型看上去圆一些。

资料来源：张岩松. 现代交际礼仪 [M]. 北京：清华大学出版社，2008.

2. 面容

人的面容又称脸面，是人体暴露在外时间最长的部位，上至额头，下至下巴，是在公共关系活动中，公共关系礼仪人员的仪容中最为注目，也是最为动人之处。公关人员对面部可以进行适当修饰。公关人员修饰自己的面部首先要让面部保持干净，此外可以通过美容化妆来修饰面容。

公关人员化妆总的原则是少而精，强调和突出自身的自然美，一般宜化淡妆。

（1）化妆的原则。化妆要遵循与时间、季节、场合相适应原则。

① 化妆应根据一天的时间变化而有所区别。白天自然光强烈，妆容不宜过浓。应着重在眼周、脸颊、唇部化妆，粉底应淡薄透明，妆色明朗。夜晚光线暗淡，不易显露化妆痕迹，各色灯光也会使妆色发生一些变化，因此化妆应考虑灯光下的效果，另外化妆的色彩可以稍浓一些。

② 化妆应根据季节的转变而有所区别。一年四季转变，自然界的色彩也会随之变化，化妆应与自然界的色彩相谐调。夏季出汗多，多穿着淡色服装，宜化淡妆。冬季万物凋零，人们通常着深色服装，因此化妆色彩可选择稍深一些。春秋季着柔色服装，化妆恰当则显得春华秋实。

③ 化妆还应根据不同场合、环境而有所区别。公关人员在工作岗位上应该化淡妆，妆容要求清丽、素雅、简约，要有鲜明的立体感，既要给人以深刻的印象又不允许脂粉气十足。浓妆只有在参加晚宴等一些社交活动时才可以化，夜色朦胧，光线幽暗，晚宴妆要亮丽。在外出旅游或参加户外运动时，女士不宜化浓妆，这时的妆面应明朗自然。

■ 相关知识链接 9-9

化妆的禁忌

（1）不要当众化妆或补妆。公关人员对自己的妆容应当认真对待、一丝不苟，但不允许当众化妆或补妆。

（2）不要非议他人的妆容。有不少公关人员尤其是女性，对化妆颇有兴趣，但在工作岗位上，不允许随便切磋化妆术。特别是不允许谈论、评价他人的妆容，每个人的审美未必一样，没有必要为别人在这方面"忧心忡忡"。

（3）不要使自己的妆面出现残缺。在工作岗位上假如自己适当地化了彩妆，那么就要做到有始有终，努力维护妆面的完整性。一旦出现妆面的残缺则要及时进行补妆或重新化妆。

（4）不要借用他人的化妆品。化妆品是与人体皮肤直接接触的物品，可能成为疾病传播途径，因此，不能乱用他人的化妆品，也不要把自己的化妆品借给他人。

（5）避免过量地使用芳香型化妆品。化妆与为人处世一样，都要含蓄一些才有魅力和味道。通常我们认为，与他人相处时，自己身上的香味在 1 米以内能被对方闻到，不算是过量。如果在 3 米开外，自己身上的香味依旧能被对方闻到，则肯定是过量使用。

资料来源：杨再春，陈方丽．商务礼仪实训教程［M］．2 版．北京：清华大学出版社，2016．

（2）面部礼仪其他注意事项。

① 男士应养成每天修面剃须的良好习惯。

② 眼睛保持清洁，及时清除眼部分泌物，预防眼病。

③ 若佩戴眼镜，要美观、舒适、方便、安全，还应保持镜片清洁。在社交场合与工作场合，按惯例不应戴太阳镜。

④ 注意保持鼻腔清洁。不要让异物堵塞鼻孔或是让鼻涕到处流淌，不要随意吸鼻子、擦鼻涕、挖鼻孔，及时修剪鼻毛，不能当众用手去拔。

3. 颈部

颈部是人体最易显现年龄的部位，要和脸部一样，注意保持颈部皮肤清洁，进行颈部运动与按摩，使颈部皮肤紧绷，光洁动人。必要时可挂配饰物。

9.2.3 着装礼仪

服饰，作为一种文化，从宏观方面讲，能反映一个民族的文化素养、社会风尚和精神面貌，甚至反映社会的经济生活水平和科技发展的程度；从微观方面讲，能反映出个人的素质，得体的服饰穿戴对于提升人的气质、增进人的仪表有极为重要的作用。因此，在社交活动中应当注意着装，根据自身的特点以及特定场合的需要，选择得体的服饰，表现和谐的美，这对个人及所代表的社会组织均有益处。

无论何种服装穿在身上都必须保持整洁，这是最起码的着装礼仪。高档的服装，如果污迹斑斑，随意乱套在身上也会贻笑大方，因而要注重整洁、和谐，要根据自身的特点和气质选择适合的服装，既要突出个性，又要顾及共性。

■ 相关知识链接 9-10

帽子不正，岂能平天下

我国元朝，有一个名叫胡石塘的文人进京赶考。此人满腹经纶、才超群儒，但有一个最大的缺点就是不修边幅，经常衣冠不整，别人提醒他，他也满不在乎。在元世祖忽必烈召见他时，他所戴的帽子还像平常一样歪斜着。元世祖就问他都学些什么，胡生答道："修身、治国、平天下之学。"元世祖笑着说："自己的一顶帽子都戴不端正，还能平天下吗？"胡生汗颜。

资料来源：王玫，王志敏. 公共关系原理与实务 [M]. 北京：中国林业出版社，2007.

1. 遵循着装原则

国际通行的 TPO 着装三原则如下。

（1）T（time）表示时间。穿着要应时。不仅要考虑到时令变换、早晚温差，而且要注意时代要求。特别是随着社会的发展，人们的着装要求和观念也会发生一定的变化，一个时期有一个时期的流行趋势，从单一色彩到五彩斑斓。因此，着装时要考虑时代特点，尽量避免穿着与流行趋势格格不入的服装。

（2）P（place）表示场合。穿着要因地制宜。比如办公场合一般应穿庄重的服装，如果穿休闲服装就不大得体，甚至会弄出笑话；如果穿着礼服去参加体育活动，更不得体，也极不方便。

（3）O（object）表示着装目的。穿着要适合自己。不要盲目追赶潮流，而要根据自己的工作性质、社交活动的个体要求、形象特点、气质、年龄等来选择服装，从而塑造出与自己身份、个性相协调的外表形象。

2. 讲究协调

（1）要与年龄、形体相协调。中山装穿在中老年人身上显得成熟、稳重，穿在青少年身上则会显得老气横秋；超短裙、白长袜穿在少女身上显得天真活泼，若穿在中老年身上就有轻佻之嫌；穿衣戴帽，也要扬长避短，偏瘦或偏胖的人不宜穿过于紧身的衣服，以免不美之处凸显。

（2）要与职业身份相协调。教师的服饰要求端庄大方，若穿着过分前卫、时髦的服装进教室，就会分散学生的注意力；医生的服饰要求稳重、朴实，给患者以可信赖感，若穿红戴绿、珠光宝气，则容易给人带来轻率浮浅的印象；政治家、公众人物是媒体关注报道的"热点"，他们的穿着更不可掉以轻心。

（3）要与环境场合相协调。喜庆的场合不能太古板，庄重的场合不能太随便，悲伤的场合更不能太刺目。

9.3 公共关系活动礼仪

组织的日常公共关系活动很多，如接待迎送、会见会谈，等等，经常要与各种类型的公众打交道。组织的公共关系活动开展得好，有益于组织的发展，提高组织的良好形象。公共关系活动礼仪，是组织做好公共关系工作的重要组成部分。

9.3.1 称呼礼仪

称呼是人们在日常交往应酬中，所采用的彼此之间的称谓语。它表示着人与人之间的关系，显示出一个人的修养，在某种程度上也反映了社会的风尚。

称谓总的要求是称谓得体，有礼有序，入乡随俗，并且要符合身份。国内常用的称呼有以下几类。

1. 职务性称呼

在工作中，最常见的称呼方式是以交往对象的职务相称，以示身份有别、敬意有加，这是一种最常见的称呼方法。以职务相称，具体来说又分为三种情况。

（1）仅称职务，如"部长""经理""主任"等。

（2）在职务之前加上姓氏，如"隋处长""马委员"等。

（3）在职务之前加上姓名，这仅适用于极其正式的场合，如"×××总理"。

2. 职称性称呼

对于具有职称者，尤其是具有高级、中级职称者，可以在工作中直接以其职称相称。以职称相称，也有下列三种情况较为常见。

（1）仅称职称，如"教授""律师""工程师"等。

（2）在职称前加上姓氏，如"钱教授""孙研究员"。有时，也可约定俗成地用简称，如可将"吴工程师"简称为"吴工"。但使用简称应以不产生误会、歧义为限。

（3）在职称前加上姓名，适用于十分正式的场合，如"安文教授""杜锦华主任医师""郭雷主任编辑"等。

3. 学衔性称呼

在工作中，以学衔作为称呼，可增加被称呼者的权威性，有助于增强现场的学术气氛。称呼学衔，有以下几种情况较为常见。

（1）仅称学衔，如"博士"。

（2）在学衔前加上姓氏，如"杨博士"。

（3）在学衔前加上姓名，如"劳静博士"。

（4）将学衔具体化，说明所属学科，并在后面加上姓名。例如，"史学博士周燕""工学硕士郑伟""法学学士李丽珍"等。此种称呼最正式。

4. 行业性称呼

在工作中，有时可按行业进行称呼，它具体又分为以下两种情况。

（1）称呼职业。直接以被称呼者的职业作为称呼。例如，将教员称为"老师"，将教练员称为"教练"，将专业辩护人员称为"律师"，将警察称为"警官"，将会计师称为

"会计",将医生称为"医生"或"大夫",等等。在一般情况下,在此类称呼前,均可加上姓氏或姓名。

(2) 称呼"小姐""女士""先生"。对商界、服务业从业人员,一般约定俗成地按性别的不同分别称呼为"小姐""女士"或"先生"。在此种称呼前,可加姓氏或姓名。

5. 姓名性称呼

在工作岗位上称呼姓名,一般限于同事、熟人之间。其具体方法有以下三种。

(1) 直呼姓名。直接喊对方的姓名,如直接称呼对方李明、张萍。

(2) 只呼其姓。只呼其姓,不称其名,但要在它前面加上"老""大""小"等前缀,如称对方"小李""老王"等。

(3) 只称其名。只称其名,不呼其姓,通常限于同性之间,尤其是上司称呼下级、长辈称呼晚辈之时。在亲友、同学、邻里之间,也可使用这种称呼。

■ 相关知识链接9-11

不同国家的姓名构成

在英国、美国、加拿大、澳大利亚、新西兰等讲英语的国家,姓名一般由两部分构成,通常名字在前,姓氏在后。对于关系密切的,不论辈分可以直呼其名而不称姓。

俄罗斯人的姓名有本名、父名和姓氏三个部分。妇女的姓名婚前使用父姓,婚后使用夫姓,本名和父名通常不变。

日本人的姓名排列和我们一样,不同的是姓名字数较多。日本妇女婚前使用父姓,婚后使用夫姓,本名不变。

资料来源:全细珍,黄颖.职场礼仪实训教程[M].北京:北京交通大学出版社,2009.

9.3.2 介绍礼仪

介绍是沟通陌生双方相互认识、发生联系的行为。介绍与被介绍是社交中常见且重要的一环。公关人员每天都要和各种类型的人打交道,介绍是相互了解的起点和基本方式。在社交场合,根据不同的介绍环境和介绍条件,可以将介绍分为自我介绍、他人介绍两种方式。

1. 自我介绍

在许多人交谈或聚会的场合,如果你要和一个不相识的人谈话,首先应该做自我介绍。

(1) 自我介绍的形式。

① 应酬式。在公共场合或一般社交场合,自己不需与对方深入交往,做自我介绍只是向对方表明自己的身份。这种情况只需介绍自己的姓名,如"您好,我叫张林"等。有时,也可对自己姓名的写法做些解释,如"我叫张林,弓长张,双木林"。

② 工作式。主要适用于工作中,它是以工作为自我介绍的中心。介绍内容应当包括自己的姓名、供职的单位及部门、担任的职务或从事的具体工作三项,通常缺一不可,如"你好,我叫张林,是华中软件公司经理"。

（2）自我介绍基本程序。

① 先向对方点头致意，得到回应后再向对方介绍自己的姓名、身份和单位等。

② 同时递上事先准备好的名片，但不宜对自己的头衔过分夸耀，不要涉及个人隐私。

③ 在自我介绍完毕，应以"请多关照"之类的谦逊之词做结束语。

（3）自我介绍注意事项。

① 注意时间。自我介绍一定要力求简洁，尽可能节省对方的时间。一般半分钟左右为佳，无特别需要最好不要超过一分钟。

② 掌握时机。应在对方有空闲、有兴趣或有要求时进行。

③ 讲究态度。举止应庄重大方，表情应坦然、亲切，眼睛应看着对方和大家。

④ 力求真实。自我介绍应实事求是，真实可信，不可自吹自擂，夸大其词。

⑤ 注重顺序。位低者先做介绍，具体见图9-1。

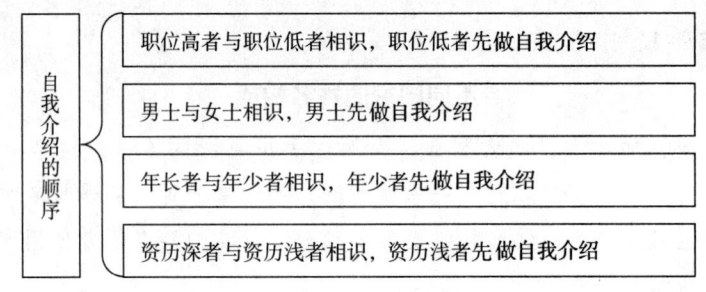

图9-1　自我介绍的顺序

2. 他人介绍

他人介绍是指在社交场合，由介绍人将一方介绍给另一方。

（1）他人介绍的形式。

① 简介式。适用于一般的社交场合，其内容往往只有双方姓名一项，甚至可以只提双方姓氏，如："请让我来介绍一下，这是张先生。"

② 标准式。适用于正式场合，内容以双方的姓名、单位、职务等为主，如："王小姐，请允许我向您介绍一下，这位是张林，华中软件公司经理。"

③ 强调式。适用于各种交际场合，其内容除被介绍者的姓名外，往往还会刻意强调一下其中某位被介绍者与介绍者之间的特殊关系，以便引起另一位被介绍者的重视，如："王小姐，我来介绍一下，这位是张先生，与黄先生是老乡，都是浙江人。"

（2）他人介绍的注意事项。

① 要注意介绍人的身份。在交往中，介绍人应由公关礼仪人员、秘书担任。在社交场合，介绍人则应由女主人或与被介绍双方都有一定交情者担任。

② 他人介绍的顺序。国际惯例是"尊者有优先知情权"，具体见图9-2。

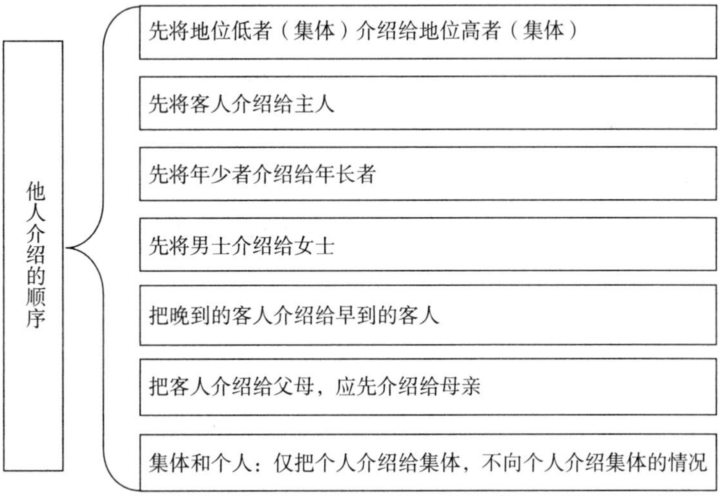

他人介绍的顺序
先将地位低者（集体）介绍给地位高者（集体）
先将客人介绍给主人
先将年少者介绍给年长者
先将男士介绍给女士
把晚到的客人介绍给早到的客人
把客人介绍给父母，应先介绍给母亲
集体和个人：仅把个人介绍给集体，不向个人介绍集体的情况

图9-2　他人介绍的顺序

9.3.3　握手礼仪

握手已成为现代社会一种习以为常的礼节。相识要握手，久别重逢要握手，告别送行要握手，且当向他人表示祝贺、感谢、慰问时，或者当双方交谈中突然有了令人满意的共同点或双方的矛盾转化和解时，都可以用握手来表示。握手的方式是多种多样的。握手的姿势常常代表了不同的态度和礼遇。

1. 握手的顺序

握手要遵循尊者先伸手的原则，具体见图9-3。

握手的顺序
男女之间，女士先伸手
主客之间，见面时，主人先伸手；告辞时，客人先伸手
长幼之间，年长者先伸手
上下级之间，上级先伸手
一人需与多人握手时，次序由尊而卑

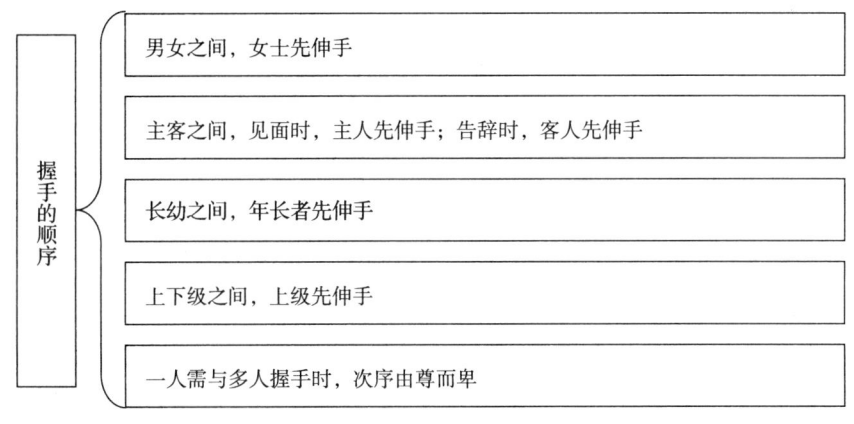

图9-3　握手的顺序图

2. 握手的姿势

握手前，双方招呼或点头示意。握手时，应两腿站立，目视对方双眼，并且致意。一般情况下，掌心向下握对方的手。

3. 握手的力度

握手时用力应适中。过于用力给人一种居心不良的感觉，而有气无力则给人一种不诚恳的感觉。男士与女士握手，往往只需握一下女士的手指部分或轻轻地贴一下。

4. 握手的时间

握手的时间一般不宜太长，正常情况下，握手时间以 3 秒为佳。

5. 握手的禁忌

（1）忌与异性用双手握手。

（2）忌用左手握手。

（3）忌交叉握手。

（4）忌出手太慢。

（5）忌在对方无意的情况下强行与之握手。

（6）忌戴手套与他人握手，如果女士戴有装饰性的手套则可以不摘。

（7）忌在手不干净时与他人握手。此时，可以礼貌地向对方说明情况并表示歉意。

（8）忌握手后立刻用纸巾或手帕擦手。

（9）忌在握手时戴着墨镜，患有眼疾或眼部有缺陷者例外。

（10）忌在握手时将另外一只手插在口袋里。

（11）忌在握手时长篇大论、点头哈腰、滥用热情，显得过分客套。

（12）忌在握手时把对方的手拉过来、推过去，或者上下、左右抖个没完。

（13）忌拒绝与对方握手。即便对方没有顾及礼仪次序，也要宽容地与对方握手。

■ 相关知识链接 9-12

握手种类

（1）支配式握手。与人握手时掌心向下握住对方的手。以这种样式握手的人想表达自己的优势、主动、傲慢或支配地位。一般不宜采用。

（2）谦恭式握手。用掌心向上与对方握手，表示自己谦恭、谨慎，比较尊重对方。

（3）对等式握手。两人伸出的手心都不约而同地向着左方，表示自己不卑不亢，是一种较为常见的握手方式。

（4）双握式握手。在用右手紧握对方的右手时，再用左手加握对方的手背、前臂、上臂或肩部。从手背开始，加握对方的部位越高，其热情友好的程度就显得越高。一般不适用初识者或异性，因为它有可能被理解为讨好或失态。

（5）"死鱼式"握手。伸出一只毫无反应、不显示任何信息的手，给对方的感觉是缺乏诚意、怠慢无礼。

（6）捏手指式握手。有意或无意地只捏住对方的几个手指或手指尖部。女性与男性握手时，为了表示自己的矜持与稳重，常采取这种样式。

（7）拉臂式握手。将对方的手拉到自己的身边相握，且往往相握时间较长。采用这种样式握手的人往往过分谦恭，在他人面前唯唯诺诺、轻视自我，缺乏主见与敢作敢为的精神。

（8）抠手心式握手。两手相握之后，不很快松开，双方的手掌相互缓缓滑离，让手指在对方的手心适当停留。握手本来就是身体感觉较敏感的部位相互接触，彼此都能通过握手获得一种快感。

资料来源：杨再春，陈方丽．商务礼仪实训教程［M］．2版．北京：清华大学出版社，2016．

9.3.4 名片礼仪

"名片，名片，关系再现"。名片是人们用于交际或送给他人做纪念的一种介绍性媒介物，是一个人身份、地位的象征，是人尊严、价值的一种外显方式，也是使用者要求社会认同、获得社会理解与尊重的一种方式。因此，名片的递送、接受、存放要讲究礼仪。

1. 准备工作

（1）作为公关人员，身上要随身携带一定数量的名片，不够时及时补充。

（2）名片要保持干净整洁，切不可出现折皱、破烂、肮脏、污损或涂改等情况。

（3）名片最好放在专用的名片夹里，也可以放在公文包或上衣口袋内，切不可随便放置在钱包、裤袋内，以免在找名片的时候手忙脚乱。

2. 名片的递送

（1）遵循"先客后主，先低后高"的原则。地位低者先把名片递给地位高者，年轻人先把名片递给年长者，客人先把名片递给主人。一般，当与多人交换名片时，应依照职位高低的顺序，或是由近及远，依次进行，切勿跳跃式地进行，以免对方产生厚此薄彼之感。

（2）递送名片。递送时要起身站立主动走向对方，面含微笑，上体前倾15°左右，眼睛应注视对方，将名片正面面对对方，双手奉上，并大方地说："这是我的名片，请多多关照。"

（3）注意事项。名片的递送应在介绍之后，在尚未弄清对方身份时不应急于递送名片，更不要把名片视同传单随便散发。切勿以左手持握名片。

3. 名片的接受

（1）接受他人的名片时，要及时起立，态度虔敬地用双手接过来。

（2）接受名片时，还应该说"谢谢""非常高兴认识您"，并立即阅读，以示尊重。

（3）遇不懂之处可立即请教对方。如果有不认识的字，要立刻问清楚，以免日后说错对方的姓名或单位名称等，令对方不快。

（4）阅读完毕，可适当赞美，然后应将名片妥善收放。

（5）接受他人的名片后，需把自己的名片回赠对方。如果未带，可向对方解释。

（6）未经他人同意，不可在他人的名片上随意书写。

（7）接到他人的名片后，切勿随意乱丢乱放、乱揉乱折，而应谨慎地置于名片夹中、公文包里、办公桌上或上衣口袋内，且应与本人的名片区别放置。

4. 索要名片

（1）交易法。"将欲取之，必先予之"，主动递上自己的名片，如"吴经理，非常高兴认识您，这是我的名片，请您多指教。"

（2）明示法。向对方（同年龄、同级别、同职位）提议交换名片，如："李经理，好久不见了，我们交换一下名片吧，这样联系更方便。"

（3）谦恭法。询问对方（向长辈、领导、上级），如："汪老，您的报告对我启发很大，希望能有机会向您请教，以后怎样向您请教比较方便呢？"

（4）暗示法。询问对方，如："今后如何与你联系？"

9.3.5 电话礼仪

电话礼仪主要涉及打电话的形体、表情、态度、语气、内容以及时间控制等方面。

1. 接听电话

（1）及时接听。电话铃声一响，应该立即去接，最好不要让铃声响过三遍，即所谓的"铃响不过三"。如果因为其他原因在电话铃声响三声之后才接起电话，在接起电话后首先要说声："对不起，让您久等了！"

（2）自报家门。接听电话时，首先要问好和自报家门，如"您好，这里是××公司，请问您找谁？"严禁以"喂"字开头，因为"喂"字表示是希望先知道对方是谁，在等着对方告诉你。所以，接听电话时的问候应该是热情而亲切的"您好！"

（3）热情友好。接听电话要使用文明用语，要对对方礼貌、热情，态度应谦和、诚恳，语调要平和，音量要适中。可用"请问您找谁？""我能为您做什么？"等礼貌用语。对方说明要找的人，可回答"请稍等"，然后去找。如遇人不在，可婉转地告诉对方"××不在办公室，请问您有什么事情需要转告吗？"假如要找的人正在开会，则应礼貌地告诉对方并让对方迟些时候再打过来。不要用生硬的口气说话，如"他不在""打错了""没这人""不知道"等语言。

（4）认真记录。代接他人电话时，若对方有重要事情要求你转告或要求记录下来，应认真记录时间、地点、联系事宜、需要解决的问题等。记录完毕，应将重点内容再复述一遍，以证实是否有误。电话记录还应包括对方的姓名、单位、联系方式、致电时间、是否需要回电等内容。之后还应注意向相关人员及时转达电话内容，不可延误。

（5）礼貌结束。要结束电话交谈时，一般应当由打电话的一方先提出，然后彼此客气地道别，说一声"再见"，再挂电话。通话完毕，应等对方放下话筒后再轻轻放下电话，以示尊重。

■ 相关知识链接9-13

手机礼仪

（1）在公共场合，手机在没有使用时，不要拿在手里或挂在上衣口袋外。放手机的常规位置有：一是随身携带的公文包里，这种位置最正规；二是上衣的内袋里；三是可以放在不起眼的地方，但不要放在桌子上，特别是不要对着正在聊天的客户。

（2）在会议中和别人洽谈的时候，最好的方式还是先关机，起码也要调到震动状态。这样既显示出对别人的尊重，又不会打断讲话者的思路。

（3）不要在公共场合旁若无人地使用手机，应该把声音尽可能地压低一些，绝不能大声说话。

（4）拨打手机时，首先想到的是对方是否方便接听，所以，通常拨打手机的第一句问话是："现在通话方便吗？"

（5）在一些场合，比如在看电影时或在剧院打手机是极其不合适的，如果非得回话，或许采用静音的方式发送手机短信是比较适合的。

（6）在餐桌上，关掉手机或把手机调到震动状态还是必要的，避免正在吃到兴头上的时候，被一阵烦人的铃声打断。

资料来源：全细珍，黄颖．职场礼仪实训教程［M］．北京：北京交通大学出版社，2009.

2. 拨打电话

（1）选好时间。打电话给别人，首先要注意选择好恰当的时间。

① 上班后半小时或下班前半小时，尽量不要打电话。

② 公务电话，尽量打到对方单位。如果确实需要往家里打电话，则需避开吃饭或睡觉的时间。

③ 如果不是十万火急的情况，一般不要在节假日、用餐时间和休息时间给对方打工作电话。

④ 若是拨打国外电话，则还应该注意时差。

（2）事先通报。电话接通后，要先通报自己的姓名、身份，如"您好，我是×××公司销售部的小陈"。必要时，还要询问对方现在是否方便接听电话。若对方现在不方便接听电话，则应等对方方便时再打电话。

（3）控制长度。基本要求是"以短为佳，宁短勿长"，即所谓的电话礼仪的"三分钟原则"。

① 作为商务场合的电话，刚开始的寒暄是必不可少的，但是要点到为止。

② 开门见山，直奔主题。特别是打重要电话或国际长途电话时，最好事先做好充分准备，把需要的谈话内容要点先罗列在纸上，打电话时就不会出现丢三落四的现象。

③ 交谈完毕，再简单复述通话内容，然后结束通话。

（4）文明礼貌。

① 通话过程中态度要热诚，吐字要清晰，语气要亲切。

② 通话时要集中精力，不可边吃边说，更不可一边打电话一边同旁人聊天，或兼做其他工作，给人心不在焉的感觉。

③ 打错电话时，要主动向对方道歉，不可一言不发，挂断了事。

④ 无论哪方原因掉线，都应主动再打一遍，并说明原因，而不要等对方打来。

⑤ 通话完毕要说"再见""打扰您了"等礼貌性用语。

（5）举止得体。通话时，得体的举止是站好或坐端正。

① 不可以坐在桌角或椅背上，也不要趴着、仰着、斜靠着或双腿高架着。

② 用电话要轻拿轻放。

③ 不要在通话时把话筒夹在脖子下，或抱着话机随意走动。

④ 通话的时候，声音适中。标准的做法是：话筒和嘴保持3厘米左右的距离，即所谓的"3厘米原则"。

■ 相关知识链接9-14

手机短信礼仪

（1）发署名短信。以示尊重对方，也表明自己的身份，避免误会。

（2）短信长度适中，内容简洁明了，注意修辞与语法。

（3）沟通短信要及时回复，以示尊重。

（4）短信内容要健康，可创新、可幽默，不可低俗。

（5）不要在别人能注视到你的时候查看短信，一边和别人说话，一边查看手机短信，是对别人不尊重的表现。

资料来源：作者根据相关资料整理。

9.3.6 拜访礼仪

拜访是商务活动中一项经常性的工作，无论有求于人还是人有求于己，都要在拜访礼仪上多多注意。不可因失礼于人，有损自己或组织的形象。

1. 拜访准备

（1）事先预约。拜访客户或朋友务必有约在先，这是拜访礼仪中最重要的一点。

① 预约的方式。可以选择电话预约、当面预约或者书信预约等。无论是哪种预约，口气和语言一定是友好、请求、商量式的，而不能以强求命令式的口气要求对方。

② 拜访时间、地点的选择。以方便为前提，对于主人提出的方案应予以优先考虑，具体见表9-1。

通常，应在上班时间进行拜访，地点可选在办公室；私人拜访可在家中进行，也可在公共娱乐场所进行，如茶楼、咖啡厅等。

表9-1 拜访时间选择表

拜访地点	适用时间	忌用时间
私宅拜访	以不影响对方休息为原则，可以在上午9～10点钟、下午3～4点钟、晚上7～8点钟或节假日前夕进行拜访	避免在吃饭、午休或者晚上10点钟以后登门拜访
单位拜访	可以在上班时间进行拜访	最好不要在星期一、刚上班、快下班、异常繁忙、正在开重要会议的时候及休息、用餐时间进行拜访

（2）心理准备。当预约得到肯定答复后，拜访者要认真做好赴约的心理准备，制定好拜访目标，明确谈话主题、思路和话语。

（3）形象准备。形象准备原则上是力求与客户层次接近并略显高一些，或表现出权威的形象。正式的公务拜访，拜访者穿着要大方、干净、整洁，要和自己的职业相称。朋友间的拜访可以穿着随意一些。

（4）物品准备。

① 拜访前，一定要认真阅读拜访对象的个人和公司资料，充分准备好相关的内容。

② 检查携带物是否齐备，如名片、笔、记录本、电话本、现金、计算器、公司和产品介绍、合同等。

③ 准备适宜的礼品。

④ 熟悉交通线路。

⑤ 最好与拜访对象通电话确认一下，以防临时发生变化。选好交通路线，算好时间出发，确保提前5～10分钟到达。

2. 践约守时

拜访时要准时赴约，这不只是为了讲究个人信用，提高办事效率，而且也是对交往对象尊重友好的表现。原则上必须提前5分钟到达，如果有紧急事情或交通堵塞估计要迟到，一定要及时通知对方，告诉对方自己预计到达的时间，并对自己的迟到表示歉意。

3. 上门有礼

① 进门之前都要先敲门或按门铃。敲门不宜太重或太急，一般轻敲两三下即可。要用食指敲门，力度适中，间隔有序敲三下，等待回音。如无应声，可再稍加力度，再敲三下，如有应声，再侧身隐立于右门框一侧，待门开时再向前迈半步，与主人相对。切不可不打招呼擅自闯入，即使门开着，也要敲门或以其他方式告知主人有客来访，不要冒失地随意进入。

② 与主人相见，要主动向主人问好，并同主人握手，互行见面礼。如果双方初次见面，拜访者还应做自我介绍。倘若主人一方不止一人，对对方的问候与行礼在先后顺序上

要合乎礼仪惯例。标准的做法有两种：一是先尊后卑，二是由近而远。

③ 对室内的人，无论认识与否，都应主动打招呼。如对主人的同事、亲属等，应主动打招呼、问好，不能视而不见。

④ 如有礼品，可适时送给主人，不要到分别时才送礼品。

⑤ 进门之后，要脱下外套，摘下帽子、手套，同随身携带的物品一起放在主人指定的地方，不要随意搁放。如需要应换上拖鞋，并将自己的鞋放整齐。

⑥ 进入房间时，要主动跟随主人之后，而不要走在主人之前。

⑦ 入座时，不是长者或身份高者，应待主人坐下或招呼坐下后再入座。

4. 做客有方

① 拜访时，态度要诚恳、大方，言谈要得体。

② 谈话内容应尽快进入实质性问题，要紧紧围绕拜访主题，争取达到满意的目的和效果。

③ 时刻注意主人的态度、情绪和反应，要尊重主人，把握好交谈的技巧。

④ 在会客室等候时，拜访者不要看无关的资料或在纸上涂画，更不要随意走动。

⑤ 接待人员奉茶时，拜访者应欠身双手相接并致谢，喝茶应慢慢品饮，不要一饮而尽。

⑥ 不要随便抽烟并把烟灰、纸屑等污物随意扔在地上或茶几上。

⑦ 不要翻动别人的书信和工艺品。

⑧ 等候超过一刻钟，可向接待人员询问有关情况。

⑨ 如主人实在脱不开身，应留下拜访者的名片和相关资料，请接待人员转交。

5. 适时告辞

（1）及时告辞。在拜访他人时，一定要注意在对方的办公室或私人居所里进行停留的时间长度。从总体上讲，拜访者应当具有良好的时间观念。不要因为自己停留的时间过长，从而打乱对方既定的其他日程。在一般情况下，礼节性的拜访，尤其是初次登门拜访，应控制在15分钟至半小时之内。最长的拜访，通常也不宜超过两小时。有些重要的拜访，往往需由宾主双方提前议定拜访的时间和长度。在这种情况下，务必要严守约定，绝不单方面延长拜访时间。

（2）礼貌辞行。提出告辞后，拜访者就应该起身离开座位。即使主人有意挽留，也应尽快离去，不要拖延时间。起身告辞时，要向主人表示"打扰"之歉意。要同主人和其他客人一一告别，说"再见""谢谢"。出门后，回身主动伸手与主人握别，说"请留步""请回""再见"。待主人留步后，走几步，再回首挥手致意"再见。"不要让主人远送，也不要站在门口与主人攀谈过久，要懂得"客走主安"的道理。从对方的公司或家中出来后，切忌在回程的电梯或走廊里窃窃私语，以免被人误会。

9.3.7 迎接送礼仪

迎接送工作包括迎客、待客、送客三个方面，是公关工作中的经常性工作。在商务接待中,恰到好处地运用迎接送礼仪,可以使来访客户产生一种良好的印象,有助于商务交往的顺利进行。

1. 迎客礼仪

迎接客人要有周密的部署,接待者应注意以下礼仪。

(1) 准备。对前来访问、洽谈业务、参加会议的外国或外地客人,应首先了解对方到达的车次、航班,安排与客人身份、职务相当的人员前去迎接。若因某种原因,相应身份的主人不能前往,前去迎接的主人应向客人做出礼貌的解释。

(2) 接站。对远道而来的客人要做好接站工作,掌握客人到达的时间,保证提前等候在迎接地点。迟到是很不礼貌的,客人也会因此感到不快。

(3) 会面。见到客人应热情打招呼,先伸手相握,以示欢迎,同时应说一些问候语,如"一路辛苦了""欢迎您来到我们公司"等。如果客人是长者或身体不太好,应上前搀扶;如果客人手中提有重物应主动接过来,然后向对方做自我介绍,如果有名片,可送予对方。

(4) 乘车。如果迎接地点不是会客地点,还应提前为客人准备好交通工具。接待者接到客人后,应为客人打开车门,请客人先上车,然后坐在客人旁边或司机旁。在车上接待者应主动与客人交谈,并向客人介绍沿途景观。到达地点后,接待者应先下车为客人打开车门,然后请客人下车。

(5) 入室。接待者应提前为客人准备好住宿,帮客人办理好一切手续,将客人领进房间,同时应向客人介绍住处的服务、设施,将活动的计划、日程安排交给客人。

(6) 辞别。将客人送到住地后,接待者不要立即离去,应陪客人稍作停留。谈话内容比如客人参与活动的背景材料、当地风土人情、有特点的自然景观、特产、物价等。考虑到客人一路旅途劳累,接待者不宜久留,应让客人早些休息。分手时将下次联系的时间、地点、方式等告诉客人。

2. 待客礼仪

(1) 接待者基本要求。

① 接待者要品貌端正,举止大方,口齿清楚,具有一定的文化素养,受过专门的礼仪、形体、语言、服饰等方面的训练。

② 接待者服饰要整洁、端庄、得体、高雅,女士应避免佩戴过于夸张或有碍工作的饰物,化妆应尽量淡雅。具体见表9-2。

表9-2 接待者礼仪自检表

自检项目	好的表现	差的表现
仪容仪表	衣装整齐 发型整洁 谨慎使用少量香水 制服、严肃的职业装 女士化淡妆	衣衫不整 头发蓬松散乱 过量使用香水 袒胸露背的性感休闲装 女士浓妆艳抹

(续)

自检项目	好的表现	差的表现
待客态度	微笑，性格开朗 目光有神，机敏灵活 真诚 礼貌 语调亲切热情	愁眉苦脸、厌恶、不屑一顾 目光呆滞，懒散笨拙 油滑、撒谎 傲慢 语调生硬冰冷
行为表现	问候、致谢 专心待客，把客人当成最重要的人 明确说明，率直应对 耐心解答客人的所有问题 站在客人的立场思考问题 对业务了如指掌	对于客人的到来与离开毫无反应 做自己的事情或与同事说话，冷落客人 言辞含糊，缺乏自信 怕麻烦，不耐烦，对客人发火 不在乎客人的感受，只图自己方便 一问三不知

（2）接待工作步骤。在公共关系活动中，日常办公室接待工作一般包括四个步骤。

① 恭候迎接。一般客人由公司专职接待人员安排接待，重要客人则由专门人员在公司大门外迎接。在本公司接待客人时应注意提前通知入口处的接待者，以免发生"挡驾"事件，给客人造成不便。

② 恭敬奉茶。待客不可无茶，从客人左侧上茶，一般以杯子的4/5为宜。客人坐下后应马上倒茶（或水、饮料等），否则即表现为缺乏待客诚意。如需客人短时间等候，需告知理由及等候时间。等候的过程中应提供饮料、杂志等供客人打发时间。

③ 安排活动。对于预约来访的客人，应提前安排一些接待活动，例如观看介绍公司业务的录像、参观某些部门等。当客人参观到某部门时，该部门工作人员应当立刻起立迎接，不可坐在办公桌前毫无反应。

④ 礼貌送客。接待工作应当有始有终，客人离开时应当礼貌送客。

重要的客人需要送至大门口，直到客人移出自己的视野后，方可离开。

比较熟悉的客人，可以只送到办公室门口，但切记不可在客人刚刚走出门外时便"砰"的一声重重地把门关上，那样会使客人有被赶出门的感觉。

■ 相关知识链接9-15

接待时的礼貌用语

"您好！"

"欢迎光临！"

"请坐！"

"请您稍等。"

"对不起，让您久等了。"

"非常抱歉！"

"好的，我知道了。您的意思是……（重复要点），是这样吗？"

"请您原谅！"

"承蒙您的惠顾（关照），非常感谢！"

"谢谢您！"

"欢迎再次光临！"

（3）引导礼仪。接待者带领客人到达目的地时，应有正确的引导方法和引导姿势。

① 在走廊的引导方法。接待者在客人二三步之前，配合步调，让客人走内侧。如果走廊没有内外之分，让客人走右侧。

② 在楼梯的引导方法。当引导客人上楼时，应该让客人走在前面，接待者走在后面。若是下楼，应该由接待者走在前面，客人走在后面。上下楼梯时，接待者应该注意客人的安全。

③ 在电梯的引导方法。引导客人乘坐电梯时，接待者应先进入电梯，等客人进入后关闭电梯门。到达时，接待者要按着"开"的按钮，让客人先走出电梯。

④ 客厅里的引导方法。当客人走入客厅时，接待者应用手指示请客人坐下，看到客人坐下后，才能行点头礼后离开。如客人错坐下座，应请客人改坐上座（一般靠近门的一方为下座）。

3. 送客礼仪

送客是接待工作最后的一环，也是非常重要的一环。

（1）当客人起身告辞时。

① 要等客人起身后再站起来相送，切忌没等客人起身，自己先于客人起立相送，这是很不礼貌的。

② 主动为客人取下衣帽，帮他穿上，与客人握手告别，同时选择最合适的言辞，如"希望下次再来"等礼貌用语，尤其对初次来访的客人更应热情、周到、细致。

③ 切忌嘴里说着再见，而手中忙着自己的事，甚至连眼神都没有转到客人身上。

（2）当客人带有较多或较重的物品时，应帮客人代提重物。

（3）当与客人在门口、电梯口或汽车旁告别时，要与客人握手，目送客人上车或离开。不要急于返回，应挥手致意，待客人移出视线后，才可结束告别仪式。

（4）对于外来的客人，应提前为之预订返程的车、船票或机票。

（5）送别外宾。

① 要按照迎接的规格来确定送别的规格，主要接待者应参加送别活动。

② 一般情况下，送行者可前往外宾住宿处，陪同外宾一同前往机场、码头或车站，也可直接前往机场、码头或车站恭候外宾。必要时可在贵宾室与外宾稍叙友谊，或举行专门的欢送仪式。

③ 在外宾临上飞机、轮船或火车之前，送行者应按照一定的顺序同外宾一一握手话别，祝愿外宾旅途平安并欢迎外宾再次光临。

④ 飞机起飞或轮船、火车开动之后，送行者应向外宾挥手致意，直至飞机、轮船或

火车在视野里消失，送行人员方可离开。不可以在外宾刚登上飞机、轮船或火车时就立即离去。

要点回放

公共关系礼仪不同于一般的礼节、礼貌。它是社会组织在公共关系活动中应遵循的礼仪规范和必须履行的礼仪程序。它不仅是公共关系工作人员的行为规范，也是组织所有员工的行为规范。它具有特定性、规范性、灵活性和时代性的特点，良好的礼仪需要遵循尊重真诚原则、自信自律原则、诚信宽容原则、平等适度原则和普遍差异原则。

在社会生活中，公关礼仪的内容相当丰富，表现形式颇多，且各不相同。但就公关礼仪的基本表现形式而言，主要有公共关系个人礼仪和活动礼仪。公共关系个人礼仪是公关礼仪的基础，包括举止礼仪、美容美发礼仪、着装礼仪等方面。公共关系活动礼仪是在开展公关活动中必须掌握和遵守的，主要包括称呼礼仪、介绍礼仪、握手礼仪、名片礼仪、电话礼仪、拜访礼仪和迎接送礼仪。

任务体验

体验一　考一考

1. 单项选择题

(1) "进门见礼，出门问忌"反应公共关系的（　　）原则。
　　A. 普遍差异　　　B. 平等适度　　　C. 尊重真诚　　　D. 自信自律

(2) 关于握手的礼仪，描述错误的有（　　）。
　　A. 先伸手者为地位低者
　　B. 忌用左手，握手时不能戴墨镜
　　C. 男士与女士握手，男士应该在女士伸手之后再伸手
　　D. 不要戴手套握手

(3) 正规场合的坐姿，应该是（　　）。
　　A. 大腿叠放式　　B. 正襟危坐式　　C. 双腿交叉式　　D. 前伸后屈式

(4) "王小姐，我来介绍一下，这位是张先生，与黄先生是老乡。"这是（　　）的介绍。
　　A. 强调式　　　　B. 标准式　　　　C. 简介式　　　　D. 工作式

(5) 在正式场合，公共关系人员化妆总的原则是（　　）。
　　A. 少　　　　　　B. 精　　　　　　C. 浓妆　　　　　D. 淡妆

(6) 递接文件或名片时应当将字体（　　）。
　　A. 正面朝向对方　B. 反面朝向对方　C. 背面朝向对方　D. 侧面朝向对方

(7) "扬老师，张会计"，这种称呼属于（　　）。
　　A. 职务称呼　　　B. 职业称呼　　　C. 职称称呼　　　D. 性别称呼

(8) 社交场合交谈的内容应不涉及（　　）。
　　A．工作　　　　B．公众　　　　C．隐私　　　　D．新闻
(9) （　　）包括迎客、待客、送客三个方面，是公关工作的一项经常性工作。
　　A．接待工作　　B．拜访工作　　C．谈判工作　　D．会面工作
(10) 在走廊引导客人时，接待者应在客人（　　）之前。
　　A．二三步　　　B．四五步　　　C．六七步　　　D．十步

2. 多项选择题

(1) 公共关系礼仪要遵循（　　）原则。
　　A．尊重真诚　　B．平等适度　　C．自信自律　　D．诚信宽容
　　E．普遍差异性
(2) 自我介绍的形式有（　　）。
　　A．应酬式　　　B．工作式　　　C．强调式　　　D．标准式
(3) 电话通话过程中，以下说法正确的有（　　）。
　　A．为了不影响他人，不使用免提方式拨号或打电话
　　B．为了维护自己形象，不边吃东西边打电话
　　C．为了尊重对方，不边做其他工作边打电话
　　D．通话过程中不用微笑着通话，反正对方看不见
(4) 最好不要在（　　）时对客人进行拜访。
　　A．星期一　　　B．客人刚上班　C．客人快下班　D．客人用餐
(5) 现代社会，使用手机短信进行交流越来越多，公关人员在使用手机短信时要注意（　　）。
　　A．发署名短信
　　B．可以一边和别人说话，一边查看手机短信
　　C．沟通短信要及时回复，以示尊重
　　D．短信也要注意修辞与语法

体验二　讲一讲

1. 要求

(1) 由学生对下面所学知识进行复述、总结与拓展。
(2) 鼓励学生课外自查资料。
(3) 建议在该知识讲授结束时布置，下一次课开始时进行。
(4) 学生随机轮流上台，面对全班同学讲述，每题时间不超过三分钟。
(5) 教师对学生的讲述进行考评，计入平时成绩。

2. 内容

(1) 结合实际，谈谈公共关系礼仪要遵循哪些原则。
(2) 怎样递接名片？

(3) 在公共场合，如何称呼公众？

(4) 结合以下案例，简述着装的原则和举止礼仪规范。

案例背景资料

请另谋岗位

一次，某公司招聘文秘人员，由于待遇优厚，应征者如云。中文系毕业的小李同学前往面试，她的背景材料是最棒的。大学 4 年中，她曾在各类刊物上发表了 6 万字的作品，内容有小说、诗歌、散文、评论、政论等，还为 6 家公司策划过周年庆典，她的英语表达也极为流利，书法也堪称佳作。小李五官端正，身材高挑、匀称。面试时，招聘者拿着她的材料等她进来。小李穿着迷你裙，露出大腿，上身是露脐装，涂着鲜艳的口红，轻盈地走到主考官面前，不请自坐，随后跷起了二郎腿，笑眯眯地等着被问话。孰料，3 位招聘者互相交换了一下眼色。主考官说："李小姐，请回去等通知吧。"她喜形于色："好！"挎起小包，飞跑出门。

结果是：请另谋岗位。

体验三　想一想

王峰在大学读书时学习非常刻苦，成绩也非常优秀，几乎年年都拿特等奖学金，为此，同学们给他起了一个绰号"超人"。大学毕业后，王峰顺利地获取了在美国攻读硕士学位的机会，毕业后又顺利地进入了美国公司工作。一晃 8 年过去了，王峰已成为公司的部门经理。

2010 年国庆节，王峰带着妻子女儿回国探亲。一天，在大剧院观看音乐剧，刚刚落座，就发现有 3 个人向他们走来。其中一个边走边伸出手大声地叫："喂！这不是'超人'吗？你怎么回来了？"这时，王峰才认出说话的人正是他的高中同学贾征。贾征没考上大学，到南方去做生意，赚了些钱，如今回到上海注册公司当起了老板。今天正好陪着两位从香港来的生意伙伴一起来看音乐剧。这对生意伙伴是他交往多年的年长的香港夫妇。

此时，王峰和贾征彼此都既高兴又激动。贾征大声寒暄之后，才想起了王峰身边还站着一位女士，就问王峰身边的女士是谁。王峰这才想起向贾征介绍自己的妻子。待王峰介绍完毕，贾征高兴地走上去，给了王峰妻子一个拥抱礼。这时贾征想起来该向老同学介绍他的生意伙伴。大家相互介绍、握手、交换名片和简单的交谈后，就各自回到自己的座位上观看音乐剧了。

资料来源：杨再春，陈方丽．商务礼仪实训教程 [M]．2 版．北京：清华大学出版社，2016．

思考题

上述场合中的见面礼仪有无不符合礼仪的地方？若有，请找出来，并指出正确的做法。

体验四　练一练

(1) 根据所学的礼仪知识，学生间相互练习见面礼仪。

(2) 根据以下场景，3～5 人一组，确定模拟角色。

① 因业务关系，张经理要去拜访未见过面的王经理，请模拟张经理进行自我介绍并相互交换名片的场景。

② 某个展览会上，大通公司的杨经理带了几名同事遇到了四明公司的陈经理带了几位客户，杨经理和陈经理是老朋友，但其同事和客户互不认识。请学生们模拟场景相互介绍、握手、交换名片。

体验五　做一做

商务拜访

1. 情景介绍

某公司营销人员小张为了商谈合作事宜要去 A 公司拜访王经理。为了让拜访能获得成功，你认为小张应该注意哪些方面的礼仪。如果你是小张，你该怎么做？

2. 角色扮演

学生分组进行角色扮演，每组 4~6 人。

3. 实训内容

（1）事先做好商务拜访的准备工作。

（2）按照商务拜访的程序开展角色模拟。

4. 实训要求

要求每名学生能够按照商务拜访礼仪的规范开展拜访工作。

5. 实训考核

根据实训结果进行评分，评分标准参考表 9-3。

表 9-3　拜访礼仪考核评分标准表

评价项目与内容		应得分	扣分	实得分
准备工作	角色定位及时，模拟出场迅速	5		
	实训过程全组协调良好	10		
基本知识掌握	熟悉拜访的基本礼仪及应注意的问题	10		
神态、举止	声音大小适中	5		
	热情展示	5		
	面带微笑	5		
	服装得体	10		
	站姿、走姿得体	10		
客户拜访	语言表达流利	10		
	拜访前准备充分、得当	10		
	拜访过程中礼仪准确、恰当	10		
	拜访后告辞、答谢得当	10		
合　　计		100		

参 考 文 献

[1] 蔺洪杰．公共关系原理与实务［M］．2版．北京：中国人民大学出版社，2015．
[2] 张岩松．公共关系理论与实务［M］．北京：清华大学出版社，2016．
[3] 魏翠芬，王连廷．公共关系理论与实务［M］．北京：清华大学出版社，2007．
[4] 陈先红．现代公共关系学［M］．2版．北京：高等教育出版社，2017．
[5] 殷智红．公共关系实务［M］．大连：东北财经大学出版社，2017．
[6] 缪启军，詹秀娟．公共关系实务［M］．上海：立信会计出版社，2008．
[7] 张亚．公共关系与实务［M］．2版．北京：科学出版社，2011．
[8] 吴东泰．实用公共关系学［M］．3版．北京：北京交通大学出版社，2019．
[9] 杨丽萍．公共关系理论与技巧［M］．北京：高等教育出版社，2005．
[10] 周朝霞．公共关系理论与实务［M］．北京：高等教育出版社，2011．
[11] 顾庆华，赵晓明．旅游公共关系［M］．北京：北京理工大学出版社，2019．
[12] 吴少华．公共关系理论与实务［M］．北京：人民邮电出版社，2020．
[13] 霍瑞红．公共关系实务［M］．3版．北京：中国人民大学出版社，2020．
[14] 张荷英．现代公共关系学［M］．北京：首都经济贸易大学出版社，2017．
[15] 曾思燕．公共关系实务［M］．北京：中国劳动社会保障出版社，2020．
[16] 谢红霞．公共关系原理与实务［M］．3版．大连：东北财经大学出版社，2014．
[17] 全细珍，黄颖．职场礼仪实训教程［M］．北京：北京交通大学出版社，2009．
[18] 霍瑞红．公共关系实务［M］．北京：中国人民大学出版社，2020．
[19] 刘丹，彭艳．公共关系实务［M］．北京：清华大学出版社，2019．
[20] 曹红玲，王芸．公共关系学［M］．合肥：中国科学技术大学出版社，2006．
[21] 张丽娟．公共关系实务［M］．北京：中国人民大学出版社，2020．
[22] 马晶，孙晓波．公共关系实务［M］．北京：清华大学出版社，2018．
[23] 赵轶．公共关系实务［M］．北京：人民邮电出版社，2017．
[24] 西泰尔．公共关系实务［M］张晓云，译．北京：清华大学出版社，2020．
[25] 覃素香，杨元元．公共关系实务［M］．北京：清华大学出版社，2018．
[26] 朱崇娴．公共关系原理与实务［M］．3版．北京：高等教育出版社，2019．
[27] 毛国民．公共关系实务［M］．哈尔滨：黑龙江大学出版社，2018．
[28] 葛梅，张瑞华．公共关系［M］．北京：机械工业出版社，2006．
[29] 杨再春，陈方丽．商务礼仪实训教程［M］．2版．北京：清华大学出版社，2016．
[30] 周安华．公共关系：理论、实务与技巧［M］．6版．北京：中国人民大学出版社，2019．